歴史百科

THE HISTORY BOOK

歷史百科

里基・格蘭（Reg Grant）　著

邊若溪　　譯

張學明　　審校

商務印書館

A DORLING KINDERSLEY BOOK
WWW.DK.COM

Original Title: *The History Book*
Copyright © 2016 Dorling Kindersley Limited, London
A Penguin Random House Company

本書中文繁體版由 DK 授權出版。
本書譯文由電子工業出版社授權使用。

歷史百科

作　　者：里基‧格蘭 (Reg Grant)、菲奧娜‧高華特 (Fiona Coward)、湯瑪士‧古西安斯 (Thomas Cussans)、祖兒‧李維 (Joel Levy)、菲臘‧柏駕 (Philip Parker)、莎莉‧雷根 (Sally Regan)、菲臘‧維堅臣 (Philip Wilkinson)
譯　　者：邊若溪
審　　訂：張學明
責任編輯：黃振威
出　　版：商務印書館 (香港) 有限公司
　　　　　香港筲箕灣耀興道 3 號東滙廣場 8 樓
　　　　　http://www.commercialpress.com.hk
發　　行：香港聯合書刊物流有限公司
　　　　　香港新界大埔汀麗路 36 號中華商務印刷大廈 3 字樓
印　　刷：Vivar Printing
版　　次：2019 年 6 月第 1 版第 1 次印刷
　　　　　© 2019 商務印書館 (香港) 有限公司
　　　　　ISBN 978 962 07 5807 2
　　　　　Published in Hong Kong
　　　　　版權所有　不得翻印

A WORLD OF IDEAS:
SEE ALL THERE IS TO KNOW
www.dk.com

作者簡介

里基·格蘭（Reg Grant）顧問編輯

里基·格蘭在軍事史、通史、時事和傳記等領域寫了很多文章。他的著作包括 DK 出版的《飛行：一百年航天史》、《海戰》、《第一次世界大戰：完整視像指南》。

菲奧娜·高華特（Fiona Coward）

菲奧娜·高華特博士是英國波爾茅夫大學考古及人類學高級講師。她的研究主要聚焦在人類社會的改變，即從史前的非常微小的社會團體到與現代人息息相關的全球社會網絡。

湯瑪士·古西安斯（Thomas Cussans）

湯瑪士·古西安斯是作家和歷史學家，曾參與撰寫不少歷史著作。它們包括 DK 出版的《世界史時間線》、《編年歷史》以及《歷史：終極視像指南》。他之前是《泰晤士世界史》和《泰晤士歐洲史地圖》的出版者。他最新的著作是《納粹大屠殺》。

祖兒·李維（Joel Levy）

祖兒·李維是一位專門寫歷史和科學史的作家。他是《遺失城市》、《歷史最偉大發明》和《改變世界五十件武器》等逾二十本書的作者。

菲臘·柏駕（Philip Parker）

菲臘·柏駕是一位專門研究古代和中古史的歷史學家。他是《DK 世界史手邊指南》、《帝國在這裏停下：漫遊羅馬帝國邊界》、《北人之憤：維京世界的歷史》，與及《大貿易路線：陸海貨運商業史》的總編輯。他為 DK《編年歷史》及《從一千件物件談世界歷史》供稿。他之前是外交官與及歷史地圖的出版者。

莎莉·雷根（Sally Regan）

莎莉·雷根曾為包括《歷史》、《第二次世界大戰》和《科學》等逾十多本 DK 圖書供稿。她亦是英國 BBC 第四頻道一套獲獎紀錄片的製片。

菲臘·維堅臣（Philip Wilkinson）

菲臘·維堅臣曾經寫過很多有關歷史各個課題、傳統、建築歷史與藝術的書。他同時是暢銷書《羅馬人為我們幹了甚麼》與及備受稱許的《古舊和偉大建築的震撼》的作者。他曾為很多百科全書和大眾工具書撰稿。

目 錄

近代早期

1420–1795 年

變革中的社會

1776－1914 年

當今世界

1914 年至今

INTRODUCTION

前 言

歷史的終極目標是讓人類了解自己。以 20 世紀歷史學家 R. G. 科林伍德的話來說，「歷史的價值在於它能夠告訴人類我們做了些甚麼，也能夠藉此讓我們知道自己究竟是誰。」沒有歷史，我們永遠也無法體悟自己的一生。

歷史本身也擁有一段歷史。自遠古時代開始，所有社會，無論是否已經出現文字，都會以故事的形式將自己的起源和過去傳承下去。這些故事大多富於想像，圍繞着諸神或是英雄的事跡而展開。最早那些擁有文字記載的文明也記錄下統治者的作為，並將其鑴刻在泥板或是宮殿與寺廟的牆壁之上。然而，這些古代社會最初卻並未試圖系統化地探尋歷史的真相，也沒有對那些真正發生的事件與神話傳說中記載的故事加以區分。

古代歷史敘事

最早通過蒐集證據並對其加以解讀的方式探索過去的人是公元前 5 世紀的古希臘作家希羅多德和修昔底德斯。「歷史」（history）一詞便是希羅多德最先使用的，在希臘語中是「探尋」的意思。儘管希羅多德的作品中仍舊融合了許多神話，然而修昔底德斯對於伯羅奔尼撒戰爭的記述卻更加符合現代歷史研究的標準。這些文字來源於對戰爭見證者的訪談，且作者並未將這一系列事件視作諸神的所作所為，而是將其歸為人類的行為。

修昔底德斯創造出了一種最為恆久的歷史形式，即對於戰爭、政治衝突、外交以及決策的詳細記錄。後來羅馬在地中海世界的崛起促使歷史學家們創造出了另一種更具普適性的體裁——記敘「我們是如何走到今時今地的」。古希臘歷史學家波利比奧斯（公元前 200-前 118 年）與古羅馬歷史學家李維（公元前 59-公元 17 年）都致力於記錄羅馬的崛起，這樣「恢宏的圖景」能夠幫助我們更好地理解跨越了漫長歲月的一系列事件。儘管二人只對古羅馬世界進行了探索，這卻是所謂「通史」的開端。這樣的歷史試圖以故事的形式自最早的起源出發，一直描繪至當下的事件，目的便是賦予過去不言自明的目標與方向。

同一時期，中國的歷史學家司馬遷（約公元前 145-前 86 年）也在進行着相類似的活動，追溯中國自傳說中黃帝（約公元前 2697 年）開始直至漢武帝（約公元前 109 年）為止數千年間的歷史。

道德意涵

古時候的歷史學家除利用歷史記敘來對事件加以解讀外，還會將歷史視為道德與沉思的來源。例如，李維與塔西佗（公元 56-117 年）創作的歷史文獻從某種程度上而言便是為了檢視英雄與惡人的所作所為，反思帝王與將領品格中的優勢和劣勢，為品行端正之人樹立可供借鑒的榜樣或是引以為戒

那些遺忘了歷史的人便注定要重蹈覆轍。

—— 喬治·桑塔耶拿，
《理性生活》（1905 年）

的典型。這始終都是歷史的作用之一。法國編年史作家讓・傅華薩（1337－1405 年）便曾表示，自己之所以要記錄下百年戰爭中騎士們的英勇事跡，「便是為了令那些勇敢的人們受到他們的激勵，效仿他們的作為。」如今，人們對於林肯、丘吉爾、甘地或馬丁・路德・金等人的歷史研究也發揮着同樣的作用。

「黑暗時代」

羅馬帝國後期基督教的崛起從根本上改變了歐洲的歷史觀。基督徒逐漸開始將歷史事件視作神的眷顧或上帝的旨意。很少有人還會抱着懷疑精神對真實發生的事件進行探索，而大多數人都會理所當然地將那些神跡與殉道故事視作事實。阿拉伯歷史學家伊本・赫勒敦（1332－1406 年）便對當時人們不經鑒別便盲目相信那些無法加以證實的荒唐事件進行了無情的批判。

然而，無論是基督教還是伊斯蘭教，那些歷史學家的編年史作在其厚重程度上都遠比不上 1085 年宋代歷史學家司馬光撰寫的《資治通鑒》對於歷史的記載。這部作品記述了中國跨越近 1400 年的歷史，篇幅長達 294 卷。

文藝復興人文主義

無論其他文明書寫歷史的傳統具有哪些毋庸置疑的價值，現代史學卻是在西歐逐漸演化而成的。文藝復興運動起源於 15 世紀的意大利，後傳播至整個歐洲，並直到 16 世紀末對許多領域仍有影響力。這一運動便是圍繞着人們對於過去的再發現而展開的。文藝復興中的思想家從古典時期諸如建築、哲學、政治及軍事策略等多個領域中得到了充裕的靈感。此外，該運動中的

> 同以前時代的人們生活在一起就像是遊歷在異國他鄉一般。

——勒內・笛卡兒，《方法論》（1637 年）

人文主義學者也將歷史視為其嶄新教育體系中的重要科目，而搜尋文物古蹟、建立古幣及古碑文藏品的文物工作者也成為精英階級中的一員。同一時期，印刷的普及也開始令越來越多的人逐漸了解歷史。

啟蒙運動

到了 18 世紀，歐洲的歷史研究方法（通過批判及比對史料等方式查明歷史事實）已經逐漸趨於成熟。歐洲思想家普遍認為，歷史可被大致分割為三個階段：古代、中世紀和現代。這樣的劃分方式從根本上看是一種價值判斷，其中，受教會支配的中世紀是一段以非理性、未開化為特徵的時期，並成為莊嚴古代文明與現代歐洲新興理性世界之間的分割點。啟蒙運動時期哲學家的歷史著作嘲弄了過去的愚蠢與荒唐。

浪漫主義精神

與之形成鮮明對比的是 18 世紀橫掃整個歐洲的浪漫主義運動。該運動在過去與當下的差異之中發現了其固有的價值。浪漫主義者自中世紀中汲取靈感，而浪漫主義

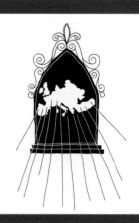

歷史學家也並未像前人一樣，將過去視作對現代世界的鋪墊，而是極富想像力地試圖潛入以前時代的靈魂，這大多都與民族主義有關。德國浪漫主義思想家約翰·哥特弗雷德·赫爾德（1744－1803 年）便試圖自歷史中搜尋民族身份的根源與真正的「日耳曼精神」。19 世紀，隨着民族主義逐漸在歐洲站穩腳跟，許多歷史文獻也都變成對民族特性和民族英雄的讚揚，且與其說是歷史，反而更像是在創造神話故事。就像每一個國家都有自己的國旗與國歌一樣，它們同樣也希望能夠擁有一段屬於自己的神聖英雄史。

「宏大敘事」

19 世紀，歷史開始變得越發重要，甚至呈現出了主宰未來的趨勢。歐洲文明妄自尊大地將自己視為一切歷史進程發展的目標，其歷史文獻也以類似的措辭記述着過去。德國哲學家格奧爾格·威廉·弗里德里希·黑格爾（1770－1831年）以普魯士邦國的覆滅為節點，清晰描繪出了一幅宏大的歷史發展畫卷。後來，哲學家、社會革命者卡爾·馬克思（1818－1883 年）在黑格爾體系的基礎之上發展出了自己的理論。在他看來，經濟增長這一引發了各階級之間矛盾衝突的社會因素終有一日必將會使權力自資產階級手中轉移至無產階級手中，而資本主義世界也會因其自身的內部矛盾而崩塌。可以說，馬克思主義成為後來最具影響力也最為持久的歷史「宏大敘事」。

同其他領域的知識一樣，歷史也在 19 世紀經歷了專業化的過程，並自此成為一個學術學科。學術歷史渴望獲得同科學一般的地位，還公開宣稱要以堆砌「事實」為目標而發展。「嚴肅」歷史（通

歷史不過就是人類的罪惡、愚蠢與不幸。

——愛德華·吉本，
《羅馬帝國衰亡史》(1776 年)

常依賴於經濟數據）與諸如儒勒·米什萊（1798－1874 年）和托馬斯·麥考萊（1800－1859 年）等廣受歡迎的歷史學家筆下那些趣味橫生的文學作品之間開始出現分歧。

社會歷史的崛起

20 世紀以前，歷史的主題總是圍繞着國王、王后、首相、總統和將領展開；然而自這時起，歷史卻開始越來越多地關注平凡人的人生，而更為深入的調查也令人們逐漸開始看到他們在歷史事件中所扮演的角色。一些歷史學家（最初是法國的歷史學家）開始摒棄一切「重大歷史事件」，反而開始研究起不同歷史時期的社會結構以及普通人的生活、信仰和精神面貌。

歐洲中心主義歷史觀

直到 20 世紀後半段之前，多數世界史都是西方文明的勝利故事。馬克思主義歷史與那些讚揚科技、企業及自由民主制進步的歷史中無不隱含着這樣的歷史觀。這些記述並非都是持樂觀態度的；無數預言家也曾預告着衰落與滅亡。然而，這卻無疑意味着歷史一直以來

從本質上看都是由歐洲和其遠方的分支所書寫而成的。

後殖民時期修正主義

到了 20 世紀後半段，單一而有目的性的歷史「宏大敘事」這一概念逐漸瓦解，與之一同瓦解的還有歐洲中心主義。後殖民時期與後現代主義世界需要我們從多種社會身份認同出發，講述各自的故事，留存多樣的歷史。越來越多的人開始將視線投注在黑人歷史、女性歷史、同性歷史，以及亞洲人、非洲人或是美國原住民們講述的歷史。這時，社會中的邊緣人與那些受到壓迫的人逐漸成為歷史的「施事者」，而非被動的受害人。

一股修正主義風潮推翻了西方教科書中常常出現的世界史，儘管在大多數時候，這些推翻了原版本歷史的人也並未提出甚麼能夠為人們所接受的新版本。舉個例子，我們可以從人們對於 1992 年「克里斯托弗・哥倫布首次航行至美洲大陸 500 週年紀念日」的態度中看出修正主義風潮所引發的困惑。若是放在過去，美國人必定會在這樣的日子裏大張旗鼓地慶賀一番；然而

這一次，民眾對這一歷史事件的認可之中卻多少帶了幾分羞愧，更不必說還有很多人根本就不覺得這是甚麼值得稱讚的事情。人們不再確定自己應對傳統歷史抱有怎樣的看法，也不知道應當怎樣看待歷史中的偉人以及那些開創了新紀元的大事件。

21世紀歷史觀

這部《歷史百科》反映了人類歷史進程之中「宏大敘事」的衰落。我們希望能夠將具體的歷史瞬間或是事件打造為一扇通往過去某些特定領域的窗口，令廣大讀者掌握世界歷史的概況。為迎合當前時代人們所關注的重點問題，本書還反思了歷史長河之中人口增長、氣候變化以及環境保護等重要問題在長遠意義上的重要性。同時，它也觸及了傳統意義上人們所關注的歷史問題，例如，英國《大憲章》的簽署、黑死病的蔓延，以及美國內戰的爆發。

本書從人類的起源和史前紀元出發，跨越不同歷史時期，一直記敘至今日的事件。當然，各個時期之間其實並不存在甚麼明確的時

間節點，而當日期上有所重疊的時候，你便可以到與該事件在思想層面上最為一致的時代之中找到相應的標題。

正如書中所體現的那樣，歷史是一個過程，而非一連串相互獨立的事件。我們只能猜測自己如今正在經歷的這些事情將對未來的歷史產生怎樣的影響。沒有哪個身處 21 世紀初期的人可以說自己能夠全然了解歷史的意義，然而，歷史卻始終都是一個最為基礎的學科。正如詩人亞歷山大・蒲柏所說的那樣，「想要了解人類，就要先了解人類自己。」■

我們並非歷史的塑造者。歷史塑造着我們。

——馬丁・路德・金，
《愛的力量》(1963 年)

HUMAN ORIGINS
200000 YEARS AGO— 3500 BCE

人類起源

20萬年前—公元前3500年

東非出現了**最早的人類**（智人），歐洲和西亞則生活着**穴居人**（尼安德特人）。

舊石器時代的人開始進行**藝術創造**（動物塑像與洞穴壁畫），製造**人工製品**（首飾、裝飾品及武器）。

歷史上出現了一段名為「**大凍結**」的嚴寒時期。北部地區的人類與動物或是滅絕，或是南遷。

耶利哥城（位於如今的約旦河西岸）落成；時至今日，這裏依舊是世界上**始終有人居住的古城之中最古老的一座**。

約**20**萬年前　　　約**4**萬年前　　　約**23000**年　　　約公元前**9000**年

約**45000**年　　　約**35000**年前　　　約**15000**年前　　　約公元前**7500**年

人類的足跡**遍佈**全球，**歐亞與澳洲**的大部分地區也都可以見到人類的身影，這些人都是從東南亞乘船去到那裏的。

最早的**人形小雕像**刻劃的大多都是**女性**角色，由骨頭、象牙、陶土或是石塊雕刻而成。

當時的許多人或是跨越了連接亞洲和北美洲的**大陸橋**（如今的白令海峽），或是**經由海路**，開始在**北美洲**落腳。

人類開始在土耳其中部的**恰塔霍裕克定居**；考古發現了複雜**儀式**的痕跡，表明當時的**社會**已具有**凝聚力**。

人們普遍認為人類起源於非洲大陸。人屬與其近親黑猩猩通過生物進化與自然選擇，一同在東非地區經歷了長達百萬年的演化。智人（*Homo sapiens*），也就是現代人類，則同其他人種（人類的近期，包括4萬年前滅絕了的尼安德特人）一起，經歷相同的生物學進程而進化着。

　　大約在10萬年以前，分佈在各處、依靠打獵與覓食為生的人類幾乎同其他類人猿沒有甚麼分別。然而從某一刻起（很難確定具體是在哪一刻），他們的身上開始出現轉變，這樣的轉變並非是生物學的進化，而是文化的演變。他們通過工具製造、藝術創作、信仰、社會習俗與語言體系的建立等全新的手段，逐漸改變了自己的生活方式。等到他們已經可以在洞穴的牆壁上描繪出精美的圖畫，還能用石塊或骨頭雕刻出雕像的時候，人類已經從其他動物之中脫穎而出。最開始的時候，人類的演變是極為緩慢的，然而這一進程卻在之後的千年間出現了強勁的發展勢頭。就這樣，人類成了唯一擁有漫長歷史的動物。

探索歷史

　　對於歷史學家來説，人類文化與社會早期究竟是如何發展的是一個格外棘手的問題。最早的文字大約出現於5000年以前，而那個時候，人類已經走過了一段漫長的歷史歲月。通常而言，人們會將文字出現之前的那段時期稱為「史前」，也不會對其加以探討，因為該時期並未留下任何可供歷史學家進行研究的資料。然而近年來，許多全新的科學方法（包括遺傳物質鑒定以及利用放射性碳年代測定法對生物遺體進行化驗等）豐富了已有的考古學科技方法，使學者得以填補文字出現以前歷史的空缺，哪怕只有一點點。

　　新的研究與探索為人們帶去了全然不同的視角（儘管這些研究的發現也常常備受爭議），因此，文獻之中對於遠古歷史的記敘也處於不斷修訂之中。即便是一個洞穴、陵墓，甚至是一塊人類頭骨的發現，都能令人們開始質疑自己之前

塞爾維亞出現了**銅冶煉**，而近東地區則發明了**轉輪**，其用途大約是為了製作陶器而非交通運輸。

近東地區開啟了青銅時代，印度河流域文明則開始出現在印度次大陸。

美索不達米亞平原南部（如今的伊拉克）的**蘇美爾人**發明了世界上**最古老**的文字體系之一——**楔形文字**。

不列顛500年前一片土壘的正中央形成了**巨石陣**，巨石林立；後來，這些巨石的位置又發生了改變。

約公元前5000年　　**約公元前3300年**　　**約公元前3000年**　　**約公元前2500年**

約公元前4000年　　**約公元前3100年**　　**約公元前2700年**　　**約公元前1800年**

幼發拉底河流域（如今的伊拉克、敘利亞和科威特）的**美索不達米亞平原**上逐漸建立起**人類文明**，並出現了**灌溉農業**。

那爾邁**統一**上下埃及，成為**第一王朝**的首位法老；古埃及**象形文字**廣為流傳。

古埃及建起了第一座石制**金字塔**，將其用作紀念性墓室；兩個世紀之後，吉薩金字塔羣落成。

古埃及出現了**字母書寫體系**（基於象形文字的原始西奈文字）；這是大多數現代字母體系的原型。

的認知之中是否存在謬誤。然而，到了 21 世紀，歷史文獻之中對於早期人類的記載大多都是已經得到證實了。

遊牧民族的狩獵者與採集者

歷史學家一致認為，在 1.2 萬年以前，人類都過着小規模聚居的遊牧式生活，以石器為工具，靠狩獵與採集為生。人們常常將這一時期稱為「舊石器時代」。人類作為一個物種無疑是成功的，他們將人口繁衍至千萬，還將足跡擴散至地球的大部分地區。通常來說，他們能夠很好地適應千萬年以來重大的自然氣候變化，儘管在那段最為嚴寒的「大凍結」時期，人類也曾短暫地自北部諸如不列顛與斯堪的納維亞半島等地逃離開來。

人類的生存與其所處的自然環境之間有着緊密的聯繫，然而，即使是在那樣久遠的當時，他們對於環境的影響也絕稱不上是正面的。歷史上存在着這樣一個令人不安的巧合——人類狩獵者走到哪裏，猛獁象與乳齒象等巨型動物便開始在哪裏滅絕。儘管人類的狩獵行為絕非是導致這些動物滅絕的唯一原因（自然氣候的變化也是其中的因素之一），然而從我們今天的角度看來，這卻並非是甚麼好的傳統。

種植革命

人類「自然而然」衍生出的這種狩獵採集式的生活方式似乎有頗多可取之處。科學家研究了早期狩獵採集型社會之中人類的骸骨，他們發現，我們的祖先通常不費甚麼力氣便可以獲取充足的食物，且他們也幾乎不怎麼生病。假如事實如此，那麼全世界各地的人類又為何會在後來逐漸定居於村鎮之中，靠農業為生，種植穀物、飼養家畜。畢竟，耕種這項工作實在太過繁重，而流行病最早也是自村鎮之中蔓延開去的。

無論人類的定居與農業的發展對當時人們的生活質量產生了怎樣的影響，毋庸置疑的一點是，這大大增加了人口密度。一些人將這一時期稱為「新石器時代」，這是人類發展歷程中的一個重大轉折點，最早的鄉鎮與城市便誕生於此時，而最初的「文明」也於此時建立。■

其重要性至少堪比哥倫布航至美洲大陸或阿波羅11號登上月球

人類最早到達澳洲大陸
（約60000-45000年前）

背景介紹

聚焦
遷移

此前

約 20 萬年前　智人（現代人類）在非洲逐漸演化而成。

約 125000-45000 年前　一批批智人遷移至非洲以外的地區。

此後

約 50000-30000 年前　俄羅斯中南部出現了丹尼索瓦人。

45000 年前　智人到達了歐洲。

約 40000 年前　穴居人滅絕。人們在伊比利亞半島發現了他們最後的遺跡。

約 18000 年前　人們發掘出的弗洛里斯人化石可追溯至這一時期。

約 13000 年前　人類出現在了美國新墨西哥州的克洛維斯市，然而他們也可能並非是這一大陸上最早的人類。

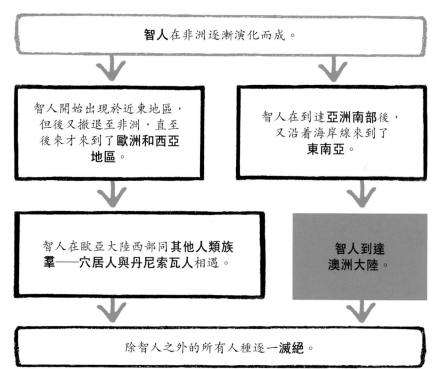

智人在非洲逐漸演化而成。

智人開始出現於近東地區，但後又撤退至非洲，直至後來才來到了**歐洲和西亞地區**。

智人在到達**亞洲南部**後，又沿着海岸線來到了**東南亞**。

智人在歐亞大陸西部同**其他人類族羣——穴居人與丹尼索瓦人**相遇。

智人到達澳洲大陸。

除智人之外的所有人種逐一**滅絕**。

現代人類是唯一一個真正將足跡踏遍世界每一個角落的哺乳類物種。自 20 萬年前智人逐漸在非洲演化而成起，他們的生活範圍便迅速擴展至全世界，這也證明了我們這一物種對探索周圍環境極具好奇心。需要特別注意的是，許多研究者認為，人類之所以可以在短時間內佔據亞洲南部海岸，很重要的一個原因便是他們能夠對沿海環境加以開發利用。

對於人類來說，即便是如澳洲

參見：阿爾塔米拉岩洞壁畫 22~27 頁，「大凍結」時期 28~29 頁，恰塔霍裕克定居 30~31 頁。

弗洛里斯人的骸骨於2003年在印度尼西亞的弗洛里斯島出土。一些研究表明，這些骸骨之所以比現代人的骨骼小，是因為疾病造成的，而非是因為弗洛里斯人同現代人從屬於不同的物種。

土地上那樣截然不同的植物羣和動物羣都稱不上是甚麼生存屏障；儘管學界對於人類最早到達澳洲大陸的時間仍有爭議，但他們很可能早在 6 萬年前便開始在那裏生活了。大量證據表明，大約在 4.5 萬年以前，人類便已經大規模移居澳洲了，而這也大約正是智人到達歐洲大陸的時期。

其他人種物種

智人是最早到達澳洲的人種，然而，在歐亞大陸的部分地區，人類卻的確面臨過競爭。在人類抵達歐洲之時，穴居人已經在那裏生活了約 25 萬年，充分適應了當地的生活，而他們的祖先海德堡人也是現代人類的祖先。

一路向東去到俄羅斯阿爾泰山脈的丹尼索瓦洞穴，人們在那裏發現了一個神秘的物種——丹尼索瓦人，而丹尼索瓦人曾經存在的唯一證據就是他們的 DNA。人們在亞洲東南部的弗洛里斯島上也發現了另一個可能存在過的物種的化石，他們便是身形矮小、大腦也很小的弗洛里斯人（別名小矮人）。

在所有這些物種之中，智人是唯一一個存活下來，並且還在後來佔領了新大陸的物種。冰河時代的到來導致了海平面的下降，而這也令連接了俄羅斯與阿拉斯加的白令陸橋出現在了人們的眼前，使得他

人類的足跡迅速踏遍美洲大陸這一點恰恰證實了智人無與倫比的聰明才智與出類拔萃的適應能力。

——尤瓦爾・諾亞・赫拉利，
《智人》（2011 年）

們能夠自亞洲東北部到達美洲大陸。如今，人類已經發掘了許多當時的遺跡，尤其是在南美洲地區，然而這些遺跡究竟存在於甚麼年代仍有待考究。

社交網絡

除非科學家可以發現更多的證據，不然，丹尼索瓦人與弗洛里斯人的命運仍將還是未解之謎。然而近來的證據表明，穴居人大約是在 4 萬年前滅絕的。許多研究者認為，正是智人的足智多謀使得他們能夠在面對末次盛冰期的氣候變化時成功戰勝其他物種。在大多數人看來，相較於其他物種，智人有龐大的社交網絡可以作依靠，而這一點更是一筆巨大的財富，這不僅幫助他們熬過了艱難的時期，也令他們在將足跡踏遍世界的過程中逐漸開拓了陌生的環境。■

智人：唯一倖存的人種

歷史上並無證據能夠證明人類曾與其他物種發生過激烈衝突。事實上，我們可以從現代人類的 DNA 中發現穴居人與丹尼索瓦人的基因，這表明各族羣中的少數人曾經通婚，儘管這只是極少數的情況。

儘管穴居人很擅長製作石器，在打獵方面也是一把好手，但現代人類或許能夠更快地適應並應對冰河時代急劇變化的氣候環境。他們發明了全新的石器，也逐漸探索出了新的技巧，開始對石頭與鹿角等資源加以利用。此外，他們還建立了廣泛的支援網絡，使得各個相隔甚遠的羣體之間能夠實現資源共享，增加自身的生存概率。或許正是這樣的適應能力令人類從自己的同類之中脫穎而出，在愈發變幻莫測的環境中爭取到了更多的資源。

一切都是如此美麗、如此新鮮

阿爾塔米拉岩洞壁畫（約4萬年前）

背景介紹

聚焦
舊石器時代文化

此前

約 45000 年前　現代人類抵達歐洲。

約 40000 年前　現今已知最早的歐洲藝術誕生，其中的作品包括在德國霍倫斯泰因的斯塔德爾洞窟發現的「獅子人」雕像。

此後

約 26000 年前　捷克共和國的下維斯特尼采出現了三人同葬於一處的做法。

約 23500 年前　白砂洞穴（Arene Candide）中的「王子」被人埋葬於意大利，身上還裝飾着華麗的貝殼類珠寶。

約 18000 年前　最後一次冰河時代到達其冰期的頂峯。

西班牙北部海岸桑坦德附近的阿爾塔米拉岩洞中有許許多多的通道及洞窟，延伸近 300 米，這裏有着迄今為止為人類所發現的最傑出的石器時代（或者説是舊石器時代）岩洞壁畫。這些壁畫的內容令人無比驚嘆，甚至在 1880 年人們最初發現這裏的時候，許多人都認為它們都是沒有絲毫價值的仿冒品，直至 20 年後，學界才承認這些壁畫真的是史前狩獵採集時期的藝術創造。這裏最早的作品或許可以追溯至 3.5 萬年以前，不過大多數為人所熟知的壁畫都是在很久之後的 2.2 萬年前繪製的，其中便包括那座繪有野牛的洞窟：洞窟低矮的岩頂上佈滿了動物繪畫，其中便包括顏色各異、栩栩如生的野牛。當時的匠人巧妙地將其描畫在自然起伏的岩石之上，令這些野牛看上去近乎是三維立體的。

藝術的推動力

除阿爾塔米拉岩洞外，人們也發現了其他許多震撼人心的岩洞壁畫，它們大多集中在法國的西南部與西班牙北部。這些作品中不僅包含細節精妙的動物圖案，還有許多銘刻或繪製而成的標記、符號及手印。對於石器時代藝術品的含義或是作用，考古學家之間仍舊存在分歧：一種説法認為，這些人只是單純欣賞藝術中包含的美感——就像他們的後代，也就是如今的我們一樣；另一種説法則認為，一些圖案中讓人不住讚嘆的細節——例如動物的性別或是背景環境中清晰可辨的季節——或許可以説明這些繪畫是一種傳遞生存信息的方式，比如哪些動物是可以狩獵的，它們又活躍於哪個季節，或是怎樣才能成功捕獲牠們等。

狩獵儀式

除此之外，岩洞壁畫或許也與舊石器時代人們的世界觀或是宗教信仰有關。即使到了今天，許多依舊依靠狩獵與採集為生的社會也會持有相同的「萬物有靈論」觀點，也就是説，在他們看來，動物、植

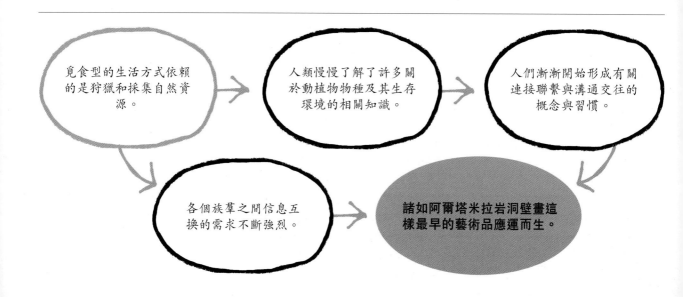

覓食型的生活方式依賴的是狩獵和採集自然資源。

人類慢慢了解了許多關於動植物物種及其生存環境的相關知識。

人們漸漸開始形成有關連接聯繫與溝通交往的概念與習慣。

各個族羣之間信息互換的需求不斷強烈。

諸如阿爾塔米拉岩洞壁畫這樣最早的藝術品應運而生。

參見：人類最早到達澳洲大陸 20~21 頁，「大凍結」時期 28~29 頁，恰塔霍裕克定居 30~31 頁。

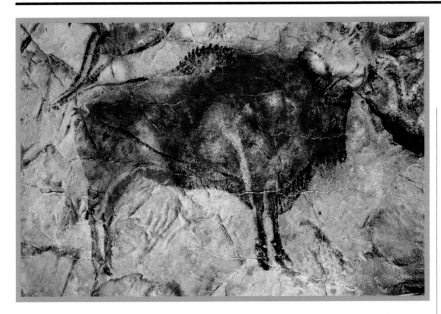

阿爾塔米拉岩洞中起伏的岩石結構非但不會損壞藝術效果，反而起到了強化作用，令野牛岩窟中的動物看上去近乎是三維立體的。

物，甚至高山河流這樣的實體都有自己的靈魂，還會在其日常生活中與人類互動。此類社會中的宗教人士或是薩滿都相信自己能夠與這樣的靈魂進行交流，以此幫助那些生病或是受傷的人。而縱觀歷史，薩滿總會在自身意識渙散或是狀態昏沉的情況下繪製這樣的岩洞壁畫，這便是他們與靈魂溝通的一部分。於是，許多研究者都認為，舊石器時代的社會或許也有相似的信仰。他們通常也認為薩滿可以變身為動物，還會慫恿人們將其進獻給獵人，這也解釋了岩洞中為何會出現兼具人類與動物特徵的形象。

繪製動物圖案亦有可能是某種「魔法」儀式中的環節，而這樣的儀式則是為了增加狩獵時收穫獵物的成功率。對於那些主要依靠獵食動物來維持生計的社會而言，這樣的儀式再重要不過了。

葬禮與來生

我們可以從葬禮儀式中發現更多這一時期中人類參與宗教或祭祀活動的證據。舉個例子，在捷克共和國的下維斯特尼采遺址中，三具遺體被人以帶有性暗示色彩的姿勢埋葬在了一處。其中一具男性屍體位於女性遺骨的側面，一手探向她的骨盆部位，另一側的男性屍體在其埋葬的時候則是面部朝下的。三人的頭部附近以及女性的骨盆周圍還撒上了一種赭石色的顏料。有趣的是，這三具遺體都有着同樣一種罕見的骨骼畸形問題，由此可見，他們之間或許有血緣關係。當時的人們為何要以這樣的方式將他們埋葬在一起或許永遠都會是一個謎，

岩洞中的手印發現於西班牙坎塔布里亞地區。這些手印大約是年輕人留下的，而這一點或許表明在當時，到地下岩洞中探險似乎是一種成人儀式。

成人儀式

其他一些研究者還發現，洞穴中藝術畫作附近的手印或是腳印似乎是青少年留下的。對於年輕人來說，手持一把依靠動物油脂點燃的油燈，一路走向黑暗、潮濕，或許還危機四伏的洞穴似乎是一種成人儀式，而只有那些英勇無畏的人才能成功通過考驗。

古往今來，世界各地的人們都有着相同的本能，那便是用圖像和符號描繪自己和自己身處的世界。

——吉爾·庫克，
《冰河世紀的藝術》（2013 年）

然而，我們還是可以明顯地看出，這樣的埋葬方式絕不僅僅是為了將骸骨處理掉這麼簡單。

在其他幾處墓葬遺址中，一些被葬者的周圍還有許多貴重的陪葬品，例如意大利的白砂洞穴中就發現了許多貝殼做成的複雜珠寶，而俄羅斯松希爾地區埋葬着兩個孩童的墓穴中也發現了以象牙雕塑而成的長矛。一些研究者認為，從這些擁有珍貴陪葬品的人，尤其是那些小孩子們的身上可以看出，在一些羣體之間，等級之分與地位差異已經開始形成。然而，這樣的習俗在此後的很長一段時間裡並不普遍。但是不管怎樣，我們還是可以清楚地看到，當時的人們已經開始愈發關注身後之事以及亡者應如何去往來生等問題，而這樣的現象在歷史上還是第一次出現。

標注領地

其他一些研究者發現，最為「經典」的舊石器時代岩洞壁畫大多集中在法國西南部與西班牙北部。這一地區或許曾是較適宜生活的地方：即便是在末次盛冰期的高潮階段，這裏更為溫暖的南方氣候與更為肥沃的棲息地也吸引了大羣動物遷徙至此。這樣一來，居住在此地的人類也更多，這些不同的羣體聚居於一處，他們之間對於領地及資源的競爭也因此而更加激烈。

同如今那些支持不同球隊或是不同國家的人一樣，我們會使用旗幟、服裝、邊界記號、領土以及羣體認同等象徵來做區分，而舊石器時代生活在歐洲的人們或許也正是出於相同的目的才會將洞窟裝飾起來，以防止他人與自己搶奪資源。

> **人們將自己視作是一個鮮活世界中的一部分，而在那個世界裏，動物、植物，甚至就連地標和死物都有自己的生命。**
>
> ——布賴恩・費根，《克魯馬努人》
> (2010 年)

合作求生存

這樣複雜的社會互動現象或許可以幫助我們更好地理解智人是如何在冰河時代的歐洲那樣艱難的環境中生存下來的。狩獵者與採集者有可能是小規模分散聚居於人口相對稀少的地方。這一時期的大多數考古學遺跡中都沒有發現甚麼複雜建築結構存在的證據，這也說明當時的人類在天氣急劇惡劣或是當地環境發生變化的時候經常遷移，他們大多會選擇跟隨諸如麋鹿這樣的大型動物羣體，在它們隨季節遷徙的時候一同離開。

智人與他人建立關係的能力令一批批的狩獵者隨時可以在需要的時候相互聯合。在資源豐富的時候，他們便一同狩獵；舉個例子，他們會在狹窄的峽谷或是河流交匯處這樣最難以讓動物們團結在一起的地方攔截遷徙的麋鹿羣。而在資源匱乏的時期，這些獵人們則會重新分頭行動，去遠方尋找足以維持生存的獵物。

歷史學家至今也無法確定大多數岩洞壁畫的背後是否隱藏着某種確切的含義。最有可能性的猜測便是這些壁畫或許有如下某種或幾種用途：為藝術而藝術；靈性；成人儀式；標注領地；或是傳遞與狩獵有關的珍貴信息。

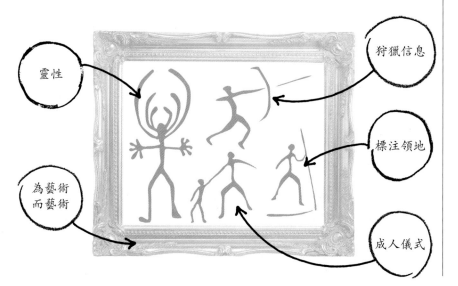

狩獵工具通常都會被雕刻成其所用來捕殺的動物，這或許也是一種「魔法儀式」，可以增加狩獵成功的概率。圖中便是一座投擲器。

早期技術

當時的狩獵者與採集者會花費相當大的精力改進狩獵技術，因為對於他們而言，那就是生與死之間的差異。他們會將仔細打磨好的石制尖端裝在矛上，然後再用投擲器將其擲向目標，投擲器不僅可以增加矛的攻擊範圍，還能使其更加有力。這樣的工具對於成功狩獵至關重要，因此看到許多投擲器上都有精美的雕刻和裝飾，有的甚至還繪製着所捕獵物的圖案，這就不是甚麼奇怪的事情了。同樣，當時的人們也會花費很大的力氣在骨頭或是鹿角上雕刻複雜的花紋，再將其製作成魚叉，以作捕魚之用。

社會的萌芽

製作精良的骨錐和骨針表明石器時代的人類也會利用動物的皮毛來製作溫暖的衣服，他們在處理這些皮毛的時候遠比其祖先要細緻得多。除此之外，他們還會製作許多其他的東西：從用動物牙齒或是貝殼精心製作而成的首飾，再到石頭或是陶土雕塑而成的小人像，種類繁多。這些手工製品中的許多東西或許都曾被當作商品或禮物，又或者是用來與其他族羣中的人進行交換，而這也是大規模社交網絡中的一環。

末次盛冰期中歐洲變幻莫測的環境意味着物質充裕時與其他族羣分享自己的資源，或許會在未來得到巨大的報償：假若一個族羣在某地費盡力氣也找不到食物，那麼此前曾經接受過他們幫助的族羣便會更願意在此時此刻回饋這份恩情。這樣一來一往的關係或許都可以將相隔甚遠的族羣聯繫在一起，編織成就一張巨大而複雜的網絡，對於那個生存條件無比惡劣的時代而言，這一個網絡的重要性是不言而喻的。■

維納斯小雕像

歐洲的許多地方都曾發掘出以石頭、象牙或是陶土雕刻而成的女性小雕像，它們是舊石器時代藝術品中的一類。這些雕像有着許多令人驚嘆的共同點：它們的面部表情或是雙腳等細節通常十分模糊，然而諸如胸部、腹部、臀部、大腿以及外陰等女性特徵卻往往極為誇張。我們或許可以從創作者對於性別及生育相關特徵的重點刻劃還有人物圓潤的體型上看出，這些小雕像可能扮演着象徵性的角色，與分娩有關，或者更普遍地說，是生育能力。

一些研究者認為，這樣的形象刻劃的是「母親神」，然而這種解讀卻缺乏證據上的支撐。另一些研究者則將注意力放在了其他地方，在他們眼中，這些小雕像體現着受到廣泛認同的文化思想與象徵，而這一點對於研究冰河時代中人們的社會交往模式、資源與信息的互通渠道，以及如何選擇婚姻伴侶等問題都具有十分重要的意義。

冰河時代末期發生的事件奠定了如今歐洲的根基

「大凍結」時期（約公元前21000年）

背景介紹

聚焦
氣候變化

此前

約 258 萬年前 更新世，或者說是冰河時代開始了。

約 20 萬年前 智人作為一個物種誕生了。

此後

約公元前 9700 年 更新世的結束標誌着全新世的開啟，而這也就是如今相對溫暖且穩定的氣候環境。

約公元前 9000–8000 年 近東地區開始出現農業。

約公元前 5000 年 海平面上升至如今的水平；地勢低窪的地面沉入海中。

約公元前 2000 年 最後一批猛獁象在俄羅斯的弗蘭格爾島滅絕。

地球的位置及其相對於太陽的方向發生了改變，**氣候變化**由此發生。

「大凍結」致使冰蓋面積增大，海平面下降。

棲息地環境發生改變，為求生存，動植物種的**分佈區域也隨之變化**。

動物與人類紛紛開始佔據那些**現出海面、地勢低窪的土地**，而海平面再次上升後，他們卻被隔絕在那裏。

人類羣體面臨**全新的機遇與束縛**。

直到近來，科學家才開始正視人類與環境之間雙向作用的關係對社會發展有着怎樣的影響。在最後一次冰川時代中，人類不斷進化，在極端寒冷（冰河期）與相對溫暖（間冰期，與如今的溫度更為近似）的氣候交替之中生存了下來。然而，在冰川時代就要走到盡頭的時候，這樣的交替變得更為顯著，間隔也不斷縮短，最終在公元前 2.1 萬年左右發生的「大凍結」中到達了頂峯。「大凍結」是一段極寒時期，也被稱作為「末次盛冰期」。當時，冰蓋不斷擴張，一直延伸至英格蘭南部，而生活在北部地區的人類和動物或是完全滅

參見：人類最早到達澳洲大陸 20~21 頁，阿爾塔米拉岩洞壁畫 22~27 頁，恰塔霍裕克定居 30~31 頁，《漢謨拉比法典》36~37 頁。

一具完整的猛獁象骸骨於1900年在俄羅斯的西伯利亞被人發現，而這也是人類挖掘出的第一具完整的猛獁象骸骨。如今，聖彼得堡的自然歷史博物館中便展示着這頭猛獁象的複製標本。

絕，或是撤往南方。大量海水凍結成冰，海平面下降，地勢低矮的地區便露出了海面，而連接北美洲與亞洲的大陸架白令陸橋便出現於這一時期，人類也正是通過這裏到達美洲。

溫度上升

最終，氣溫還是開始回升，而如今相對溫暖且穩定的氣候大約形成於公元前 7000 年。冰蓋逐漸融化，上升的海平面不僅將歐亞大陸與美洲大陸分隔，還將東南亞地區變成羣島，許多半島徹底成為島嶼，例如日本和英國，而很多人也因此遭到了隔絕。對於像猛獁象這樣的巨型物種而言，氣候變化對生態系統的影響更是格外嚴重。巨型物種繁衍生息的東南歐及西伯利亞稀樹草原變成了一望無際的森林，而縱觀全球，環境變化加之人類的狩獵行為最終導致了許多物種的

滅絕。冰期後這個全新的世界以其豐富的森林與濕地資源為人類帶來了許多全新的機遇。他們開始狩獵馬鹿與野豬等生活在森林中的大型動物，也同樣捕捉兔子這樣的小型哺乳動物，沿着大量天然的食物資源也成為人們的盤中餐。漸漸地，三文魚這樣的洄游魚類、海豹這樣的海洋哺乳動物、貝類、季節性野禽，以及一系列水果、塊莖、堅果和種子等都成為人類的主要食物。

生活方式的變遷

在那些自然資源格外豐富的地區，人類族羣或許並非是定居在一個地方的，而是將一夥人派往很遠的地方，專門獲取某種特定的資源。舉個例子，地中海東部的納圖夫人（the Natufian）便可以在近東地區收穫充足的野生穀類。一些族羣開始對環境進行改造，通過燃燒草木、砍斷樹木等方式令自己喜歡

很少人類能夠在這樣一個氣候與環境都急劇變化的世界中生存下去。

——布賴恩·費根
世界史前史專家

的植物或是動物更加旺盛地繁衍生長。他們開始挑選那些多產的植物物種並精心照料它們，播下自己喜歡的種子，還會對特定的動物進行管理和控制。這樣的改造令這些物種愈發依賴於人類的照料；而到了農業發展起來的時候，人類已經徹底轉變了自己的生活方式，而自那以後，人類行為對自然環境的影響也愈發巨大。■

冰核與過去的環境

為了弄清楚歷史上氣候曾發生了怎樣的變化，古氣候學家研究了經年累月之中海洋底部沉澱物的元素成份。一種極為微小、名為有孔蟲的海洋生物能夠自海水中汲取兩種不同形式的氧——氧 16 和氧 18。氧 16 相對更輕，在氣候溫暖時，它便會以雨水的形式墜落下來，重新流入海中。這樣一來，海水中氧 16 與氧 18 的含量便大體相同，而有孔蟲殼體中氧 16 和氧 18 的含

量也是如此。然而，當天氣寒冷時，大多數揮發至空氣中的氧 16 便不會重新回到海水之中，而是凝結成冰，於是，海水中的氧 18 含量便會超過氧 16。當有孔蟲死去的時候，它們的殼體會沉入海底並逐漸累積。古氣候學家會在海底鑽孔，提取沉澱物中的精髓，研究沉積層不同深度處氧 16 與氧 18 含量的比例，以此探尋歷史上的氣候變化情況。

一個偉大的文明在安納托利亞平原上誕生了

恰塔霍裕克定居（10000年前）

背景介紹

聚焦
新石器革命

此前

**公元前 11000− 公元前 10000
年** 近東地區已有人類開始種植
作物，馴養動物。

約公元前 9000 年 中美洲地區
開始種植玉米作物。

約公元前 8800 年 近東地區的
許多人都開始依靠農業種植為生。

此後

公元前 8000 年 東亞地區也出
現了種植活動與畜牧活動。

**公元前 7000− 公元前 6500
年** 農業種植一路向西經由塞浦
路斯、古希臘與巴爾幹半島傳播
至歐洲。

公元前 3500 年 美索不達米亞平
原上建立起了最早的城市。

狩獵者與採集者會近距離
接觸**動物與植物**物種。

冰河時代過後，氣候與環
境逐漸趨於穩定。

↓

人類開始**管理並控制**某些
動物與植物，將其馴化或
栽培在居住地附近。

↓

人口開始增長。

↓

開墾田地、種植作物以及
囤積糧食**降低**了人類的**流
動性**。

→

人類開始興建大型居住
地，恰塔霍裕克便是其中
一處。

---

20 世紀 60 年代，英國考古
學家詹姆斯・梅拉特發現
了土耳其科尼亞平原上的新石器時
代城鎮恰塔霍裕克。恰塔霍裕克因
其規模、人口密度、壯麗的壁畫、
複雜的宗教以及儀式活動而成為世
界上最著名的考古學遺址之一。自

發現以來，近東地區另外幾處規模
較大的居住點也逐一為人所發掘，
這也證明了自公元前一萬年至公元
前七千年之間，隨着人類的生活方
式逐漸自狩獵覓食向農業種植轉變
（也可將其稱作是「新石器革命」），
人類羣體的規模也在逐漸擴大。

參見：人類最早到達澳洲大陸 20~21 頁，阿爾塔米拉岩洞壁畫 22~27 頁，「大凍結」時期 28~29 頁，《漢謨拉比法典》36~37 頁。

左側的模型展示的便是人類是如何在恰塔霍裕克這個地方一同生活、一同工作的，而他們又是在哪裏飼養家畜的。

還會用石膏將一些人的面部特徵澆鑄出來，再繪上赭石色的顏料，以作展示之用。在諸如約旦艾因·加扎爾這樣的遺址中，人們發現了許多用石膏製作而成的大型雕像，還有不少陶土雕成的小型動物及人物（大多是女性）像。我們無法確定這些經過裝飾的頭骨、雕像或是小人像是否代表着某個特定的人物、家長、譜系，或是哪位神秘的祖先或神明，但它們很有可能體現了某個羣體的意識形態、儀式或是社會習俗，而正是這些內容起到了緩和個體之間衝突的作用，甚至也平復了不同地區羣體之間的矛盾。

新石器革命以來巨大的社會變革與經濟變革不僅塑造着人類歷史，也塑造了此後整個世界的生態系統。■

這或許是因為人口的不斷增長令人們不得不去尋找更為穩定的食物來源，又或許是因為依靠農業為生能夠讓人們養育更多子女，但不管怎麼說，許多居住點的規模都發生了顯著增長，人類也不再頻繁遷移。而他們也需要尋找新的途徑以緩解鄰里爭端等社會壓力。

早先的村民會將大量的時間與精力花在種植作物上面，還會將收穫的作物妥善貯存起來吃上一年，這樣一來，他們便無法像過去依靠狩獵採集為生的人那樣說搬走就搬走了。

族羣凝聚力

許多人都認為，更為正統的宗教組織以及羣組儀式活動的發展或許起到了增強族羣凝聚力的作用。許多處遺址中都有專作此類用途的建築；這些建築比住宅要大上許多，也有一些不尋常的特徵，例如石灰築成的長椅或是具有象徵意義

的藝術裝飾：恰塔霍裕克便以其中的壁畫和一系列主題各異（包括公牛、獵豹與禿鷲等野生動物）的雕塑而聞名於世。在很多地方，許多居民在其死後仍舊是那個族羣的一部分，而他們的遺體也會被人埋葬於房屋的地面之下。有些時候，人們會將他們的遺骨挖掘出來，再另擇一處地方埋葬他們的頭骨；人們

農業與健康

農業的誕生與發展令人類有了充足且穩定的長期食物來源，使得人口得以增長。然而，農業也有其負面影響。與狩獵者或是採集者相比，農民有時需要付出更多勞動力，而食物種類的局限性（農民通常只依靠幾種作物和動物為生）也更容易導致營養不良。

早期農民出現健康問題還有其他原因。他們與動物近距離生活在一起，而這則意味着一些動物疾病輕易便會傳染給人類，例如天花、炭疽、結核病以及流感。而這些疾病則更容易在人口密集的大型社區中傳播。此外，人類與動物糞便的處理不當也會引發腸胃疾病或是水源傳染疾病，例如霍亂及傷寒；不僅如此，灌溉還為蚊子和寄生蟲的繁衍提供了溫床，使人類更容易患上瘧疾等疾病。

ANCIENT CIVILIZATIONS
6000 BCE—500 CE

古代文明

公元前6000年一公元500年

兩河流域最偉大的國王之一**漢謨拉比**撰寫了一部**法典**，這是歷史上已知**最早**的書面法律體系。

埃及法老**拉美西斯二世**在**阿布辛貝**築起了兩座宏偉的神殿，用以**頌揚**法老並維護自己在努比亞地區的**統治地位**。

克里斯提尼在**雅典**引入了**民主政治**。每一位雅典公民都有權利通過**直接投票**的方式決定雅典的公共政策。

古希臘與波斯帝國之間的**希波戰爭**打響了；軍事勝利影響了古典希臘民族認同的發展。

公元前**1780**年　　公元前**1264**年　　公元前**507**年　　公元前**490**年

公元前**1700**年　　公元前**650**年　　約公元前**500**年　　約公元前**334**年

米諾斯人在克里特島上建起了**克諾索斯王宮**；米諾斯文明是歐洲第一個創立了**書寫體系**（線性文字A）的文明。

凱爾特文化的發展到達巔峯，這種文化發源於**奧地利**的哈爾施塔特，後又傳播至法國、羅馬尼亞、波西米亞以及斯洛伐克。

喬達摩·悉達多（佛陀釋迦牟尼）拋棄了物質生活，在印度找尋**啟示**並宣講**佛教**。

馬其頓國王亞歷山大大帝入侵小亞細亞並建立了一個龐大的帝國；**古希臘文化**開始**向東**傳播。

大約在 5000 年前，人類開始建立社會，其複雜程度前所未見。這些「文明」通常情況下都包含國家結構與社會等級，人們會在其中建設城市或是諸如寺廟、宮殿、金字塔之類的紀念碑式建築，還會統一使用某種書寫體系。人類文明發展的基石是農業的進步。假如在一個社會不需要所有人都去下田種地的話，那麼剩下的人便可以居住在城鎮或是宮殿之中，從事一些專門性工作，例如官員、商人、抄寫員，或者是牧師等。文明的誕生無疑在科技、藝術、文學、哲學、天文學以及時間測量等許多層面上都將人類的生活提升到了一個全新的水平面上，除此之外，它還令剝削與不平等成為社會的根基，這也為國家擴展為帝國這一過程之中爆發的大規模戰爭埋下了伏筆。

新興文明

最早的文明發源於那些有條件進行密集農業生產的地區，而這些地方的農業生產大多涵蓋水利灌溉，例如美索不達米亞平原（如今的伊拉克）上的底格里斯河與幼發拉底河流域、埃及的尼羅河流域、印度北部及巴基斯坦的印度河流域，還有中國的長江與黃河流域。儘管這些建立在歐亞大陸與北美大陸上的文明看上去都是相互獨立的，然而它們卻在漫漫歷史長河之中建立了多樣的聯繫，在思想、技術，甚至是疾病上互通有無。這些文明的發展有其共同之處：石器（石器時代）漸漸為青銅（青銅時代）所取代，之後鐵器（鐵器時代）則開始佔據主要地位。在美洲大陸上，奧爾梅克人與瑪雅人建立了中美洲文明，在那裏，石器仍是主要工具，而大多席捲了歐亞大陸的傳染性疾病也未曾見其蹤跡。

書寫與哲學

大約自公元前 1000 年起，歐亞文明開始進入一個革新的時代。文字的作用逐漸從最初實用性的記錄保存擴展至創作神聖書籍與經典文學，這些文字之中記載了從古希臘荷馬史詩，到中國儒家五經，再到印度吠陀經典的不同社會的創立神話與宗教信仰。從事商品貿易與遠洋航海的腓尼基民族將發源於地

秦始皇結束了地區的混戰狀態，成功**統一中國**，還下令開展了許多大型項目，其中便包括**兵馬俑**的製造。

尤利烏斯·凱撒在羅馬遭到元老院成員的刺殺，因為他們認為當時的凱撒愈發過分地渴求權力。

瑪雅文明開啟了**古典期**；墨西哥與危地馬拉的許多地方都建起了座座城市、神廟與紀念碑。

西哥特人的攻擊導致了**羅馬的陷落**；羅馬帝國不斷縮小，而歐洲的許多地區都被**野蠻部落**侵略。

公元前221年　　**公元前44年**　　**公元250年**　　**公元410年**

公元前218年　　**公元43年**　　**公元312年**　　**公元486年**

來自**迦太基**（北非）的軍事指揮官**漢尼拔**率軍翻越阿爾卑斯山，**侵略意大利**；然而他沒能攻下羅馬，最終回到了非洲。

一支由奧魯斯·普勞提烏斯率領的**羅馬軍隊侵入了英格蘭**南部；後來，羅馬將其統治延伸至威爾士以及**蘇格蘭**邊境。

古羅馬**皇帝康士坦丁**在取得了米爾維安大橋戰役的勝利後皈依了**基督教**；基督教迅速**傳播開來**。

薩利安法蘭克人的首領克洛維斯在高盧**擊敗羅馬人，統一了**盧瓦爾河以北的**法國**，並將其納入了自己的王朝。

中海地區東部的字母書寫體系傳播至世界各地。

　　古希臘城邦推行民主制度，還是藝術與哲學領域全新觀點的發源之所，於是，這裏也成為一種全新政治組織形式的試驗平台。古希臘文化的影響力甚至波及遙遠的印度北部地區，而印度本身也是佛教的發源地。作為第一個「世界性宗教」，佛教的信徒遍佈四海。

人口增長

　　約在 2000 年以前，古文明世界到達了其古典時期的巔峯。第一個文明剛剛誕生之時，世界人口僅有 2 千萬左右，而到了此時，人口數量大約已是原來的 10 倍。在這兩億人口之中，約有 5 千萬生活在中國漢朝，另外 5 千萬左右的人口則生活在羅馬帝國的統治之下，而當時的羅馬帝國已經將其觸角延伸至大西洋沿岸及波斯邊境地區。這些帝國在很大程度上相當成功：一方面，它們可以通過水陸交通順利溝通；另一方面，冷血的軍事力量也維持了國家安全。遠距離貿易通道將歐洲與印度和中國聯繫在一起，城市規模也得到了極大的發展。

衰落的文明

　　公元 3 世紀以來，古代帝國逐漸衰落，其背後的原因一直都是歷史學家們爭論的焦點。傳染病無疑是其中的一大因素——過度擁擠的城市成為傳染病的溫床，而貿易通路又將疾病帶向四方。各國之間的內部權力鬥爭也是原因之一，它導致了政治分化以及政府管理水平的下降。然而，帝國衰落的最根本原因或許還是在於歐亞大陸上文明之地的地理局限性。羅馬帝國和漢朝都曾通過建築城牆的方式劃分領土，抵禦外部遊牧或半遊牧「野蠻」部落的侵襲。在這些人面前，文明社會於軍事領域幾乎不佔半點優勢，然而這些民族的突襲卻愈發頻繁，甚至開始在他們的土地上安家落戶。基督教影響下的羅馬帝國東部一直撐到 1453 年，而華夏文明卻自公元 618 年開始在唐朝的統治之下重新復興。但是對於西歐而言，假若他們想要恢復至羅馬帝國統治時期的人口數量與社會安定程度，恐怕還要經歷幾個世紀的漫長歲月。■

為這片土地帶來正義的統治

《漢謨拉比法典》（約公元前1780年）

背景介紹

聚焦
文明的起源

此前

約公元前 5000 年 銅與金的冶煉在美索不達米亞平原及其周邊已十分普遍。

約公元前 4500 年 美索不達米亞平原上的烏魯克成為第一個規模足以被稱作城市的聚居點。

約公元前 3800 年 古埃及在尼羅河流域沿岸建立了上下埃及。

約公元前 3500 年 印度河流域的文明逐漸發展。

約公元前 2000 年 商朝建起了中國的第一座城市。

此後

約公元前 1500 年 中美洲的奧爾梅克文明逐漸崛起。

約公元 600 年 瑪雅文明興起。

農業、人口及**城市化**進程都處於發展之中。

地方性**人際網絡**出現問題，用於解決爭端的機制也不再奏效。

漢謨拉比為鞏固自己在這一地區的統治，撰寫了一部全新的法典。

人們對於法律、永久性記錄以及司法審判等**治理手段**的需求不斷增強。

圓筒印章（用於事務控制）、文字、審判制度以及**成文律法**得以發展。

1901 年，蘇薩城的殘垣斷壁之上豎起了一座兩米高的黑色石板，其上篆刻着 280 條「審判」，這便是歷史上已知最早的書面法典。石板原本於公元前 1750 年左右佇立在巴比倫，而下令打造這塊石板的正是古代美索不達米亞平原上最偉大的國王之一——漢謨拉比。

青銅時代革命

美索不達米亞平原位於幼發拉底河與底格里斯河之間，是歷史上第一處人類文明的所在地。那裏有着已知最早的文字、數學以及天文學，還有世界上第一座真正意義上

參見：恰塔霍裕克定居 30~31 頁，阿布辛貝神殿 38~39 頁，克諾索斯王宮 42~43 頁，亞歷山大大帝的征戰 52~53 頁，巴格達的建立 86~93 頁，特諾奇提特蘭的建立 112~117 頁。

立法者漢謨拉比

大約在公元前 2000 年，來自敘利亞的半遊牧民族亞摩利人（西方人）橫掃美索不達米亞平原，將當地許多城邦的統治者驅逐下台，並由自己的首領取而代之。到了公元前 18 世紀初期，三位最有權勢的亞摩利國王分別是北部的沙姆希-阿達德（Shamshi-Adad），南部拉爾薩的利姆-辛（Rim-Sin），以及中部巴比倫的漢謨拉比。在其漫長的統治期間，漢謨拉比統一了美索不達米亞平原南部的所有城邦，將它們一一納入自己的王國，並最終

將其權力延伸至底格里斯河流域的尼尼微城和幼發拉底河與拜利赫河交匯處的圖圖爾城。他還親自監督了多座神廟與建築的修建工程。

《漢謨拉比法典》的序言部分既包含了對這位國王的致敬，還詳盡地記述了他的征戰，稱其統治是諸神直接下達的神聖指令；他們將管理人間的權力交予了馬杜克，而馬杜克又將權力賦予了漢謨拉比。從中我們還可以看出，漢謨拉比將自己視為社會公正與秩序的保障者。

的城市。人口的增長與財富的累積漸漸使社會中出現了等級制度，身居最高位的便是統治者、侍臣與祭司，商人和手工業者次之，僕從與工人則處於最底層。人們常將這樣的分級稱作「專門化」——社會中的成員都有着不同的分工，而非像從前的生計型社會一樣，所有人都從事食物生產。

生活在美索不達米亞平原上的社羣會協調人力，建設諸如防禦城牆、大型神廟等大規模建築，還懂得如何調動軍隊。他們會利用水文工程分流河水，用以灌溉沖積平原上種植的作物。書籍整理等行政需求促進了楔形文字（已知最早的文字）和複雜數學概念（例如分數、方程，以及幾何等）的發展，而曆法需要則帶動了精密天文學的提升。可以將這一有時被稱為「青銅時代革命」的巨大飛躍視作工業革命之前人類歷史上最重要的變革。

兩河流域的統一

在公元前 4 世紀至 2 世紀的大部分時間裏，美索不達米亞平原上散落着的都是諸如烏魯克、伊辛、拉格什、烏爾、尼普爾以及拉爾薩這樣相互之間不斷競爭的城邦。後來，巴比倫的亞摩利國王漢謨拉比通過欺詐、外交、投機、軍事強權以及賣弄資歷等手段，成功統一了這一地區。同其他雄霸一方的國王一樣，漢謨拉比以此前的法令為基

當馬杜克派我統治人類的時候，我便為受壓迫之人帶去了福音。

——漢謨拉比

礎，制定了自己的法律。這份法典以其適用範圍之廣而著稱，並且篆刻於石碑之上，這樣一來，其中的法條便被永久記錄了下來。

漢謨拉比制定的法條及其詳盡的序言在很大程度上向我們展示了古巴比倫時期的生活。這些法條涵蓋了財產爭端、人身暴力、奴隸逃亡以及巫法巫術等方面的內容。

漢謨拉比的貢獻

儘管漢謨拉比的法典並沒有太大的影響力，在當時並沒有多少人遵守，然而他的統治仍舊算得上是美索不達米亞平原南部的轉折點（雖然在其死後，帝國再一次分崩離析）。他以巴比倫為中心，建立了一個統一的國家，而他所制定的法令一直到公元前 6 世紀都還在為美索不達米亞平原上的許多抄寫員所謄抄。《漢謨拉比法典》與希伯來聖經有許多共同之處，並以這種方式對如今許多社會中的法律法規產生了深遠影響。■

十里八方永世 匍匐於他的足下

阿布辛貝神廟（約公元前1264年）

背景介紹

聚焦
法老時代的埃及

此前

約公元前 3050 年 那爾邁統一了上下埃及。

約公元前 2680 年 胡夫開始了吉薩大金字塔的建設，而這也是歷史上規模最大的金字塔。

約公元前 1480 年 圖特摩斯三世征服敘利亞，將其帝國延伸至幼發拉底河流域。

此後

約公元前 1160 年 拉美西斯三世擊退了侵略古埃及的利比亞人，還驅逐了「海上民族」部落的襲擊。

約公元前 1085 年 新王國崩塌；古埃及一分為二，北部由利比亞人統治，南部則由底比斯的祭祀君王統治。

公元前 7 世紀 埃及先後為亞述人和波斯人所侵略。

大約在公元前 1264 年，埃及法老拉美西斯二世（約公元前 1278-1237 年）在埃及南部尼羅河西岸的峭壁上劈鑿出兩座神廟。神廟的入口處守護着四座高大的法老石刻，他們傲然而立，身上還戴着神賜王權的象徵，其中包括標誌着一統上下埃及的雙冠。神廟設計的初衷便是昭示古埃及法老獨一無二的地位、雄心與權力。

法老傳統

拉美西斯二世繼承了一項極為古老的傳統：大約在他即位的 1800 年前，那爾邁國王（古埃及歷史學家希羅多德將其稱為美尼斯王）率先統一了上（南部）下（北部）尼羅河的諸多王國。後來，人們將那爾邁的成就篆刻於一塊石板之上，而這塊石板則於 19 世紀在耶拉孔波利斯地區的一座神廟中被人發掘出來，成為現存最早描繪埃及法老事跡的歷史文獻。石板上篆刻了許多符號與當時的傳統，而這些內容也可以用來概況接下來三個世紀之中法老的形象。舉例而言，石板上的

那爾邁手中握着敵人的頭髮，隨時準備出手猛擊，而拉美西斯二世也常以同樣的形象出現，由此可見，對於埃及王權來說，軍事實力與超自然力量是他們的一大特徵。考古文物中所刻劃的法老同諸神一樣，在體型上通常要遠大於普通人。

埃及的地理環境有其特殊性——其境內擁有尼羅河谷及其三角洲地區，河水一路向北匯入地中海，而這一片富饒的土地卻與周

阿布辛貝這座宏偉壯觀的神廟羣在1964-1968年被人向內陸地區內遷了200米，又向高處移動了65米，這一壯舉是為了保護神廟在阿斯旺大壩的建設期間可以不受尼羅河水水位上漲的衝擊。

參見：《漢謨拉比法典》36~37 頁，克諾索斯王宮 42~43 頁，亞歷山大大帝的征戰 52~53 頁，凱撒大帝遇刺 58~65 頁。

> 我，（造物主），賜予你，拉美西斯二世，永恆的豐收……（你）土地上的作物將同沙粒一般無窮無盡，糧倉將與天齊高，穀粒將堆積成山。
>
> ——篆刻於阿布辛貝神殿中的銘文，
> 約公元前 1264 年

邊廣袤無邊、不適宜人類居住的沙漠地區形成了鮮明的對比。正是這樣的環境孕育了古埃及獨特的文化與文明。人們將法老視作活着的神明，可以控制宇宙萬物的秩序，甚至就連每年的尼羅河泛洪都在他們的掌控之內。而在與農業有關的圖畫之中，法老還常常以農民的形象出現，以此凸顯他們土地守護者的身份。

古王國時期

在那爾邁時期過後的古王國時期之中，埃及先後出現了數位頗具權勢的法老，他們利用當時統一王國的官僚制度與經濟實力，修建了許多不朽的建築，其中便包括金字塔。而這些項目反過來也推動了科學、技術以及經濟的發展，還促進了古埃及與近東地區以及地中海地區的貿易往來。古王國時期之中最

為人所推崇的幾位神明中包括太陽神拉、死神歐西里斯，以及造物神普塔。而在接下來的中王國以及新王國之中，統治者是來自底比斯的家族，此時人們所信奉的神明則變成了阿蒙神。法老作為古埃及的最高統治者，常被人與諸神聯繫在一起，人們認為，法老便是某些神明在人世間的化身。

新王國時期

公元前 23 世紀，古王國崩塌。而在所謂的「中間期」之後，中王國自公元前 2134 年開始重新統一了埃及，並將其統治一直維持至公元前 1750 年前後喜克索人入侵為止。後來，到了公元前 1550 年，在第十八王朝開始其統治並建立了

新王國時，喜克索人被逐出埃及。到了這時候，人們開始相信人是可以實現永生的，且不僅法老有這樣的能力，祭祀、抄寫員，還有那些拿得出供品，負擔得起法術以及木乃伊製作的人都可以獲得永生。許多人都將墳墓挖到了國王谷中，還在墓中放入價值連城的陪葬品。

在圖特摩斯三世以及拉美西斯二世等信奉擴張主義法老的統治之下，埃及的勢力範圍一直順着幼發拉底河延伸至亞洲，還沿尼羅河一路向上，擴張至努比亞地區。拉美西斯將阿布辛貝神廟修築在努比亞絕非巧合；這座神廟不僅是埃及法老無上榮耀的象徵，還向世人傳遞着一個信號——這片領域已被拉美西斯所征服。■

尼羅河谷的旁邊便是一片荒涼的沙漠，然而這片土地卻分外肥沃，因為世界上最長的河流流淌在這裏，灌溉着這片土地。

這片遼闊的土地孕育了一個先進、完整而統一的文明。

貿易與征戰促進了經濟的發展和人口的增長。一個幅員遼闊、繁榮昌盛的王國崛起了。

古埃及建造了許多類似阿布辛貝神廟這樣的大型建築，這些建築反映了當時埃及的權力、財富與信仰體系。

執取乃苦痛之源

釋迦牟尼宣揚佛教

（約公元前500年）

背景介紹

聚焦
佛教的傳播

此前

公元前 1200 年 吠陀文化傳播至印度中部及北部。

公元前 1200−公元前 800 年 口口相傳的吠陀傳統以梵語落於紙面，成為吠陀經典。

約公元前 600 年 吠陀時代的印度十六雄國崛起。

此後

公元前 322 年 旃陀羅笈多・孔雀建立了孔雀王朝。

公元前 3 世紀 斯里蘭卡皈依佛教。

公元前 185 年 孔雀王朝崩塌。

公元 1 世紀 佛教傳播至中國和日本。

公元 7 世紀 佛教僧人受邀至西藏建立寺院。

佛陀釋迦牟尼捨棄了物質生活，向他人傳授自己的哲學。

阿育王征服印度，統一了整個王朝。

阿育王將**佛教確立為國教**，並將其推廣至整個南亞及東亞。

孔雀王朝崩塌之後，**佛教在印度逐漸衰落**。

佛教在斯里蘭卡、東南亞、中國（尤其是西藏）、日本以及中亞地區**蓬勃發展**。

喬達摩・悉達多另一個更為人所熟知的名字便是佛陀釋迦牟尼。他於吠陀時期（公元前 1800−公元前 600 年）末年降生在南亞。在印度種姓制度之中，僧侶貴族婆羅門與軍事貴族剎帝利享有最高的社會地位，而喬達摩・悉達多便出生在一個剎帝利家族之中。

當時的印度社會正因派別之爭與全新意識形態的湧現而處於動盪之中，其中一批人擁護的正是一種與物質世界決裂的哲學思想。悉達多於神秘印度教的基礎之上建立並接納了一種類似的哲學觀點，然而與此同時，他也無法接受吠陀習俗之中愈發僵化的束縛以及婆羅門階級世襲的虔誠恭順。於是，他剪斷了自己與物質財富之間的聯繫，開始追尋並最終尋到了啟示，成為佛陀。他在印度東北部宣傳佛教思

參見：亞歷山大大帝的征戰 52~53 頁，印度河流域文明崩塌 70 頁，吳哥窟的建造 108~109 頁，阿克巴大帝的征戰 170~171 頁。

> 既然分離是注定的，又何不為了信仰而主動抽身？
>
> ——釋迦牟尼

想，還建立了佛教僧侶團體僧伽。在接下來的兩三個世紀之中，佛教始終都是一個很小的宗教派別，然而到了孔雀國王阿育王（公元前 304－公元前 232 年）統治時期，佛教成為印度的國教。阿育王最初是依靠流血征戰來維持統治的，但是到了公元前 261 年左右，他卻改變了自己的想法。自那時開始，他一改此前的統治模式，接受了一種以寬容和非暴力為信條的宗教哲學思想。阿育王擴張了孔雀王朝的統治，而他所推行的佛教也成為其統一王朝的有力武器。最終，他成功統一了除最南端之外的整個印度。

世界宗教

阿育王在將佛教確立為印度國教之後，還興建了許多寺院，並出資支持佛教學者。他將佛教僧人送往次大陸的每一個角落。這令佛教在最開始的時候成為貴族階層的追求，然而到了後來，佛教在斯里蘭卡、東南亞，以及絲綢之路沿線的印度－希臘王國卻成功滲入了每一個社會階層，甚至還傳播到了中國與日本。公元前 232 年阿育王離世後，佛教在其誕生地印度逐漸衰落，而這多少也是由印度教的再次興起以及伊斯蘭教的傳播所導致的。然而，在印度之外，佛教傳統與佛教研究卻不斷興盛，還發展出了諸多派別，其中包括禪宗佛教、小乘佛教，以及大乘佛教等。

佛教既是第一個走出其發源地的宗教，也是自公元前 6 世紀以來便為人所信仰的最古老的宗教之一。■

石刻浮雕上描繪了佛陀的一生。這些浮雕裝飾在桑吉大佛塔的入口之處，而這座佛塔也是阿育王於公元前3世紀命人修建而成的。

佛陀釋迦牟尼

佛陀釋迦牟尼成長過程中環繞着他的那些神話與傳說令我們無法準確了解他的一生。不同傳說之中關於他生卒年月的記載也不盡相同，但大多數都將年份定論為公元前 563 年至公元前 483 年。相傳悉達多是奇跡一般自母親的體側來到這個世界上的，他在其父親釋迦族首領淨飯王（King Suddhodana Tharu，名為首圖馱那）的宮殿中長大，吃穿用度無不奢侈。

29 歲的時候，悉達多將這樣富足的生活拋在身後，離開了自己的妻子和孩子，捨棄物質生活，開始通過苦行來追尋啟示。此後六年期間，他始終處於遊蕩與冥想之中，最終獲得了啟示，成為佛陀。然而，他並未選擇涅槃這一佛教的終極境界，而是留在人間宣揚佛法。

佛陀收穫了一眾追隨者，組成僧伽，直到其 80 歲圓寂之時，始終都在普及佛法。他敦促弟子遵循佛法，並告誡他們：「諸行皆是壞滅法，應自精進不放逸，勤求出道。」

古希臘土地上曾存在畫圖記事的證明

克諾索斯王宮（約公元前1700年）

農業與貿易令米諾斯社會十分繁榮。

社會分化不斷加深，富有的貴族階層控制貿易流通。

人們修建複雜的**宮殿羣落**，以儲存等待再分配的商品。

留存記錄的需求催生了**象形文字**形式的書寫體系。

克諾索斯的象形文字逐漸發展為線性文字A。

19世紀 90 年代，英國歷史學家阿瑟·埃文斯在雅典偶然看到有人在售賣古代陶土印章。這些印章來自鮮有人探尋的地中海小島克里特島，而對於埃文斯而言，這些印章卻極具誘惑力，因為它們是歐洲最早書寫體系存在的證明。

埃文斯循着印章提供的線索，一路追尋至源頭克里特島，決定在此開始考古挖掘，並最終發現了一片巨大的宮殿羣落。宮殿中的繪畫裝飾處處體現着「公牛崇拜」。埃文斯用那位神秘的克里特國王米諾斯的名字，將這一文明命名為「米諾斯」（Minoan）文明。在此期間，埃文斯發現米諾斯人的確曾經發明了一種早期的字母體系；後來，他將這種文字命名為「線性文字 A」。

宮殿時期

沒有人確切知道米諾斯人來自哪裏。他們於公元前 7000 年左右的新石器時代定居在克里特島上。這些人會種植作物，放牧綿羊，還會在春天的時候到山頂的洞穴中進

參見：恰塔霍裕克定居 30~31 頁，《漢謨拉比法典》36~37 頁，波斯戰爭 44~45 頁，雅典民主政治 46~51 頁，世宗大王引入全新文字 130~131 頁，康士坦丁堡的陷落 138~141 頁。

行禮拜；然而到了公元前 2400 年，他們開始修築大型的宮殿羣落。公元前 1900 年，在米諾斯文明的「宮殿時期」之中，諸如克諾索斯、斐斯托斯、馬利亞，以及幹尼亞等結構大體相同的宮殿均已落成，而克諾索斯王宮則是其中規模最大的一座。公元前 1700 年左右，克諾索斯王宮被毀，但是米諾斯人很快便在原址上重建了這座宮殿。在克諾索斯王宮的輝煌時期，也就是公元前 1500 年左右，宮殿及其周邊城市的佔地面積達到 75 公頃，人口超過 12000 人。

米諾斯人修築的宮殿都有寬敞的中庭，側面的建築中包含許多房間，整座宮殿裝飾十分華麗，牆壁上還繪製着動物與植物主題的壁畫。統治者會在寬敞的儲存室中放置許多商品，以作再分配之用。米諾斯的統治者也會對國家與其他地中海地區青銅時代文明之間的貿易

馴牛圖壁畫繪製在克里特島上的克諾索斯王宮之中，是保存最為完好的鬥牛主題粉刷壁畫。在那個時候，馴牛是藝術作品之中一個常見的主題。

進行控制，其當時的貿易對象便包括腓尼基人所在的比布魯斯、烏加里特人居住的敘利亞、法老統治的古埃及，以及邁錫尼希臘人生活的基克拉迪羣島等。

線性文字 A

米諾斯人發明了自己的文字，而其最初可能只是為了滿足記錄備案與行政管理的需求。這種文字起始於象形的畫圖記事，卻於後來演變成了線性文字 A。在這套文字體系之中，符號表示的是音節而非字母。直至今日，科學家仍舊未能破解線性文字 A 記錄下的米諾斯文字。然而在公元前 1450 年前後，米諾斯人被來自希臘大陸的邁錫尼人所侵略，他們將米諾斯文字改編為線性文字 B，也就是如今我們用來書寫古希臘語的文字。

邁錫尼人入侵克里特島後不久，米諾斯文明徹底崩塌。然而，米諾斯文字卻通過其與腓尼基字母之間的聯繫而得以留存下來，而腓尼基字母則為如今世界許多地方正在使用的拉丁字母奠定了基礎。■

斐斯托斯圓盤

斐斯托斯圓盤（如上圖所示）於 1908 年在克里特島南部斐斯托斯的米諾斯王宮遺址處出土。圓盤以黏土燒制而成，直徑約 15 厘米，上面佈滿了用不明文字書寫而成的符號。儘管圓盤的製作年代可追溯至公元前 1700 年，然而其所用的雕版印刻技巧卻是大約 2000 年後才在中國出現的，而這一點也令斐斯托斯圓盤成為考古學領域最大的謎團之一。可以看出，圓盤上的許多符號都是平日常見的物品。這些符號以螺旋式排列，並以竪線將其分隔為字詞。一些學者將克里特島的象形文字與線性文字 A 進行了對比，認為圓盤上的文字可能是更為複雜的一種米諾斯文字。就這塊圓盤的意義而言，科學家持不同觀點：一些人認為這些文字是對女神的贊歌，另一些人則覺得圓盤上篆刻的是一個故事，也有可能是日曆或是遊戲；一些學者甚至認為這塊圓盤根本就是製作精良的贗品。

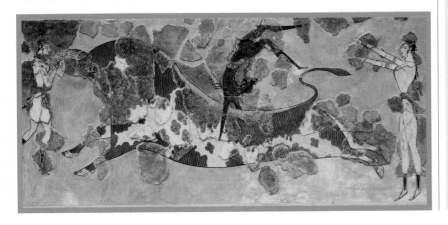

和平年代，兒子安葬父親；但戰爭年代，卻是父親安葬兒子

波斯戰爭（公元前490−449年）

背景介紹

聚焦
波斯帝國

此前

公元前 7 世紀 米底人在如今的伊朗建立起一個強大的帝國。

約公元前 550 年 居魯士大帝反抗米底人的統治，建立了波斯帝國阿契美尼德王朝。

約公元前 499 年 古希臘城邦聯合反抗波斯帝國的控制，然而這一場叛亂卻以失敗告終。

此後

公元前 431 年 雅典與斯巴達在伯羅奔尼撒戰爭中爭奪各自在希臘的霸權地位。

公元前 404 年 阿塔塞克西斯二世成為阿契美尼德帝國的統治者。

公元前 331 年 亞歷山大大帝擊敗大流士三世，征服了波斯帝國。

公元前 312 年 波斯成為亞歷山大部將所建塞琉古帝國的一部分。

斯巴達國王列奧尼達傲立於300 勇士的面前，迎戰自古以來最為勇猛的軍隊。敵方使者要求他將武器放在波斯神王的足下。「自己來取」，列奧尼達言簡意賅地答道。

波斯戰爭（公元前 490 − 公元前 449 年）又名希波戰爭，是疆域廣闊、匯聚世界各地之人的帝國與希臘南端一小片城邦之間的對抗。這場戰爭深刻影響了古希臘的文化進步，還為西方文學與神話的發展留下了生動的印記。與之相比，波斯阿契美尼德帝國的故事卻往往被人所忽視，而這一偉大中東文明的重要性便就這樣被掩蓋了。

阿契美尼德王朝

阿契美尼德王朝統治之下的波斯第一帝國迅速崛起。在其最為昌盛的時期，帝國統治了全世界超過一半的人口。王朝大約始自於公元前 550 年，當時的波斯國王居魯士大帝推翻了米底人的統治，並一路征戰至巴比倫帝國與呂底亞（位於如今的土耳其境內），也令希臘的

古希臘重裝步兵是一批公民戰士。上圖是公元前460年一個紅酒杯內的裝飾圖案，圖中的重裝步兵徹底擊退了波斯敵人，勝者的盾牌之上還裝飾着飛馬珀伽索斯的畫像。

愛奧尼亞成為波斯帝國的領地。居魯士的後繼者岡比西斯二世與大流士將帝國的領土進一步擴展至埃及和巴爾幹半島。

阿契美尼德王朝令波斯人的統治成為後來帝國的典範。王朝國土面積雖大，卻在一定程度上奉行文化多元主義，允許被其征服的人民保有信仰、語言以及文化上的自由。阿契美尼德王朝投入資金建設

參見：《漢謨拉比法典》36~37 頁，雅典民主政治 46~51 頁，亞歷山大大帝的征戰 52~53 頁，伯羅奔尼撒戰爭 70 頁，穆罕默德領受天啟 78~81 頁。

基礎設施，增強軍事力量，還將管理權力下放至地方。在阿契美尼德王朝的統治之下，中東地區首次統一在一個包羅萬有的文化之中。

公元前 499 年，愛奧尼亞人起義反抗波斯人的統治，卻以失敗告終，然而在這場起義之中，愛奧尼亞人獲得了雅典城邦的支持，於是，波斯與希臘之間的衝突就此爆發。大流士率軍攻入希臘主島，卻於公元前 490 年被雅典人及其同盟所擊退。後來，他策劃了一場規模更大的侵略，然而侵略尚未實施，大流士便與世長辭，其子薛西斯即位後才集結了一大批軍隊，最終實行了這一計劃。

謊言之父

人們研究希波戰爭的文獻大多自古希臘歷史學家哈利卡納蘇斯的希羅多德。他既是歷史之父，也是謊言之父。據希羅多德估算，薛西斯的陸上軍隊中約有 170 萬人，然

> 與之相比，任何一場遠征都顯得無足輕重。亞細亞之內還有哪個國家沒有為薛西斯所拉攏，同他並肩對抗希臘？
>
> —— 希羅多德

而現代歷史學家則認為，這一數字最多不超過 20 萬。

公元前 480 年，列奧尼達及其 300 名斯巴達勇士在溫泉關英勇地抵禦了波斯人的第二次入侵，希臘海軍也在阿提密西安做出了頑強的抵抗。後來，雅典海軍將波斯人引入了他們在薩拉米斯灣設下的陷

阱。薛西斯返回波斯，只留下一大批軍隊繼續戰鬥。然而到了公元前 479 年，由斯巴達領導的希臘軍隊在普拉提亞決戰中大挫波斯軍隊，波斯人也同樣在米卡雷一戰中輸給了斯巴達人。薛西斯很難令人穿越廣袤的國土為軍隊送去補給，也未能在海軍失敗後及時提供應有的支持，這或許就是希臘人勝利的原因。

提洛同盟

此時，希臘人開始反守為攻，還建立了提洛同盟，繼續與波斯人對抗。公元前 449 年，波斯人最終締結和約，承認了愛奧尼亞諸國的獨立。

希波戰爭的勝利進一步加深了古希臘的民族認同，也強化了國家的文化與軍事自信，對雅典來說尤其如此。雅典的逐漸崛起觸發了城邦與斯巴達之間的爭鬥，並最終引發了公元前 431–公元前 404 年的伯羅奔尼撒戰爭。■

居魯士大帝

阿契美尼德王朝的建立者是居魯士二世，也就是後來的居魯士「大帝」。約在公元前 557 年，他成為安申之王。

相傳居魯士是這樣贏得波斯軍隊的支持的：第一天他讓軍士們清理帶刺的灌木，第二天則設宴請他們大吃大喝；這時候，居魯士對士兵們說，假如他們可以支持自己反抗米底王國，便可以過上奢華的生活，這樣的話，他們又有甚麼理由繼續做米底人的奴隸呢？

大約十年之後，他便已征服了米底王國、薩迪斯，以及小亞細亞上的呂底亞，又於七年之後通過改道幼發拉底河並令軍隊沿着乾涸的河床一路突進的方式征服了巴比倫。這次勝利為居魯士贏得了新巴比倫帝國的領土。他將猶太人從巴比倫的奴役中解放出來，還允許他們重建耶路撒冷的聖殿。古希臘作家色諾芬將居魯士大帝視為完美統治者的典範。

公元前 530 年，居魯士在中亞征戰的時候去世。波斯帕薩爾加德有一座由居魯士下令修建的王宮，後人便將其遺體安葬在其中的一座大型墓穴之內。

政權掌握在多數人手中，而非少數人手中

雅典民主政治（約公元前507年）

背景介紹

聚焦

古希臘政治與哲學

此前

公元前 14 世紀−公元前 13 世紀 邁錫尼人定居雅典，進一步強化了雅典衛城的防禦工事。

約公元前 900 年 阿提卡半島上的小鎮結成政治聯盟，逐漸演變成一個以雅典為中心的城邦。

約公元前 590 年 梭倫改革開啟了向雅典所有公民開放的政治體制，無論階級。

此後

公元前 86 年 雅典為將軍蘇拉率領的羅馬軍隊所劫掠。

約公元前 50 年 羅馬開始了親希臘運動，雅典成為帝國贊助人的焦點。

公元 529 年 信奉基督教的羅馬皇帝查士丁尼一世關閉了柏拉圖開設的學校，還驅逐了所有異教徒學者。

「民主」（Democracy）一詞來源於希臘語的「人民」（*Demos*）與「統治」（*Kratos*）。公元前 507 年前後，雅典出現民主制度，並在公元前 462 年−公元前 322 年以其最為純粹的形式得到了繁榮發展。儘管期間偶有間斷，雅典民主制卻為如今盛行的政治體制提供了範例。截至 2015 年，全世界 195 個國家中的 125 個國家都實行選舉式民主。然而，雅典所實行的民主卻與今日的民主有所不同，它折射着雅典的歷史以及當時古希臘城邦之間的混亂交戰。

寡頭政治家與重裝步兵

古希臘黑暗時代（這段時期大約起始於公元前 1100 年邁錫尼文明崩塌並一直持續至公元前 9 世紀左右）的混亂之後，多數新興城邦都逐漸演變為寡頭政體，有權有勢的貴族壟斷國家權力，服務自身利益。在雅典，最高法院掌握着國家機器，負責指派官員並審理民事案

> **對於雅典人來說，他國的果實同自己的果實一樣都是奢侈品。**
>
> —— 伯里克利

件，而下層階級（僱工階級）則被排除在公職之外。

然而，公元前 8 世紀−公元前 7 世紀中「重裝步兵」這一公民士兵模式的發展，卻對掌權之人產生了顛覆性的影響，因為這一階級的崛起在某種程度上推動了平等主義。重裝步兵大多都是自由的公民，主要應用方陣戰術，士兵們緊緊排列在一起，每個人手中的盾牌都保護着自己左邊的那名士兵。任何一位負擔得起武器與盔甲的人都要隨時做好為保家衛國而獻身的準備。這樣一來，雅典便出現了一層中間階級，他們宣稱自己應當憑藉服役而獲得完整公民權以及政治代表權。與此同時，下層階級也提出了自己的要求。於是，這些人與上層階級之間在土地改革、債務奴隸等關鍵問題上的矛盾不斷加深，社會秩序面臨崩潰。

梭倫與克里斯提尼

公元前 594 年，雅典執政官梭倫實行的一系列改革措施令一些社會矛盾得到了緩解。他推出了一項

伯里克利

在 30 年左右的時間裏，伯里克利（約公元前 495−公元前 429 年）成為雅典最著名的民主主義者，也是城邦的領軍人物。公元前 462 年前後，他協助政治家厄菲阿爾特（Ephialtes）推翻了雅典最高法院這一寡頭政治的最後堡壘，然後一舉成名。厄菲阿爾特逝世後，伯里克利進一步深化改革，包括向法官及陪審員支付報酬，這樣一來，哪怕是最為貧賤的人也能夠發表自己的意見。此外，在雅典試圖統領提洛同盟的過程之中，伯里克利或許也幫助推動了雅典強硬的外交政策。在公元前 4 世紀 40 年代～公元前 30 年代，伯里克利參與了一項當時在國內備受爭議的公共建築項目——帕台農神廟的建設。這一項目頗具野心，他在國內力排眾議，還在國外因徵用提洛同盟的資金而備受譴責。然而儘管如此，伯里克利始終受人愛戴，並於公元前 443 年開始連選連任首席將軍一職。

參見:《漢謨拉比法典》36~37 頁,克諾索斯王宮 42~43 頁,波斯戰爭 44~45 頁,亞歷山大大帝的征戰 52~53 頁,伯羅奔尼撒戰爭 70 頁,康士坦丁堡的陷落 138~141 頁。

帕台農神廟建於公元前447–公元前438年,是一座獻給女神雅典娜的神廟,常被人們視作為民主政治與西方文明的象徵。

法律,宣佈所有公民都能夠以投票的方式參與國家事務,也有權進入法庭。然而與此同時,他也通過設立權力與財富相對應的分級寡頭政治來安撫上層階級,在這一制度之中,貴族掌管着最高的權力機構,中層階級掌管下一層機構,而窮人則只能通過抽籤的方式擔任陪審團成員。

公元前 6 世紀末,雅典城邦籠罩在庇西特拉圖及其兒子的暴虐統治之中。為扭轉這種局面,克里斯提尼所率領的一部分貴族聯合了低層階級的社會成員,共同奪取政權。大多數人都將公元前 507 年前後的這一時期視作是雅典民主政治的真正開端。克里斯提尼創立了真正民治的政府,或者說是直接民主,使得所有雅典公民都可以直接投票決定雅典的政策。同時,克里斯提尼還依據地理居所重新將公民劃分至不同區域之中,就此徹底打破了支撐着雅典貴族社會的傳統聯

結。此外,他也設立了抽籤選舉制度,不再依靠繼承這一形式,而是隨機選擇公民擔任政府職務。不僅如此,克里斯提尼還重構了立法會議——五百人議事會,由他們起草立法,並提議新的法律交由公民大會進行表決。公元前 501 年,統領軍隊的工作也轉交至民選的將軍手中。

公元前 462 年,厄菲阿爾特成為雅典民主運動的首領,他推翻了雅典最高法院,並將其大部分權力轉移至立法會議、公民大會以及公

民法庭的手中。公元前 461 年,厄菲阿爾特遭到暗殺,伯里克利便接手政治領袖之位,成為古希臘歷史上最具影響力的統治者之一。

完美的民主制?

這時的雅典已經具備真正意義上的民主制度,然而許多人卻依舊無法參與到政治生活之中,因為他們不被視為真正的公民。只有成年男性雅典人才享有政治權利。公元前 4 世紀,雅典人統治之下的希臘阿提卡地區 30 萬人口之中僅有 3

貴族掌權的寡頭政治令雅典的權力落入少數人手中。

貧窮的農民被迫淪為債務奴隸,而這也激起了民眾的憤恨情緒。

中層階級的重裝步兵取得軍事上的成功,這令他們開始渴望代表權。

變革的呼聲極高。梭倫有限的政治改革無法滿足下層階級與中層階級的需求。

庇西特拉圖實行了一系列經濟改革,然而他卻無法滿足人們持續不斷的政治改革需求。

克里斯提尼實行民主政治及其他改革,創造了一個更為平等的政府。

　　雅典政治體制建立在審慎的分權之上，這一點對於直接民主的合理運行是至關重要的。它還可以確保所有公民（20週歲以上的男性）都能夠參與政治決策，而權力也不會被濫用。

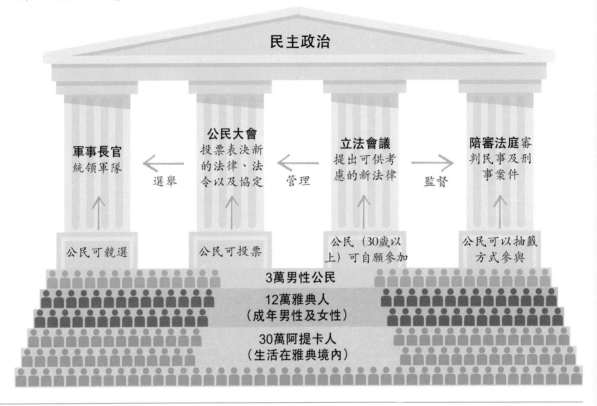

民主政治

軍事長官
統領軍隊

公民大會
投票表決新的法律、法令以及協定

立法會議
提出可供考慮的新法律

陪審法庭
審判民事及刑事案件

選舉　　　　管理　　　　監督

公民可競選　　　公民可投票　　　公民（30歲以上）可自願參加　　　公民可以抽籤方式參與

3萬男性公民

12萬雅典人
（成年男性及女性）

30萬阿提卡人
（生活在雅典境內）

萬人有投票的資格。男性年滿 20 歲的時候才會被公民大會列入候選名單，而若想要擁有完整政治權利則需等到 30 歲。

　　在從古希臘贏得波斯戰爭勝利（公元前 479 年）到伯羅奔尼撒戰爭爆發（公元前 431 年）期間的近 50 年裏，雅典的發展達到了鼎盛時期。公元前 447 年，伯里克利挪用了提洛同盟（在雅典獲取霸權地位這一過程之中起到關鍵性作用的反波斯同盟）的資金，並將這筆錢投入帕台農神廟的建設之中。雅典公民的身份成為他人的覬覦之物，於是，伯里克利在公元前 451 年推出了一項

法律，規定享有雅典公民身份的人只能是父母均為雅典人的男性。

　　儘管我們平凡的公民整日忙於勤奮求取，卻也仍舊能夠公正地評判公共事務。

——伯里克利

哲學中心

　　雅典不僅僅是古希臘最為強盛的城邦，也是哲學發展新方向的熔爐，而這一點則要在很大程度上歸功於蘇格拉底（約公元前 469–公元前 399 年）。我們通常將早期的古希臘哲學家統稱為前蘇格拉底哲學家；他們於公元前 6 世紀–公元前 5 世紀為人類思想的變革貢獻了自己的力量。這些哲學家拒絕以超自然的解釋來探索這個世界，也否認了神話的詮釋性力量以及傳統的權威性，而是決意用理性與觀察揭開自然界的起源與運轉。前蘇格拉底自然哲學家們發展出許多關於自

然元素與分類的理論，還貢獻了眾多數學與幾何學的相關證明。

蘇格拉底從內在出發，探尋更接近人性的問題——正如西塞羅所言，「他將哲學自天堂帶到人間。」蘇格拉底的方法很簡單，那便是提問——友誼是甚麼？正義是甚麼？知識是甚麼？蘇格拉底的研究方法往往能夠揭示現存思想的極限，卻也常令他人顯得愚蠢自大。因此，蘇格拉底十分不受眾人的歡迎，最終被自己的敵人指控犯下兩項罪名——不敬神明以及敗壞青年並鼓勵他們反抗政府。於是，蘇格拉底被判死刑。

蘇格拉底的後繼者

蘇格拉底的後繼者認為他的悲慘命運反映了民主政治的衰敗，尤其是柏拉圖（約公元前428-公元前348年），他將蘇格拉底視作真理的殉道者。柏拉圖創辦了阿卡德米學院，提出與普遍真理及形而上學有關的觀點，對後來西方世界宗教與哲學的發展產生了深遠影響。他的學生亞里士多德（公元前384-公元前322年）也同樣具影響力。他創辦了呂克昂學院，並在政治、倫理、法律以及自然科學等各種各樣的領域中有所成就。

柏拉圖反對民主制度，因為在他看來，人們並不具備足夠的哲學素養，無法參與立法工作，而國家的權力若是落在普通公民的手中便會滋生暴政。在他理想之中的共和國裏，統治國家的國王應當是開明的哲學家。同時，他也質疑了民主（自由）這一基本理念；他認為這樣的民主可能會阻礙人們對於道德倫理的合理追求，還會破壞社會的統一與團結。

民主的衰落

伯羅奔尼撒戰爭期間（公元前431-公元前404年，雅典最終被斯巴達擊敗），雅典民主曾於公元前411年及公元前404年兩次遭到擱置。雅典的寡頭政治家聲稱正是民主政治令雅典陷入弱勢地位；這些人還發動了一場反革命運動，欲

> 民主自然會引發專制，
> 而最為極端的自由也會導致
> 最為嚴重的暴政與奴役。
> ——柏拉圖

《雅典觀眾》是威廉·布雷克爵士於1884年創作的作品。這幅畫準確刻劃了古希臘作家埃斯庫羅斯於公元前450年左右創作的悲劇《阿伽門農》中的氛圍。人們將這一時期視作是古希臘戲劇的黃金時代。

以極端寡頭政治取代民主統治。然而，民主制度兩次都在一年內得以恢復。

在接下來的80年間，民主政治飛速發展。然而，公元前322年，在腓力二世與其子亞歷山大對雅典發動了馬其頓戰爭之後，雅典民主政治遭到廢除。在公元前2世紀-公元前1世紀的希臘化時期裏，雅典也曾斷斷續續地恢復民主制，但是公元前146年羅馬人的征戰卻將其徹底扼殺。

儘管民主制度已被廢止，雅典的科學與哲學卻並未消亡。柏拉圖與亞里士多德的聲音及影響力在接下來的幾個世紀中經久不衰，而他們的大多數作品直至今日都始終深刻影響着西方思想的發展。■

只要有心嘗試，世上便沒有不可能之事

亞歷山大大帝的征戰（公元前4世紀）

亞歷山大大帝這位巴爾幹半島上年輕的馬其頓國王率軍完成了歷史上最為迅速、也最為果敢的軍事擴張。他所開闢的征戰之路覆蓋了當時世界上大多數已知地區，還開啟了希臘化進程——傳播古希臘文化，並將其與非古希臘文化的東方傳統相融合，而這一進程持續了幾個世紀。

亞歷山大的父親腓力二世曾將這個邊緣國家打造成一支令人生畏的軍事力量，也曾向鄰國發動戰爭，並最終令馬其頓成為全希臘境

這幅羅馬時代後期的馬賽克畫作描繪了公元前333年大流士三世於伊蘇斯戰役中戰鬥的場景。亞歷山大一場未敗地征服了波斯國王的帝國，還摧毀了都城波斯波利斯。

內的王者。當腓力二世於公元前336 年遇刺身亡的時候，他本正在謀劃一次兵至西亞的遠征，以將從前的古希臘城邦從世界強國波斯帝國的統治之中解放出來。而在亞歷山大消滅所有敵人，並確立了自己馬其頓國王的地位之後，他開始一系列征戰，既是為了完成父親未竟的事業，也是為了滿足自己對於榮耀的渴求。

世界之王

亞歷山大先是在其他古希臘城邦中樹立了自己的威信，後又於公元前 334 年率兵挺近小亞細亞（如今的土耳其）。這是一支訓練有素的軍隊，假若這支方陣有了由國王貼身護衛組成的「夥伴騎兵」為其衝鋒陷陣時，他們的力量便是所向披靡的。

當亞歷山大大帝在西北部的格拉尼庫斯河戰役中首次戰勝波斯軍隊之後，他便開始加緊向小亞細亞地區推進。進程之中，他在中部王國弗里吉亞的戈爾迪烏姆停了下來，那裏有一個傳說，假若有人

參見：波斯戰爭 44~45 頁，雅典民主政治 46~51 頁，凱撒大帝遇刺 58~65 頁，貝利薩留斯收復羅馬 76~77 頁，巴格達的建立 86~93 頁，康士坦丁堡的陷落 138~141 頁。

東西方之間的**文化交流**開始於**波斯戰爭**時期，波斯帝國的西部諸省逐漸**希臘化**，而馬其頓人則開始接納**波斯文化**。

亞歷山大大帝的征戰迫使古希臘文化與東方文化迅速合為一體，為希臘化時代的開啟奠定了基礎。

羅馬帝國雖在**拜占庭帝國**時期衰落，**希臘化進程**卻並未停止，許多古希臘經典著作還在**伊斯蘭黃金時代**之中被**翻譯**成了阿拉伯語。

埃及與西亞地區的**希臘化社會**被羅馬帝國所**同化**。

能夠解開建城者繫上的結，那麼這個人便可以征服整個大陸。亞歷山大直截了當地用劍砍斷了繩結。後來，他先後於公元前 333 年在伊蘇斯以及公元前 331 年在高加米拉兩次擊敗了實力明顯更為強大的波斯皇帝大流士三世軍隊，還在此期間征服了古埃及。

迫使波斯人屈服後，亞歷山大率軍一路向東，穿越高山、沙漠與河流，途經阿富汗、中亞以及印度旁遮普邦，沿路無情地擊碎了所有抵抗。他本可以繼續挺近印度，然而到了公元前 325 年，軍隊實在疲憊不堪，最終拒絕繼續向前。

希臘化時代的財富

這時的亞歷山大成了國王，而他所統治的國家疆域廣闊、民族多樣，其中還包含着 70 座新建的城市。共同的古希臘文化背景、習俗和語言將這些人團結在一起，而商貿通路則連接了整個國家。儘管在亞歷山大的到來之前，波斯帝國西半部便已開啟了希臘化進程，然而他的征戰卻加速了整個中東地區希臘化進程的擴散。

公元前 323 年，亞歷山大大帝尚未來得及指定一位繼承人便離開了人世。帝國被他手下的將領所瓜分，其中最為著名的便是塞琉古敘利亞、巴比倫，以及托勒密埃及。■

亞歷山大大帝

亞歷山大大帝常被人們視作古代最為傑出的人物，其名望的傳播範圍之廣、影響時間之久都令他成為中亞至西歐各國文獻之中的重要人物，也是歷史上最為著名的人物之一。

亞歷山大出生於公元前 356 年，父母據說都是次神與英雄的後代。他曾在哲學家亞里士多德門下接受教育，這段經歷令他通曉古希臘傳說，還漸漸認為自己是戰無不勝的，甚至是具有神性的。擔任將軍之時，他足智多謀，英勇果敢，有時甚至會不計後果地罔顧自己與戰士的性命。在那段漫長而艱苦的戰爭時期，亞歷山大手下的士兵始終忠誠於他，然而他急躁的脾氣，加之酗酒的惡習卻偶爾會令他失去身邊的至親之人甚至是朋友。亞歷山大在自己 32 歲且正處於權力巔峯的時候猝然逝世。他手下的一位將領托勒密劫持了送葬隊伍，並將遺體轉移至埃及的亞歷山德里亞。後來，尤利烏斯·凱撒曾前往那處陵墓進行祭奠，然而如今卻沒有人知道亞歷山大的遺體究竟葬在何地。

假若秦國下定決心征服天下，那麼整個世界都會淪為他的俘虜

始皇帝統一中國（公元前221年）

背景介紹

聚焦
中國漢民族

此前

公元前 1600－公元前 1046 年
商朝統治中國。

約公元前 1046－公元前 771 年
西周統治時期。

公元前 771－公元前 476 年 春秋
時期（東周的前半段）。

公元前 551－公元前 479 年 孔夫
子的一生。

公元前 476－公元前 221 年 戰國
時期（東周的後半段）。

此後

公元前 140－公元前 87 年 漢武
帝劉徹統治時期，帝國持續擴張。

公元 220－581 年 三國六朝時期。

公元 581－618 年 隋朝統治時期。

公元 618－907 年 唐朝統治時期。

中國大約可稱得上是世界上歷史最為悠久的統一國家，而這一點則要在很大程度上歸功於一個人的意志，那便是秦始皇——中國第一位自封的皇帝。在他於公元前 221 年統一中國以前，這片土地上分佈着許許多多的國家，各有自己不同的文化、民族以及語言。在中國歷史學家口中的春秋時期（公元前 771－公元前 476 年）之中，這一地區名義上由周朝之王所統治，然而就事實而言，周朝的封建統治不過是一個象徵性的王權，其下的

參見：北周武帝受天命而治 70 頁，中國天下三分 71 頁，安史之亂 84~85 頁，忽必烈征服大宋 102~103 頁，朱元璋建立明朝 120~127 頁。

（秦始皇）居約易出人下，得志亦輕食人。

——西漢歷史學家司馬遷，
《史記·秦始皇本紀》

封建領主各自手握自治的實權。那一時期中，足有 140 個小國就權力與領地的問題而相互競爭。

春秋時期結束之後便迎來了戰國時期（公元前 476－公元前 221 年），在此期間，權力集中至七國手中——齊國、楚國、燕國、韓國、趙國、魏國與秦國。這時的中國尚遠不能預見到未來將會湧現出一個能夠一統天下的國家，亦無法確定華夏民族將會崛起。若說預見的話，當時的中國反倒更可能會因其諸國之間大相逕庭的地理、氣候、文化以及民族差異而發展成幾世紀之後歐洲的樣子，出現一眾獨特而截然不同的國家。

秦國的崛起

公元前 247 年，秦國年僅 13 歲的秦王之子嬴政即位。他自父親那裏繼承了一個軍事化國家，國內有效的官僚制度、強大的軍隊以及有能力的將領共同打造出了一個令人生畏而又殘酷無情的戰爭機器。嬴政或處死、或流放了自己的對手，任用了許多頗具才幹的文武官員，後又相繼征服其他六國，最終於公元前 221 年將七國全部納入自己的統治。他不屑於繼續沿用「王」這一稱號，而是自封為「皇帝」；又因其是秦朝的第一位皇帝，故稱「秦始皇」。

秦國的統治哲學為法制——堅持實行中央集權，嚴格遵守法律制度。這時，皇帝開始在中國全境之內施用這一哲學，強勢推行文化、語言、經濟以及技術上的統一。他明令禁止使用小篆之外的所有文字。除此之外，傳言秦始皇還曾下令活埋四百多名儒家學者，燒毀所有儒家典籍。他的統治開啟了中國歷史與文化的全新「元年」。不僅如此，他還推行了一系列經濟改革，統一度量衡與貨幣，甚至還對馬車車輪之間的距離做出了規定，統一了國境之內的軌距。

嶄新的秩序

秦國嶄新的社會與政治秩序反映了春秋時期以來的變革。分封制度遭到廢除，於是，廣大農民階級開始效忠於國家，而非從前的封建

秦始皇

作為中國歷史上的第一位皇帝，秦始皇嬴政（公元前 260－公元前 210 年）着實稱得上是一個舉足輕重的人物。他不僅統一了中國，還開啟了一段持續時間近 2000 年的帝國統治時期。他雖是一位殘暴的專制統治者，卻也極具革新精神且宵衣旰食——傳言他每晚僅休息一個小時，還以奏章的重量為標準制定自己每日的工作計劃。他會定期微服私訪，走過城市的大街小巷，密切關注百姓的一舉一動，還曾五次出巡，視察整個帝國。秦始皇十分多疑，唯恐有人想要奪取他的性命（他曾至少一次在暗殺中逃過一劫），一直想要找到永生的方法，還派人四處尋覓神秘藥方與潛修之人，以期獲得能夠使自己長生不老的靈丹妙藥。然而頗為諷刺的是，秦始皇 50 歲時便駕崩，而他的死因或許是因他服下了本欲令自己延年益壽的、具劇毒的含汞藥劑。

或氏族領主。超過 10 萬貴族被迫遷居至都城咸陽 (靠近如今的陝西省西安市)，武器也遭到了收繳及熔毀，並被用於製作巨型塑像。到了戰國時期，無窮無盡的軍事對抗壓力令統治者更傾向於採取用人唯才的晉升政策，而這種變革也加強了社會流動性，削弱了貴族階層血緣的重要性。到了秦始皇統治時期，貴族統治為中央集權式的官僚統治所替代，全國分為 36 郡，並由中央指派 (而非世襲) 的郡守進行管理，還設有郡監一職，四處巡視，屬行秦法。

秦朝也見證了社會分層體制的誕生，當時共分為士、農，以及自周朝才出現的工、商四個階級。受過教育的「士」逐漸取代貴族，成為官員的主力。「商」是地位最低也最受人輕視的階級，甚至不得不遭受法律的不公正待遇；然而，富有的商人卻能利用金錢成為舉足輕重的政治角色。

> 蜂准，長目，摯鳥膺，豺聲，少恩而虎狼心。
>
> ——西漢歷史學家司馬遷，
> 《史記‧秦始皇本紀》

偉大成果

秦始皇的宏偉功績之一便是其頗具野心的工程項目，儘管這些項目消耗了許多人力、物力，甚至無數人為此而喪命。歷史學家通常認為最早開始修建長城的人是秦始皇；他下令將戰國時期的舊城牆連接起來，並繼續修建長達千里的新城牆，以抵禦北部遊牧部落的侵襲。除此之外，秦始皇還修築了靈渠，溝通湘江與灕江，為軍事物資的南北運輸提供便利；另外，這位皇帝也下令修建了長達 800 公里，一路自咸陽通往長城的軍事道路「直道」。

然而，秦始皇最為人所熟悉的還是要數他命人煞費苦心為自己修築的陵墓。這一建築羣的修建足足動用了 70 萬工人，耗時 38 年。陵墓之中有一個被泥土所覆蓋的巨型錐體，搭起了一座高 100 米、直徑 500 米的巨大山丘。椎體之中便是陵墓，秦始皇摯愛的國家被雕刻成微縮模型，放置其間，周邊甚至還有水銀製成的河流與大海。陵墓周圍有幾個巨大的陪葬坑，裏面擺滿了真人大小的陶製士兵、官員以及伶人，於陰間侍奉秦始皇。陵墓建造完成之後，參與了這一項目的工人全部遭處死，這樣一來，秦始皇陵的位置以及葬品的內容便再無人知曉。直至 2000 多年以後，人們才於無意之中發現了這座陵墓。

儘管秦始皇極為狂妄地推行了一系列改革，然而秦王朝卻最終淪為曇花一現的存在。統治者對農民

守衛着秦始皇陵墓的便是這些同真人一般大小的陶俑。1974年，一羣挖井工人無意間發現了它們。這些陶俑的身上原本繪製着色彩明豔的塗料，且每一個的面部表情都是獨一無二的。

廣闊的疆域之上坐落着許多**文化多樣**的小國。

七大強國逐漸崛起，相互之間為爭奪**權力**與**領土**而陷入不斷**交戰**的狀態。

秦國戰勝了其他六國。

秦始皇強勢推行統一化、標準化以及同質化。

中國進一步實現了**統一**。

錢財的無情榨取以及強制勞動令他們產生了深深的怨恨之情，進一步加劇了農民階層的騷亂；加之秦始皇野心過大，下令推行的工程使得國家財政入不敷出，這一切都削弱了這位皇帝以及其下以丞相李斯為首的一眾官員精心打造出來的政治體系。

公元前 210 年，秦始皇駕崩，其幼子胡亥在前宰相趙高的教唆之下奪取帝位，又於之後驅逐並處死了李斯。胡亥即位僅三年便遭謀殺，其後繼者子嬰認為自己權勢不若從前，便捨棄了皇帝一稱，復改稱秦王。

漢王朝

中國社會逐漸分崩離析，反叛與內亂不斷，而子嬰即位不過幾日，劉邦便領兵攻入咸陽。第二年，也就是公元前 206 年，劉邦稱帝，定國號為漢。漢朝在中國的統治時間長達 400 年，也為中國歷史繪下了濃墨重彩的一筆，其影響極為深遠，後來中國的主要民族便定名為漢族。

漢朝曾積極向四方拓展領土，西向至新疆與中亞，東北向至滿洲里與朝鮮，南向則至雲南、海南及越南。最重要的是，他們消滅了北面強大的匈奴帝國。此外，漢朝還重新確立了儒家在國內至高無上的地位，儒學的教育與倫理很快便成為士大夫階層的根本，還最終為招賢納才的科舉制度提供了基石，而這一切也都為帝國的統治鋪設了一條用人唯才的道路，並使其在之後的數千年間始終有能力與貴族統治相抗衡。

漢朝在秦始皇偉業的基礎之上成功建立並維持了一個統一而中央集權的國家。公元 220 年，漢王朝最終滅亡。當時的中國內亂不斷，頻繁的自然災害也令中國人相信他們的王朝已經失去了「天命」，於是便出現了混亂無序的三國六朝時期。這一次的權力崩裂為中國帶來了毀滅性的打擊，人口也從公元 156 年的 5400 萬驟降至公元 280 年的 1600 萬；然而儘管如此，「統一的中國」這一概念卻依舊挺過了 360 年的分裂，最終令隋朝得以在公元 581 年重新統一中國。■

孔子常被視作中國歷史上最具影響力的哲學家，其授業強調道德、正直、謙遜，以及克己的重要性。

就這樣，
暴君全部滅絕

凱撒大帝遇刺（公元前44年）

背景介紹

聚焦
羅馬共和國的滅亡

此前

公元前 509 年 羅馬成為共和制國家，少數富有的家族掌管權力。

公元前 202 年 羅馬戰勝了北非的迦太基，帝國迅速擴張。

公元前 88-公元前 82 年 兩位統帥蘇拉與馬略之間的鬥爭導致了內戰的爆發，並將共和國引入危機。

此後

公元前 31 年 屋大維在阿克提姆海戰之中的勝利令他成功即位為羅馬的第一位皇帝，還一併結束了共和國的統治。

公元 79 年 維蘇威火山爆發，徹底摧毀了龐貝古城。

公元 2 世紀 羅馬帝國進入鼎盛時期，人口達到 6000 萬左右。

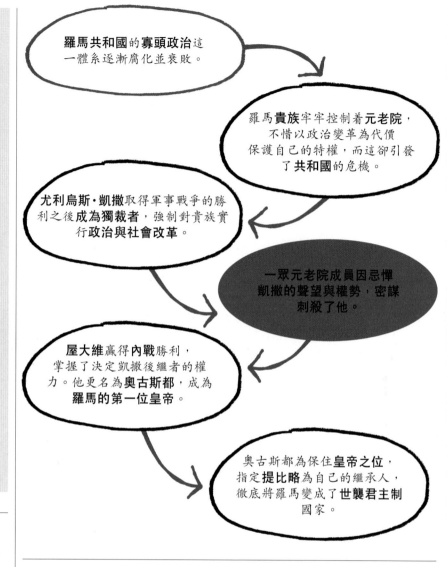

羅馬共和國的**寡頭政治**這一體系逐漸腐化並衰敗。

羅馬**貴族**牢牢控制着**元老院**，不惜以政治變革為代價保護自己的特權，而這卻引發了**共和國**的危機。

尤利烏斯·凱撒取得軍事戰爭的勝利之後成為獨裁者，強制對貴族實行**政治與社會改革**。

一眾元老院成員因忌憚凱撒的聲望與權勢，密謀刺殺了他。

屋大維贏得**內戰**勝利，掌握了決定凱撒後繼者的權力。他更名為**奧古斯都**，成為**羅馬的第一位皇帝**。

奧古斯都為保住**皇帝之位**，指定**提比略**為自己的繼承人，徹底將羅馬變成了**世襲君主制**國家。

公元前 44 年 3 月 15 日，羅馬獨裁者尤利烏斯·凱撒的一生結束在一片鮮血之中。刺殺他的一派元老院議員一心希望將羅馬共和國從凱撒的專制統治之中拯救出來。然而事實上，這位獨裁者的死亡並未救活共和國。凱撒的遇刺只是激發了一連串內戰之中的又一場罷了，而接連不斷的內戰終究拖垮了這個國家。日益衰弱的帝國無力阻擋凱撒甥外孫屋大維一步步手握絕對權力。後來，屋大維更名為奧古斯都，並創立了一個全新的政治

體制，令自己得以作為皇帝進行統治，徹底結束了長達五百年的羅馬共和國統治，只留下一個空名。

共和制本源

古時候的羅馬最初只是台伯河畔七座小山丘上的一羣小村落，後來，羅馬逐漸成長為意大利半島上諸多城邦之中的一個。據傳羅馬最初是由國王統治的，然而到了公元前 509 年，君主制遭到推翻，羅

馬成為共和國。在這一全新的體制之中，兩名經由選舉產生的最高級官員掌握着管理國家的權力，他們便是執政官；但是為防止權力的濫用，執政官的任期僅有一年。國王這一頭銜遭到廢棄，人們還制定了特殊條約，規定獨裁官可在危機時期取代執政官進行統治，但他的任期僅有六個月。

這一處於起步時期的羅馬在後來取得了極大的成就：公元前

參見：雅典民主政治 46~51 頁，亞歷山大大帝的征戰 52~53 頁，米爾維安大橋戰役 66~67 頁，羅馬之劫 68~69 頁，貝利薩留斯收復羅馬 76~77 頁，查理大帝的加冕 82~83 頁，康士坦丁堡的陷落 138~141 頁。

羅馬的圖拉真柱是人們了解羅馬軍隊最為珍貴的信息來源之一，上面螺旋式的浮雕描繪了古羅馬訓練有素的軍團出征作戰的樣子。

500－公元前 300 年，國家通過征戰與外交極大地擴張了自己的領土範圍與政權力量，並最終將整個意大利納入自己的統治。公元前 202－公元前 120 年，羅馬逐漸佔領了北非部分地區、伊比利亞半島、希臘，以及如今的法國南部。羅馬將自己征服的土地劃歸為行省，並由任期不長的地方總督進行管理，負責秩序的維持以及稅款的收繳。

到了公元前 1 世紀，羅馬已經成為地中海地區的超級強國，並在很長一段時間內一直保持着集體統治的傳統，沒有哪個人可以掌握過分的權力；然而，少數幾位手握軍權之人的個人野心卻開始促使他們挑戰這一傳統。國內頻繁爆發血腥內戰、內部政治鬥爭以及民眾騷亂，直到尤利烏斯·凱撒的獨裁統治終結了這一切。凱撒既是一位出色的將領，也是一位優秀的政治家。後來，他遭政敵暗殺，而他的死也導致了共和國的滅亡以及羅馬帝國的誕生。

共和國的傾覆

在尤利烏斯·凱撒逐漸於羅馬政壇上崛起的那段時期（公元前 70 年左右），羅馬正處於一片混亂之中：不斷惡化的社會與經濟問題深刻困擾着這個國家，而政治爭端又進一步加劇了羅馬的動盪形勢。在羅馬的早期歷史之中，非奴隸身份的人被正式劃分為兩個階級——貴族（古代的世襲貴族與富有的地主）與平民（普通人）。而到了共和國建成的初期，只有貴族才有權在羅馬的統治及顧問會議元老院中擔任職務；公元前 368－公元前 367 年，一項法律修正案正式允許富有的平民參與選舉，而這也在一定程度上分散了羅馬的權力。

然而事實上，一小羣名為「貴族派」（*Optimates*，意為好人）的貴族家族始終控制着元老院，還小心翼翼地維護着自己的特權。到了羅馬共和國晚期，那些捍衛平民權力的「平民派」（*Populares*，意為關照人民）集大眾之力對抗貴族派；但他們的訴求卻往往並非是人民的利益，而是人民的事業。當時的羅馬人急需這樣的社會與經濟改革，然而自私自利的貴族派卻始終持抵抗姿態。在意大利以及其他幾個行省之中，不公正的稅收制度與政府的腐敗引發了一系列社會騷亂，而在羅馬城內，基礎設施亦逐漸難以滿足人口的增長。帝國的急劇擴張令

凱撒是天才、手段、記憶、文學、謹慎、從容與勤奮的結合。

——西塞羅，《反腓利比克之辯》
第二篇第 116 節

各個行省的奴隸大量湧入羅馬，將許許多多的本地農民工人與小農場主驅離了自己的土地，前往城市尋找工作機會。

尤利烏斯·凱撒的崛起

與此同時，羅馬各行省之中手握軍權的領袖人物也開始利用自己的軍隊爭奪政治地位，尤利烏斯·凱撒便是其中一員。他是一位足智多謀又頗具野心的將領，出身於貴族家庭，曾與平民派並肩作戰，迅速獲取了極高的政治地位。凱撒一心想要做出必要的改革，應對共和國的挑戰，於是，他利用計謀爬到了現在的位置，為實現自己的目標創造了條件。

公元前 60 年，凱撒成為執政官，兩年之後，他便被指派為高盧總督，而這一職位也令他得以時刻了解元老院中的動態，也為他獲取軍事榮耀提供了跳板。在接下來的八年時間裏，他取得了一系列戰爭的勝利，徹底征服了高盧，並將如今的法國全境以及德國和比利時的部分地區納入了自己的統治。他還曾於公元前 55 年和公元前 54 年兩次率領軍隊遠征不列顛。凱撒的赫赫軍功為他積累了巨大的財富，也極大地提升了他的名望。他不僅贏得了軍隊的忠誠，還獲得了人民的愛戴，於是，凱撒也慷慨地為人民奉上了盛宴、消遣與金錢。

這一系列成就令凱撒頗有幾分飄飄然，他妄圖修改自己重返羅馬政界後的任期，要求連任執政官，並繼續統治高盧。這激發了凱撒與元老院中貴族派的衝突，因為依據羅馬法律，軍事領袖在重返羅馬競選公職之前首先應當放棄手中的兵權。凱撒深知，假若自己同意以普通公民的身份不帶軍隊便進入羅馬的話，他的政敵很有可能會試圖打着凱撒曾在其第一任任期之中濫用權力的旗號將他推上審判台。

再回到羅馬，凱撒的迅速崛起為貴族派敲響了警鐘，於是，他們便一同投靠了凱撒的頭號政治對手——極負盛名的領袖人物龐培。元老院通過了一項法令，旨在凱撒

> 即便是現在，我們都可以退縮，然而一旦跨過那座小橋，便只能拿劍說話了。
>
> ——尤利烏斯·凱撒，跨越盧比孔河前的誓師演說

從高盧回到羅馬的時候奪去其手中的兵權。公元前 49 年，他們正式給凱撒扣上了「公敵」的帽子。為應對這一直接威脅，凱撒做出了一個不可思議的決定——直接率領軍隊挺進羅馬城。途中，他在高盧行省與意大利邊界處一條名為盧比孔的河流之前短暫停留。凱撒深刻意識到自己一旦跨過這條河流便是正式向元老院宣戰，然而引用雅典詩人米南德的一句話來說：「骰子

尤利烏斯·凱撒

蓋烏斯·尤利烏斯·凱撒（Gaius Julius Caesar）於公元前 100 年出生在羅馬一個顯赫的貴族家庭之中。他從很小的時候便領悟到，在一個腐化到令人看不見希望的政治體系之中，金錢才是關鍵；同樣，他也很早便認識到，建立人際關係網絡並獲取同盟與支援能夠成為自己取得成功的關鍵。

公元前 72 年，凱撒加入軍隊去鎮壓由斯巴達克斯領導的奴隸叛亂。後來，他曾短暫地為海盜所劫持。公元前 60 年，凱撒一回到羅馬便將大量財力花費在購買職務與影響力上，並最終與羅馬另外兩位領袖人物克拉蘇和龐培共同構成了所謂的「前三頭同盟」。公元前 58 年至公元前 50 年，凱撒出任高盧總督，在地方頗具權勢，並在未受元老院制裁的情況下發動了一系列戰爭，成為西歐的主宰者，手下擁有強大的軍隊且富可敵國。然而，這些戰爭也為他在統治階層中樹敵無數，而正是這些人最終縮短了凱撒的統治壽命，也終結了他的生命。

已經擲出去了」，於是，他對兵士們下達了前進的命令。

凱撒新治

在隨後而來的內戰之中，凱撒最終於公元前 48 年在希臘北部的法薩盧斯戰役中戰勝了龐培的軍隊。凱撒清除了剩餘的反抗勢力，並於公元前 45 年回到羅馬，進一步鞏固自己的政治地位。公元前 46 年，他就任獨裁官，進行了為期十年的統治；兩年之後，凱撒成為終身獨裁官。即位之後，凱撒着手推進一系列重要的政治及社會改革，意欲重建羅馬帝國，恢復社會穩定。他放寬了成為羅馬公民的條件，擴大了元老院，還將行省貴族納入進來，充實自己的力量；此外，凱撒還在意大利之外建立了不少殖民地，傳播羅馬文化，將整個帝國聯結在一起。他揮霍大量的錢財，修建華而不實的公共建築；還降低了稅收，甚至修訂了羅馬曆法，引入了閏年這一沿用至今的體系。

密謀行刺

經歷了數年的動亂之後，凱撒為重複帝國統一而推行的實用性政策受到了社會中許多人的歡迎，然而與此同時，他逐漸獨裁的統治姿態也令其與統治階級的許多成員愈發疏遠。在他們看來，凱撒正在試圖毀壞羅馬多年以來所珍視的傳統，削弱貴族的特權。於是，這些人四處散播謠言，稱凱撒正在謀劃稱王。遺憾的是，凱撒並未能平息這些疑慮。他接受了前所未有的榮耀，例如將「大將軍」這一頭銜納

「榮耀之路」是政府職務的次序，羅馬的貴族若是想要追逐權力，便需一層一層地爬到最高位——執政官。

執政官是首席法官，主持元老院會議，還擁有軍隊的指揮權。

裁判官擔任法官職務，並在執政官缺席的情況下於羅馬負指揮軍隊。

另一個等級體系對應着平民（非貴族出身）擔任的職務。市政官即為平民能夠做到的最高職務。

市政官負責維護公共建築與廟宇，還需保證穀物的充足供給。

平民市政官相較於貴族市政官地位較低。

財務官是晉升體系之中第一個通過選舉產生的職務，需對國家財政的使用情況加以監管。

保民官通過對立法或審判行使否決權來防止權力濫用，保護平民的利益。

元老院議員管理其他地方行政長官，也負責控制公共資金的調撥。

入自己的姓氏等；他還允許人們以自己之名修建神廟及雕塑，並在錢幣上鑄上了本人的頭像。而當他收養了侄孫屋大維後，有人開始擔心凱撒是否有心建立一個世襲制的王朝。元老院中的一些成員最終認為，解決問題的唯一途徑便是暗殺凱撒。於是，他們開始密謀執行這一計劃。加伊烏斯·卡西烏斯·朗基努斯將軍在波斯災難性的戰爭時期逐漸登上政治舞台。他既是反對獨裁官改革的代表人物，也是謀劃

刺殺凱撒的主要人員。古羅馬歷史學家認為，卡西烏斯是出於嫉妒與貪婪才加入了這一計劃。據說他也招攬了計劃之中最為重要的一位同謀馬爾庫斯·尤尼烏斯·布魯圖。他既是深得凱撒信任的工作夥伴，也是他的密友，卻與其他人一同反抗獨裁官所謂的君主制野心。

獨裁者之死

刺殺計劃迅速成形，最終吸納了 60 名元老院成員，其中許多人

都是凱撒親密的夥伴。密謀者決定在 3 月 15 日（古羅馬曆月中日）的元老院會議上動手。這一天，他們聚集在凱撒家中，每一名成員的衣袍下都藏了一把匕首，之後才一同前往召開元老院會議的龐培劇院。劇院中駐守了一羣角鬥士，幫助平息人羣中的紛亂。然而，許多參與了密謀的人過於緊張，一心認為計劃已被識破，隨時做好了逃跑的準備。

的確，凱撒曾經收到警告：有人將密謀者的名單塞入了他的手中，但這份名單卻被凱撒徹底忽視了。他的妻子懇求他不要出席元老院會議，然而駐守在凱撒家門之外的一名密謀者卻安撫了她的恐慌情緒。當凱撒抵達會議現場的時候，其中一人負責分散了其身旁指揮官馬克・安東尼的注意力，將他拖延在劇場之外。凱撒落座之時，密謀者紛紛拔出匕首，刺向凱撒，一共刺了 23 刀。

後三頭同盟

密謀者為狂熱的激情所支配，

> 我接手了一座磚石建造的羅馬，卻打造了一座大理石做的城。
>
> —— 奧古斯都，出自奧古斯都的傳記作家蘇埃托尼烏斯

> 凱撒就像是一位行事溫和的醫生，由上帝本人指派給了羅馬人。
>
> —— 普魯塔克，《古希臘羅馬名人傳》

雙手沾滿了凱撒的鮮血，一路衝向公共集會場所，宣佈自己誅戮了暴君。在無人掌權的這段時期裏，馬克・安東尼與凱撒的繼任者屋大維立即控制了整個國家，並於公元前 43 年同凱撒的前盟友雷必達共同組建了「後三頭同盟」（掌權的三人）。

後三頭同盟迫切需要籌措資金以鞏固自己的威信，鏟除政治對手，於是，他們列出了當年支持刺殺凱撒的人，公然宣佈他們是逃犯。約有 200 名元老院議員與 2000 多名騎士或遭殺害，或被收繳了財產。國家財政金庫一滿，三人便開始搜尋卡西烏斯與布魯圖的蹤跡，將他們趕盡殺絕。公元前 40 年，後三頭同盟再次碰面，這一次則是為了商議瓜分羅馬世界的事宜。雷必達分到了非洲，馬克・安東尼得到了東部地區，西部地區則成為屋大維的領地。然而，屋大維不久之後便在北非同安東尼開戰，並在公元前 31 年於希臘西部的亞克興擊敗了安東尼的軍隊，成為羅馬世界的王者。

羅馬的首位皇帝

公元前 28 年，屋大維返回羅馬。他並沒有延續凱撒的統治方式，而是宣佈放棄了自己在同安東尼開戰時得到的獨裁權力。公元前 27 年，為表彰屋大維對羅馬做出的傑出貢獻，元老院授予其「奧古斯都」（Augustus，意為受人愛戴的人）之名，還一併賦予了他涵蓋內容極廣的法律權力。最終，奧古斯都通過政治手段成為羅馬唯一的統治者，掌控羅馬國事的方方面面，也擁有了軍隊的統帥權。

奧古斯都已經成為羅馬事實上的皇帝，只是不冠以皇帝之名罷了（他十分謹慎，拒絕此種稱謂，反而將自己稱為「第一公民」）。在接下來的四十年中，奧古斯都着手將共和制體系之下的一團亂局改造為帝制下的獨裁政體，同時營造出一種自己的權力是建立於人民意志之上的假象。他粗略地劃定了帝國的領土邊界，推動改革措施，對個人及公共領域的生活進行整肅，同時剿滅異見人士。在長達數年財殫力痛的內戰之後，帝國中的大多數人都為此時的平和而感恩。

羅馬和平時期

羅馬國土面積雖廣闊無邊，但其強大的軍事實力卻也在很大程度上促進了國家的安全與穩定，還帶動了貿易、經濟、人口的增長與社會的繁榮，這段時期在歷史上則被稱作「羅馬和平時期」。在這一時期之中，藝術與文化蓬勃發展，公共與私人建築數目激增，意大利之外的行省還經歷了「羅馬化」過程，羅馬的語言、文化、法律與制度跨

越了民族的界限，融入不同社會之中。都城以外的人甚至可以在服役一段時期之後獲得完整的羅馬公民身份。

然而，對於帝國之外的地區而言，奧古斯都統治之下的羅馬和平時期卻有着截然不同的意義。奧古斯丁雖然將原本的 80 支軍團縮減至僅剩 28 支常備軍，但是他依舊需要招募 15 萬名士兵。他發動了一系列戰爭，擴張領土，鎮壓反叛者，還不斷對「蠻族」發起進攻，並將被征服地區的人民虜為奴隸。

羅馬的奧古斯都和平祈禱壇是為羅馬和平女神而建的。條幅狀浮雕中逐一雕刻着羅馬元老會的成員以及一位神父。

> 請容我懷抱希冀，希冀即便我離開了人世，我為羅馬未來統治打下的根基仍將穩穩地挺立不倒。

—— 奧古斯都

帝國的遺產

到了公元前 14 年奧古斯丁的人生即將走向盡頭的時候，他已經建立起了一個即將延續幾個世紀的全新帝國體系。在他去世前的那幾年裏，奧古斯都一直在為尋找繼承人接管這個國家而鋪路。他一點點將權力讓渡給自己的繼子提比略，直至他的能力為眾人所認可，成為共治皇帝。這樣一來，奧古斯都死後的權力交接便更為順暢，統治也更為連貫，亦不會出現權力真空的現象。

就這樣，奧古斯都建立了直接繼承原則，保證了皇帝之位的延續。

羅馬共和制到君主制的轉變雖十分激烈，卻也賦予了這個國家新的穩定。奧古斯都身披民主主義者的偽裝，卻創立了一個全新的專制政權。相較於一代人之前的羅馬共和國，這一政權雖限制了人民的政治參與，卻能夠更好地抵禦羅馬的動盪變局。■

以此徽號，
汝必勝之
米爾維安大橋戰役（312年）

公元 312 年 10 月，皇帝康士坦丁一世駐軍於羅馬附近的米爾維安大橋，等待與自己的對手馬克森提烏斯開戰，爭奪西羅馬帝國的統治權。傳說雙方軍隊開始交戰之前，康士坦丁曾在天空中看到一個燃燒着火焰的十字架，上面還刻着這樣一句話——「以此徽號，汝必勝之」（原文為拉丁語，*in hoc signo vinces*）。他堅信這是因為自己贏得了基督教上帝的支持；而當他的軍隊大敗馬克森提烏斯的軍隊之後，他對此便更加深信不疑。事實上，基督教的上帝並非康士坦丁

康士坦丁大帝在取得米爾維安大橋戰役的勝利之後皈依了基督教，這在極大程度上推動了基督教的發展：這一宗教吸納了越來越多的教徒，並逐漸開始將其他異教團體推向邊緣地位。

「看到」的第一位神明；早先也曾有傳聞説他看到了古希臘與古羅馬的太陽神阿波羅。他似乎是希望通過尋求神的「支持」，使自己妄圖成為羅馬帝國唯一皇帝的野心看上去更為合乎禮數，而一神論宗教中的至高存在似乎是一個不錯的選擇，畢竟康士坦丁在人間擁有至高無上的

參見：羅馬之劫 68~69 頁，貝利薩留斯收復羅馬 76~77 頁，查理大帝的加冕 82~83 頁，敘任權鬥爭 96~97 頁，耶路撒冷的陷落 106~107 頁，康士坦丁堡的陷落 138~141 頁，馬丁・路德的《九十五條論綱》160~163 頁。

地位，而上帝便是神界的那個他。然而，在獲得了米爾維安大橋一役的勝利之後，康士坦丁開始振興基督教，抬高這一宗教的地位；公元 331 年，他發佈了米蘭敕令，宣佈在帝國全境之內寬容基督徒，給予他們信仰基督教的自由。

多元信仰的帝國

在耶穌基督去世後的近 300 年時間裏，基督教在羅馬帝國中始終都處於邊緣地位，與其他一神論或多神論的宗教共存。然而，基督教之中的某些內容（諸如其平等主義本質）卻令專制統治當局對其倍加猜疑，甚至還會不時迫害基督教徒。

縱觀此前的歷史，社會、政治與經濟狀況的變革往往會反映在文化及宗教變革之中。基督教僅僅是羅馬帝國一眾一神論宗教中慢慢得以普及的一個宗教罷了，這樣的情況也曾出現在波斯宗教密特拉教的身上，而這一宗教同基督教之間也存在頗多共同之處。

基督教的崛起

公元 324 年，康士坦丁消滅東羅馬帝國的皇帝，成為整個羅馬帝國唯一的統治者。此時，他開始對基督教加以利用，以便在這個多樣而動盪的國家之中尋求統一。東羅馬帝國逐漸強盛，而為了減輕自己的統治難度，康士坦丁建立了一個名為康士坦丁堡的新城市，並為慶祝新城的落成而舉行了基督教與其他宗教的儀式，卻只允許在這裏

建造基督教教堂。若想使所有羅馬公民全部皈依基督教是需要時間的，然而，社會的上層人士為尋求更高的政治地位、贏得皇帝的歡心還是大批湧向了基督教堂，為此，皇帝還在整個帝國修建了多座大教堂。

然而，此時的基督教尚不是一個單一的統一宗教，其中仍存在許多不同的派別。公元 325 年，康士坦丁召集了基督教的第一次會議——尼西亞大公會議，而這次會議的主要目的便是解決阿里烏斯派基督教中關於基督與上帝的本質是否相同這一爭論。

基督教化的羅馬

公元 4 世紀中期，舊宗教的信徒尤利安皇帝曾試圖復興異教信仰，卻為時已晚：基督教徒已佔信徒之中的絕大多數，起碼在東羅馬帝國是這樣的。隨着羅馬帝國不斷接納並改造基督教，使其成為控制政治與社會、維持統一與穩定的手段，基督教信仰與帝國之間的聯繫便愈發緊密起來。

在皇帝狄奧多西一世的統治之下，異教神廟與團體遭受鎮壓，宗教異端邪說變成不法之事，基督教成為羅馬帝國的官方宗教信仰。不僅如此，這一宗教最終也成為之後西羅馬帝國蠻族政權以及東邊拜占庭帝國的官方信仰。在接下來的幾個世紀之中，西方教會（天主教）與東方教會（東正教）之間的教義與組織方式逐漸產生差異，然而基督教卻始終不朽。∎

羅馬皇帝自**異教信仰**中汲取統治的權威性與正統性。

基督教所宣揚的平等主義極有可能會**擾亂**羅馬帝國中**嚴格的社會秩序**。

康士坦丁將信仰着至高無上上帝的基督教視為維持統一的工具以及**對帝國權威的認證**。

米爾維安大橋一戰之後，康士坦丁皈依基督教。後來，這一宗教成為羅馬帝國的官方信仰。

羅馬帝國依據自身的形象重塑教會，建立了**嚴格的等級制度**，並加強了**教義的集權化**。

這座曾經征服整個世界的城市卻遭攻陷

羅馬之劫（410年）

背景介紹

聚焦
遊牧民族入侵

此前

公元 9 年 日耳曼部落憑藉條頓堡森林伏擊戰一役的勝利確保了自身的獨立。

公元 285 年 羅馬帝國分裂為東西兩個帝國。

公元 372 年 匈人在東歐擊敗了東哥特人。

公元 378 年 西哥特人在阿德里安堡戰役中摧毀了羅馬軍隊，殺死了羅馬皇帝。

公元 402 年 西羅馬帝國將都城遷至拉韋納。

此後

公元 451 年 羅馬軍隊與日耳曼軍隊聯合在沙隆戰役中擊敗了匈人。

公元 455 年 汪達爾海盜洗劫羅馬。

公元 476 年 最後一位西羅馬帝國皇帝被廢。

公元 489 年 東哥特人狄奧多里克在拜占庭帝國的准許之下成功征服了意大利。

西羅馬帝國的**經濟力量**與**軍事實力**不斷**衰落**。

草原上的遊牧民族**被迫遷移**。

↓

帝國權威遭到削弱，邊境**破裂**。

遷移而來的遊牧民族**迫使日耳曼部落離開自己的家園**。

↓

蠻族入侵開始了，並在羅馬之劫中達到高潮。

↓

日耳曼部落在**西歐**建立了**新的王國**。

公元 410 年，一支由日耳曼遊牧民族西哥特人組成的軍隊攻入羅馬，進行了為期三日的劫掠。儘管當時的羅馬已經不再是西羅馬帝國的都城，這場破壞也在一定程度上得到了控制，然而，「羅馬之劫」還是震驚了整個世界。歐洲的「民族大遷移」時期便是從此時開始的，這一時期也被稱作「蠻族入侵」，歐亞大陸範圍之內從中國到不列顛，人口流動極大。自公元 300 年起一直到公元 650 年，蠻族不斷入侵諸如羅馬與中國等社會相對穩定的帝國。中亞地區的氣

參見：凱撒大帝遇刺 58~65 頁，克洛維斯統一高盧 71 頁，貝利薩留斯收復羅馬 76~77 頁，查理大帝的加冕 82~83 頁，忽必烈征服大宋 102~103 頁。

野蠻的「他者」

「野蠻」（barbarian）一詞最初來源於希臘語，指的是那些不會説希臘語之人口中含混不清、不知所云，於是便也算不上得體有禮的話語。羅馬人將這一「非此即彼」的説法納入了自己的語言體系。然而，到了公元 4 世紀，羅馬與其野蠻鄰居之間的文化與地理界限都逐漸變得模糊：蠻族越來越像羅馬人，而羅馬人也越來越像蠻族。羅馬軍隊之中大多都是蠻族——他們不是來自日耳曼的援軍與僱傭兵，就是事實上來自高盧、不列顛或是其他眾多部族與民族的人。然而儘管如此，羅馬文化的大部分內容依舊自侵略中倖存了下來。舉例來説，儘管意大利、高盧以及西班牙的大部分地區都遭受了「日耳曼」哥特人、蘇維匯人與汪達爾人的入侵，他們卻並未受到日耳曼語言的影響，而是保留了羅馬自己的語言，也就是那些羅馬境內羅馬人所説、從拉丁語進化而來的語言。

國統治的終結。然而，西羅馬帝國至少自公元 3 世紀便逐漸開始衰落了。國家人口不斷減少，經濟也不斷下滑，愈發依賴於東羅馬帝國的支援。中央統治力量的動搖增加了地方行省的自治權。軍隊不得不從野蠻部落招募軍人，而這也削弱了國家的核心實力。事實上，蠻族入侵或許不過是一個必經的過程，是轉變，而非滅亡。各個行省依舊維持着羅馬的習俗、文化以及語言，尤其是其基督教信仰，而許許多多新上任的掌權人物也是在延續羅馬的統治傳統。這座城市在阿拉里克及其手下西哥特人的劫掠中倖存下來，最終在東哥特人狄奧多里克（公元 489–526 年）的統治之下重新繁榮起來。

在接下來的幾個世紀之中，日耳曼各個部落統治之下的繼任國終究迎來了另一波侵略大潮，成為馬札爾人與維京人的侵略對象。■

候變化迫使遊牧民族離開草原，尋找更好的牧場，而這也令與之相鄰的遊牧民族不得不開始入侵那些所謂的文明帝國。中國飽受匈奴的蹂躪，嚈噠人則侵略了波斯，印度也成為白匈奴的目標。

城下蠻族

在歐洲，匈人侵入了萊茵河東部以及多瑙河北部地區，將長久以來同羅馬維持着微妙平衡關係的日耳曼部落趕離了自己的家園。西哥特人遷入羅馬，最終於公元 410 年突襲了這座城市，而其他包括汪達爾人、蘇維匯人、阿蘭人、法蘭克人、勃艮第人以及阿勒曼尼人在內的部落則入侵了自高盧到西班牙再到北非地區的土地，並在那裏定居下來。公元 5 世紀 40 年代，阿提拉領導下的匈人突襲了東歐地區，而後卻被羅馬軍隊與日耳曼軍隊聯合擊敗。西羅馬帝國的皇帝成為蠻族首領的傀儡，國家領土不斷縮小。公元 476 年，最後一位有名無實的皇帝便被這樣一位首領奧多亞克驅逐下台，而這也是西邊羅馬帝

在托馬斯・科爾的繪畫作品《毀滅》（約1935年）*之中，侵略者蠶食了一座同羅馬一般曾經偉大的城市。人民屍橫遍野，陷落的城市之中只餘雕塑，紀念它逝去的輝煌。*

延伸事件

印度河流域文明崩濇
（約公元前1900–1700年）

　　印度河流域文明（約公元前3300–公元前1700年）發源於如今的巴勒斯坦地區以及印度的西北部。這一文明建立在大規模城市之中，擁有規劃整齊的街道以及令人贊嘆的排水與供水體系。到了公元前1900年，印度河流域文明開始逐漸走向衰落，再生產不出從前聞名世界的精美珠寶與精緻印章。而到了公元前1700年前後，曾經輝煌一時的印度城市哈拉柏和摩亨佐–達羅幾乎成為空城。人們並不清楚印度河流域文明衰落的確切原因，但這很有可能同作物減產以及印度同埃及和美索不達米亞平原地區貿易量的下降有着直接的關係。同時，人們也發現了洪水暴發的證據，而這則或許是因為印度河流向發生了改變。

周武王受天命而治
（公元前1046年）

　　中國皇帝的統治是上天的授意這一觀念可追溯至周朝。公元前1046年，周武王與其支持者姜子牙在牧野之戰中推翻了長久以來統治着中國的商朝。在此之前，商朝曾在很長一段時期維持了國內的安定與繁榮，然而到了公元前11世紀40年代，統治階級開始腐化。周朝所宣揚的「以德配天」便意在防止權力的腐化，將統治能力的重要性擺在出身高低之上，而假若統治者不具備這樣的能力，他人便有權將其推翻。這一觀念在接下來的幾千年之中始終影響着中國人對於統治者的看法。

猶大王國反抗亞述人
（約公元前700年）

　　公元前9世紀，希伯來國家猶大王國（位於死海以西）曾是亞述帝國的一部分。到了公元前8世紀，猶大王國的統治者希西家（Hezekiah）拒絕向亞述人進獻貢品。於是，亞述國王辛那赫里布（Sennacherib）下令圍攻耶路撒冷（這一事件在聖經中也有所提及），然而猶大王國的軍隊卻奮力發起抵抗，最終也未能令亞述人攻入城內。儘管對於亞述人來說，這樣的挫折並算不上甚麼，然而對於猶太人來說，這卻無疑是一次巨大的勝利。他們將勝利歸功於耶和華（Yahweh）的庇護。因此，這也是西伯來人後來信仰一神論的重要原因。

凱爾特文化在哈爾施塔特繁榮發展
（約公元前650年）

　　公元前8世紀，如今奧地利薩爾茨堡所在地區的東南部哈爾施塔特周邊出現了一種獨特的文化。這種文化可能發源自俄羅斯，而到了公元前650年這一文化發展至巔峯的時候，它的傳播範圍已經西至法國東部，東及羅馬尼亞，北至波西米亞與斯洛伐克了。生活在這一文明中的人們擅長製作精巧的工具以及青銅裝飾品，但與此同時，他們也是歐洲最先利用鐵器的人，例如鑄劍等。他們所打造的青銅珠寶刻有精緻的圖案，包括螺旋、編結還有動物圖像等，而這也對之後的凱爾特藝術產生了深遠的影響。

伯羅奔尼撒戰爭
（公元前431–404年）

　　伯羅奔尼撒戰爭是雅典（最初是最為強大的古希臘城邦，也是古典文明的中心）與軍國主義城邦斯巴達之間的戰爭。斯巴達首先在陸路上攻入雅典，而雅典則利用其無與倫比的海上實力鎮壓了沿海地區的叛亂。公元前413年，雅典在西西里島上的敘拉古戰役中出現重大失誤，致使其大多數軍事力量被減。之後，與波斯聯手的斯巴達又支持了一系列雅典城邦附屬國發起的反叛，最終在羊河戰役（公元前405年）中徹底清剿了雅典海軍。這一場戰爭重創雅典，結束了古希臘文化的黃金時代，也令斯巴達成為這一帶的霸主。

漢尼拔入侵意大利
（公元前218年）

　　到了公元前3世紀，突尼斯的迦太基已在該地區崛起，在它於公元前3世紀30年代侵略西班牙之前，其勢力範圍便已擴張至北非沿海地區。公

元前 218 年，駐軍於西班牙的迦太基統帥漢尼拔（Hannibal）率領軍隊翻越阿爾卑斯山，攻打意大利。儘管他們在第二次布匿戰爭中取得了一連串的勝利，漢尼拔卻遲遲無法攻下羅馬，不得不在公元前 202 年返回非洲。羅馬人證明了自己的實力，結束了迦太基人在地中海地區堅不可摧的神話，也為自身日後的崛起鋪平了道路。

維欽托利兵敗阿萊西亞
（公元前52年）

公元前 52 年，高盧首領維欽托利（Vercingetorix）率領當地諸多部落反抗羅馬軍隊對高盧（如今的法國）的侵略。在勃艮第（法國東部）的阿萊西亞戰役之中，羅馬軍隊在尤利烏斯·凱撒的領導之下繞城修建了一座巧妙的環形防禦工事，將維欽托利的軍隊圍堵在城中，同時也形成了一道有力的堡壘，對抗高盧的援軍。首領維欽托利被迫投降，於是便被關押了起來。五年之後，凱撒下令將其處以絞刑。戰役結束之後，羅馬帝國將其統治範圍延伸至歐洲全境。

羅馬人佔領不列顛
（公元43年）

公元 43 年，一支由皇帝克勞狄烏斯（Claudius）率領的羅馬軍隊侵入了不列顛。儘管當地卡拉塔庫斯（Caratacus）等首領都做出了頑強的抵抗，愛西尼部落也在首領布狄卡（Boudica）的帶領下發起了反叛，然而羅馬人的統治卻依舊成功延伸至整個英格蘭，

並一路到達蘇格蘭邊境，直入威爾士。羅馬人直至公元 410 年左右都始終統治着不列顛，在那裏建立了多座城鎮，廣修路網，並引入了地熱採暖以及水泥築房等先進技術。羅馬人的統治惠及了許多不列顛人，而兩地之間穩定的貿易交流也為不列顛帶去了大量的金屬與穀物。

中國天下三分
（公元220年）

漢朝統治末年之中紛爭不斷。公元 220 年，連年的戰亂最終令這個國家為三位相互較量的皇帝所瓜分。他們每個人都認為自己才應成為漢朝的繼任者。北邊的魏國、南邊的吳國以及西邊的蜀國三國之間就領土問題達成了一致，並在接下來的許多年間始終維持着微妙的和平，三國鼎立局面正式形成。公元 263 年，戰爭終於爆發，晉朝向三國發起進攻，一一征服了三地。這一場戰爭對中國的人口數量造成了毀滅性的打擊。

瑪雅文明進入古典期
（公元250年）

公元 3 世紀，瑪雅文明進入古典期，墨西哥與瓜地馬拉都湧現出一大批城市，城市中建有外觀為台階式錐形的獨特神廟，刻有瑪雅曆日期的雕刻紀念碑，以及一個規模巨大的貿易網絡。儘管地處低地的蒂卡爾等許多城市都頗為強盛，但當時最大的城市卻是位於墨西哥中部的特奧蒂瓦坎。瑪雅文明在北美洲與中美洲身上烙下了深深的印記，其文化也對後世之人

產生了深遠影響，阿茲特克人便是其中之一。

阿克蘇姆王國竪起方尖碑
（公元4世紀）

公元 4 世紀，埃塞俄比亞城市阿克蘇姆中的人們竪起了一座高大的石制方尖碑，將其作為自己文明的象徵。阿克蘇姆王國控制着阿拉伯半島之角與通往印度洋地區的海上貿易通路，為商人們搭建了連通亞洲與地中海地區至關重要的平台，也為自己帶來了龐大的收入。方尖碑高達 33 米，被人們視作是傑出之人的紀念碑。它見證了這座早期非洲王國的強盛，也見證了其成長為一個獨特文明的過程。如今，方尖碑儼然已經成為不朽非洲文化的象徵。

克洛維斯統一高盧
（公元5世紀末）

公元 486 年，薩利安法蘭克人的首領克洛維斯（Clovis）率軍擊敗了羅馬統帥西阿格里烏斯（Syagrius），結束了羅馬人在高盧（如今的法國）的統治。這場勝利，加之克洛維斯的父親希爾德里克（Childeric）也曾多次戰勝羅馬人，幾乎將法國盧瓦爾河谷以北的所有地區全部納入了克洛維斯的統治。他取祖父的名字墨洛溫（Merovech），將自己的王朝命名為墨洛溫（Merovingians）王朝。這一王朝在近 300 年的時間裏始終統治着法國，在不受外來統治者制約的情況下實現了法國的統一。

THE MEDIEVAL WORLD
500–1492

中世紀世界
500–1492年

東羅馬帝國的軍隊在貝利薩留斯的領導之下成功驅逐了東哥特人，收復羅馬。

公元**536**年

阿巴斯王朝的哈里發曼蘇爾**建立巴格達城**，開啟了**伊斯蘭黃金時代**。巴格達城也是**伊斯蘭世界學術成就**的中心。

公元**762**年

法蘭克國王**查理**在羅馬加冕為皇帝。作為**基督教世界**的世俗領導者，他統一了西歐的大部分地區。

公元**800**年

柬埔寨開始建造印度教神廟**吳哥窟**，而這一建築後來也成為世界上**最大的宗教建築**。

1120年

約公元**610**年

穆罕默德宣佈自己領受了上天的啟示，並**建立了伊斯蘭教**。在未來二十年內，這一宗教將成為阿拉伯半島上的**主要宗教**。

公元**793**年

維京戰士對英格蘭北部**林迪斯法恩聖島**上的一座修道院展開了殘暴的**突襲**，而這也是此後一連串維京突襲中的第一場。

1099年

基督教騎士自**穆斯林**手中奪取了**耶路撒冷**，還在巴勒斯坦與敘利亞地區建立了多個**十字軍國家**。

1192年

源賴朝成為**幕府大將軍**，開啟了**軍事領袖**的統治時期，對日本進行了長達**六百五十年**的統治。

歷史學家將公元 500-1500 年古代與現代之間的這段時期稱為「中世紀」。事實上，中世紀與古代之間從不存在一個明確的時間節點。在地中海地區的東部，羅馬帝國於羅馬陷落之後維持了近一千年的統治，儘管後來的歷史學家將這個地方更名為了拜占庭帝國。公元 6 世紀，中國再次成為皇帝統治下的統一國家，而這一傳統縱然中間偶有中斷，卻也一直持續到了明朝。羅馬帝國覆滅之後，西歐遭受了最為重大的打擊，然而即便是在這裏，得以倖存下來的基督教依舊是羅馬區分所謂「開化社會」與「野蠻社會」的重要標誌。

伊斯蘭教的崛起

中世紀之中，歐亞大陸上很多地區的一大特徵便是基督教與伊斯蘭教這兩個相互敵對的宗教呈現出雙足鼎立的態勢。公元 7 世紀伊斯蘭教的建立極具變革意義，受此宗教信仰鼓舞的阿拉伯軍隊改變了政局，穆斯林的統治自西邊的西班牙地區一直延伸至東邊的中亞地區。

儘管伊斯蘭民族很難將一個統一的王國維持下去，伊斯蘭教卻確保了這一文明的延續性，即便後期權力已從阿拉伯人手中移交至諸如土耳其等其他民族的手中，伊斯蘭文明卻依舊沒有消亡。伊斯蘭世界中的大型城市無論在規模上還是複雜程度上都遠勝於基督教世界中的城市，穆斯林學者還留存了古希臘的科學技術，並在其基礎上繼續鑽研。縱觀整個中世紀時期，伊斯蘭文明始終處於變化與發展之中。

西歐的財富

西歐文明曾在羅馬帝國時期發展至巔峯階段，然而中世紀卻見證了這一文明的急劇衰落。一眾崇尚武力的國王統治着自己人口稀少的國家，而國家中的人民則依靠農業勉強維持生計。一直到公元 10 世紀，這些國家始終都是維京人、馬札爾人等非基督教掠奪者與入侵者的侵略目標。

查理國王十分懷念古羅馬世界，於是，公元 800 年，查理曼加冕為帝；然而查理大帝建立的神聖羅馬帝國卻並未能在政治上實現西

英格蘭的約翰王簽署了《**大憲章**》，宣佈包括國王在內的所有人一律需**接受法律的制約**。

馬里帝國富有的國王曼薩·穆薩高調至**麥加朝覲**，這一舉動促進了**伊斯蘭教在西非的傳播**。

淋巴結鼠疫最早或許是出現在亞洲的。這一疾病傳播至歐洲，並在兩年的時間裏殺死了歐洲**超過三分之一的人**。

朝鮮的世宗大王為普及識字率，發明了一種更為簡單的**朝鮮語拼音文字**。

1215年　　**1324**年　　**1347**年　　**1443**年

1275年　　**1325**年　　**1368**年　　**1492**年

威尼斯商人馬可·波羅來到了**忽必烈**的面前，而這位蒙古族領袖也即將在四年之後**征服中國南部**。

阿茲特克人在**墨西哥**中部建立了自己的都城特諾奇提特蘭。與此同時，**印加人**也在**秘魯**建立了自己的文明。

洪武帝推翻元朝，成為**明朝**的第一位皇帝，而明朝也見證了中國其後300餘年的**繁榮與穩定**。

西班牙的費迪南德國王與伊莎貝拉皇后**奪取格拉納達**，結束了伊比利亞半島上長達八百年的**穆斯林統治**。

歐的統一。在強勢中央集權體系缺失的情況之下，封建關係維持着社會的運行。自 11 世紀開始，一股復興西歐文化、貿易以及城市生活的浪潮逐漸興起。「中世紀溫暖時期」（公元 950−1250 年）是歐洲一段氣溫高於平均值的時期，而在這段時期裏，農業產量有了顯著增加；與此同時，許多著名的教堂與城堡也一一落成。然而，即便是在基督教十字軍戰士一步步攻入伊斯蘭世界中心的耶路撒冷時，人口的流動卻依舊是反向的，因為相較於基督教世界，伊斯蘭世界的醫藥、哲學、天文與地理都要先進得多。

擴張與縮減

歷史學家認為，到了 13 世紀，世界人口已增長至四億左右，是古代帝國繁盛時期人口的兩倍。縱橫交錯的路網將歐洲與中國及其他貿易繁榮的亞洲王國聯繫在了一起，陸上可經絲綢之路，海上可走印度洋。作為歐洲一端的貿易中心，開羅與威尼斯都成為極其富有的城市。

然而，開化地區的生活卻依舊很不穩定。亞洲草原上的遊牧蒙古人控制了從中東到中國南部的重要城市，並進行了大規模的殺戮。致命疾病也在四處傳播。14 世紀中期，黑死病沿貿易通路傳播至歐洲，殺死了全世界約四分之一的人口。

發明與進步

中世紀之中，科技進步的速度雖然緩慢，進程卻頗為可觀。作為全世界最先進的國家，中國擁有全世界的大多數發明，從造紙術到印刷術，再到指南針和火藥，無所不包。即便是在這之前，歐洲也在很多領域中受益於中國的發明，例如造船技術和金屬冶煉技術的進步，犁與風車的發明與傳播也推動了農業的變革。

到了中世紀末期，西歐國家已經從依賴於誓言與忠誠的「封建國家」發展為社會更加穩定、權力也更為集中的國家，有能力將重要資源投入到大型殖民或是勘探項目之中。與此同時，美洲地區諸如阿茲特克文明、印加文明等文明不斷獨立發展，絲毫未受歐亞地區與非洲地區的影響，這樣的狀況一直維持至 16 世紀。■

謀求擴張帝國，使之更為輝煌

貝利薩留斯收復羅馬（536年）

背景介紹

聚焦
拜占庭帝國

此前

公元 476 年 蠻族首領奧多亞克推翻了西羅馬帝國最後一位皇帝的統治，在意大利即位為王。

公元 493 年 東哥特統治者西奧德里克將奧多亞克驅逐下台，自己稱王，整個國家則服從拜占庭帝國的統治。

公元 534 年 拜占庭人結束了汪達爾人在北非的統治。

此後

公元 549 年 拜占庭人第三次，也是最後一次自哥特人手中奪回羅馬。

公元 568 年 倫巴族人（蠻族部落）入侵意大利，佔領了查士丁尼自拜占庭人手中奪回的土地。

公元 751 年 倫巴族人佔領了拉文納這一意大利北部最後一塊拜占庭領地。

公元 536 年 12 月 9 日，東羅馬帝國（也稱拜占庭帝國）的軍隊在統帥貝利薩留斯的指揮之下，穿過古老的亞西那里亞門，一路攻入羅馬城。拜占庭軍隊的到來迫使當時的守衛軍蠻族東哥特人迅速逃離。幾乎是在意大利脫離帝國統治整整六十年之後，帝國早先的發源地似乎終於回到了羅馬統治者的手中。

拜占庭的倖存

西羅馬帝國在經歷了一個世紀的蠻族入侵之後，終於在公元 476 年徹底崩塌，而東邊一半的拜占庭帝國則頑強頂住了風浪，將包括埃及在內的許多富有行省成功留在自己的統治範圍之內，而這也為其抵禦外敵、保衛領土創造了條件。然而，帝國卻未能保住自己的發源地，這也極大損害了拜占庭皇帝的威望。皇帝拒絕接受這一現實。公元 488 年，芝諾皇帝派遣一支由日耳曼蠻族部落東哥特人組成的僱傭兵，鏟除另一支由驅逐了上一任西羅馬帝國皇帝的首領奧多亞克所統治的蠻族部落。作為回報，東哥特人可以以拜占庭皇帝臣民的身份統治意大利。除此之外，此前的哥特人也一直在侵蝕帝國的土地，而芝諾皇帝則希望通過將他們遷至意大利這一手段來達到一箭雙雕的效果。

哥特戰爭

在接下來的四十年中，哥特人始終相對平靜地統治着意大利。然而，公元 527 年，當查士丁尼（約

> 我們不可能在意大利籌得戰爭所需的款項，因為敵人已經再次征服了這個國家。

—— 貝利薩留斯，公元 545 年

參見：米爾維安大橋戰役 66~67 頁，羅馬之劫 68~69 頁，耶路撒冷的陷落 106~107 頁，基督教大分裂 132 頁，康士坦丁堡的陷落 138~141 頁。

查士丁尼皇帝是一位幹勁十足的統治者，他着手進行了一系列頗具野心的擴張與改革項目，以求恢復羅馬帝國往日的榮耀。

公元 482－565 年）繼位為拜占庭皇帝後，情況卻發生了改變。他一心想要恢復羅馬的威嚴，這便意味着重新奪回那些被人佔去了的羅馬行省。公元 533 年，他正式開始實現自己的計劃，派遣一支由統帥貝利薩留斯率領的軍隊前往北非。很快，他們便成功擊敗了汪達爾人。

這一場勝利極大地鼓舞了查士丁尼，於是，他於公元 535 年再次下令攻入意大利。貝利薩留斯的軍隊進展神速，一年之後便成功收復了羅馬。然而沒過多久，拜占庭人收復古代都城的興奮之情便被哥特國王維蒂吉斯無情地擊碎了。他發動反擊，令羅馬陷入了持續一年、無休無止的攻城戰之中。

意大利的僵局

貝利薩留斯發動了一次意想不到的突襲，然而很快，查士丁尼便開始擔憂他是否有心在意大利自封為一名不受任何國家控制的國王，於是便下令將其召回。這場戰爭足足在意大利持續了近 20 年的時間，而兩方也來來回回地不斷爭奪羅馬的統治權。

哥特人兩次奪回羅馬，卻始終沒有足夠的統治資源，無法將其牢牢地把控在自己手中，兩次都輸給了羅馬人。最終，公元 552 年，最後一支成氣候的哥特軍隊敗北。

戰爭的影響

儘管拜占庭人贏得了這場戰爭，但他們卻並未獲得甚麼利益。戰爭對意大利造成了毀滅性的打擊。講拉丁語的傳統統治階級發現康士坦丁堡的重要職位都被使用希臘語的人所佔據。羅馬成為拜占庭帝國眼中的邊遠外省，羅馬再無可能成為帝國權力的中心。

戰爭的餘波尚未平息，公元 542 年爆發的瘟疫又令帝國人口減少了三分之一，也令統治者更難招募到駐守意大利的軍隊。這個新的行省不僅無法貢獻大量稅收，還為財政造成了嚴重的負擔。那些為收復羅馬而歡欣雀躍的樂觀主義精神很快便被深深的憂慮所取代，而公元 568 年另一支蠻族倫巴族人的入侵則令這種感覺更為強烈。他們攻入意大利，奪取了拜占庭帝國北部以及意大利中部的大部分領土。■

拜占庭帝國與意大利一眾**尚不穩定**的哥特王國之間**矛盾**不斷**激化**。

拜占庭帝國入侵意大利，佔領了羅馬。

戰爭徹底摧毀了意大利，國家很難通過提高稅收來籌措抵抗外敵所需的資金。

債務問題與**瘟疫**的傳播極大**削弱**了帝國的**實力**，而新一輪**蠻族入侵**也開始侵襲邊境地區。

拜占庭帝國**結束**其西向**擴張**，將重點**轉向國內**。

真理已經到來，謬誤已經消散

穆罕默德領受天啟（約610年）

背景介紹

聚焦
伊斯蘭教的崛起

此前
約公元 550 年 阿拉伯南部的希木葉爾王國滅亡。

公元 570 年 穆罕默德誕生。

公元 611 年 波斯國王庫斯魯在埃及、巴里斯坦以及敘利亞戰勝了拜占庭人。

此後
公元 622 年 穆罕默德及其追隨者逃離麥加，在麥地那定居。

公元 637 年 穆斯林軍隊在一次攻城戰後佔領了耶路撒冷。

公元 640 年 穆斯林將軍阿慕爾·伊本·阿斯征服了埃及。

公元 661 年 穆阿維葉在敘利亞的大馬士革建立了倭馬亞王朝。

公元 711 年 穆斯林軍隊挺進西班牙，征服了基督教西哥特王國。

公元 610 年左右，在阿拉伯地區中部麥加城羣山的一個洞穴之中，穆罕默德這個出身於商賈家庭的四十歲男人宣稱自己自大天使加百列那裏領受了上天傳遞的信息。而在接下來的幾年中，穆罕默德不斷接受到類似的啟示，最終創立了一個全新的一神論宗教——伊斯蘭教。這一宗教信仰在不到二十年的時間裏便成為阿拉伯半島上具有絕對影響力的宗教，而一個世紀之後，其追隨者便粉碎了古代拜占庭與波斯帝國，建立了一個疆域西及西班牙，東至中亞地區的遼闊國度。

參見： 巴格達的建立 86~93 頁，耶路撒冷的陷落 106~107 頁，曼薩・穆薩赴麥加朝覲 110~111 頁，圖爾戰役阻擋阿拉伯前進的步伐 132 頁，康士坦丁堡的陷落 138~141 頁，阿克巴大帝的征戰 170~171 頁。

在這幅**16世紀的**微型畫之中，許多天使環繞在卡巴天房（真主的房屋，也是伊斯蘭教中最為聖潔的殿堂）周圍，等待先知穆罕默德的降生。

伊斯蘭教出現之前的阿拉伯

自公元前第一個千年開始，阿拉伯半島南部便出現了許多相對成熟的王國，從香料貿易中積累財富。早期貿易走的是西北沿海一線，然而到了公元 7 世紀，商人愈發頻繁地開始使用途經紅海的海上線路，於是，陸上貿易線路便鮮少再有人經過，而許多曾經繁榮一時的地區也逐漸走向衰落。包括麥地那以及麥加在內的少數零散分佈着的城鎮則更多依靠的是羊毛、皮革等本地貿易，再從外地進口一些必不可少的物品，例如穀物和橄欖油。阿拉伯半島中部的沙漠地區十分貧窮：貝都因部落過着遊牧式生活，這些人需要爭奪極為有限的資源，在這樣的環境之下，社會中的人們便會首先忠誠於家族或是部落。

到了穆罕默德時期，阿拉伯半島正處於宗教與政治動盪的時期。強大的猶太人佔據了南邊的也門以及西北邊的麥地那等綠洲城市，而基督教也逐漸在也門和阿拉伯東部站穩腳跟。儘管一神論信仰已經開始入侵貝都因阿拉伯人傳統的多神論異教信仰，卻並未能在很大程度上削弱異教信仰的地位。部落之間也常常發生衝突，而在麥加城中，人們在名為「哈拉目」的聖地達成了停戰協定，這樣一來，不同部落的人便可以在不發生暴力衝突的條件之下進行貿易交流。

穆罕默德在麥加

穆罕默德所在的古萊什人控制着麥加聖地。穆罕默德排斥異教主義，大膽宣佈世上只有一個真主，信徒需要奉行一系列規定的宗教儀式，這一切都令穆罕默德的追隨者顯得格外與眾不同。穆罕默德所宣揚的是成立一個跨越社會邊界的單一宗教團體，但在傳統的統治者看來，這樣的主張卻十分具有威脅性，因為這削弱了他們的權力來源。

逃亡到麥地那

到了公元 622 年，麥加城籠罩在一片緊張的氛圍之中，這令穆罕默德及其少數支持者不得不逃亡至北邊的麥地那 —— 這一事件被稱為「希吉拉」，意為遷徙，而它也標誌着伊斯蘭團體的真正建立。麥地那人早就對麥加古萊什人擁有的權力倍感不平，於是，他們十分支持穆罕默德的事業，允許他在麥地那自由傳教，而這也為他提供了吸引更多皈依者的機會。

穆罕默德在麥加的力量不斷壯大，而這也是古萊什人所不願看到的。僅僅過了一年多，麥加權力階

穆罕默德

公元 570 年左右，先知穆罕默德出生在麥加古萊什部落一個頗具影響力的家族之中。據傳穆罕默德是一個孤兒，他的第一任妻子是一位名叫赫蒂徹的富有寡婦，這段婚姻為他未來的生活提供了經濟保障。自公元 610 年左右開始，穆罕默德在長達十二年的時間裏不斷領受宗教啟示，而他也落筆將這些啟示創作為《古蘭經》。後來，穆罕默德開始宣揚《古蘭經》中的內容，反對異教中的多神主義以及殺害女嬰等習俗，在傳統麥加上層階級之中引發了一陣狂熱。公元 622 年，穆罕默德逃亡至麥地那，而這也是伊斯蘭教傳播過程之中的一個關鍵時刻。穆罕默德是一名鼓舞人心的領袖，亦擅長處理新宗教所面臨的挑戰。於是，到了公元 632 年穆罕默德離世，也就是他回到麥加兩年之後的時候，伊斯蘭教的信徒已經遍佈整個阿拉伯地區。

伍侯德之戰（公元625年）是穆罕默德領導下的麥地那穆斯林與麥加古萊什大軍之間數場血腥鬥爭之中的一場。

烏瑪爾（在任時間：公元 634–644 年），在自己的地位得到保障之後，便開始向更遠的地區發動征戰。他們很幸運地遇到了阿拉伯半島北部邊緣地區正發生深刻變革的時期。在公元 602 年至 628 年，該地區兩個歷史悠久的帝國—— 西北部的拜占庭帝國與東北部的波斯薩珊王朝正因常年的交戰而處於兩敗俱傷的階段。在這樣的情況之下，兩方都愈發依賴於阿拉伯人來保衛自己的邊境，於是，兩個帝國的外圍處便逐漸出現了不少小型的半獨立阿拉伯國家。

倏然而勝

公元 7 世紀 30 年代，阿拉伯軍隊的鐵蹄一路向北，沿路並未遭遇強有力的抵抗，而假如是在半個世紀之前，事情絕不會如此順利。各行省駐軍的守備力量不斷衰弱，公民也不再一如既往地忠誠於自己的國家，於是，阿拉伯人輕易便征服了這些地方。儘管阿拉伯軍隊人數並不龐大，裝備也相對簡單，但他們機動性強，無須守衛某塊特定的陣地，這便是他們相對於敵人的優勢所在。當他們於公元 636 年在耶爾穆克河之役中戰勝了拜占庭人時，帝國在巴勒斯坦以及敘利亞地區的統治徹底倒塌。而就波斯而言，阿拉伯將領僅僅用了九年的時間便消滅了薩珊帝國。

伊斯蘭社會

這些剛剛被征服的土地成為

級與穆罕默德支持者之間的衝突便爆發了。相較於古萊什人，穆罕默德要高明得多。他先是突襲了他們的車隊，後又於公元 627 年在一場激戰之中打敗了他們，最終在公元 629 年通過談判的方式爭取到了返回麥加朝覲的權利。到了公元 632 年穆罕默德離世的時候，他已經在麥加重新建立起了自己的力量，而他通過外交與軍事手段成功將其他部落招攬至自己身邊的能力也賦予了他不容置疑的地位。穆罕默德的威信不斷提升，其宗教內容也不斷得以傳播。穆罕默德死後，伊斯蘭

教迎來了危機，這一新興的宗教一不小心便會徹底被人擊垮。東部的部落脫離了伊斯蘭教團體（烏瑪政權），宣佈忠誠於自己的先知，而另一邊的麥地那人也對麥加人在這一運動中發揮支配作用而倍感不滿。穆罕默德的岳父阿布·伯克爾被推選為哈里發，這樣一來，先知的家族便可以繼續掌握最高權力，加之他們成功以軍事力量鎮壓了反叛者，烏瑪政權便得以繼續存在下去。

阿拉伯之外的征戰

穆罕默德的繼任者們，尤其是

伊斯蘭王國的一部分。土地上的許多居民都皈依了伊斯蘭教，而那些沒有皈依的基督教徒、猶太教徒以及拜火教徒假如繳納一項特別的稅費，就可以享受宗教寬容政策的庇護。伊斯蘭教從許多方面慢慢改變着這些為自己所吞併的土地。它不僅掃清了過去的帝制體系，還帶來了一種全新的宗教團體歸屬感，而這種感覺則常常能夠將征服者與被征服者團結起來。伊斯蘭教學者復興了古希臘的哲學與科學，將這些被人們遺忘了數個世紀的著作翻譯為阿拉伯語。拜占庭帝國與薩珊帝國統治時期中的邊緣地區如今也成為生機勃勃的嶄新文明的中心。

然而，成功也為伊斯蘭教帶去了一些問題。他們征服了許多城市化水平遠高於阿拉伯地區的地方，而這便意味着哈里發要逐漸適應身份的轉變。過去的哈里發是軍事首領，統率着一眾緊密團結的追隨者；而如今，他們卻要行使君主的權力，統治這一片政治經濟情況複雜的土地。

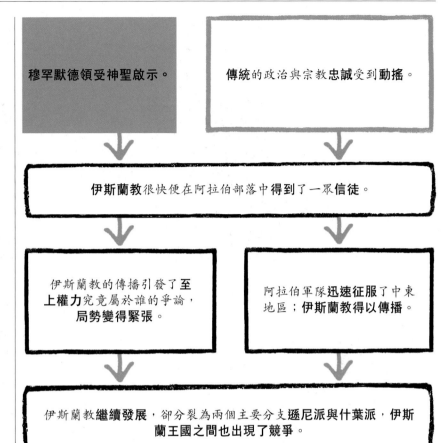

穆罕默德領受神聖啟示。

傳統的政治與宗教忠誠受到動搖。

伊斯蘭教很快便在阿拉伯部落中得到了一眾信徒。

伊斯蘭教的傳播引發了至上權力究竟屬於誰的爭論，局勢變得緊張。

阿拉伯軍隊迅速征服了中東地區；伊斯蘭教得以傳播。

伊斯蘭教繼續發展，卻分裂為兩個主要分支遜尼派與什葉派，伊斯蘭王國之間也出現了競爭。

你奉創造主之名而誦讀，他曾用血塊創造了人。

——《古蘭經》（第 96 章），穆罕默德最早得到的啟示（約公元 610 年）

分歧擴大

不同派系之間就哈里發之位繼承問題而產生的分歧最終令伊斯蘭教發生了重大分裂。他們一派支持穆罕默德的女婿阿里，另一派則支持敘利亞總督穆阿維葉，兩派之間的爭鬥引發了內戰，最終阿里慘遭殺害，穆阿維葉則在公元 661 年掌權，成為哈里發。後來，穆阿維葉的後人（倭馬亞人）以敘利亞城市大馬士革為核心維持着自己的統治，阿里的追隨者卻並不承認他們的權威，聲稱哈里發之位只能從阿里的子嗣中挑選。公元 680 年，阿里的兒子侯賽因在卡巴拉遭到謀殺，之後，什葉派與更為主流的遜尼派之間的分裂便已成定局，且一直持續到今天。

伊斯蘭教的分裂也體現在其他方面。任何人想要統治這樣一片廣袤的帝國都幾乎是不可能的，在這裏，最東端或是最西端發出的消息幾乎要在數月之後才能傳遞到哈里發的手中。此外，偏遠地區湧現出一批獨立的穆斯林王朝。然而，即便伊斯蘭世界已無法實現政治統一，穆罕默德的教義卻依舊成功地傳向了各個地區。∎

一位能夠令這個基督教國家在其庇蔭之下和平發展的領袖

查理大帝的加冕（800年）

公元 800 年聖誕節的那天，羅馬聖彼得大教堂發生了一件不平凡的事情。教皇利奧三世將象徵着皇帝權勢的冠冕戴在了法蘭克國王查理的頭上，令其成為 300 年來西方的第一位皇帝。一直以來，羅馬教皇都聲稱自己在西方擁有高於統治者的權威，然而，這頂皇冠卻賦予查理大帝及其後繼者以權力，令他們可以在世俗世界中與教皇相匹敵。不久之後，查理大帝便成功將其帝國（後來的神聖羅馬帝國）擴張為一片廣袤的疆域，也為未來西歐許多民族國家的建立打下了基礎。

新的統治者

在公元 476 年西羅馬帝國正

西羅馬帝國**覆滅**。

查理大帝擴張法蘭克王國領土。

弱勢**教皇**自意大利之外**尋求盟友**。

在羅馬，教皇將查理加冕為皇帝，而他也成為
300 年來第一位接受加冕的皇帝。

皇帝是基督教世界中的**世俗領袖**這一觀念令查理大帝的政權得以挺過後期法蘭克王國的**分裂**。

參見：米爾維安大橋戰役 66~67 頁，羅馬之劫 68~69 頁，貝利薩留斯收復羅馬 76~77 頁，敘任權鬥爭 96~97 頁，耶路撒冷的陷落 106~107 頁，馬丁・路德的《九十五條論綱》160~163 頁。

> 他勤奮學習文史知識，十分尊重教導自己的人，還授予了他們極高的榮譽。

—— 艾因哈德，法蘭克王國學者、廷臣
（約公元 770−840 年）

式滅亡的半個世紀之前，帝國中的大多數行省都已遭到蠻族部落的入侵。他們還在從前的西羅馬帝國領土上建立了許多小王國。最初，東羅馬帝國的皇帝並不承認新國王們有權統治這些名義上歸屬於羅馬的領土。然而，隨着以法蘭克為首的新興王國逐漸強大起來，也變得更加統一，東羅馬帝國的承認與否也就不再重要了。

從王國到帝國

公元 768 年，查理即位為王。他廣泛擴張領土，征服了意大利北部與薩克森地區，還從阿拉伯人手中得到了西班牙北部一部分領土，也爭取到了多瑙河流域阿瓦爾人的地盤。他強化了法蘭克的統治，還建立起「君主特使」網絡，在各個行省中執行自己的旨意。幾百年來，查理大帝還是第一位足夠強勢的統治者，能夠控制從前西羅馬

帝國的大部分領土，還將這些地區變為一個單一政治體。與之相比，公元 8 世紀之中的教皇則遭遇了困境。羅馬的許多貴族家族都用盡手段，希望能夠保住自己在基督教會之中的地位，而這也將教皇束縛在了狹隘的權力政治之中。公元 799 年，利奧在羅馬遇襲，保住性命之後便跨越阿爾卑斯山，逃亡至查理大帝處尋求幫助，請求他重建意大利的秩序，恢復教廷的地位。一年之後，利奧為查理大帝加冕，創造出一位除東方皇帝之外的西方皇帝。

卡洛林文藝復興

查理大帝不斷推進改革項目，並於公元 802 年發佈了一項法令，法令不僅標明瞭附屬國應盡的義務，還規定附屬國需發誓忠誠於法蘭克帝國。此外，他還將傑出學者邀請至宮廷之中，重新復興自羅馬帝國滅亡後便逐漸衰落的語法學、修辭學與天文學等學科。在其統治期間，音樂、文學、藝術以及建築也都經歷了蓬勃的發展。

查理大帝去世之後，帝國不斷分裂。法蘭克人將王國分割給多位繼承人的習俗削弱了中央的統治，也引發了內戰；不僅如此，有權有勢的地主也趁此時機逐漸顯露頭角，對皇室的統治造成了威脅。最終，法蘭克帝國一分為二，而這兩塊領土大約便是如今的法國和德國。就這樣，法蘭克帝國作為神聖羅馬帝國，一直將統治維持至 19 世紀早期。■

查理大帝

查理大帝（約公元 747−814 年）是丕平三世（Pippin III）的長子，而丕平三世則是在公元 751 年廢除了法蘭克墨洛溫王朝的國王，自立為王的人。查理大帝精力充沛又極有遠見，極大地擴張了法蘭克王國的領土。與此同時，他也是一位強勢的統治者，推出一系列改革措施，鞏固了皇室與教廷的權威。除此之外，他也改革了王國的經濟，推出全新的貨幣制度，令度量體系變得標準化，還通過統一貨幣的方式鼓勵商業貿易的增長。公元 800 年，他加冕為皇帝，進一步鞏固了自己的權力。然而最開始的時候，他卻並未就傳位的問題做好周詳的計劃。他最先於公元 806 年將王國分為了三個部分，傳給自己的三個兒子，卻並未提及皇帝之位的歸屬問題。然而，兩個兒子的死令查理大帝最終下定決心，將自己的王國與王位傳給了唯一的繼承人 —— 虔誠者路易（Louis the Pious）。

君富而國亡

安史之亂（756年）

背景介紹

聚焦
中國唐朝

此前

公元 618 年 李淵成為唐朝的第一位皇帝。

公元 632-635 年 中國軍隊攻佔了中亞地區的喀什、浩罕以及莎車。

公元 751 年 唐朝大軍在怛邏斯戰役（吉爾吉斯斯坦）中被阿拉伯軍隊擊敗。

此後

公元 762 年 唐朝收復洛陽，公元 763 年，大燕最後一位皇帝自縊而亡，結束了安史之亂。

公元 874 年 各個派別的存在令唐朝分崩離析，再無力抵抗為沉重賦稅所壓垮的農民發動的一系列起義。

公元 907 年 起義首領朱溫推翻了唐朝最後一位皇帝的統治，建立後梁。

公元 960 年 中國在大宋的統治之下再次實現了統一。

守衛中國的邊境地區需要**更大規模的軍隊**，這令手握重權的軍事統帥逐漸崛起，也導致了**賦稅的增加**。

文官制度的改革**削弱**了傳統**貴族家族**手中的政治權力。

唐代朝廷之中貴族、官僚以及軍事統帥之間的矛盾與權力鬥爭最終引發了安史之亂。

唐朝恢復了自身的統治，然而**中央集權**卻**遭到削弱**，最終導致了中國的分裂。

公元 618 年，唐朝繼隋朝之後成為中國的統治者，也迎來了中國歷史上最為輝煌的一段時期。唐朝令中國的邊境深入至中亞地區，還建立起中央集權。後來的統治者在很長一段時間之內始終維持着國家的和平、相對的政治穩定以及經濟的增長，並開啟了一段文化藝術繁榮復興、科學技術不斷創新的時期。

然而到了公元 755 年，突如其來的安史之亂卻中斷了這一黃金時代。安祿山是唐朝的一位將領，因對現狀不滿而率軍發起了針對朝廷的叛亂，使中國北部陷入了災難性的戰爭。叛亂結束之後，唐朝再也未能同從前一般統治整個國家。

參見：始皇帝統一中國 54~57 頁，忽必烈征服大宋 102~103 頁，馬可‧波羅抵達上都 104~105 頁，朱元璋建立明朝 120~127 頁。

安祿山手下的叛亂軍征服並佔領了都城長安，然而安祿山本人卻留在洛陽。與這幅畫作中所描繪的有所不同，皇帝已經翻越秦嶺，逃向了四川。

叛亂的萌芽

在唐玄宗（公元 712–756 年）的統治之下，唐朝的權力與威望都達到了頂峯，然而，一些經濟、社會與政治問題卻時刻威脅着國家的穩定。

首先，朝廷很難募集到足夠的稅款以支撐國內驟然上漲的軍費開支。當時的唐朝實行府兵制，這是一種低成本卻高收效的自給自足式國家軍事體系，士兵在無須出兵打仗的時候便耕種土地。然而，面對鄰邦的不斷入侵，這一制度顯然無法滿足國防需要。於是，唐玄宗不得不在北部邊境地區設立軍鎮，由當地管理大批軍隊的節度使進行統率，而這些節度使則在後來獲得了巨大的權力與自主權。

與此同時，均田制也逐漸無法適應國內實際情況，一點點榨乾了國庫。均田制是一項土地分配與稅收政策，國家定期將土地重新分配給小戶農民，使其免受富有地主的剝削與掠奪。然而，均田制的逐漸瓦解卻給了貴族階級強奪土地的機會，擴大自己的地方勢力，還進一步挑動了農民階級的騷動。

最後，唐太宗所推行的科舉制度改革也引發了問題。科舉制度是朝廷招募文官的渠道，為那些出身貧寒之人提供了為官的機會。然而，這一改革雖創造出了一個以德論績的官僚制度，卻極大地削弱了貴族階級的權力與勢力。唐玄宗不得不設法應對朝廷之中的派別之爭——有意謀反的貴族、野心勃勃的官員，還有手握軍權的節度使。

然而，最終點燃叛亂之火的卻是唐朝接二連三的戰敗，其中便包括公元 751 年同阿拔斯王朝阿拉伯人的戰爭。這一場戰爭阻斷了中國挺進中亞的步伐。

唐朝的轉折點

唐朝四處征戰的時期已經結束，軍隊的崇高地位便受到了威脅，於是，軍中開始出現不滿情緒。安祿山是一位有能力的節度使，也是朝中的紅人。他起來反抗朝廷，聲稱皇帝命他除掉楊國忠。他組建了一支反抗軍，一路南下。

最初，這場叛亂看上去似乎注定會勝利：反叛軍早於公元 756 年便佔領了東部的都城洛陽，安祿山還在那裏建立了一個全新的朝代——大燕國。之後，叛軍攻向了唐代的主要都城長安。唐玄宗逃離皇宮，勉強躲過了安祿山的大軍。

然而八年戰亂之後，唐朝最終成功鎮壓了反叛，國家卻也受到重創。在接下來的一個世紀之中，朝廷的權力不斷落入軍隊手中，起義再次爆發。到了公元 907 年，唐朝便已分裂為多個朝代與王國，權力的爭奪持續了五十年之久。■

> 萬戶傷心生野煙，百官何日更朝天？
>
> ——王維，唐代詩人（公元 756 年）

靈魂的奔湧，
智慧的覺醒

巴格達的建立（762年）

背景介紹

聚焦
伊斯蘭社會與科學

此前

公元 711 年 皈依伊斯蘭教的阿拉伯柏柏爾軍隊征服了西班牙的西哥特王國。

公元 756 年 倭馬亞王子阿卜杜·拉赫曼一世在西班牙的科爾多瓦建立了自己的王朝。

此後

公元 800 年 巴格達建立了第一座伊斯蘭教醫院。

公元 825 年 阿爾-花剌子模將起源於印度的十進制計數法引入了伊斯蘭世界。

1138－1154 年 阿爾-伊德里西為西西里的羅傑二世繪製了一份世界地圖。

1258 年 巴格達圍城戰標誌着阿拔斯王朝的覆滅。

1259 年 馬拉蓋建起了一座天文觀測台。

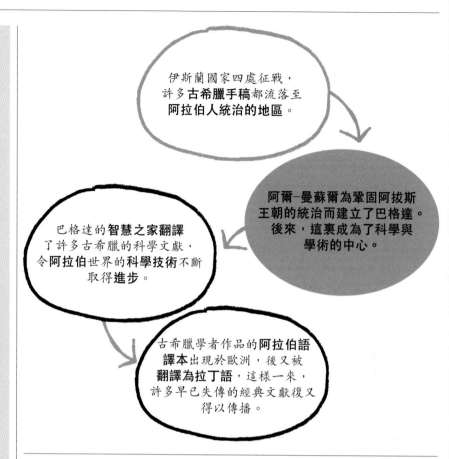

伊斯蘭國家四處征戰，許多**古希臘手稿**都流落至**阿拉伯人統治的地區**。

阿爾-曼蘇爾為鞏固阿拔斯王朝的統治而建立了巴格達。後來，這裏成為了科學與學術的中心。

巴格達的**智慧之家翻譯**了許多古希臘的科學文獻，令**阿拉伯世界**的**科學技術**不斷取得**進步**。

古希臘學者作品的**阿拉伯語譯本**出現於歐洲，後又被**翻譯為拉丁語**，這樣一來，許多早已失傳的經典文獻復又得以傳播。

公元 762 年，阿拔斯王朝的第二任統治者將這一強大的伊斯蘭王國的都城自大馬士革遷至了新建立的城市巴格達。人們常將這一事件視作為伊斯蘭黃金時代的開端，此後，科學、藝術與文化都得到了繁榮發展。伊斯蘭世界技術發展的程度之深從公元 802 年阿拔斯王朝哈里發哈倫·拉希德的贈禮中便可窺見一斑。當時，他派遣使者至法蘭克王國統治者查理大帝的宮廷之中進獻贈禮，其中便包括一台水鐘，通過使銅珠子掉落至機械底部的鈸上來報時。這一精巧的鐘錶僅僅是阿拉伯人技術進步的體現之一，而他們的更多進步也將其歐洲對手遠遠拋在身後。

阿拔斯王朝的崛起

公元 632 年先知穆罕默德離世之後，他的繼承者接手了一個疆域不斷擴大的伊斯蘭帝國。而在公元 744 年哈里發阿爾·瓦利德（來自從公元 661 年便開始統治大馬士革的倭馬亞家族）被殺之後，內戰爆發，直至公元 750 年阿拔斯王朝掌權才得以終結。在伊朗東北部呼羅珊軍隊的幫助下，阿拔斯人利用前十年平息了帝國內部的戰亂。呼羅珊王朝軍隊之中的士兵有的使用阿拉伯語，有的使用波斯語，還有的使用中亞語種；他們都是阿拔斯人的主要支持者，為他們在除阿拉伯半島北部、敘利亞以及伊拉克等支持倭馬亞王朝的阿拉伯部落之外提供了一個獨立的權力根基。

阿拔斯王朝的第二任哈里發阿爾-曼蘇爾於公元 762 年建立了巴格達城，而這在某種程度上也是為了給呼羅珊戰士們提供地盤。他選址於此，一是因為巴格達氣候溫和，二是因為這裏位於波斯、阿拉伯半島以及地中海地區之間的貿易路線上。此外，從這裏出發向西北行進 20 英里便可到達波斯皇室的所在地泰西封，而泰西封很快便敗

參見：釋迦牟尼宣揚佛教 40~41 頁，克諾索斯王宮 42~43 頁，亞歷山大大帝的征戰 52~53 頁，穆罕默德領受天啟 78~81 頁，曼薩·穆薩赴麥加朝覲 110~111 頁，圖爾戰役令阿拉伯發展陷入停滯 132 頁，阿克巴大帝的征戰 170~171 頁。

落了，於是，這個可以追溯至公元前 6 世紀居魯士大帝時期的文明便落在了阿拔斯這個全新王朝的手中。新都城的中心是一片直徑 1 英里的圓形圍場，其中就坐落着哈里發的王宮以及主要執政場所。

探求知識

令阿拔斯人引以為豪的不僅有其從祖先那裏傳承下來的政治遺產，還有他們輝煌的文化與科學成就。儘管倭馬亞帝國之中諸如埃及亞歷山德里亞等地也對古希臘文化進行了探究，然而王朝卻並未對科學研究進行資助。這一情況到阿拔斯王朝統治時期開始發生改變。統治者並未選擇四處征戰，而是將大部分精力放在鞏固伊斯蘭統治之上。他們出資贊助學者，研究國外文獻中的知識，而不是全然依賴於《古蘭經》或是《聖訓集》（先知穆罕默德的言行錄）中的教誨。

> 阿爾-曼蘇爾不僅在邏輯與法律方面造詣頗深，還對哲學以及觀測天文學表現出了極大的興趣。
>
> ——賽義德·阿爾-安達盧西，伊斯蘭歷史學家（約 1068 年）

阿拔斯王朝最早取得的進展出現在醫學領域。在公元 6 世紀中期到末期之間，伊朗西南部貢德沙普爾城中的一所哲學學院成為醫藥學者的聚集地，其中的學者大多都是來自聶斯托利派的基督徒，曾遭拜占庭帝國的迫害。據傳在公元 765 年，阿爾-曼蘇爾曾將那裏的尤里斯·伊本·吉卜利勒·伊本·伯赫帖舒召至巴格達診治胃部疾病。這位哈里發對他的治療感到十分滿意，最終説服尤里斯留下來做自己的私人醫生，而直到 11 世紀中期為止，伯赫帖舒家族整整八代人都服務於巴格達宮廷，對古希臘智慧、希臘化時代文獻以及醫學治療手段的傳播做出了重要貢獻。公元 800 年，哈里發哈倫·拉希德命尤里斯的孫子吉卜利勒·伊本·伯赫帖舒管理一家新建於巴格達的醫院，而這也是伊斯蘭世界中的第一家醫院。

阿爾-曼蘇爾在巴格達建立了一座圖書館，存放自己收藏的原稿。後來，阿拉伯人逐漸開始使用紙張製作書籍，公元 795 年巴格達建起了造紙廠，書籍的存放與收藏便更加簡單了。然而，由於阿拉伯語使用者並未掌握造紙這一項技藝，圖書館的建成便也未能在很大程度上推進這項阿拉伯世界中的本

哈倫·拉希德

公元 783 年，哈倫·拉希德（公元 763-809 年）在其長兄阿爾-哈迪（在位僅一年）莫名離世後繼位為哈里發。在他統治的前二十年中，巴爾馬克家族始終控制着整個王朝，建立了一個強勢的中央權力體系。在哈倫的統治之下，巴格達成為整個伊斯蘭世界之中最為強盛的城市，還逐漸發展為知識、文化、發明以及貿易的中心。但即便如此，哈倫在將近二十年的時間裏始終將權力中心設在靠近拜占庭帝國邊境地區的拉卡市，並於公元 806 年親自率領數萬大軍突襲了拜占庭。四年之前，哈倫曾將一頭大象作為禮物贈予查理大帝，而這事實上是他與法蘭克王國之間的外交互換，旨在進一步向拜占庭人施壓。

哈倫設立了「智慧之家」。這是一個集翻譯機構、圖書館與學院為一體，吸納帝國之內有能學者與知識分子的地方。這一功績為哈倫贏得了「拉希德」一名，譯為「正直者」。公元 809 年，哈倫在征戰伊朗東北部呼羅珊王朝的過程之中不幸離世。

土科學傳統。

智慧之家

為做補救，哈倫·拉希德（公元 786–809 年的哈里發）與馬蒙（公元 813–833 年的哈里發）共同建立了「智慧之家」。這裏不僅收藏了大量藏書，還成為學者求知的學院以及將重要科學文獻翻譯為阿拉伯語的翻譯中心。智慧之家中最為有名的學者包括來自伊拉克希拉城的聶斯托利派基督徒侯奈因·伊本·伊斯哈格，他翻譯了超過 100 餘部作品，其中大多都是醫學與哲學文獻；異教薩比教徒泰比特·伊本·奎拉，他翻譯了歐幾里得的幾何學著作《幾何原本》以及托勒密的天文學著作《天文學大成》。

翻譯成為一項極其受人尊崇的事業。一位阿拉伯人願意支付每月 2000 第納爾（第納爾以黃金鑄成，1 第納爾的重量相當於 72 顆大麥）的高價，以確保有人能夠翻譯古希臘醫生蓋倫的著作。在此後近 150 年時間裏，近乎所有已知的重要古希臘文獻都已有了阿拉伯語的版本。這其中的許多著作都並沒有出現在西歐地區，即便出現了，那裏的古希臘文化也早已消亡殆盡。這樣一來，公元 850 年左右的伊斯蘭世界便已經做好準備，在古希臘時期與羅馬帝國統治之下希臘化時期的科學基礎上繼續發展，並在接下來的幾個世紀中始終走在基督教西歐世界之前，引領科學發展的潮流。

> 猶太人與基督徒將這些科學書籍翻譯為自己的語言，還將其歸為本民族的成果……然而事實上，它們卻是穆斯林的作品。

——穆罕默德·伊本·艾哈邁德·伊本·阿卜杜，法學家（12 世紀早期）

複雜的計算

穆斯林每日都要進行五次禮拜（在遼闊的伊斯蘭帝國之中，五次禮拜的時間不盡相同），因而對

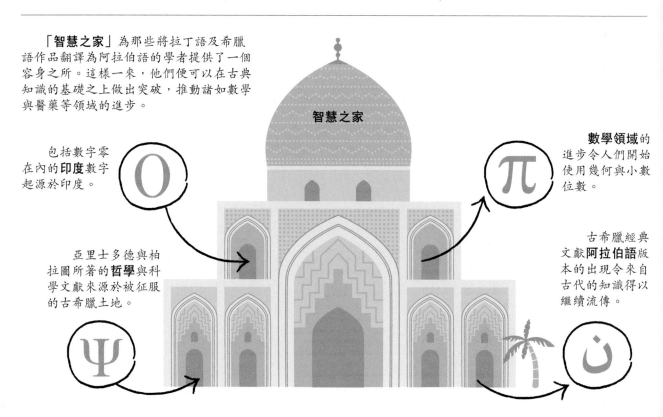

「**智慧之家**」為那些將拉丁語及希臘語作品翻譯為阿拉伯語的學者提供了一個容身之所。這樣一來，他們便可以在古典知識的基礎之上做出突破，推動諸如數學與醫藥等領域的進步。

智慧之家

包括數字零在內的**印度**數字起源於印度。

數學領域的進步令人們開始使用幾何與小數位數。

亞里士多德與柏拉圖所著的**哲學**與科學文獻來源於被征服的古希臘土地。

古希臘經典文獻**阿拉伯語**版本的出現令來自古代的知識得以繼續流傳。

《醫典》由伊本・西那（公元980–1037年，拉丁名阿維森納）所著。這部作品為伊斯蘭世界與中世紀歐洲的醫學樹立了標準，也在接下來的幾個世紀中始終都是一部權威作品。

於他們來說，掌握數學與天文學知識、準確計算時間是非常重要的。於是，伊斯蘭世界也極其注重這兩個學科的研究。公元 771 年，伴隨着一羣印度教學者的到來，另外一門智慧也促進了計算技術的提升。這些學者來到巴格達拜訪阿爾–曼蘇爾，還帶來了印度較為先進的數學，其中包括能夠用來解決代數方程的三角函數。不得不提的一點是，這些印度學者使用了十進制計數法，而後來智慧之家的一位成員阿爾–花剌子模（約公元 780–830 年）便在其著作《印度數字算數》中應用了這一概念。

不僅如此，阿爾–花剌子模還解釋了計算平方根數的方法，並成為代數方程領域的先鋒。他與同僚學者從歐幾里得與阿基米德就球體與圓柱體所撰寫的文章出發，在幾何領域亦取得了飛速的進展。

天文與醫藥

阿爾–花剌子模以自己對於天文的第一手觀察為依據進行計算，在巴格達編纂了現存第一部每日禮拜時間表。早期的伊斯蘭教天文學家自托勒密的《天文學大成》中汲取靈感，也一併接受了他將地球視為太陽系中心、其他行星依次沿着各自的軌道圍繞地球進行公轉的觀點。此外，他們也向印度天文學家學習，翻譯並完善了印度歷表，還

進一步改進了托勒密的體系，只有少數文獻才會提及以太陽為中心的日心說。到了公元 8 世紀中期，天文學家開始使用星盤（將天體投射在一塊標有經緯度的平面之上），而這令測量工作變得簡單了許多。

到了 13 世紀，伊斯蘭天文學的發展已經到達頂峯，而在 1259 年，伊朗東部的馬拉蓋建起了一座大型天文觀測台。正是在這裏，納速拉丁・圖思及其繼承人對天體運行軌道出現的偏差做出了更好的解釋，還使用了機械鐘錶，以求能夠更加準確地記錄下自己的觀測數據。穆斯林學者同樣也推動了其他許多領域的發展。他們先是以古希臘文稿的阿拉伯語譯本為基礎進行研究，然後再進行自己的探索。對於那些古典理論，他們並非是不加批判地全盤接受：伊本・海賽姆撰寫了《光學之書》，他在這部作品中提出視覺是光線運動的結果，光線從一個物體傳播至眼睛中，而非同

托勒密說的那樣，反向從眼睛傳播至物體上。阿拉伯醫生也將實踐觀察與理論分析相結合，不斷取得進展。拉其（公元 925 年離世）最早對天花以及麻疹進行了解釋，還編纂了一部醫學匯編，開啟了其後撰寫此類百科全書的傳統，伊本・西那（西方人常將其稱為阿維森納）所著的《醫典》便是成書於這一時期的傑作。這本書於 1015 年左右面世，以身體不同部位的疾病或是全身性的疾病為區分，涵蓋了許多獨立的章節。

伊斯蘭科學的傳播

公元 7 世紀中期伊斯蘭世界的擴張不僅將亞歷山德里亞等古代求知的中心納入了自己的統治，更是通過對於西班牙（自公元 711 年開始）以及西西里（自公元 827 年開始）的征戰將伊斯蘭世界推進到西歐的外沿。這兩個地區都蘊含着伊斯蘭的智慧，尤其是伊比利亞半

在這幅阿拉伯人憑藉想像創作的畫稿之中，古希臘思想家亞里士多德正在向穆斯林學生傳授測量太陽、月亮以及星星位置的方法。

島，也就是阿拉伯人口中的安達盧斯。倭馬亞王朝流亡在外的王子阿卜杜‧拉赫曼一世自阿拔斯革命中逃離，於公元 756 年在安達盧斯建立了自己的王朝，而這裏則逐漸吸引了許多來自東方的學者，其中的圖書館更收藏了諸多阿拉伯語版本的珍貴古代文獻。

公元 967 年，法國修士、學者奧里亞克的格伯特（在公元 999 年成為了教皇西爾維斯特二世）來到了西班牙，準備在加泰羅尼亞的一座修道院中進行為期三年的學習。在那裏，他讀到了許多超越了穆斯林統治之下安達盧斯邊界的手稿。於是，他將許多阿拉伯的科學技術帶回了法國，例如水鐘與星盤，還有一種使用了小數體系的算盤。這是該系統在中世紀歐洲使用的第一個例子。這只是一個很小的開端，而在公元 9 世紀，意大利南部的薩萊諾建起了一所醫學院。初創之時，這裏只有有限幾部伊斯蘭書稿，但是到了 11 世紀末，穆斯林醫生非洲人康士坦丁從突尼斯凱魯萬回到這裏，同時也帶回了大量手稿。他前往凱魯萬學習醫學，並將阿里‧伊本‧阿巴斯‧馬居斯（西方人將其稱為哈里‧阿巴斯）所著的《醫學全書》等作品帶了回來，還在之後將一部分內容譯為了拉丁語。這份譯文為西方醫生與學者敞開了一扇通往先進穆斯林醫學知識的大門。古希臘文本直接自拜占庭帝國傳到了西方，其中便包括哲學家亞里士多德的作品。然而，西班牙始終都是將伊斯蘭知識傳播到歐洲的通道。隨着西班牙境內的伊斯蘭統治區域在再征服運動的壓迫之下不斷縮小，材料的流通速度不斷加快。基督教的收復行動迅速深入伊斯蘭世界，直至 1085 年，卡斯蒂利亞的阿方索六世征服了托萊多。這個城市成為各國人士翻譯阿拉伯作品的中心，翻譯者中有英國人凱頓的赫伯特、斯拉夫人卡林提亞的赫爾曼、法國人馬賽的雷蒙德、猶太學者亞伯拉罕‧伊本‧艾茲拉，還有意大利人克雷莫拉的傑拉德。12 世紀中期，這些人將許多阿拉

伯文獻譯成了拉丁語，內容涵蓋數學、醫學以及哲學。這樣一來，西歐人便也可以接觸到托勒密的《天文學大成》與蓋倫的醫學著作，還能讀到阿拉伯作者在前人基礎之上或撰寫或總結出來的新作品，例如伊本·西那的《醫典》。這套共分五部的百科全書一直到 16 世紀都是歐洲醫學院中使用最為廣泛的專書。

王室的贊助

這一將知識傳入西方的過程投射出了公元 9 至 10 世紀阿拉伯語翻譯繁盛時期之中伊斯蘭世界吸納古希臘文化成果的過程，貴族與皇室贊助人也在兩次傳播階段中扮演了相似的角色。西西里國王羅傑二世曾在 1138 年將阿拉伯學者阿爾-伊德里西邀至宮廷之中，請他在伊斯蘭地理與製圖文獻的基礎之上繪製出一幅世界地圖。阿爾-伊德里西耗費十五年時間完成了這一工作，而那幅地圖也是當時歐洲人所能尋到的最為精準的世界地圖，上面的區域最東甚至已經標注到了朝鮮。伴隨地圖一同面世的還有一本名為《雲遊者的娛樂》的書。阿爾-伊德里西的贊助人可以在書中閱讀到諸如婆羅洲食人族與加納黃金貿易等許多不可思議的事情。

求知的傳統

羅傑的孫子，也就是神聖羅馬帝國 1220–1250 年的皇帝腓特烈二世延續了其祖父創立的傳統，對阿拉伯文獻的翻譯進行資助。羅傑二世是一位通曉至少四門語言的博學大家，世人驚嘆於他的學識之淵博，甚至將其稱為「世界的奇跡」。他的門生之中包括翻譯了亞里士多德動物學領域重要作品的蘇格蘭學者邁克爾·斯科特，還有被其商人家族送往北非穆斯林地區布日伊學習數學的比薩人列奧納多·斐波那契。斐波那契在那裏接觸到了小數體系，並於 1202 年出版了《計算之書》，而這也是歐洲境內對阿拉伯數字體系記載最為詳細的作品。

到了 13 世紀初期，阿巴斯帝國已經崩塌。這樣一片廣袤的帝國統治起來相當困難，加之內戰不斷爆發，包括西班牙、突尼斯與埃及在內的許多重要行省便紛紛脫離了帝國的統治，決心忠誠於自己的哈里發。即便是在尚未脫離阿拔斯王朝的巴格達，哈里發也只不過只是名義上的統治者罷了。真正的權力掌握在什葉派布耶王朝等王朝的手中，而自 1055 年起，一支發源於中亞地區的土耳其部落塞爾柱人開

始掌權。阿拔斯王朝承受的最後一擊來自蒙古人。他們在 13 世紀大舉向西進發，攻入了伊斯蘭世界。1258 年，蒙古大汗蒙哥派兵攻打伊拉克，包圍並劫掠了巴格達，還對城中的居民進行了大規模屠殺。阿拔斯王朝的最後一位哈里發穆斯台綏木遭受處決，伊斯蘭世界的政治與文化權力首先移交到了開羅馬穆魯克人的手中，後來，奧斯曼土耳其人於 1517 年征服了埃及，便也一併掌握了權力。

到了這時候，歐洲人已經通過對於阿拉伯文獻的研究，完成了對古希臘與古羅馬幾乎所有學術領域的再發現。他們花了幾個世紀的時間，才將這些新的知識全部納為己用，而 15 世紀歐洲人對於古典文獻的進一步探索更是激發了文藝復興運動的火星。在保障古希臘與古羅馬科學能夠留存在伊斯蘭世界的過程之中，阿拔斯王朝哈里發所創立的智慧之家起到了關鍵作用，令這些智慧得以在幾世紀之後傳向基督教影響下的歐洲。■

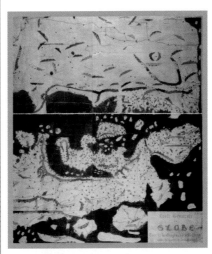

羅傑二世邀請學者阿爾-伊德里西繪製一幅世界地圖，準確描繪了 1138 年時的世界。阿爾-伊德里西於 1154 年向其贊助人呈上了這張平面球體圖，與之一道呈上的還有一本書。

不列顛從未經歷過這般恐怖的事情

維京人突襲林迪斯法恩 (793年)

背景介紹

聚焦
維京掠奪者

此前

公元 550-750 年 瑞典的旺代爾時期是一段不斷繁榮的時期。

公元 737 年 丹麥丹尼維爾克防禦工事的建造體現着皇家權威的提升。

此後

公元 841 年 維京人在愛爾蘭建立起一個永久定居點，而這裏就是後來的都柏林。

公元 845 年 維京掠奪者沿着塞納河不斷推進，最終劫掠了巴黎。

公元 867 年 丹麥海盜控制了英格蘭東北部的諾森比亞。

公元 911 年 維京人在法國北部建立了諾曼第公國。

公元 10 世紀 瑞典的羅斯海盜控制着俄羅斯的基輔與諾夫哥羅德。

公元 794 年 6 月，一羣人在英格蘭北部的林迪斯法恩聖島上登陸，打破了這裏原本平靜的一天。他們對島上的修道院發起了猛烈的攻擊，殺死了許多名修士，將其他人擄走為奴，還在逃走之前將教堂中的珍寶洗劫一空。

林迪斯法恩島上這次殘忍的突襲是最早一次有記錄可循的維京人突襲，消息很快便在歐洲的基督教世界中傳開，掀起了一波恐懼的浪潮。在接下來的 200 年中，維京人還將對這片大陸上的大部分地區發起突襲與劫掠。然而儘管如此，他們也是擁有精妙藝術文化的殖民者與商人，在其曾經侵略或是定居過的地方留下了永恆的印記。

不可阻擋的力量

在林迪斯法恩突襲發生後不到六年的時間裏，維京人便將目標放在英格蘭、蘇格蘭、愛爾蘭以及法國富有的基督教地區。維京人打造的海盜船是他們能夠一次次取得勝利的關鍵，那是一種細長型的大船，底部很淺，使得船員能夠一路逆流而上，也能在岸上平穩登陸。每艘船都可以容納多達 80 名戰士。這些戰士都是由戰爭領主所招募的，而領主的權威則建立在其軍事技能之上，以及他們能否成功為其手下奪得戰利品。

維京人之所以敢於到海上冒險，還要歸結於以下幾個原因。在斯堪的納維亞半島上的一些地區之中，人口的增長或多或少地迫使年輕男人過上了海盜的生活；在其他一些地區，當地部落首領的權力不斷增加，而這可能也激發了權力

野蠻人的劫掠與殺戮徹底摧毀了林迪斯法恩這片土地上的上帝教堂。

——《盎格魯-撒克遜編年史》

參見：羅馬之劫 68~69 頁，貝利薩留斯收復羅馬 76~77 頁，查理大帝的加冕 82~83 頁，阿爾弗雷德大帝統治韋塞克斯 132 頁，克里斯托弗·哥倫布抵達美洲大陸 142~147 頁。

鬥爭，將弱者推向流亡的境地。此外，歐洲北部新興的富有貿易城鎮在戰士們眼中簡直是難以抗拒的誘惑，因為對於他們而言，若能因為自己英勇的舉動而獲得好的名聲，這本身便無異於一筆巨大的財富。

征戰與定居

隨着維京突襲隊伍的不斷壯大，他們之中的許多人也開始在自己曾經侵略過的地方定居，其中便包括不列顛和法國。公元 9 世紀末期，英格蘭分裂為許多王國，無法團結起來共同抵抗維京人的侵襲，而法國則深陷於內戰的泥淖之中。

如同一盤散沙一般的對手令維京人征服了英格蘭的北部與中部，還佔領了法國北部的土地，而他們的後裔則成為諾曼人。在東部地區，維京人沿着俄國境內的河流一面進行貿易，一面繼續突襲，這為他們帶來了伊斯蘭世界的白銀，還使其與拜占庭帝國建立了聯繫。

到了 11 世紀，斯堪的納維亞

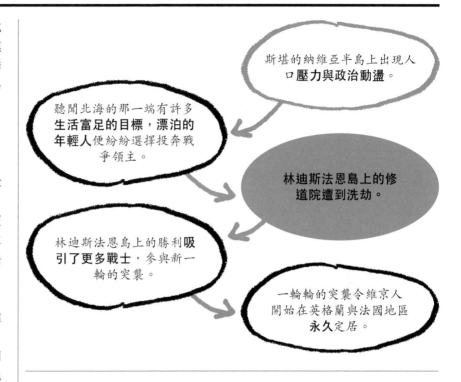

斯堪的納維亞半島上出現人口**壓力與政治動盪**。

聽聞北海的那一端有許多**生活富足的目標，漂泊的年輕人**便紛紛選擇投奔戰爭領主。

林迪斯法恩島上的修道院遭到洗劫。

林迪斯法恩島上的勝利**吸引了更多戰士**，參與新一輪的突襲。

一輪輪的突襲令維京人開始在英格蘭與法國地區**永久**定居。

半島上的大多數王國都皈依了基督教，也逐漸轉變了生活方式，不再進行突襲和劫掠，而是更為有組織地完成定居與征服活動。1066 年，挪威國王哈拉爾·哈德拉達妄

圖坐上英格蘭王座，卻最終以失敗告終，而這也是以林迪斯法恩之劫為開端的維京時代的最後一段繁榮時期。■

維京人是中世紀早期西方世界之中最好的造船匠，水手，以及航海家。

維京人在北大西洋地區的擴張

維京人憑藉自己對風向與潮向的了解航行於海上，發現了許多片未知的陸地。公元 800 年左右，他們佔領了法羅羣島，並以此為踏板，繼續對北大西洋地區進行探索。到了公元 9 世紀 70 年代，維京人的船隻已經到達了愛爾蘭，而這羣開拓者也在那裏建立起了一片政治上愈發獨立的殖民地。

公元 982 年，因謀殺而被流放出愛爾蘭的紅髮埃里克無意間發現了格陵蘭島，並在那裏建立了全新的殖民地。他在海上偏離了原定的航線，來到了一片闊葉林密布、到處都是野葡萄的區域，而他則將那裏命名為文蘭。

文蘭位於如今加拿大東部的紐芬蘭地區，此後維京人又到此地進行了一系列遠征，並最終在這裏建立了一片面積不大的殖民地，卻又很快在當地原住民頗具敵意的攻擊之下放棄了這裏。

羅馬教會從未曾犯錯

敘任權之爭（1077年）

教會就神職人員成婚問題與主教敘任權問題制定了一系列**規定**，然而執行過程中的**鬆懈引發了改革的呼聲**。

教皇格列高利七世推動改革進程，包括**禁止「平信徒授衣禮」**。

皇帝與教皇就敘任權問題產生衝突；皇帝被逐出教門。

教皇在敘任權門爭中的**勝利推進了改革運動**，鞏固了教皇權力。

在1077 年的意大利卡諾薩城堡之外，神聖羅馬帝國皇帝亨利四世赤腳在大雪中佇立了整整三日，乞求教皇格列高利七世的赦免。這一事件便是敘任權門爭中的高潮。敘任權門爭是皇帝與教皇之間的門爭，焦點在於世俗權威究竟能夠在何種程度上干涉基督教會，而皇帝又是否有權利任命主教，並授予他們權力。

皇帝與教皇都是各自領域中的統治者，同時也相互競爭，相互爭奪統領基督教世界的權威。教皇格列高利七世聲稱教皇在精神事務上具有最高權威，而即便是在世俗事務之中，其地位也應遠高於王子。

當格列高利終於回心轉意，表示自己原諒了悔罪者皇帝的時候，帝國的聲望遭受了重重的一擊，然而對於教會的獨立而言，這卻無疑是一場巨大的勝利。

教會所處的形勢

11 世紀初，教皇的權力正處於衰落階段。他們已經無力管理意大利之外的國家教會，也失去了自

參見：米爾維安大橋戰役 66~67 頁，查理大帝的加冕 82~83 頁，耶路撒冷的陷落 106~107 頁，奧托一世成為神聖羅馬帝國皇帝 132 頁，馬丁·路德的《九十五條論綱》160~163 頁。

當**亨利**艱苦跋涉，穿越阿爾卑斯山脈，終於來到城堡大門之前的時候，卻被拒之門外。他足足懺悔了三日，才重新為教會所接納。

己的威信，君主紛紛開始任命自己的主教，而這一情況在德國尤為嚴重，那裏的主教一職通常還擁有相當廣闊的領地勢力。人們紛紛感覺到教會已經失去了自己的根基：修道院變成了貯藏珍寶的倉庫，主教開始同世俗領主一般統治自己的領地，神職甚至變成了可以公開售賣的物品。巡迴傳教士開始猛烈抨擊這些背叛行徑，教會內部也開始聽到改革的呼聲。格列高利極力發揚

教皇的權威。1075 年，教會會議宣佈只有教皇才有權任命主教或是將他們調往另一個教區。亨利在德國許多地方已然失去威信，而面對這一情況，他選擇繼續任命主教，還呼籲教皇讓位。作為反擊，格列高利將皇帝逐出教門，並宣佈將其罷免。德國的貴族早已對亨利試圖獨攬大權的行為極度不滿，而在教皇做出這樣的決定後，他們覺得自己可以不必繼續效忠於皇帝，便開始起來反抗。亨利深陷於教皇與貴族兩方的壓制之中，最終選擇前往卡諾薩城堡，灰溜溜地撤退。

沃爾姆斯的最終協定

然而亨利並未一直屈服下去。敘任權的問題沒有得到明確的解決，而潛在的紛爭也令教皇與皇帝的擁護者之間爆發持續不斷的衝突，直到 1122 年，亨利的兒子亨利五世同意簽署沃爾姆斯宗教協定，情況才得到了好轉。一方面，教皇

> 我，亨利，莊嚴上帝恩典之下的羅馬皇帝，免除神聖天主教會由權戒與牧杖所賦予的敘任權，准許所有教會進行自由選舉與授職。
>
> ——亨利五世，1122 年

愈發堅持自己的權力是至高無上的；另一方面，德國的貴族愈發獨立。而在這樣的兩難困境之下，皇帝幾乎對一切敘任權做出了讓步。

這樣的成功令羅馬教廷倍感振奮，也重新得到了統一。人們更加渴望接受教育，一批大學應運而生，開設基督教教會法規學科的博洛尼亞大學便是其中之一。教皇的信心不斷增長，他們殘忍地處決了大量異教徒，也掃清了儀式執行過程之中的鬆懈與怠慢。

改革令羅馬教會更為強大，在 16 世紀宗教改革爆發之前始終維持着統一。神聖羅馬帝國的威嚴也受到了同等的衝擊。世俗領主抓住機遇，擴大自己的權力，將整個帝國分裂成許多部分，各個領主對皇帝也不過是敷衍以對罷了。■

新修道主義

到了 11 世紀，許多人都感到修道會制定的規則已經偏離了其原本的使命，反而更加着重財富的積累，卻放棄了精神的追求。包括科隆的布魯諾在內的一些人呼籲重拾從前更為純粹的修道主義。1084 年，布魯諾加入到格勒諾布爾附近一羣隱士之中。許多人為他們的生活方式所吸引，建立了類似的組織，而這些組織後來也成為西多會的核心。成立於 1098 年的西多會到了

1153 年的時候已經擁有近 350 座修道院，然而隨着接受過良好教育的人越來越多，人們生活越發富足，社會流動性也越來越強，這些封閉的修會已經無法完全滿足社會的需求。13 世紀湧現出許多托缽修會的修士，他們致力於貧窮生活，雲遊四方，向他人佈道。阿西西的聖方濟（Francis of Assisi）於 1209 年建立的方濟各會與多明戈·德·古斯曼（Dominic de Guzman）於 1216 年建立的多明我會都是這一新興使徒式修道生活的典範。

一個注定要主宰國家的人

源賴朝成為幕府大將軍（1192年）

在 1192 年的時候，日本一位家族領袖源賴朝成為幕府大將軍，而這也標誌着武士這一日本軍事階層終於攀上了權力的頂峯。在此後的七百五十年間，統治日本的始終都是一派軍事領袖。

自公元 7 世紀中期開始，歷來統治日本朝廷的都是來自藤原家族的攝政者，而天皇不過是有名無實的統治者罷了。在公元 794 年都城

源平合戰期間，武士以騎兵方式作戰；然而到了 15 世紀，劍，尤其是長刀武士刀卻成為他們的主要兵器。

（隨天皇）遷往京都之後，這一情況便更為根深蒂固。藤原家族以外的貴族無法於朝中得到晉升，只能在各縣謀求職位。京都官僚與地方貴族（武士，在地方政府之中佔據重要地位）之間的鴻溝不斷拓寬。

參見：安史之亂 84~85 頁，忽必烈征服大宋 102~103 頁，蒙古入侵日本與日本的反擊 133 頁，關原合戰 184~185 頁，明治維新 252~253 頁。

朝廷將最具才幹的武士任命為「受領」，一方面將他們束縛在朝中，另一方面也防止他們建立自己的權力基地。然而，武士卻逐漸開始效忠於自己的家族以及家族中的家主，而非天皇，反而為爭奪各縣之中的權力根基而相互爭鬥。源氏與平氏家族之間爆發了一系列爭鬥，最終引發了源平合戰，戰爭過後，平氏家族慘敗，自此一蹶不振。

幕府

家族領袖源賴朝取得勝利後，在距離京都 400 公里左右的鎌倉市建立了一個平行政府。他將其他家族首領納為身邊的御家人（與將軍直接保持主從關係的武士），還將受領派遣至各省，進一步鞏固自己

的統治。1192 年，源賴朝自天皇那裏獲得了幕府大將軍的頭銜，由此也成為日本真正意義上的軍事統治者。

在接下來的幾個世紀之中，天皇定期試圖重新維護自己在幕府前的權威，卻接連以失敗告終；然而幕府也無法完全掌控武士及其戰爭領主，他們依舊統治着各自的區域，相互交戰。日本逐漸分崩離析，每一位大名（封建領主）都有着自己的權力基地與武士隨從。

1192 年建立的幕府表面上為日本帶來了穩定，事實上卻最終將國家引向了持續時間近 150 年的戰國時代。1603 年，內戰終於結束，全新的德川幕府重新統一了日本。■

源賴朝

源賴朝是清和天皇的後人，也是源氏家族的繼承人。1159 年，源氏家族在內戰中為平氏家族所摧毀。戰後，失去了親人的源賴朝被流放至伊豆的蛭小島上。他在這裏度過了二十年的時光，後來才對平氏發出了戰爭的號令。源賴朝在鎌倉建立了根據地，並開始從這裏積聚力量，組織戰爭領主與武士，組成獨立的政府。

1185 年對戰平氏過程中的一場決定性勝利鎖定了源賴朝的軍事勝利，也使其成為毋庸置疑的日本領袖。

源賴朝制定了一系列政策，緩和軍事領主與朝中貴族之間的矛盾，還建立起一套治理體系，而這套體系很快便發展為中央政府。然而，源賴朝此後卻將大部分精力投入到鎮壓那些尚未臣服於源氏統治的家族之中。

位於京都的**宮廷**對外界愈發漠不關心，**失去了與各縣之間的聯繫。**

→

各縣**目無法紀**，而這也**導致了武士階層的崛起**。

↓

大敗平氏之後，源賴朝成為幕府大將軍。

←

隨着**幕府權力的削弱**，武士家族逐漸進入半獨立狀態。

↓

幕府瓦解，**權力移交至大名手中。**

王國所有臣民皆應享有上述所有自由、權利與特許權

《大憲章》的簽訂 (1215年)

英王約翰於 1215 年 6 月 15 日在泰晤士河畔的蘭尼米德草坪上正式簽署了一份憲章。《大憲章》旨在緩和國王與一部分反叛貴族之間的矛盾,且這份文件在最初的時候並未發揮多大的效力。然而,它卻維護了臣民的權利,使其可以免受王國專斷暴行的傷害,這也是法治的基本原則。即便是在 800 多年以後,人們始終都將《大憲章》中所描繪的藍圖視作英國以及其他地區對於權利的基本保障。

封建社會

1199 年英王約翰即位之時,英格蘭尚處於封建社會階段,實行以土地為基礎的等級制度,而身處最高一級的便是英王,擁有國境之內的所有土地。領主 (貴族) 忠誠於國王,並為其提供軍事服務,以此換取土地。之後,他們再將土地租借給自己的武裝侍從,侍從再將土地租借給農民。然而當時的君主,尤其是英格蘭的君主,以越來越多的名目向領主徵收稅款,還向他們

《大憲章》之中包含與皇家森林相關的條款:領主的目的是在英格蘭森林法之下限制國王的權力,調整森林的邊界,並對官員進行調查。

施加額外的經濟負擔。自亨利一世 (1100−1135 年) 統治時期開始,英格蘭國王始終致力將權力收歸至自己手中,其手段之一便是建立一系列皇家法庭。這些法庭通過罰金以及收費等方式,為皇室籌募資金,然而這卻損害了領主的利益,因為在此之前,他們都是從本地區的法庭籌募資金的。

英王約翰的苛稅

英王約翰的要求越發苛刻,

參見：耶路撒冷的陷落 106~107 頁，諾曼人征服英格蘭 132 頁，卡斯蒂永戰役 156~157 頁，查理一世遭受處決 174~175 頁，《獨立宣言》的簽署 204~207 頁，攻佔巴士底獄 208~213 頁。

而領主的不滿情緒亦逐漸累積。1200－1204 年，英格蘭在同法國對戰的過程中不僅耗資巨大，還丟掉了諾曼第。「兵役免除稅」這一項額外的徵收使得許多領主在放貸人那裏負債累累，也令眾人憤恨不已。國王不僅在戰事問題上十分無能，還打破了自己與領主之間心照不宣的合約，使其無法依照自己的心意管理自己的土地。

起來反叛的領主決定與國王進行正面對抗，並希望能夠獲得教皇（於 1209 年將約翰逐出教門）的支持。最初使用的外交手段並未奏效，而到了 1215 年 5 月，領主已經佔領了倫敦，強迫約翰與己方締結條約，避免內戰的爆發。在坎特伯雷大主教斯蒂芬·蘭頓的慎重談判之下，雙方終於簽署了一份協定，而這份協定也更像是一份休戰協定，而非和平協定。

皇室統治的集中化**削弱了領主的權力**，也減少了他們的收入。

法國在軍費開支領域中的**財政需求不斷增加**。

領主發起叛變，逼迫英王約翰簽署一項權利法案。

個人的權利得到保護，使其可以免受王國政府**專斷暴行**的傷害。

「只有經過皇室委員會的**商討**才可徵收**新稅**」這一原則逐漸形成。

憲章條款

簽署的這份憲章被稱為《大憲章》，以將其與 1217 年那份更具局限性的《森林憲章》相區別。《大憲章》的大部分內容都是為了平復領主的不滿，然而最具影響力的部分卻是憲章的第 39 項。這一開放性條款保護所有「自由人」。《大憲章》簽署後不久，英格蘭便爆發了內戰；除此之外，教皇也在 1215 年 8 月推翻了憲章中的條款，並將領主逐出教門，然而，憲章卻一次又一次地倖免於難，得以留存至今。1354 年，愛德華三世頒佈的一項法律擴充了憲章中的第 39 條，不僅保護「自由人」的權利，而是保護所有人的權利。相較於包括「允許領主在國王未能履行憲章規定義務的前提下奪取所有土地」這一項在內的其他條款，第 39 項條款在更為長久的一段時間裏，始終經得起考驗。■

《大憲章》的影響

作為臣民權利的憲法基石，《大憲章》幾乎已經登上了神話一般高不可攀的地位。13 世紀以來，它促進了英國議會的發展，而 17 世紀中的叛亂者還利用這一文件來反駁斯圖亞特王朝君主查理一世（Charles I）與詹姆斯二世（James II）所提出的君權神授理論。在一些美國殖民地中，憲章中的某些條款便是以《大憲章》為基礎而制定的，而在美國獨立戰爭前期馬薩諸塞州所選用的印章上，我們也能看到一名衛兵一手持劍，一手拿着《大憲章》的圖案。美國人相信，君主違背了所有英格蘭臣民均應享有的基本法，而這也激發了他們的革命情緒。這份文件對政府的權力加以約束，防止其在統治臣民的時候過於專斷，而此後 1789 年正式得到通過的美國憲法與兩年之後的《權利法案》也都曾受到《大憲章》的影響。

就武力、土地與財富而言，他無疑是有史以來最強大的人

忽必烈征服大宋（1279年）

1279 年 3 月，蒙古戰士橫掃中國南部，攻下了宋朝的最後幾塊要塞。這次勝利預示着元朝的崛起，也標誌着蒙古在 70 年的時間裏，迅速從中亞地區一個鮮為人知的遊牧部落步入巔峯，發展為一片遼闊帝國的主宰者，其疆域更是從中國一直延伸至歐洲東部。如今，蒙古人面對的重要挑戰便是如何從之前那個居無定所的部落人轉變為安居穩定的征服者。

蒙古人的崛起

13 世紀剛剛開始的時候，蒙古人由許許多多相互為敵的家族所組成。然而，1206 年，鐵木真也就是後來的成吉思汗，自封為統一蒙古國的統治者。他精明而又無情，將其子民的注意力自家族內部鬥爭之中轉移出來，並引導他們將精力放在更為有利可圖的侵略行為上，先是攻打相鄰的草原部落，之後又將目標轉向波斯、俄國以及中國北部（1219–1223 年）等更加有組織

的國家。他為蒙古遊牧部設定下了合理的軍事結構，還對蒙古人自遊牧式生活中學會的技能加以利用：蒙古人普遍精於騎馬，士兵都是機動作戰的好手，擅長以破壞性的力量與閃電般的速度突襲敵人。

蒙古人的統治

成吉思汗的孫子忽必烈自 1260 年開始統治中國，然而事實

紙幣是由中國人在公元800年左右發明的。到了元朝，銀票（例如上圖那張1287年的銀票）便由政府統一發行。

參見：始皇帝統一中國 54~57 頁，安史之亂 84~85 頁，馬可・波羅抵達上都 104~105 頁，朱元璋建立明朝 120~127 頁，蒙古入侵日本與日本的反擊 133 頁，三藩之亂 186~187 頁。

忽必烈

忽必烈（1215－1294 年）是成吉思汗的孫子，曾為其於 1251 年登基為大汗的長兄蒙哥治理中國北部地區。忽必烈主張恢復中原式統治方式，而這令許多蒙古人倍感不滿，險些致使其在 1258 年遭到革職。然而，蒙哥之死令忽必烈在 1260 年坐上了大汗之位。在他所建立的官僚體系之中，大部分官員都是漢人，但他同時也將達魯花赤（一種由蒙古人擔任的官職）安插在重要的城鎮，以確保這些地方是忠誠於帝國。忽必烈採取了一系列措施復興經濟，最初還實行宗教寬容政策，將包括馬可・波羅（Marco Polo）在內的許多外國人迎至朝中，以汲取他們所掌握的知識與技術。在中原地區取得勝利後，忽必烈還曾派兵征戰日本、安南（越南）、緬甸以及爪哇；然而，蒙古軍隊在這些地方就算沒有鎩羽而歸，也同樣未能建立起長久的蒙古政權。在其離世之前的那一段日子裏，忽必烈頗不得志，整日酗酒，還出現了肥胖問題，出行不得不依靠轎輦，被人抬往最終的戰場。

證明，統治者很難調和蒙古人遊牧式傳統與被征服地區的複雜文化。草原上老式的鬆散階級難以滿足國境之內大城市的統治需求，而劫掠帶來的即時報償很快便被有效統治及稅收所帶來的延遲效益所取代。這樣一來，許多蒙古人便開始懷念從前的生活。為安撫國民的情緒，忽必烈為他們提供了相較本地中原人而言更多的權利與優待。與此同時，為爭取傳統中國上層階級的支持，他還提拔了許多儒家學者，出資建立道教寺廟，並命其子學習佛經。此外，他也設立了許多學堂，讓農民接受教育，還引進了蒙古的郵遞系統，用馬匹與驛站將整個帝國連接起來，也為商人提供了便利。

帝國的終結

當時的中國北部急需穩定下來，而這也將忽必烈征服南邊宋朝的計劃推遲到了 1268 年。儘管蒙古人最終還是取得了勝利，然而這場歷時十一年的戰爭卻耗資巨大。

蒙古人為保有自己戰士的特性，需要依靠掠奪戰利品來資助自己龐大的軍隊。忽必烈的繼任者未能找到方法，在保有戰士們戰鬥特性的同時將權力完全掌握在自己手中，於是，蒙古軍隊逐漸衰落。在經歷了長達數十年的饑荒、流行病與朝中腐敗之後，1368 年，忽必烈的後人在一次叛亂之中被明朝建立者朱元璋率領的軍隊所擊敗。這樣一來，一個多世紀之後，中國又重新回到了漢人的手中。■

成吉思汗統一了大量蒙古的**遊牧**部落。

其餘部落或**歸順**了蒙古，或為其所**征服**。

蒙古人逐漸強大起來，足以征服像中原這樣先進的國家。

蒙古統治者很難一面維持自己的**遊牧式**生活，一面管理如此**廣袤**的疆域。

蒙古人失去了**軍事戰鬥力**；帝國最終**崩塌**。

我所講述的尚不及我見聞的一半，因為我知道，沒有人會相信我說的話

馬可·波羅抵達上都（約1275年）

背景介紹

聚焦
國際貿易的興起

此前

公元前 106 年 第一支走完絲綢之路全程的商隊將中國使節帶到了帕提亞。

公元 751 年 中國軍隊在塔拉斯河的戰敗阻礙了中國沿絲綢之路的西向擴張。

1206 年 成吉思汗統一了蒙古各部落，開啟了蒙古對於中亞和中國的征戰之路。

此後

14 世紀 40 年代 黑死病沿絲綢之路蔓延，並於 1347 年傳播至歐洲大陸。

1370-1405 年 帖木兒大規模征戰，短暫地復興了蒙古帝國與絲綢之路。

1453 年 奧斯曼土耳其帝國佔領康士坦丁堡，阻塞了歐洲通往亞洲的陸路通道。

傳統強國的崩塌**危害**了中國到中東之間的**長途貿易**。

蒙古人佔領了絲綢之路途經的土地，**增強**了該線路的**安全性**。

絲綢之路上的貿易往來不斷增多，吸引了包括馬可·波羅在內的許多歐洲商人。

蒙古帝國統治的崩塌以及奧斯曼土耳其帝國的崛起令沿線地區的**安全性大打折扣**。

歐洲強國紛紛開始尋找通往東方的**海上貿易線路**，以**替代傳統的**絲綢之路。

1275年，威尼斯商人馬可·波羅（Marco Polo）到達了忽必烈大汗統治之下的都城上都，結束了自己一段長達四年的旅途。他一路沿着絲綢之路從意大利來到了蒙古帝國的都城上都。絲綢之路是古時候一段

路網，幾世紀以來一直承擔着中國與歐洲之間珍貴貨物運輸的職能。最初，在公元前 2 世紀末期的時候，當中國的漢朝打入中亞之時，絲綢之路便成為貿易的中轉之地。自那以後，玉石、絲綢等貨物開始由一批批的商人率領着一支支的

參見：釋迦牟尼宣揚佛教 40~41 頁，忽必烈征服大宋 102~103 頁，朱元璋建立明朝 120~127 頁，《托爾德西里亞斯條約》148~151 頁，蘇伊士運河的修築 230~235 頁。

商隊運往西方，而西方則將毛皮、黃金與馬匹等貨物運送至東方。同時，火藥、紙張，以及磁羅盤等中國發明也沿着該路線一路向西，最終到達絲綢之路的西端康士坦丁堡和黑海港口，在那裏進行交易的則主要是熱那亞商人和威尼斯商人。

蒙古復興絲綢之路

到了 13 世紀，那些控制着絲綢之路各段的帝國逐漸分崩離析，這增加了商旅在該路線上運送貨物的風險，也因此令許多商人對其望而卻步。然而，在 1205–1269 年期間，隨着蒙古人一步步佔領了該地區，絲綢之路便基本被納入了大汗的單一控制之下，這樣一來，商人們就能夠在不離開蒙古地界的前提下，從汗八里（如今的北京）一路前往巴格達了。這般重新得來的穩定環境也促進了貿易的復興。

大約在這段時間前後，歐洲商

> 那些來自印度的奇珍異寶 —— 寶石、珍珠，以及其他的珍品被人悉數帶到了汗八里，每天都會有成百上千車的絲綢運送至汗八里。

—— 馬可·波羅，約 1300 年

人的視野也在逐漸開闊。中世紀早期，經商者只能在本地活動，並將自己的貨物運送至長途貿易路線的交界之處。自 12 世紀開始，諸如比薩、熱那亞，以及威尼斯等意大利城邦率先開啟了穿越地中海東部的海上貿易，這使得各地的商人能夠直接通過連接了西亞和埃及的海上路線，穿越印度洋到達中國。

利用「蒙古和平」這一機遇，商人們能夠獲取巨大的利潤。在 13 世紀末，組建一支商隊或許要花費 3500 弗羅林，然而，一旦商人們成功地將貨物售賣至中國，便可獲得 7 倍的利潤。到了 1326 年，中國主要港口「刺桐」（泉州）已隨處可見熱內亞商人的身影。

陸上貿易的衰落

在接下來的一個世紀裏，絲綢之路持續繁榮。然而，1335 年蒙古帝國伊爾汗國的滅亡以及 1368 年蒙古統治之下元朝的傾覆又一次令絲綢之路為弱國所分割。與此同時，絲綢之路西端伊斯蘭國家奧斯曼土耳其帝國的崛起也阻塞了這條線路，令歐洲商人無法通行。

通過長途貿易交易奢侈品以換取利潤的滋味令歐洲強國開始探索另一條替代性的絲綢之路（這條線路如今已不復存在），這一次，他們將目光鎖定在了海上。1514 年，葡萄牙商人到達了中國廣州附近的海面，迫切希望能夠再次與中國建立起前人馬可·波羅在兩個半世紀之前開拓出來的直接貿易連接。∎

馬可·波羅

馬可·波羅（1254–1324 年）在自己年僅 17 歲的時候便從威尼斯出發，來到了蒙古大汗忽必烈的領土之上。同他一道前往那裏的是馬可·波羅的父親和叔叔，二人此前都曾到過中國，忽必烈還曾託付他們向教皇帶信。蒙古人給予了馬可·波羅極高的禮遇，而他也在中國待了 17 年之久。這段時間裏，他遊遍大江南北，效力於大汗，最終於 1291 年前後回歸故國。

1298 年海戰之時，熱那亞人擒獲了馬可·波羅，還將其拘禁起來。這期間，馬可·波羅口中那些自己在大汗領土上旅居的經歷吸引了獄友魯斯提契洛（Rustichello），他將這些內容一一記錄下來，並在這過程之中對其加以渲染。最終的成書曾被翻譯為多種語言，其中那些與 13 世紀末期中國相關的信息更是彌足珍貴。馬可·波羅出獄後回到了威尼斯，並在那裏度過餘生。

那些時至今日仍舊在為幾枚硬幣而財迷心竅的人獲得了永恆的獎賞

耶路撒冷的陷落（1099年）

在歷時一個月的攻城戰之後，15000 餘名基督教騎士於 1099 年 7 月 15 日湧入了耶路撒冷。得勝的十字軍大舉屠殺穆斯林守衛者與猶太人，而這一血腥的暴行便是此後兩百年間穆斯林與基督徒在聖地交戰的開始。

捍衛基督教

公元 639 年，耶路撒冷落入穆斯林手中。儘管對於拜占庭帝國與西歐而言，耶路撒冷都是他們的聖城，然而康士坦丁堡的拜占庭皇帝與西歐的基督教國王既沒有足夠的

得勝的十字軍湧入耶路撒冷，殘酷地從法蒂瑪王朝手中奪下這座城市，由此奠定了新王朝的基礎。

政治意志力，也缺乏軍事實力，無法將其搶奪回來。到了 11 世紀，塞爾柱土耳其人這一新興民族的軍事推進卻破壞了通往耶路撒冷的朝聖之路，他們後來又在曼齊克特擊敗了拜占庭帝國，很有可能便會將基督教的邊沿推回至康士坦丁堡的大門之外。1095 年，皇帝阿萊克修斯派遣密使向教皇烏爾班二世求助，為拜占庭帝國的反擊提供支持。

參見：穆罕默德領受天啟 78~81 頁，巴格達的建立 86~93 頁，敘任權鬥爭 96~97 頁，格拉納達的陷落 128~129 頁，康士坦丁堡的陷落 138~141。

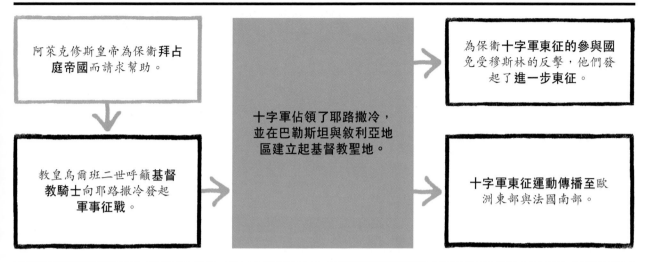

阿萊克修斯皇帝為保衛**拜占庭帝國**而請求幫助。

教皇烏爾班二世呼籲**基督教騎士**向耶路撒冷發起**軍事征戰**。

十字軍佔領了耶路撒冷，並在巴勒斯坦與敘利亞地區建立起基督教聖地。

為保衛**十字軍東征的參與國**免受穆斯林的反擊，他們發起了**進一步東征**。

十字軍東征運動傳播至歐洲東部與法國南部。

正義之戰

　　教皇烏爾班欣然抓住這一機遇，以提升教皇的權威。在 1095 年的一次佈道之中，他向人們描繪了聖地那裏針對基督徒的殘暴行徑，呼籲發動遠征，拯救那裏的信徒。基督教戰士響應號召，團結在一起，迫切希望參與到這一所謂以上帝之名而發起的正義之戰中，一來求取救贖，二來掠奪財物。

　　1096 年，十萬名左右的聖戰騎士（其中大多都是法國人與諾曼人）浩浩蕩蕩地出發了。前往耶路撒冷的征途十分漫長：十字軍戰士屢次在塞爾柱土耳其人手中受挫，而漫長的安提阿攻城戰也極大地挫傷了軍士們的士氣，然而，他們依舊繼續向前推進，並最終在法國騎士布永的戈弗雷的率領下攻下了聖城。

　　十字軍在其所征服的地區中建立了四個國家，分別位於埃德薩、安條克、的黎波里和耶路撒冷王國，並將這些地方統稱為「海外之地」。為抵擋穆斯林激烈的反擊，十字軍建築了密集的防禦工事，其中包括波弗特城堡、馬爾加堡以及騎士堡，壟斷了通向聖城的戰略通道。隨着最初的東征激情逐漸減退，海外之地開始出現人手不足的情況。解決這一問題的途徑之一便是組建聖殿騎士團與醫院騎士團等東征組織，誓願保衛聖地。

> 一個與上帝絕不相容的民族入侵了基督徒的土地，用長劍、劫掠與熊熊火焰降服了這裏的人民。
>
> —— 教皇烏爾班二世，1095 年

此後的東征

　　然而，即便是這樣也還遠遠不夠。1144 年，穆斯林軍隊攻佔埃德薩，第二次十字軍東征開始了。在這一次東征以及 1187 年為緩和耶路撒冷所遭受的毀滅性打擊而發起的第三次十字軍東征之中，法國國王路易八世、英格蘭國王理查一世，以及神聖羅馬帝國皇帝腓特烈·巴巴羅薩等君主紛紛擔起領袖之責，而這兩次十字軍東征也因此動員了更多的參與者。

　　到了 1270 年，基督教世界已先後發動了八次東征，其行動涵蓋了對北非穆斯林地區的襲擊、再征服運動（基督教再次征服西班牙的一眾伊斯蘭酋長國）、遠征歐洲東部鏟除異教組織，甚至還包括法國南部清潔派等基督教異端分子。

　　1244 年，耶路撒冷最後一次落入穆斯林手中。1291 年，聖城中的最後一個十字軍大本營阿克里城被馬穆魯克所征服。■

巨人的傑作

吳哥窟的建造（約1120年）

背景介紹

聚焦
中世紀東南亞

此前

約公元 700 年 三佛齊王國的統治範圍涵蓋了蘇門答臘島的大部分地區、爪哇島西部，以及馬來半島。

公元 802 年 闍耶跋摩二世建立了高棉帝國。

此後

1177 年 占婆國入侵並摧毀了吳哥城。

1181-1220 年 闍耶跋摩七世驅逐占婆人，再造了高棉帝國的光輝。

約 1250 年 首個統一的泰國王朝建成，都城設立在素可泰。

1293 年 爪哇的新柯沙里國統治者擊敗了蒙古人，終結了他們進一步向東南亞擴張的勢頭。

約 1440 年 儘管吳哥窟始終都是佛教朝聖者的朝拜之地，吳哥城卻遭到了廢棄。

12世紀初，包括柬埔寨以及越南、老撾和泰國部分地區在內的東南亞大陸大部分地區都處於高棉帝國的統治之下，而帝國的都城便設在吳哥。這是一座令人驚嘆的綜合性城鎮，城內建有居住區域、寺廟以及蓄水網絡，而這全部都是數位神王的傑作，他們作為印度教濕婆神在人間的代理人，統治着這一片土地。

1120 年前後，高棉國王蘇耶跋摩二世下令建造一項極具野心的項目——修築一座佔地 200 公頃的寺廟羣落，一方面將其獻給印度教神明毗濕奴，另一方面也可以昭顯國王的功績。這座壯觀的建築吳哥窟於三十七年後落成，四周環繞着寬闊的護城河，裏面裝點着形似蓮花的寶塔，還有一條八百米長的遊廊，上面雕刻着精美的浮雕畫作，講述着印度神話與國王作為毗濕奴化身的故事。

吳哥窟彰顯出高棉帝國這一東南亞歷史上最強大國家的驚人生產力與創造力，然而其建成的同時也是帝國衰落的開端，此後，高棉帝

> 佛陀親自裝飾了這些巨大的石柱與門楣。

—— 周達觀，元朝使者

國不斷遭受外邦入侵與貿易轉移的影響。在闍耶跋摩七世的統治之下，帝國開始復興。然而，他將大乘佛教定為國教，還在吳哥城大肆修築建築，最終，在闍耶跋摩七世於 1218 年離世的時候，帝國已經奄奄一息。

外部影響

在公元 10 世紀逐漸走向尾聲的時候，高棉帝國在現今柬埔寨、緬甸、爪哇羣島以及印度尼西亞蘇門答臘島那些新興的一眾強國之中可謂是一枝獨秀。當時，這些

參見：忽必烈征服大宋 102~103 頁，馬可‧波羅抵達上都 104~105 頁，朱元璋建立明朝 120~127 頁，北部灣事件 312~313 頁。

國家同印度和中國進行貿易交流，而這樣的交流則在國家的形成過程之中對其社會產生了深刻影響。他們先是通行於孟加拉灣的海上重要貿易路線，再踏上馬來半島的陸上通路，最後回到海上的泰國灣，進入中國南部地區。這樣的貿易網絡不僅能夠令東南亞各國之間進行稀有木材、象牙以及黃金等商品的互換，還將印度和中國的想法、觀念以及印度教、佛教等宗教帶入了這一地區的文明之中。

海上帝國

儘管高棉帝國在東南亞大陸地區佔有絕對統治地位，然而在印度尼西亞群島，以蘇門答臘巨港為都城的三佛齊帝國卻通過控制中印之間馬六甲海峽與巽他海峽這兩條通路牢牢掌控着商業往來。長久以來，這裏通過香料貿易，尤其是歐洲、印度和中國都有很大需求的肉豆蔻貿易逐漸積累財富，但是到了

12 世紀末，這裏便僅僅是一個小小的王國了。

13 世紀末期，中國皇帝忽必烈率領蒙古軍隊入侵了越南、爪哇和緬甸，儘管這些侵略並未取得成功，但是在此之後，高棉王朝還是失去了泰國東部的領土。15 世紀早期，占婆國（位於如今的越南）與大城府（位於如今的泰國）的軍隊進一步攻佔高棉帝國，帝國領土

在歐洲人於19世紀末重新發現了吳哥窟之後，這裏便在數十年間始終遭受着劫掠以及遊客無序參觀的破壞；1992年，吳哥窟被聯合國教科文組織列為世界文化遺產。

不斷縮小。1431 年，大城府攻下了吳哥城，後來都城又遷至沿海地區，於是，蘇耶跋摩二世建造的這座宗教建築傑作便逐漸淹沒於密林之中。∎

蘇耶跋摩二世

作為高棉帝國最偉大的國王之一，蘇耶跋摩二世於 1113 年殺死對手之後即位為王，使得柬埔寨在經歷了幾十年的動盪之後重新獲得了統一。即位之後，他迅速修復了柬埔寨與中國之間的外交關係，並在 1128 年成功使自己的王國成為中國的附屬國，以起震懾作用，免受鄰國的攻擊。蘇耶跋摩是一位好戰的統治者，他在 1123 年至 1136 年向大越，也就是如今的越南發動了戰爭，還在 1145 年攻打了高棉帝國東邊的宿敵占婆國。此外，他

也將帝國的邊境推向了泰國深處，還向緬甸蒲甘王國發起了進攻。

蘇耶跋摩二世不僅下令修築了讓人心生敬畏、也直至今日仍是世界上最宏偉宗教建築的吳哥窟，還在都城佇立起了許多同樣風格的寺廟。然而，他在政治以及軍事上取得的成就便沒有這般不朽了——當 1150 年蘇耶跋摩在同占婆國的對戰的過程中離世時，帝國已經因內戰而遭受了極大的震動，搖搖欲墜。

每一名宮廷貴族與皇室官員都收到了他賜贈的黃金

曼薩·穆薩赴麥加朝覲（1324年）

背景介紹

聚焦
西非伊斯蘭教與貿易

此前

約公元 500 年 加納王國崛起。

1076 年 穆拉比德人征服了加納，還在自西班牙至薩赫勒之間的地區建立起一座伊斯蘭帝國。

1240 年 松迪亞塔建立起穆斯林馬里帝國，佔領了加納，還控制了那裏具有戰略意義的鹽礦、銅礦和金礦。

此後

1433 年 馬里丟掉了廷巴克圖城，後者則併入了加奧的桑海帝國。

1464 年 桑海帝國國王桑尼·阿里開始擴張帝國，而馬里的疆域則繼續縮小。

1502 年 馬里為桑海帝國所擊敗。

自公元9世紀起，跨越撒哈拉沙漠的貿易交流逐漸興起，伊斯蘭教也隨之傳播至西非地區。

曼薩·穆薩的朝覲展現了穆斯林馬里王國的財富與力量。

馬里吸引了許多來自其他伊斯蘭國家的穆斯林學者，並逐漸成為伊斯蘭文化的中心。

即便是在馬里王國崩塌之後，伊斯蘭教仍舊持續扎根於西非地區。

14 世紀初，西非的穆斯林王國馬里控制着各國車隊穿越撒哈拉沙漠的貿易，以此獲取巨大的利益，而在這筆錢的資助之下，國家無比富有的統治者曼薩·穆薩（在位時間：1312-1337 年）赴麥加進行了一次極盡奢華的朝覲，在這以後，馬里迅速登上世界舞台。這位皇帝歷時一年的遠征成為伊斯蘭世界，乃至歐洲地區的一個傳奇，而此後他在國內對於伊斯蘭文化以及知識的推廣也標誌着信仰已經逐漸滲透進了這個西非地區的貿易帝國。

非洲貿易與伊斯蘭教

公元 5 世紀前後，在薩赫勒（撒哈拉沙漠以南的一片半乾旱地

參見：穆罕默德領受天啟 78~81 頁，巴格達的建立 86~93 頁，阿克巴大帝的征戰 170~171 頁，英國皇家非洲貿易公司的成立 176~179 頁，《廢除奴隸貿易法案》226~227 頁。

> （曼薩・穆薩的）捐贈淹沒了整個開羅，他們進行黃金交易，直到黃金在埃及已不再珍貴，金價開始下跌。

—— 捷哈・烏馬里，阿拉伯歷史學家
（1300－1384 年）

區）的邊緣地區，一些國家已逐漸成形，加納王國便是最早建成的國家，後因盛產黃金而得名「黃金之鄉」。公元 7 世紀，阿拉伯人征服北非地區，伊斯蘭國家對於西非的黃金與奴隸有着巨大的需求，而這也進一步刺激了跨越撒哈拉沙漠的貿易交流。在此期間，穆斯林商人逐漸湧入尼日爾河與塞內加爾河上游地區之間，也一併將伊斯蘭教帶到了那裏。

然而，平和的貿易交流卻很快為征戰所取代。1076 年，摩洛哥柏柏爾人建立的王朝穆拉比德一路向南，攻陷了加納的都城，徹底粉碎了該國在這一地區建立起的威望。

加納的衰落為馬里的崛起提供了可乘之機。馬里建立在尼日爾河

曼薩・穆薩的朝覲吸引了歐洲地圖繪製員的注意：在這幅繪製於 1375 年的加泰羅尼亞地圖之中，皇帝的手中正拿着一塊金條和一支黃金權杖。

上游地區，於 13 世紀中期開始擴張。在曼薩・穆薩的統治之下，馬里與埃及以及北非地區其他重要的貿易中心建立了貿易聯繫，將食鹽、黃金和奴隸送往北邊，換取紡織品和手工製品，同時從中獲取巨額利潤。國家逐漸走向權力的巔峯，國境面積之大更是超越了從前。

學術的中心

曼薩・穆薩並不是第一位前往麥加朝覲的西非統治者，然而其隨從人數之多卻令旁人驚嘆不已：曼薩・穆薩共攜帶了六萬餘名隨從。這樣龐大的隊伍極大地昭顯了他的財富。

然而，這次遠征的意圖遠不止於宣揚馬里的威望。國王在回程途中邀請了數位穆斯林學者以及一位才華橫溢的建築師阿布・伊沙克・薩赫利與自己同行。在曼薩・穆薩的領導之下，廷巴克圖憑藉其優越的地理位置（地處沙漠貿易線路與尼日爾河水上貿易線路的交匯點上）成為馬里最主要的商業中心，並逐漸成長為該地區的學術與宗教之都。薩赫里所建的桑科拉清真寺周邊逐漸形成了一片教學中心，為著名的桑科雷大學以及其他伊斯蘭學校的建成打下了基礎。

曼薩・穆薩離世後，權力移交至其子手中。在此時期，馬里曾經歷短暫的繁榮，然而，統治者的軟弱無能、外敵的進犯，以及防禦部落反叛的需求卻逐漸削弱了帝國的實力，致使其最終為加奧的桑海帝國所蠶食：到了 1550 年，這裏已經不再是從前那個強盛的帝國了。儘管曼薩・穆薩統治之下這個 14 世紀中最為繁榮的國家只是曇花一現，然而他的朝覲之行卻有着經久不衰的影響力，率先將伊斯蘭文明傳播到了西非地區。■

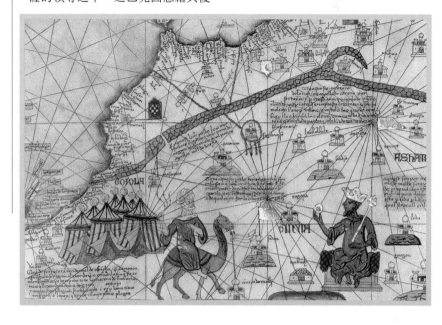

讓太陽飲下敵人的鮮血

特諾奇提特蘭的建立（1325年）

背景介紹

聚焦

阿茲特克與印加帝國

此前

約 1200 年 印加文明在秘魯的庫斯克山谷中誕生。

約 1250 年 阿茲特克人來到了墨西哥谷。

1300 年 阿茲特克人在庫爾瓦坎國王的土地上定居。

1325 年 阿茲特克人離開庫爾瓦坎,逃向南邊,來到了特斯科科湖地區。

此後

1376 年 阿克瑪皮奇特里成為了阿茲特克的第一位統治者。

1428 年 印加帝國開始擴張。阿茲特克三國聯盟建立。

約 1470 年 印加人佔領了奇穆文明的中心奇穆王國。

1519 年 西班牙人到達墨西哥。

1532 年 西班牙人到達秘魯。

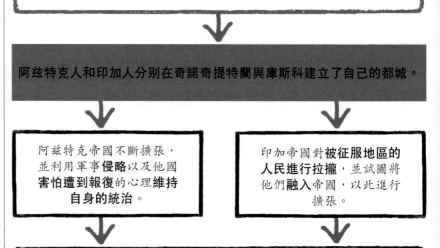

墨西哥中部與秘魯境內一些相互競爭的小型國家**將阿茲特克與印加移民吸引至此**,填補權力真空。

阿茲特克人和印加人分別在奇諾奇提特蘭與庫斯科建立了自己的都城。

阿茲特克帝國不斷擴張,並利用軍事**侵略**以及他國**害怕遭到報復**的心理**維持自身的統治**。

印加帝國對**被征服地區的人民進行拉攏**,並試圖將他們**融入**帝國,以此進行擴張。

兩個帝國均未能挺過**西班牙人的入侵**。

1325 年,一羣名為阿茲特克人的中美地區流亡武士看到了守護神維齊洛波奇特利在許久之前做出的預示——一隻雄鷹棲息在仙人掌之上,而這裏便是他們應當落腳的地方。不久之後,他們建起了一座神廟,這座神廟則在後來成為都城特諾奇提特蘭的中心。在不到兩個世紀的時間裏,這座城市的周邊便建立起了中美洲歷史上最為繁盛的帝國。帝國建立在前哥倫布時期文化的基礎之上,疆域無比遼闊,從如

今的墨西哥中部地區以南一直延伸至伯利茲、危地馬拉、薩爾瓦多、洪都拉斯、尼加拉瓜以及哥斯達黎加北部。同一時期之中,印加帝國的都城庫斯科也在逐漸崛起。印加人來自安第斯山脈地區,從一無所有開始發展,在短短幾十年的時間裏便建立起了南美洲歷史上最為龐大的帝國。

阿茲特克的基石

大約在 1200 年,阿茲特克人便開始在墨西哥北部地區流浪。在接下來的一百年中,他們或是當僱傭兵,或是棲身在他人的居住地之中,勉強維持生活,而他們殘酷善戰的名聲對改善自己的處境也沒有起到絲毫幫助。阿茲特克人有時會用活人進行獻祭,而在犯下這樣的暴行之後,他們通常便不得不選擇逃亡。事實上,他們也正因為這

樣的原因,才來到特諾奇提特蘭。當時,阿茲特克人寄居在庫爾瓦坎人的土地上。他們詢問庫爾瓦坎國王,是否願意將女兒嫁給己方的首領。在國王看來,假若女兒能夠當上王后一定是一件十分光榮的事情,於是便同意了阿茲特克人的請求;然而,他驚恐地發現阿茲科特人殘忍地殺害了自己的女兒,還將其剝皮獻給了神明西佩·托堤克。於是,阿茲特克人便遭到了國王及其士兵的驅逐,被迫向南逃竄,來到了未來建立起特諾奇提特蘭的地方。

特諾奇提特蘭城所在的島嶼坐落在特斯科科湖區域,儘管這一地區的土壤十分濕軟,也生不出多少樹木,但是都城卻相當易守,於是,阿茲特克人便利用這一點來加強自己的實力。為求自保,他們最初同在 1371 年至 1426 年統治着墨

參見：瑪雅文明進入古典期 71 頁，克里斯托弗·哥倫布抵達美洲大陸 142~147 頁，《托爾德西里亞斯條約》148~151 頁，哥倫布大交換 158~159 頁，「五月花」號的遠航 172~173 頁，玻利瓦爾建立大哥倫比亞 216~219 頁。

西哥谷地區的特帕尼克人統治者泰佐佐莫克達成了協議，受其庇護，後來又在 1428 年同特斯科科與特拉科班結成同盟，而這一同盟的建成則開啟了一段帝國擴張的新篇章。

阿茲特克的擴張

　　成立之初，阿茲特克社會中並沒有正規的等級制度。不同的「卡爾普伊」（氏族單位）有着自己的土地，族長與祭祀擁有重要事宜的決定權。1376 年，阿茲特克人首次選出了一位統籌全局的統治者，逐漸在這個迅速崛起的帝國中擔負起戰爭領袖、法官以及管理者的職責。在伊茲柯阿特爾（1427-1440 年）、蒙特祖瑪一世（1440-1469 年）、阿哈雅卡特爾（1469-1481 年）以及阿維索特爾（1486-1503 年）的統治之下，阿茲特克軍隊征服了墨西哥谷之內的鄰國，還繼續向外推進。

　　隨着阿茲特克帝國不斷擴張，社會逐漸轉型。一羣精英武士逐漸崛起，而社會底層沒有土地的農奴則需要將勞動力出賣給自己的主人。阿茲特克社會中的教育體系也強化了其軍國主義本質。在這一體系之中，男性需接受軍事訓練。這既強化了社會中尚武的風氣，也令阿茲特克人在墨西哥地區一眾部落

　　《曼多撒手抄本》中描繪了特諾奇提特蘭的建立。一名阿茲特克藝術家於1540年左右創作了這部記錄下阿茲特克歷史與文化的作品，並將其獻給了西班牙國王查爾斯五世。

之間擁有了絕對的競爭優勢。

帝國體制

　　特諾奇提特蘭城中修建了許多座神廟，其中供奉着阿茲特克人信奉的神明。每一位神明都有自己的神廟，而阿茲特克大廟中則建有兩間神殿，分別供奉着維齊洛波奇特利和雨神特拉洛克。不計其數的犧牲者成為這些神廟中的祭品，單 1487 年阿茲特克大廟的一次獻祭便動用了八萬人牲。

　　阿茲特克的許多戰役都是「榮冠戰爭」，這樣的戰爭不過是儀式性行為。當時的阿茲特克人相信神明需要鮮血來維持生命，維持正常

的日升日落，於是，他們便將對手掠為俘虜，用作祭品，以平息阿茲特克神明的怒火。特諾奇提特蘭同樣也會向其臣服者索取進獻品。儘管當時的阿茲特克帝國之中並不存在系統的政府官僚體系，然而稅吏卻是存在的，他們往來於帝國中的38個省份，徵收貢品，每年可以收得 7000 噸的玉米與 4000 噸的豆子，還有數以萬計的棉毯。帝國的發展依賴於這些貢品，國家會將它們獎勵給貴族和戰士，而這些人則負責保證那些被阿茲特克所征服的城鎮始終服從統治。

儘管阿茲特克人在一定程度上會保證臣服者的安全，但也僅止於此而已。在都城特諾奇提特蘭，人們建起了許多人工島嶼，儘可能地擴張每一寸土地，用這些土地來生產食物，然而，被征服地區卻享受不到這樣的待遇。戰敗國不會向阿茲特克軍隊提供兵力，於是便也無法分享未來的成功果實。此外，阿茲特克人也絲毫沒有將精力放在推廣自己的語言之上。這是一個建立在恐懼之上的帝國，而事實證明，

> 假如戰爭沒有令這片土地（秘魯）支離破碎，除非是一千個西班牙人同時行動，否則我們斷無可能來到這裏，並最終攻下這個地方。
> —— 佩德羅・皮薩羅，西班牙征服者
> （1571 年）

這樣的帝國雖然堅硬，卻也易碎：1519 年，征服者科特斯率領一小批西班牙人入侵阿茲特克，臣服者非但沒有起來保衛帝國，反而同入侵者站在了一邊，於是，帝國在兩年之內便土崩瓦解了。

印加文明的開端

印加帝國的心臟地帶位於安第斯山脈中部的庫斯科地區，也就是如今的秘魯。這個國家有着同阿茲特克帝國十分相似的開端，都是從一無所有開始發展，然而若說有甚麼不同，那便是印加帝國的崛起更為迅速。他們最初只是一個毫不起眼的小部落，卻逐漸形成了自身獨特的發展策略 —— 籠絡周邊部落，成功組成一個強大的帝國。

印加人的起源神話講述了他們是如何從高山裏的一個山洞之中倖存下來，並在其第一任首領曼科・卡帕克的帶領下一路來到了庫斯科。歷史學家通常認為印加人是在 1200 年前後到達這一區域的，並且在接下來的二百年中始終都是一個不起眼的部落，依靠務農為生，整個社會則由幾個地位大體相同的氏族所組成。

印加文明的擴張

1438 年，與印加人比鄰而居的昌卡人試圖將印加人逐出庫斯科谷，而印加國的逐漸強大也正是從此時開始的。到了這時候，印加人已經有了至高無上的王（薩帕・印卡，意為「獨一無二的君主」），儘管當時的王維拉科查無力應對昌卡人的侵襲，但是他的兒子帕查庫蒂卻成功擊退了入侵者，還在之後率領印加軍隊征服了整個庫斯科谷以及喀喀湖周邊的南部高地。此後，在帕查庫蒂之子托帕・印加・尤潘基以及孫子瓦伊納・卡帕克的領導之下，印加人終於在 1470 年前後征服了奇穆王國。之後，他們又吞併了北部高地的其餘地區，並將其統治延伸至如今的厄瓜多爾與哥倫比亞的部分地區，最南邊甚至到達了智利北部的沙漠地帶。

特拉凱利爾

隨着阿茲特克帝國的不斷擴張，疆域逐漸擴大，國家愈發需要建立一種更為複雜的行政管理體系。在伊茲柯阿特爾於 1427 年即位為統治者後，他創建了首席顧問這一職位，而第一位任職者便是伊茲柯阿特爾的侄子特拉凱利爾（1397–1487 年）。他始終都是帝國的首席顧問，直至其離世為止。特拉凱利爾曾輔佐多位統治者，為帝國平穩完成過渡做出了極為寶貴的貢獻。

此外，他還下令銷毀早前的編年史，為阿茲特克帝國意識形態的建立奠定了基礎，而這一決定也為特拉凱利爾之後推行的改革鋪下了道路。

除此之外，特拉凱利爾還主持了阿茲特克三國聯盟的建立，鞏固了阿茲特克的地位。特拉凱利爾從未成為阿茲特克的統治者，但卻對特諾奇提特蘭的發展產生了深刻的影響，這樣看來，阿茲特克的權力體系或許並不像其看上去那樣龐大而僵化。

阿兹特克帝國奉行擴張主義，其中的集團極具軍國主義色彩。男孩子若是想成長為男人，首先要成為一名戰士。出身高貴的阿兹特克青年通常會加入武士集團，通過俘獲獻祭用的俘虜來逐漸晉升至更高的等級。

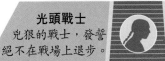

光頭戰士
兇狠的戰士，發誓絕不在戰場上退步。

奧托米
得名於阿兹特克人善戰的盟友奧托米人，而奧托米或許也是最早踏上戰場的戰士。

美洲豹武士
戰士需俘獲四名俘虜，才可以晉升至鷹武士或是美洲豹武士這一級。

鷹武士
鷹武士與美洲豹武士或許都是阿兹特克精英武士集團之中地位最低的武士。他們華麗的制服對應着集團的名稱。

> **人們割開他們的胸膛，掏出裏面跳動的心臟，將其獻給面前的神像。**
>
> ——貝爾納爾·迪亞斯·德爾·卡斯蒂略，《征服新西班牙信史》(1568 年)

印加帝國的通信

印加帝國權力十分集中；據人口調查顯示，當時的農民全部將勞力出賣給印加的薩帕·印卡。這種高度集中的組織形式令國家得以大規模修建公共項目，而其中尤其重要的便是帝國中廣闊的道路網。這些道路全長四萬公里，每隔一段距離便設有一處休息所，這樣不僅方便了軍隊的迅速移動，也提高了印加帝國的通信效率。

與阿兹特克人不同，印加人積極向外傳播自己的語言（蓋丘亞語）以及宗教信仰體系，他們的信仰最初是建立在對於太陽神因蒂的崇拜之上，後來卻逐漸以維拉科查為主神。維拉科查是至高的創世神，因此也更適合被視為象徵着征服之力的神明。此外，印加人還將殖民地的定居者遣送出去，並將那些有可能為帝國帶來麻煩的族羣送往更為平靜的區域，沖淡他們的反抗情緒，也在帝國邊沿地區建構起一個由忠誠臣民構成的網絡。到 16 世紀早期，那裏的人口已達到 400 萬~600 萬，國家的統治方式也有利於印加少數民族與其臣服者的發展。

儘管印加帝國有許多優勢，然而在 16 世紀 30 年代早期，其權力高度集中的本質還是令帝國出現了致命性的問題。西班牙侵略者在皮薩羅的帶領之下俘虜了薩帕·印卡阿塔瓦爾帕，而羣龍無首的印加帝國很快便徹底瓦解了。

新的殖民者

阿兹特克人與印加人在其居住的美洲地區最早建立了真正意義上的帝國。他們之所以能夠取得這般成就，是因為這些人能夠利用灌溉系統，生產出充裕的食物，節省人力，令更多人能夠外出參軍打仗，不斷擴張領土。兩國四處征戰的勢頭都相當迅猛，這就意味着他們需要不斷地打仗，用戰利品賞賜戰士階級，或是為那些剛剛被征服的人們提供獎勵，令他們對帝國保持忠誠。

西班牙人成功在 1521 年征服了阿兹特克人，並在 1572 年擊敗了最後一波印加軍隊，終結了兩個帝國的野心，也奠定了自身於接下來的三個世紀之中在該地區的殖民霸主地位。■

幾乎只有十分之一的人仍然生存

歐洲黑死病的爆發（1347年）

背景介紹

聚焦
黑死病

此前

1315-1319 年 饑荒席捲歐洲西部：荷蘭的城市居民人口大約減少了 15%。

1316 年 英格蘭國王愛德華二世調整了因糧食短缺而上漲的主食價格。

14 世紀 30 年代末 淋巴結鼠疫逐漸從中國西部向西傳播。

此後

1349 年 德國將猶太人視為瘟疫的始作俑者，於是便處決了成千上萬的猶太人。

1349 年 教皇取締了自行鞭笞以求救贖的「十字架兄弟會」。

1351 年 英格蘭通過了《勞工法令》。

1381 年 農民起義在英格蘭大部分地區引發了政治叛亂。

1424 年 巴黎聖嬰公墓迴廊的牆壁上繪製了一幅《死神之舞》。

1347 年 11 月末，一艘軍艦在成功自克里米亞卡法城韃靼人的圍困中脫逃後，駛入了意大利熱那亞的港口。這艘船帶來了一樣致命的貨物——淋巴結鼠疫。在不到兩年的時間裏，這一傳染病便已殺死了歐洲和中東地區超過三分之一的人口，徹底改變了該地區的經濟、社會和宗教構成。

黑死病的傳播

這場瘟疫大約是在 14 世紀 30 年代最先出現在中亞地區或是中國西部的，後來才開始向西方傳播。起初，瘟疫的傳播速度並不快，然而當它在 1347 年到達克里米亞和康士坦丁堡後，便開始迅速沿着海上貿易線路傳播。到達熱那亞後，瘟疫很快又傳播至西西里和馬賽；至 1348 年，這場瘟疫已經席捲了西班牙、葡萄牙和英格蘭，又在第二年到達德國和斯堪的納維亞半島。

這場流行病的主要載體是受到感染的跳蚤和老鼠，而在當時，這兩種生物又很容易在衛生條件不好的地方迅速繁殖。疾病的主要症狀是腹股溝、頸部和腋下部位的淋巴結腫脹。隨後，皮膚上便會出現黑色的斑點（「黑死病」便由此而得名），緊接着，大約四分之三的病人都會因病去世。

現代人對這一次傳染病暴發的解釋各不相同，有的將其歸結為上帝對人類不道德行為的懲罰，有的認為這是行星反向會合的結果，還有人認為疾病可能是由地震或是有害氣體所引發的。黑死病在當時並無治療之法。

除非薪水極高，否則僱員便會拒絕出門上班。

——勞工法令，1349 年

參見：查理大帝的加冕 82~83 頁，馬可・波羅抵達上都 104~105 頁，哥倫布大交換 158~159 頁，埃利斯島正式開放 250~251 頁，全球人口超過 70 億 334~339 頁。

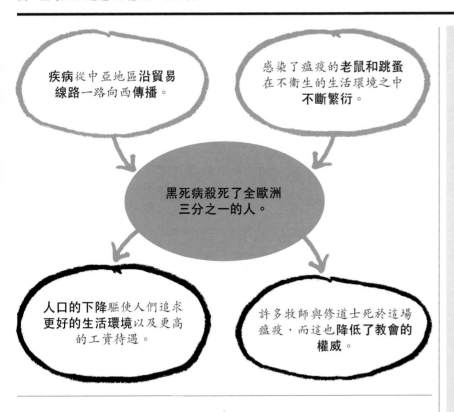

> 疾病從中亞地區**沿貿易線路**一路向西傳播。

> 感染了瘟疫的**老鼠和跳蚤**在不衛生的生活環境之中**不斷繁衍**。

> 黑死病殺死了全歐洲三分之一的人。

> **人口的下降**驅使人們追求**更好的生活環境**以及更高的工資待遇。

> 許多牧師與修道士死於這場瘟疫，而這也**降低了教會的權威**。

這場瘟疫很可能殺死了一億多人；據估算，黑死病爆發之前，世界人口大約在 4.5 億，而之後則僅剩 3.5 億。在某些地區，黑死病的影響力則更為致命——瘟疫過後，埃及的人口減少了 40%。在接下來的三百年間，世界人口始終未能恢復至瘟疫爆發前的水平。

瘟疫的餘波

倖存者對於這一場災難的回應各不相同。德國指責其境內的猶太羣體以向井中投毒的方式引發了這場瘟疫，許多猶太人都受到了攻擊。而僅在斯特拉斯堡，便有 2000 名猶太人慘遭殺害。

隨着人口的不斷減少，大量土地開始閒置，勞動力短缺，農民有了議價的資本。到了 1350 年，英格蘭境內勞工的工資已經漲到了 1347 年時的五倍，住戶也開始使用現今付租，而非用強制勞動抵扣。政府試圖施加壓力，將工資降下去——1351 年出台的《勞工法令》便旨在將工資水平維持在 1346 年的標準，然而這卻激發了農民的反抗情緒，法國的扎克雷曾便於 1358 年爆發叛亂，而英格蘭也在 1381 年發生了農民起義。

在這一場浩劫之後，從前將中世紀社會牢牢捆綁在一起的紐帶已然開始鬆動，只餘下如今這些更加自由、更加反覆無常的人去應對未來文藝復興、宗教改革，以及 16 至 17 世紀經濟擴張所發出的挑戰。■

崩塌的社會

瘟疫帶來的毀滅性打擊在人們心中蒙上了一層陰影，也在很長一段時間中改變着當代的社會態度。一望無際的墓地、廢棄的村莊，以及人們心中對於死亡的恐懼，都越發讓人覺得上帝已經拋棄了他的子民，這同時也沖淡了傳統的道德觀念。犯罪率不斷攀升；鄉村中四處遊蕩着那些依靠自我鞭笞來求得贖罪的宗教教徒，用打了結的繩子狠狠抽打自己，直到 1349 年教皇以教皇訓令的形式禁止了這一行為。慈善機構，尤其是醫院中的遺贈數量不斷增加，而這也是富人倖存下來後表示感謝的方式。藝術創作的內容往往帶有幾分病態的恐怖：藝術家開始就「死神之舞」這一主題進行創作，描繪死神在生者之中放蕩歡躍的場景；而包括薄伽丘在內的一眾作家則傾向於強調生命的短暫與脆弱。

在這幅諷喻畫作「死神之舞」中，死神不加區別地從社會各個階層之中挑選自己的犧牲者。

受命代興，或禪或繼

朱元璋建立明朝（1368年）

背景介紹

聚焦

中國明朝

此前

1279 年 忽必烈推翻宋朝，建立了蒙古族統治的元朝。

1344 年 在中國的中部地區，黃河的流向逐漸發生改變，而這也導致了乾旱的發生以及隨之而來的農民起義。

1351 年 反抗元王朝統治的紅巾起義爆發。

此後

1380 年 明太祖朱元璋廢除丞相制，為專制統治文化奠下了基礎。

1415 年 永樂帝重新疏通了大運河，並在其原有規模上進行了擴大，使得商品得以自中國南方運送至北京。

1520 年 葡萄牙首次將其貿易觸角延伸至中國。

約 1592 年 中國歷史上的文學經典之一《西遊記》面世。

1644 年 崇禎皇帝的自縊終結了明王朝的統治。

元朝末代軍事以及經濟力量的衰落引發了**廣泛的農民起義**。

↓

朱元璋建立明朝並施行了一系列改革措施，恢復了社會穩定，也將絕對的權力賦予了皇帝。

↓

高度集權的專制體系為明朝帶來了長達數百年的統治穩定與經濟繁榮。

↓

連續數位**統治者的無能統治**意味着這一集權體系無法繼續有效地運行。

↓

明王朝在滿族入侵與農民起義中**分崩離析**。

身於貧窮農民家庭的朱元璋在文武百官的簇擁下於南京的明故宮祭拜天地，正式宣告成為中國明朝的第一位皇帝。

這便是朱元璋一步步掌權，最終登上權力巔峯的時刻。他原本是一名和尚，後來成為起義首領，最終推翻了蒙古征服者忽必烈於 1279 年建立的元朝。1368 年，朱元璋稱帝，國號大明，年號洪武（意為彰顯武事之威），直到 1398 年離世，而在此期間，他堅定地建立了中國歷史上最具影響力，卻也是最為專制的王朝之一。他與自己的後繼者共同為國家創造了長達三個世紀的繁榮與安定，建立了明朝政府與官僚體系，而這些舉措僅經歷了簡單的修正便一直被沿用至 1911 年帝制消亡，還擴大了國家經濟發展的基礎。

驅逐蒙古人

朱元璋於元朝衰落的亂局之中建立了一個全新的王朝。在 14 世紀 40 至 50 年代中，蒙古族皇室中盛行的實用主義、政府中猖獗的腐敗現象以及一系列包括瘟疫與流行病在內的自然災害導致了法律、秩序與政權的大規模崩塌，並最終令農民羣體奮起反抗這個外來君主統治下搖搖欲墜的王朝。朱元璋

參見：始皇帝統一中國 54~57 頁，忽必烈征服大宋 102~103 頁，馬可‧波羅抵達上都 104~105 頁，三藩之亂 186~187 頁。

本人也在 1344 年的一場瘟疫中失去了自己絕大多數的親人，而在那之後，他在寺廟中做了幾年的托缽僧，依靠乞討為生，後來才加入了由當地漢族農民發起、反抗元朝統治的秘密團體紅巾軍。這位意志堅定、冷酷無情而又頗具才幹的年輕起義者一點點向上爬，成為紅巾軍的領袖，並在後來戰勝了自己的對手，成為國家境內反抗元王朝的首領。

朱元璋控制了中國南部和北部的大多數地區，並在 1368 年徹底將蒙古人逐出元大都（如今的北京）之前便開始稱帝。後來，儘管蒙古人在遙遠的北部極力抵抗至 14 世紀 70 年代早期，但其他地區最終還是為朱元璋所征服。1382 年，最後一支蒙古軍隊戰敗，中國完成了統一。

改革與專制統治

幾十年來的爭端令中國遍體鱗傷，也讓農民們一貧如洗，因此，朱元璋成為洪武帝後的首要任務便是建立秩序。這位皇帝貧寒的出身或許也對其早期制定下的政策產生了影響：徵稅估價的責任落到了鄉村裏甲組織的身上，徹底阻斷了貪婪稅收者對貧困地區的剝削；奴隸

朱元璋早年經歷的磨難促使他改善中國大部分地區農民的貧困狀況，然而，這段經歷同時也將他塑造成了一個殘暴而缺乏理智的人，並在其即位後殘忍地殺害了所有他所認為的不忠之人。

制得以廢除；許多大規模地產被收歸國家；而為鼓勵那些沒有土地的農民遷居至人口稀少的北部地區，國家還將自己手中的土地分給了他們。

自 1380 年開始，洪武帝開始實行一系列政治改革，以使自己能夠對國家一切事務擁有掌控能力。在誅殺了籌謀推翻自身統治的丞相

之後，朱元璋廢除了丞相制以及中書省，還命朝廷下一級機構六部的尚書直接向他彙報，以確保自己能夠對朝中之事事無巨細地一一進行監督。

自那之後，洪武帝便開始自己「擔任」丞相。他所承擔的工作量近乎令人難以負荷——在一周的時間之內，他需要認真審閱並批閱近

紫禁城，這座坐落於北京的皇家宮殿遵循的是儒家傳統的等級觀念：一個人的社會地位越高，他便可以行至宮殿的越深處。

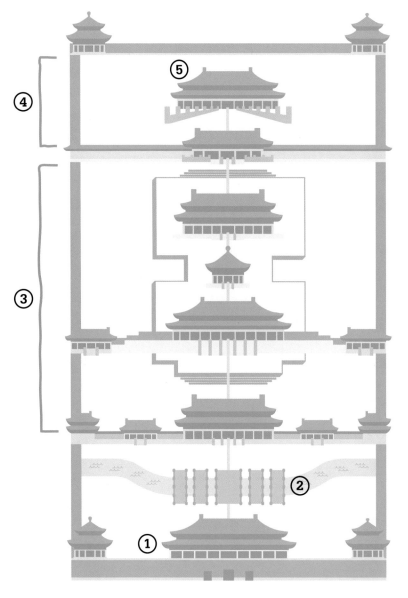

① **午門**：這座宏偉的入口共有五扇大門，而中間那一扇永遠都是留給皇帝的。

② **金水橋**：諸如橋樑這樣的通路總會設置為單數。只有皇帝才能使用最中間的那一條道路，官位居次的人則可以使用相鄰的通道。

③ **外朝**：這一區域作處理政務與舉行儀式之用。

④ **內廷**：只有皇帝及其家人能夠進入內廷。

⑤ **乾清宮**：為混淆刺客的視聽，這座宮殿共有九間寢宮，而皇帝每晚都會在不同的寢宮入睡。

1600 份奏章，而這所帶來的直接後果便是國家無法迅速應對危機。儘管在這之後不久，朱元璋又設立了殿閣大學士一職以作諮詢之用，並經由他們對六部及其他機構的事務進行反饋，然而，相較於中國此前的王朝而言，明王朝始終都更為專制，權力也更為集中。這一點也在明朝的宮廷禮儀上有所體現：在大宋的統治之下（960–1279 年），皇帝的臣子可以站在他的面前與他一同商討國事；然而到了明朝，大臣們則需在皇帝面前叩頭，以表示自己對天子無上權力與崇高地位的敬意。

制約軍權

元朝末年，中央政府之外的各股競爭勢力已經使國家支離破碎，而為了避免這種情況的發生，洪武帝削弱了軍隊的力量。儘管他沿用了元朝的軍事體系，派兵駐守重點城市（尤其是北部邊境一帶遊牧民族不斷入侵的城市），還設立了世襲的軍戶，依靠國家分配的土地維持生計。除此之外，洪武帝還要確保軍隊定期在都城中輪值訓練，且一羣由中央選派的官員會分擔駐軍首領的權力，以此防止具有強大地方勢力軍閥的崛起。

完善文官制度

除此之外，洪武帝還對幾世紀以來佔據朝廷核心地位的精英學者階層有着深深的不信任。然而，他也清楚知道這些人在國家事務的有效運行中扮演着極其重要的角色，於是，他開始專門為維持官僚體制而推廣教育、培養人才。1373 年，

洪武帝廢除了朝廷用以招募文官的科舉制度，並下令地方興建學校。這些學校中最為優秀的學子會經歷選拔程序，而最終通過選拔的一萬名學子將會進入京師國子監（如今的南京國子監）繼續深造。1385年，當洪武帝認為這些接受了良好教育的學子已經準備好面對考驗的時候，明朝恢復了科舉制度。學子們各個懷着雄心壯志，競爭無比激烈，考生就座的每一間號舍之外都駐守着軍士，防止他們相互勾結或是夾帶材料。

這樣一來，朝廷便可以在更廣的範圍內選拔可塑之才。然而，文官們所接受的教育依舊十分保守，他們所學習的都是儒家思想體系之中的四書五經以及經過篩選的心學經典，這些作品闡述的都是效忠天子的美德，與中國傳統思想一脈相承。創新思想受到壓制，而官僚主義者的行事作風已經根深蒂固。那些跨越界限之人會被當眾處以鞭刑，一些人甚至會被鞭笞至死。

文官所遭受的暴行在某種程

> 陛下好善而善不顯，惡惡而惡日滋，或朝賞而暮戮，或忽罪而忽赦。
>
> ——解縉，《大庖西室封事》（1388年）

度上反映了洪武帝性格中殘酷的一面。此外，他也十分多疑，還常以暴虐的手段鎮壓反對聲音。1382年，洪武帝創建了一個秘密軍事機構——「錦衣衛」，其中的1.6萬名護衛負責鏟除一切反抗的跡象。錦衣衛既擁有權勢，又具有影響力，因此，大明王朝直至其統治的最後一年都未曾發生過大規模的軍事暴動或是貴族奪權事件。

國際外交

洪武帝過世後，永樂帝即位（在位時間：1402–1424年），而到了此時，明王朝的自信心似乎愈發高漲。永樂帝將都城自南京遷至北京，還雄心勃勃地啟動了一系列重建計劃與公共工程，其中的工作之一便是增強京杭大運河的適航性。此外，他還下令建造了奢華的紫禁城，城中所容納的帝王宮殿羣共包含超過9000個房間。

永樂帝即位之初施行的對外政策極具侵略性，直接引發了明王朝與蒙古之間的四場戰役，明軍還於1417年攻入了安南（位於如今的越南），並將其收歸明朝。此外，永樂帝也希望能夠獲得遠方國度君主的認同：自1405年至1433年，他六次派出大規模的海上遠征部隊，去往東南亞、東非以及阿拉伯地區。在傑出總兵鄭和的率領下，這只海軍部隊的任務便是接受他國進獻給明朝的貢品以及他們對大明皇帝其他形式的效忠，以此確立中國在該地區的支配與統治地位。

這幅絲綢畫卷描繪了鄭和自海外帶回來的貢品之中最為著名的一件——1414年那一隻來自非洲的長頸鹿。

鄭和下西洋

鄭和是蒙古人的後裔，信仰伊斯蘭教，自小便被明軍掠為俘虜，遭受閹割，後被送入軍隊，並在那裏學到軍事與外交技能，成長為一名極富才識的低品級官員。後來，他逐漸成為了朝廷中一位頗有勢力的宦官，到了1405年，永樂帝選派鄭和指揮一支具有宏大構想的海上遠征軍出使印度洋，並將其任命為「欽差總兵」，兼行外交職責。在接下來的28年間，鄭和領導了歷史上最具規模的海軍部隊：第一次任務便派出了63艘大船，其中包含數艘長達1340米的「寶船」，船上載有超過2.7萬名船員。

儘管這些航行在其管理及規模上都頗令人印象深刻，最後三次航行甚至到達了非洲東岸的蒙巴薩島，然而，它們都無法算是真正意義上的商業行為或是勘探冒險。這些航行全然服務於外交目的，旨在對外宣揚中國的國威。從中得到了永樂帝收穫他國的臣服與奇異的貢品。

明朝後期

鄭和的探險雖頗具雄心，然而其中所投入的龐大開支卻為國家財政造成了巨大的壓力。為保證明朝此後再不進行此類活動，朝廷銷毀了與鄭和航海相關的所有記錄。當時的主流思想將中國視為世界的中心，於是，明朝後期的統治階級便覺得沒有必要再繼續進行海上活動。中國並不認為其他國家有資格與自己保持平等的關係：明朝在與他國建立外交關係的時候，他國永遠都是明朝的附庸（至少明朝自己是這樣認為的）。與此同時，國家的自信與官僚制度的穩定也營造出了一種自給自足的心態，無須外部的介入。

那時候，國家製造遠洋航行的大船用以彙報它們打撈上來的貨物，私人海上貿易也暫時遭到取締（國家直至 1567 年才再度敞開該項貿易，只將日本列為禁止往來對象）。在北京，假如店家未經官方許可便私自與外國人進行聯絡，官府甚至會收繳他的所有貨物。軍事

上的不確定因素也進一步加深了明朝的外交孤立局面：1428 年，安南再次取得了獨立，而政府卻將大量的人力物力投入於遏制中國北部邊界蒙古部落帶來的威脅。1449 年，正統帝親自率軍北伐蒙古。然而，這次戰爭卻無疑是一場災難。明朝五十萬大軍中多數士兵因飢餓而死，或是為敵人所射殺，不然就是在撤退過程中爆發的最後一場戰役中死亡。

擴建長城

15 世紀 70 年代，長城的擴建進入了最後階段。這座城牆始建於公元前 3 世紀的秦朝，而如今的擴建則是為了預防此類災難的再次發生，同時也能夠為日漸衰弱的明王朝重新注入活力。同自己的先人一樣，明朝無法將北部邊境地區遊牧部落的地盤收為己有，派出的遠征軍隊也不能長久地打壓對方的突襲。因此，最好的妥協辦法便是修築一道防禦線，並派重兵駐守。

16 世紀，連續數位在位時間極

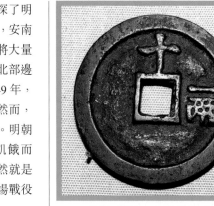

即位之初，洪武帝便發行了一批全新的銅錢，儘管在這之後，金屬的短缺使得桑樹皮製成的紙鈔重新回歸市面。

短的皇帝都曾遭受其配偶、母親或是宦官的操控，而萬曆皇帝（1573-1620 年）漫長的統治為這一情況畫上了句號。然而，他的應對手段也只是全然自公共生活中抽身：在其統治階段的最後幾十年中，萬曆皇帝甚至拒絕面見閣臣。明王朝開始進入衰敗期：朝廷機構變得不堪一擊，而面對滿洲里（如今中國的東北部）女真族的嚴重威脅，軍隊也毫無反擊之力。1619 年，這一後期更名為滿族的部落逐漸開始侵佔中國北部邊境地區。

國際貿易

然而，從經濟角度看來，中國明朝巨大的生產力就像是一塊磁石，吸引着歐洲具有海岸線的國家尋求與東亞建立全新的商業聯繫，

洪武帝的最終的安葬之所明孝陵坐落於南京紫金山的山腳之下，一對對石製的動物雕像排列在道路兩端，守護着這座陵墓。圖中便是一對駱駝。

而在 16 世紀早期，歐洲商人終於到達了中國的沿海地區。1514 年，一支葡萄牙艦隊來到了中國南部的廣州，而到了 1557 年，葡萄牙已經在澳門建立了永久性基地。西班牙與葡萄牙商人（前者以日本長崎以及菲律賓馬尼拉為據點進行運作）同中國國內建立了穩定的貿易聯繫，且收益頗豐，荷蘭商人也在 1601 年成功進入中國。

儘管明朝的政策並不支持對外海上貿易，中國商人卻積極參與到了復甦的經濟活動之中。沒過多久，馬尼拉及印度尼西亞的爪哇島（靠近荷蘭控制下的貿易城市巴達維亞）便出現了許許多多的中國僑民，這些商人也分得了東南亞地區大量的貿易份額。明朝工藝精妙的陶瓷製品首次大批量生產並運往歐洲市場。

然而，貿易增長所帶來的影響並不都是積極的：當時的歐洲人自美洲地區與日本帶來了大量白銀，用以購買中國的絲綢、漆器以及陶瓷等商品，白銀的大量流入雖刺激了經濟的增長，卻也在同時引發了國內的通貨膨脹。

科技變革

明朝自宋朝繼承了無數寶貴的科學與技術發明，也令中國在許多科學領域中始終居於世界前列，其中便包括航海以及火藥在軍事領域的應用（火藥最早發現於中國唐朝，後在 13 世紀中傳入了歐洲）。然而到了明朝，科技發展的步調逐漸減慢，甚至在明朝後期，新的觀念已經開始反向自歐洲傳入中國。中國軍隊開始使用歐洲製造的火

> 今文武大臣百司眾庶合辭勸進，尊朕為皇帝，以主黔黎。
>
> ——洪武帝即位詔書，1368 年

炮，而出現在歐洲的數學以及天文學等知識則被包括利瑪竇（1601–1610 年生活在北京）在內的耶穌會傳教士帶入中國。利瑪竇將古希臘數學家歐幾里得創作的《幾何原本》譯成了中文，還翻譯了與星盤（用於測量太陽或是星體高度的天文工具）相關的文章。1626 年，德國傳教士湯若望首次用中文撰寫了一部關於望遠鏡的專書，將日心說介紹給了中國人。

明朝的滅亡

明朝到了末期開始出現許多問題，而正是這些問題導致了前朝元朝的滅亡。作物減產降低了中國大片農業地區的生產力，而饑荒與洪水則令農村地區出現了大規模的騷亂。國家開始拖欠士兵的軍餉，於是軍隊中也不斷出現軍紀散漫與擅離職守等問題，而地方的農民起義卻不斷聯合，發展成規模更為壯大的叛亂。與此同時，在國家東北邊區，滿族人已經沿着邊境線在滿洲里的奉天建立起自己的國家，並於

1636 年將自己創建的這一政權命名為清王朝，而明朝不斷迫近的瓦解局勢恰好為他們提供了時機。在這一過程之中，一股由李自成率領的反抗勢力為他們的行動帶去了便利。1644 年，李自成及其軍隊未遭任何阻撓便進入了北京城，皇帝在絕望之下自縊身亡，明朝軍隊慌忙請求滿族人的幫助。滿族大軍湧入都城，驅逐了叛亂者，同時也奪取了皇權，正式宣告清王朝的成立。

永恆的財富

同一時段發生的農業危機與邊境地區再次襲來的遊牧民族入侵徹底擊垮了明朝，然而儘管如此，此前的許多王朝也曾因着同樣的原因而覆滅。官僚制度雖在數百年來為中國帶去了安定，減少了內部發生異議的概率甚至是需要，但是與此同時，這一制度卻也很難及時對迅速發展的危機做出回應。

然而即便是這樣，明朝還是為中國創造了巨大的財富與成功。明朝統治之初，中國的人口大約是 6000 萬，然而到了 1600 年，這一數字卻增長了近兩倍。人口增長大多集中在中型市鎮而非大型城市，而農作物產量的增加也使得各地富有的商人階級不斷壯大。洪武帝開創的許多治國措施被沿用至清朝，這令中國在一定程度上更加團結統一，也更為繁榮穩定，而這些都是同一時期的歐洲國家可望而不可即的。■

鏟除我基督教同族的敵人

格拉納達的陷落（1492年）

背景介紹

聚焦
再征服運動

此前

公元 722 年 伯拉糾在西班牙北部的阿斯圖里亞斯擊敗了穆斯林。

1031 年 科爾多瓦倭馬亞王朝的集權統治畫上了句號。穆斯林統治之下的安達盧斯分裂為多個小型酋長國。

1212 年 在托洛薩的那瓦斯戰役之中，基督教徒擊敗了阿爾摩哈德王朝。

1248 年 卡斯蒂利亞的費迪南德三世在塞維利亞擊敗了穆斯林。

此後

1492 年 費迪南德與伊莎貝拉頒佈法令，驅逐了卡斯蒂利亞以及阿拉貢境內的猶太人。

1497 年 西班牙人佔領了北非沿海地區的梅利利亞。

1502 年 西班牙境內剩餘的所有穆斯林都遭到了驅離。

1568－1571 年 皈依基督教的穆斯林在阿爾普哈拉斯起義中起來反抗基督教的壓迫性統治。

1492 年 1 月 2 日午夜，格拉納達的埃米爾阿布·阿卜杜·安拉將城門鑰匙交到了基督教西班牙國家阿拉貢與卡斯蒂利亞聯合統治者費迪南德國王與伊莎貝拉女王的手中。這一舉動為伊比利亞半島上長達八百年的穆斯林統治畫上了句號，也標誌着一個以瑰麗建築與學術底蘊聞名於世的偉大文明徹底崩塌。與此同時，一個自信而統一的西班牙就

一個有着這般多城市和村鎮，這般多地方的王國。假若這不是上帝的安排，將其交到他們的手中，那麼這又是甚麼呢？

——安德烈斯·貝爾納爾德斯，塞維利亞大主教（1450 年）

此誕生了，並將在不久之後，將其精力自討伐伊斯蘭教鄰邦之中轉向在新大陸上建立一個全新的海外帝國。

基督教征戰

穆斯林統治下西班牙（安達盧斯）的崛起可追溯至公元 711 年伊斯蘭征服西哥特王國的時候。當時，一部分基督教反抗勢力在偏遠北部地區的阿斯圖里亞斯倖存下來，然而卡斯蒂利亞、阿拉貢、萊昂，以及納瓦拉等王國耗費了數百年的時間才逐漸積聚起實力，慢慢向着南邊的穆斯林統治區域進發。這一歷時數百年的過程被稱為「再征服運動」，也叫「收復失地運動」。11 世紀之時，穆斯林地區分裂為無數個相互為敵的酋長國，還在 1085 年丟掉了西班牙中部托萊多這一極具戰略意義的城市，而直到這時，再征服運動才逐漸加快了進程。

西歐地區東征情緒的滋長也推動了再征服運動的進程。14 世紀中期以來已有過數次針對西班牙穆斯林的正規東征運動，這同時也滋

參見：巴格達的建立 86~93 頁，耶路撒冷的陷落 106~107 頁，康士坦丁堡的陷落 138~141 頁，克里斯托弗・哥倫布抵達美洲大陸 142~147 頁，《托爾德西里亞斯條約》148~151 頁。

科爾多瓦王朝的**分裂削弱**了穆斯林的實力。

佔領了穆斯林的**土地與財產**後，基督徒積累了大量財富。

阿拉貢與卡斯蒂利亞這兩個**王國之間的聯合**，結束了基督教基督徒之間的內訌。

隨着基督教國家因其豐富的資源和統一的環境而愈發強大，再征服運動也逐漸走向高潮，最終，格拉納達落入了卡斯蒂利亞與阿拉貢聯軍的手中。

西班牙境內的**猶太人和穆斯林被驅逐**。

統一的西班牙王國將其自身的資源運用在**新大陸**地區的**海外擴張**之中。

長出一種軍事文化，令基督教世界突襲安達盧斯的行徑看上去好像是正義的遠征。12 世紀之中出現了許多包括聖地亞哥與阿爾坎塔拉在內的軍事修士會。他們時常會獨立侵入穆斯林領地，並在這一過程中收集大量的財富，繼續發動大規模的戰役，為那些在戰爭中被虜為戰俘的基督徒交付贖金。

穆斯林西班牙的破滅

葡萄牙的再征服運動終結於 1249 年阿爾加維的易主，而在西班牙，穆斯林則緊緊把握着南部地區的控制權。然而，這一情況卻並未持續多久。1474 年，伊麗莎白女王登基成為西班牙北部卡斯蒂利亞的君主，而她的丈夫費迪南德當時已經是鄰邦阿拉貢的國王。於是，兩人便決定聯起手來，將穆斯林永久驅離南部地區。兩位君主的聯合令他們能夠將更廣泛的資源投入到

再征服運動之中，也結束了長達幾個世紀的基督教內訌。不僅如此，同一時期，伊斯蘭世界正處於分裂階段。自 1482 年以來，兩位君主發動了一系列軍事行動，意圖征服

「天主教君主夫婦」費迪南德與伊莎貝拉相互聯手，利用軍事力量重複了基督教在西班牙的威信，遏制了其他宗教，並在美洲地區建立了殖民地。

格拉納達這一穆斯林在伊比利亞半島地區的最後一個酋長國。最終，格拉納達的主要城市也於 1492 年投降。

雙方在投降過程中達成了一致，保障人民的宗教信仰自由，然而儘管如此，1502 年，君主夫婦仍舊頒佈法令，規定年滿 14 歲的穆斯林假如拒絕皈依基督教，便必須在十一個星期之內離開西班牙。十年之前，西班牙便曾將大批猶太人驅離格蘭納達，而眼下的這一條法令更是讓這個國家變成了一個更加統一卻也更加排異的國家，而國內缺少了明顯目標的東征熱情也不得不通過其他渠道進行紓解。

1492 年，克里斯托弗・哥倫布向着新大陸發起了遠征，而這便為西班牙人提供了一個發泄精力的出路。於是，西班牙逐漸在美洲建立起了殖民地，並在之後成功崛起為第一個全球超級大國。■

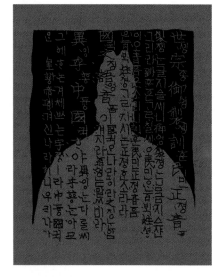

寡人不久前創造了二十八個字母

世宗大王引入全新文字（公元1443年）

1443年，朝鮮王朝的世宗大王宣佈發明了朝鮮語字母，並啟動了一系列書籍編纂項目，意圖推廣這一全新的文字。而這也僅僅是世宗大王所推廣的眾多策略之一，他希望能夠通過這些手段鞏固社會穩定，促進國家繁榮，使朝鮮王朝（或是李氏王朝）能夠在未來另一個四百五十年中始終存在下去。

李氏王朝的崛起

蒙古人統治下的元朝自12世紀起便開始插手朝鮮半島的事宜，而這情況一直持續到1368年元朝被明朝推翻為止。高麗王試圖轉變一個世紀以來專制統治殘留下的影響，卻令社會陷入一片混亂。他對土地進行了再分配，還鏟除了朝中親蒙古的朝臣，然而這一系列舉措卻險些引發了內戰。但是到了1392年，世宗的祖父、前任將軍李成桂推翻了最後一位高麗王的統治，登基為王，成為朝鮮太祖。

他即位後的第一要務便是恢復社會穩定，而若想達成這一目標，

朝鮮王朝的世宗王也叫世宗大王，他令社會精英階層之外的普通人也有成為官員的可能，徹底改革了朝廷。

關鍵還在於建立一個基於新儒學之上的國家意識形態。這樣一種意識形態試圖重建君主與子民之間的關係，並為官僚階級提供特權地位，通過這種手段維護社會等級制度。在高麗王朝統治時期，佛教曾是社會主流意識形態，然而太祖收編了佛教寺廟控制下的大片地產，將這些土地進行重新分配，還將其中一

參見：安史之亂 84~85 頁，忽必烈征服大宋 102~103 頁，漢武帝建立明朝 120~127 頁，明治維新 252~253 頁。

鄉校是儒家學院，分佈在朝鮮各地，承擔着舉辦儀式、推行教育的功能。

新儒學

朝鮮王朝時代中逐漸成為社會主流思想的新儒學大約是於 11 世紀至 12 世紀時在中國逐漸演化而成的。當時，道教與佛教在唐朝與宋朝早期逐漸崛起，而儒家思想卻慢慢走向衰落，因此，新儒學最初的目的便是復興儒學。這是一種更為理性、也更為現世的儒家哲學思想，反對自漢代以後開始影響儒家思想的迷信與神秘元素。包括儒家學者朱熹在內的一些作家着重強調了道德、社會和諧以及教育在領悟太極這一宇宙潛在法則之中的重要性。新儒學強調忠誠與堅定等美德，並認為就像宇宙由太極所統治一般，國家也應由一名至高無上的君主所統治。然而，這些思想在實踐過程中卻更有利於建立起一個等級分明的官僚主義國家，而出於一己之私，國家之中的學者也會更加傾向於維持社會現狀。

些分給了儒家祠堂，以此削弱佛教在該地區的影響力。新儒學強調教育的重要性，培養出有能力維持國家和諧穩定的文人階級。太祖的孫子世宗大王（在位時間：1418–1450 年）將這一原則提升到了一個全新的高度。他在 1420 年設立了集賢殿，殿中共招納二十名精英學者，齊力研究治國理政的方法。

新儒學的重要理想之一便是在更廣的範圍內推廣教育，而太祖便曾經下令建立朝廷資助的學堂。然而在那時，朝鮮使用的文字是漢字，無法很好地體現出該語言的發音。於是，世宗大王便親自發明了一種簡化版文字 —— 朝鮮語字母體系，關於其原則的闡釋可見於 1445 年出版的《訓民正音》。這一文字體系之中僅有 28 個字母（還在後來縮減至 24 個），遠比中文學起來要簡單；然而，朝鮮語文字的推廣過程卻遭到了一些守舊派貴族的激烈反對。他們唯恐這一舉措會為其他社會階層的人士敞開通過科舉制度為官的大門，分散自己手中的權力。這樣一來，朝鮮語文字便逐漸走向衰落，成為底層人民才會用的「粗俗語言」，直到 19 世紀才得到了再發現，成為復興朝鮮民族主義的工具。

然而即便如此，朝鮮太祖與世宗大王所推行的一系列改革措施仍舊得以倖存，還創造出了兩班階級這樣一羣致力於延續國家統治的朝廷官員。同時，兩班階級還肩負着監督的職責，防止李氏君主出現專制獨裁傾向，令朝鮮王朝的統治得以在此後延續了 5 個多世紀。■

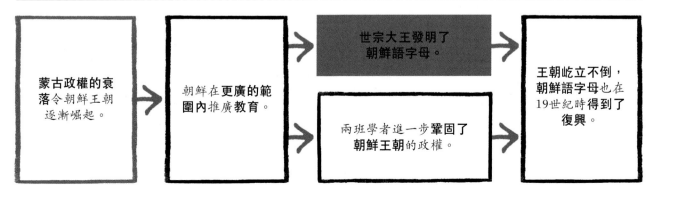

蒙古政權的衰落令朝鮮王朝逐漸崛起。

朝鮮在**更廣的範圍內**推廣**教育**。

世宗大王發明了朝鮮語字母。

兩班學者進一步**鞏固了朝鮮王朝**的政權。

王朝屹立不倒，朝鮮語字母也在 19 世紀時**得到了復興**。

延伸事件

圖爾戰役阻擋阿拉伯前進的步伐
（公元732年）

到了公元 8 世紀，阿拉伯半島上的伊斯蘭民族已經征服了北非大部分地區，並將視線轉移至歐洲，佔領了西班牙，開始向法國南部進發。他們似乎成為一股不可阻擋的力量，一路向北推進，直至公元 732 年，他們在圖爾遭遇了法蘭克與勃艮第的聯合軍隊。法蘭克人和勃艮第人贏得了這一場戰役，還成功幹掉了阿拉伯方面的領袖阿卜杜勒·拉赫曼。儘管阿拉伯人在公元 735-739 年曾經再一次發動入侵，卻再也未能攻入圖爾以北的地區。法蘭克人始終維持着自身在西歐的影響力，基督教仍舊是這片大陸上的主流信仰，而穆斯林的統治區域則只餘下西班牙而已。

阿爾弗雷德大帝統治韋塞克斯
（公元871-899年）

阿爾弗雷德是一位有能力的統治者與軍事領袖。他成功抵禦了丹麥人的侵略，守衛了自己的王國。他以韋塞克斯（位於英格蘭中南部）為中心，不斷擴張自己的領土，統一了英格蘭南部的大部分地區。此外，阿爾弗雷德還下令築起了防禦工事，成立海軍，推行教育，並試圖通過對於拉丁語書籍的翻譯，將古英語推為正式的書面語言。後來，儘管東北部地區始終處在丹麥人的控制之下，阿爾弗雷德卻逐漸成為「盎格魯-撒克遜之王」，人們普遍認為他是第一位致力於將英格蘭打造成一個統一國家，並逐漸在國內建立以基督教與英語為基礎的獨特文化的君主。

密西西比文化的傳播
（約公元900年）

在北美洲地區，人們會築起大大的土丘，或是在那裏舉行儀式，或是供統治階級居住，而這一傳統已經持續了數千年。從俄亥俄到密西西比地區的這些社羣大多都被束縛在本地，然而密西西比文化卻在北美洲東部得到了廣泛傳播。他們大面積種植玉米，鑄造銅器，還建立了等級分明的社會。假若人們能夠看到這樣複雜的文化，便可以認識到美國原住民並非是原始而落後的，也能夠對他們的文明形成更為清楚的認知。

奧托一世成為神聖羅馬帝國皇帝
（公元962年）

日耳曼統治者奧托一世鎮壓反叛，統一了日耳曼部落，並擊敗了包括馬札爾人在內的外來入侵者。除此之外，他還對神職人員實行嚴格的控制，改變了統治者與天主教會之間的關係，並利用自己與教會之間的緊密聯繫增強皇室權力。與此同時，他還將統治範圍擴大至意大利北部，創造了後來的神聖羅馬帝國。帝國的皇帝將自己視為基督教歐洲的世俗領導者，與教皇爭奪權力，而神聖羅馬帝國這一支重要的政治力量則在此後的 900 多年間始終統治着歐洲的大部分地區。

基督教大分裂
（公元1054年）

在第一個千年的後幾百年之中，基督教會的東西兩邊就權力問題（教皇認為自己比東部地區的宗主教資歷更深，而後者卻並不認同這一觀點）、教義措辭問題，以及禮拜儀式問題等事宜產生了一系列分歧。這些分歧在 1054 年教皇利奧九世與彌格爾一世將對方革出教門時達到了高潮，由此爆發了基督教大分裂。這一次分裂之後，基督教內部出現的裂痕便再未能愈合，而如今的天主教與東正教便是那一次分裂的產物。

諾曼人征服英格蘭
（公元1066年）

1066 年，英格蘭國王懺悔者愛德華未能留下子嗣便與世長辭了，於是，人們便就王位繼承人這一問題而產生了分歧。其中一個有力的競爭者是諾曼第公爵威廉。他入侵英格蘭，並在黑斯廷斯戰役中擊敗了英國軍隊，自此加冕為王。這一事件令英格蘭與歐洲大陸建立起長久的聯繫，英格蘭

統治者擁有法國的土地，還在日常生活之中使用法語。諾曼人引入了一個全新的統治階級，建立城堡與教堂，將許多發源於法語的單詞引入英語，徹底改變了這種語言，而這一切如今已經全部變成了這個國家歷久不衰的遺產。

百年戰爭
（公元1337-1453年）

百年戰爭是英格蘭與法國之間爆發的一系列衝突，其開端可追溯至愛德華三世主張自己擁有法國王位繼承權的時候，而法國瓦魯瓦王朝則對這一說法表示了異議。到了戰爭結束的時候，英格蘭在法國的領土已只剩下沿海小鎮加來及其周邊地區。這一結果將英格蘭這個渴望成為龐大歐洲帝國的國家變成了一個與歐洲大陸隔海相望的島國，而法國則尤其受到了聖女貞德領導的影響，產生了更為深刻的民族身份認同感。

格倫瓦德之戰
（公元1410年）

波蘭與立陶宛聯軍在格倫瓦德之戰中重創條頓騎士團。這一軍事組織最初的建立是為了協助十字軍以及朝聖者，控制東歐地區包括普魯士和愛沙尼亞在內的大片領土，並向波羅的海地區的斯拉夫人與異教徒發起戰爭。這一場決定性的戰役結束了騎士團的軍事統治，中止了日耳曼人的東向擴張，並使得波蘭-立陶宛聯盟成為東歐地區最為強大的力量。

蒙古入侵日本與日本的反擊
（公元1274年、1281年）

13世紀末期，忽必烈統治之下的蒙古正處於其權力的巔峯時期，他們已經從中亞地區一路向東，控制了整個中國。1271年，他們派遣軍隊跨海征服日本。然而這一場突襲並未獲得成功，其中的一部分原因便是因為蒙古軍隊的船隻遭遇了颱風，而日本人則將其稱作「神風」。蒙古人的戰敗對日本產生了決定性的影響，令他們開始仔細審視自己的優勢，並同時下定決心建立一個強大而獨立的日本，不受外部的干預或影響。自此之後，日本人強烈的國家意識一直持續了幾個世紀。

蘇格蘭在班諾克本戰役中維護獨立
（公元1314年）

發生在蘇格蘭的班諾克本戰役是英格蘭與蘇格蘭之間戰爭中的一次主要衝突。儘管蘇格蘭軍隊在人數上不及英格蘭，卻在國王羅伯特·布魯斯的率領下大勝英格蘭軍隊及其統治者愛德華二世。這次戰役的勝利令布魯斯得以完全控制蘇格蘭，並以此為踏板，向英格蘭北部發動突襲。這一次戰爭持續了數十年，而蘇格蘭的獨立也一直持續至1707年。蘇格蘭在這次戰役中取得了壓倒性的勝利，而班諾克本戰役也成為蘇格蘭歷史中的一次重要事件，標誌着該國徹底自不列顛剩餘地區獲得了獨立，而即使到了今天，這也是許多蘇格蘭人的期盼。

帖木兒的征戰
（公元1370-1405年）

帖木兒是蒙古這一偉大遊牧民族的最後一位征服者。他試圖復興忽必烈創造出的輝煌帝國。從印度北部到安納托利亞，再到俄國，帖木兒走遍了歐洲和亞洲的大部分地區。到了14世紀結束的時候，他已然征服了波斯、伊拉克、敘利亞、阿富汗以及俄國東部，在1398年的時候徹底摧毀了德里，並於1405年繼續推進至中國地區。然而，帖木兒卻在征戰途中不幸離世。他所統治的帝國未能一直存在下去，而蒙古人騎馬作戰的技巧也無法抵抗15世紀之後愈發推動戰爭進程的火器。

胡斯戰爭
（公元1415-1434年）

宗教改革領袖揚·胡斯的追隨者胡斯派是生活在波西米亞地區（如今的捷克共和國，當時是奧地利哈布斯堡帝國的一部分）的新教徒先驅。他們對抗天主教統治者，極力爭取以自己的方式信仰宗教的自由。1415年，胡斯因被視為宗教異端而遭到處決，而這則激起了一系列戰爭，最終導致了胡斯派的失敗。戰爭過後，這一地區仍舊由哈布斯堡的天主教會所統治，然而波西米亞大多數人則繼續信仰新教。1618年，他們針對天主教統治者的起義引發了三十年戰爭，波西米亞的新教徒則在這一次戰爭中再次戰敗。

THE EARLY MODERN ERA
1420–1795

近代早期
1420－1795年

布魯內列斯基突破性地設計了佛羅倫薩大教堂的穹窿，而這也標誌着**文藝復興**的開始。

克里斯托弗·哥倫布抵達美洲大陸，開啟了**歐洲貿易與殖民的時代**，也改變了美洲大陸的**生態環境**。

馬丁·路德針對天主教會撰寫了《九十五條論綱》，引發了後來的**宗教改革運動**以及**新教**的崛起。

關原合戰開啟了日本的**江户時代**——一段統一、穩定、藝術繁榮的時代。

1420年　　**1492**年　　**1517**年　　**1603**年

1453年　　**1494**年　　**1556**年　　**1618**年

奧斯曼土耳其人征服了**康士坦丁堡**，結束了東羅馬帝國的統治，並創造了一個全新的**穆斯林都城**。

西班牙與葡萄牙簽訂了《托爾德西里亞斯條約》，瓜分了他們在**美洲大陸**上剛剛征服的**土地**。

阿布·阿克巴成為**印度莫臥兒帝國**的統治者；波斯和印度的藝術形式相互融合，創造出了一種獨特的風格。

新教徒與天主教徒之間緊張的宗教局勢在「布拉格擲出窗外事件」中達到了頂峯，引發了**三十年戰爭**。

當我們回望過去的時候，世界歷史進程中的每一次事件看上去都會與當時有所不同，然而很少有哪一時期會同橫跨 15 世紀、16 世紀，以及 17 世紀的近代早期一樣形成視角上的極端反差。如今，人們常將這一時期視作是歐洲逐漸攀向世界頂峯的時期，但是對於當時的歐洲人而言，他們的身邊卻似乎總是充斥着前所未有的災難。宗教改革運動打破了基督教世界的統一，天主教與新教之間產生了派系衝突，加之相互競爭的皇室王朝之間不斷爆發權力爭端，這一切都令歐洲成為了戰亂之地——一片將自己變得支離破碎的大陸。與此同時，奧斯曼帝國的穆斯林軍隊不斷威脅着歐洲腹地，佔領了拜占庭帝國的城市康士坦丁堡，並兩次深入到維也納地區。

然而，回顧歷史，我們一定也會看到那些令歐洲各國成為近代世界奠基者的深刻變革。文藝復興時期藝術與思想的繁榮意味着歐洲已不再是文化上的一潭死水。歐洲人開始對起源於中國的印刷技術與造紙技術加以利用，大規模印刷書籍，而這也在很大程度上革新了信息的傳播方式。同樣是中國人發明的火藥武器也在歐洲陸軍與海軍中得到了最大限度的應用。最重要的是，歐洲西部沿海地區的探險者與海員建立了海上貿易線路，為全球經濟發展奠定了基礎。

殖民主義的開端

我們無論如何都無法否認 1492 年克里斯托弗·哥倫布橫跨大西洋航行的重要性。它將兩個在一萬年間始終獨立演化的完整生態體系永遠聯結在了一起。最初，這次航行為美洲大陸當地的居民帶來了毀滅性的影響。歐亞大陸上的疾病以及西班牙征服者惡名昭彰的殘暴行徑令美洲的人口銳減。單單幾名歐洲侵略者卻輕而易舉地征服了這片大陸上最為先進的國家，令這一整片新大陸向歐洲人敞開了剝削與殖民的大門。

然而，歐洲海員抵達亞洲之後卻並未帶去同樣的深刻影響。最開始的時候，包括印度、中國、蒙古

英國**宗教分離主義者**（清教徒）乘坐「五月花」號，起航追求全新的人生，並在**北美地區**建立了**殖民地**。

皇家非洲貿易公司在英格蘭成立；他們從西非海岸地區**將奴隸帶走**，賣到美洲地區。

沙皇彼得大帝在波羅的海沿岸建立了**聖彼得堡**，試圖促進俄國與歐洲之間的**貿易**往來，推動俄國的**現代化**進程。

魁北克戰役結束了**法國在加拿大的統治**；這場戰役是七年戰爭中的一部分，而大多數歐洲強國都曾參與了這場戰爭。

1620年　　**1660**年　　**1703**年　　**1759**年

1649年　　**1687**年　　**1751**年　　**1768**年

英國內戰在國王查理一世遭到**處決**的時候進入了高潮時期；在接下來的11年中，英格蘭始終都是**共和制國家**。

艾薩克·牛頓在**數學與邏輯學**的基礎之上發表了自己的**引力**理論，為啟蒙運動的到來鋪平了道路。

狄德羅發表了其《**百科全書**》（全書共分為三個部分）的第一卷，其中提取了**啟蒙運動中理性觀念**的精華。

庫克船長**揚帆**開啟了自己的第一次航行；他繪製了**新西蘭海岸的地圖**，還宣佈**澳洲**東南部地區為英國領土。

以及日本在內的一眾強國皆對歐洲人採取了包容的態度，允許他們以商人的身份在不干涉國家事務、不造成任何麻煩的前提下，控制少量島嶼或是沿海地區的領土。

經濟增長

自17世紀後半期開始，歐洲的經濟增長勢頭便越發引人注目。貿易與農業領域勞動者生產力的提升在荷蘭等地最為明顯。包括中央銀行與股份制公司在內的新興金融機構為現代資本主義的發展奠定了基石。海上貿易的複雜線路將美洲地區的歐洲殖民地與歐洲、非洲和亞洲聯繫在了一起。大量奴隸（以歐洲商人從西非帶來的為主）被運送至殖民地種植園中工作，因此，在新大陸的部分地區之中，非洲人的後代在數量上遠多於歐洲人與原住民的人口。在歐洲，當地人消費着來自中國和印度的奢侈品，以及產自加勒比海地區和巴西的糖和咖啡等食品。北美、西印度羣島與印度都成為殖民者相互爭奪的地區，而莫臥兒帝國的驟然衰落也為歐洲征服者敞開了通向印度多數地區的大門。

學術運動

即便到了這一時期，我們也無法過分誇大歐洲的支配地位。17世紀中期，中國在經歷明朝向清朝的過渡過程時遭遇了許多困境，然而到了18世紀，皇帝統治下的中國已然處在了政治權力與經濟繁榮的黃金時期。歐洲地區的人口急速增長，總量之大前所未見，而這則是食物產量增加以及流行疾病減少的結果，然而同一時期的中國也在經歷着大規模的人口增長。

在這一時期，真正令歐洲異軍突起的是其知識與思想的發展。17世紀之中的科學革命開始轉變我們對於整個宇宙的認知；一場名為啟蒙運動的理性主義運動則挑戰着人們既有的觀念、傳統和習俗。在歐洲人的心中，近代世界正逐漸形成。■

當這座城市覆滅的時候，我也將與其一同覆滅

康士坦丁堡的陷落（1453年）

背景介紹

聚焦
奧斯曼帝國

此前

1071 年 土耳其軍隊在曼茲克爾特戰役中重創拜占庭帝國。

1389 年 奧斯曼人在科索沃大敗塞爾維亞，為其推進歐洲創造了條件。

1421 年 穆拉德二世繼位為奧斯曼帝國的國王，並規劃了一系列征戰。

此後

1517 年 奧斯曼人征服了埃及馬穆魯克王朝。

1571 年 奧斯曼帝國海軍在勒班陀遭受重創。

1922 年 伴隨着現代土耳其的建立，奧斯曼帝國的統治畫上了句號。

奧斯曼土耳其人於 1453 年攻入拜占庭帝國的都城康士坦丁堡，順利奪取了這座城市。毫不誇張地說，拜占庭這一擁有千年歷史的基督教帝國曾統治着整個地中海地區，然而如今卻慘遭攻陷，對於基督教世界而言，這無疑是一個巨大的打擊。彷彿是為了昭示穆斯林的勝利，奧斯曼人將聖索菲亞大教堂這座基督教世界中最為著名的教堂改造為了清真寺。

在蘇丹穆罕默德二世對康士坦丁堡發起攻城戰，並不斷用炮火轟炸那裏之前，奧斯曼土耳其人便已經佔領了周邊的大部分地區。當城牆最終在炮火的攻擊下出現缺口

參見：貝利薩留斯收復羅馬 76~77 頁，穆罕默德領受天啟 78~81 頁，巴格達的建立 86~93 頁，耶路撒冷的陷落 106~107 頁，青年土耳其革命 260~262 頁。

的時候，穆罕默德手下的八萬大軍便迅速擊潰了城內的一小批力量。拜占庭帝國的最後一位皇帝康斯坦丁十一世遭到殺害，而伴隨着康士坦丁堡的陷落，他的帝國也走向了終結。

衰落的帝國

康士坦丁堡遭到攻陷的時候，拜占庭帝國儼然已經處於衰落的最後階段了。帝國的領土嚴重縮小，只剩下都城及其西邊的一部分土地，還有希臘南部。拜占庭的衰落起始於曼茲克爾特戰役（1071 年），其間土耳其塞爾柱王朝的軍隊將拜占庭趕出了安納托利亞這片至關重要的領土。自這時起，拜占庭國內對於皇帝之位的競爭、就稅收問題而產生的爭端、貿易額的減少，以及軍事領導的不力都或多或少地造成了帝國的縮小。

1203 年，第四次十字軍東征同帝國的政治問題糾結在了一起。十字軍中的一些領袖人物承諾將遭到廢黜的拜占庭帝國皇帝伊薩克二

> 鮮血四處流淌，就同一場驟雨過後排水溝中的雨水一般無二。
>
> ——尼科洛·巴巴羅，康士坦丁堡陷落的見證者（1453 年）

世·安格洛斯重新扶上皇位，條件便是帝國需對其遠征進行支持。最初的時候，這次行動是成功的：安格洛斯的兒子被封為共治皇帝，然而到了 1204 年，民眾的一次暴動卻又將其推翻了。拜占庭帝國的元老院推舉尼古拉·科納波斯這位年輕的貴族擔任國王，而他卻拒絕對十字軍進行支援。十字軍未能獲得承諾好的回報，便連同其盟友威尼斯人向康士坦丁堡發動了殘酷的攻擊。他們肆意虐殺平民，劫掠教堂，還毀掉了無數價值連城的藝術品。康士坦丁堡頃刻間便覆滅了。

奧斯曼人的崛起

在攻佔康士坦丁堡之前，奧斯曼帝國已經將其領土自安納托利亞地區擴張至巴爾幹半島。在那之後的 16 世紀之中，帝國進一步推進到地中海東部，並沿着紅海海岸一

當點燃的木條伸向城牆周圍延伸四英里那些「不計其數的機器」時，世界上最早的協作炮火網瞬間便爆發出了一聲聲震耳欲聾的巨響。

路踏進了北非。1536 年，奧斯曼人擊敗了埃及馬穆魯克王朝，還戰勝了波斯最為強盛的統治王朝薩法維帝國，這令奧斯曼人得以掌握整個中東阿拉伯地區的統治權。

奧斯曼帝國是一個伊斯蘭國家，在其蘇丹看來，推動伊斯蘭教的傳播是其職責所在。然而儘管如此，國家還是對處於附屬地位的基督教教徒與猶太教教徒實施了寬容政策。帝國境內的人們使用着不同的語言，也有着不同的信仰，然而國家卻通過在一些地區建立附庸國的方式解決潛在的宗教爭端與政治衝突。包括特蘭西瓦尼亞與克里米亞在內的一些地區會定期向皇帝進獻貢品，但是他們卻並不受他的直

接統治，只充當穆斯林地區與基督教地區之間的緩衝區域。諸如保加利亞、塞爾維亞以及波斯尼亞在內的一些附庸國最終被吸納為帝國的一部分，其他國家則保持着自己附庸國的地位。

管理與軍事

奧斯曼人逐漸衍化出一個強有力的管理體系，將地方行政與中央統治結合在一起。蘇丹是最高統治者，而其兄弟則通常都會在他即位之後遭到殺害。蘇丹擁有自己的顧問委員會，後來還設置了副手一職，以他的名義進行統治。軍事領導者省督會在皇帝的全局把控之下對地方進行統治，而地方委員會則負責對他的權力進行制約。

帝國之內的非穆斯林羣體有權通過米勒特製度（宗教自治制度）在一定程度上實行自治，米勒特製度令亞美尼亞人、猶太人和東正教羣體在不涉及穆斯林的前提之下，依照自己的法律進行統治。相較於一個全然集權的體系而言，這一中央統治與地方統治相結合的平衡

奧斯曼帝國的加尼沙里軍團（近衛軍團）身穿獨特的制服。與其他軍事組織不同，他們住在軍營之中，並有固定的工資。此外，加尼沙里軍團也是最早大規模使用火器的軍隊。

模式讓奧斯曼人得以更加長久地將這樣一個遼闊而多元的帝國維持下去。奧斯曼的軍隊也在帝國取得成功的過程之中扮演了不可或缺的角色。軍隊在作戰技巧上極為先進，在軍事策略上又極為精妙。他們快速行進的騎兵軍團可以將表面上的撤退轉變為破壞性巨大的包抄式側面攻擊，用新月形的陣形包圍敵人，達到攻其不備的目的。

奧斯曼帝國軍隊的核心所在是加尼沙里軍團。這是一支步兵隊伍，最初是皇家近衛軍，後來逐漸擴展為那一時期最令人聞風喪膽的精英軍團。最開始的時候，軍團中的成員都是自小便被人從巴爾幹半島上的基督教家庭綁架過來的人。奧斯曼帝國實行「血賦制度」，軍隊會將18歲以下的男孩帶走，強迫他們皈依伊斯蘭教，並將他們送到土耳其家庭之中，同土耳其人一起生活，學習土耳其語和當地的習俗。隨後，他們需要接受嚴酷的軍事訓練，而那些在某方面展現出特殊天賦的人便會被人挑選出來，從事弓箭手、機械師等專業性工作。加尼沙裏軍團中的成員服役期間都不得結婚，但是與此同時，他們也

穆罕默德二世

奧斯曼帝國統治者穆拉德二世之子穆罕默德（1432-1481年）出生在土耳其的埃迪爾內。同大多數奧斯曼帝國的王位繼承人一樣，穆罕默德接受了伊斯蘭教的教育，並在11歲的時候被指派為阿馬西亞省的總督。一年之後，穆拉德為了自己的兒子而選擇了退位，卻在退隱之後不久便被穆罕默德從安納托利亞召回，在軍事領域為其提供幫助。穆罕默德的第二段統治時期是1451-1481年，而這也是他的主要統治時期。康士坦丁堡一役勝利之後，他又進行了一系列征戰，先後攻下了摩里亞半島（希臘南部）、塞爾維亞、黑海沿海地區、瓦拉幾亞、波斯尼亞以及克里米亞半島的部分地區。他下令重建康士坦丁堡，將其作為自己的都城，還在那裏建起了清真寺，同時也允許基督教徒與猶太教徒保有信仰自由。穆罕默德雖以其殘酷無情的軍事領導作風而聞名，但也在同時將許多人文主義者招至都城之中，鼓勵文化的發展，還建立起了一座大學。

托普卡帕宮中裝飾着的這塊伊茲尼克牆磚繪製於土耳其藝術的古典時期，中間的伊斯蘭書法周圍裝飾着鈷藍色和鉻綠色的自然主義圖案。

擁有一些特殊的待遇和特權，以此確保他們對於統治者的忠誠。儘管這支軍團只是奧斯曼軍隊中很小的一部分，卻擔負着極其重要的角色，並為包括埃及、匈牙利以及康士坦丁堡在內等多場戰役的勝利作出了卓越貢獻。

奧斯曼帝國鼎盛時期

帝國在皇帝蘇萊曼大帝的統治之下進入了鼎盛時期。他同法國人建立了聯盟，共同對抗神聖羅馬帝國哈布斯堡的統治者，還與波斯薩法維帝國的統治者簽訂協定，瓜分了亞美尼亞與格魯吉亞地區，並將伊拉克納入了奧斯曼帝國的統治之下。蘇萊曼征服了匈牙利的大部分地區，甚至還曾向維也納發動攻城戰，儘管他最後並未能成功攻下這座城市。

奧斯曼人將自己的伊斯蘭教信仰帶入了這片土地，四處建築清真寺，而伴隨着清真寺的建成，這裏也逐漸成為學術與教育的殿堂。奧斯曼城市皆十分令人贊嘆。康士坦丁堡本身幾乎就是一座重建後的

新城：奧斯曼人加固了城市的防禦工事，還建起了許多清真寺、集市和飲水處。這座城市之中最為引人注目的建築便是蘇丹穆罕默德二世於 15 世紀 60 年代命人建造的皇家宮殿托普卡帕宮。為確保這一建築羣能夠成為一座永恆的經典，泥瓦匠、石匠與木匠被人從四面八方傳喚至這裏。這些人共同建造了清真寺、醫院、麵包房，以及鑄幣廠等諸多建築，宮殿中還招納了帝國之內最為優秀的藝術家和手工匠人。

逐漸衰落

蘇萊曼離世後，這樣的文化繁榮盛景也並未衰退，然而，帝國卻開始在其他領域之中面臨嚴峻挑戰。人口的增長為可用的土地造成了嚴重的負擔；國家遭受着外來的軍事威脅和內在的人民起義。

奧斯曼帝國逐漸失去了自己的威望與影響力，而到了後來，國家的逐漸衰落更是令其被人扣上了「歐洲病夫」的帽子。帝國無力應對 19 世紀爆發的動亂，失去了大片領土。最終，奧斯曼帝國悠久的歷史在第一次世界大戰的失敗中書寫下了終章，凱末爾・阿塔土克則在這片土地上建立了如今的土耳其。■

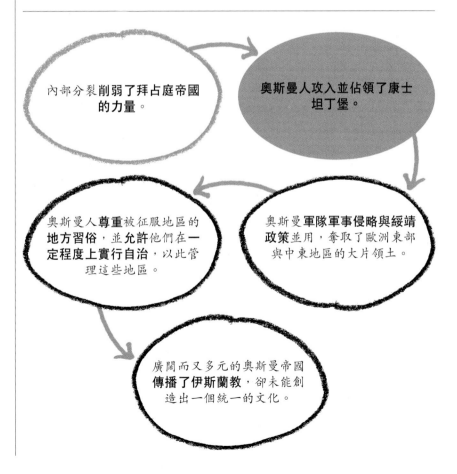

內部分裂**削弱了拜占庭帝國的力量**。

奧斯曼人攻入並佔領了康士坦丁堡。

奧斯曼人**尊重**被征服地區的**地方習俗**，並**允許**他們在**一定程度上實行自治**，以此管理這些地區。

奧斯曼**軍隊軍事侵略與綏靖政策**並用，奪取了歐洲東部與中東地區的大片領土。

廣闊而又多元的奧斯曼帝國**傳播了伊斯蘭教**，卻未能創造出一個統一的文化。

跟隨着太陽的光芒，我們離開了舊世界

克里斯托弗・哥倫布抵達美洲大陸（公元1492年）

背景介紹

聚焦

航海發現

此前

1431 年 葡萄牙航海家貢薩洛·維利烏起航探索亞速爾群島。

1488 年 巴爾托洛梅烏·迪亞士繞過好望角，發現了經繞非洲南部的通路。

1492 年 西班牙國王費迪南德與王后伊麗莎白同意贊助哥倫布的航行。

此後

1498 年 瓦斯科·達·伽馬的艦隊到達了印度的卡利卡特。

約 1499 年 意大利探險家亞美利哥·韋斯普奇發現了亞馬遜河口。

1522 年 斐迪南·麥哲倫在1519–1522 年率領西班牙人前往東印度群島探險，而這也是歷史上的首次環球航行。

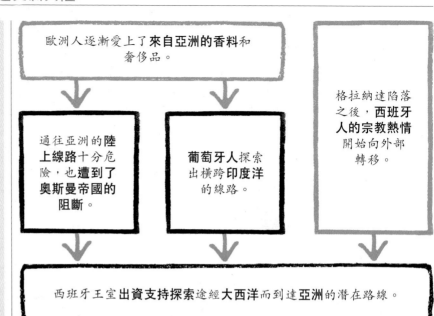

里斯托弗·哥倫布（約1451–1506 年）出生在意大利，是一位來自熱那亞的航海家和商人。他於 1492 年進行了一次遠航，而正是這次航行將美洲大陸與歐洲大陸永遠聯繫在了一起，也改變了整個世界。

　　哥倫布起航的時候原以為自己會抵達亞洲大陸，因為在那個時候，沒有哪個歐洲人知道世界上存在着一整塊大陸，阻斷了從歐洲向西到達亞洲的路線。出發五個月

後，哥倫布來到了巴哈馬群島之中的一座小島，而他卻以為自己到達的是印度尼西亞的外延地區。哥倫布以那裏為起點，繼續探索加勒比海，還曾到達古巴、伊斯帕尼奧拉島（又名海地島）以及其他幾個小島。這些地方的大多數人在看到他的時候都並未產生甚麼過激的反應，因此，哥倫布也認為這些人很適合做僕人或是奴隸。

　　此後，哥倫布又赴加勒比海地區進行了三次遠航，而不計其數的歐洲來訪者與殖民者也追隨着他的足跡，來到了這片土地。

探索動機

　　西歐統治者與商人渴望對大

西洋地區進行探索的首要動機便是經濟利益。歐洲的氣候並不適宜種植包括肉桂、丁香、生薑、胡椒以及肉豆蔻在內的許多香料，這些香料同時能夠幫助人們更好地儲存食物。

　　沿陸路線路將這些商品自亞洲帶到歐洲是一件十分困難的事情，同時也很不安全，因為沿線經常會爆發戰亂；不僅如此，這樣的方式也會大大提高商品的價格，因為貨物在一路上會經過多個賣家之手。無疑，開發海上線路的經濟理由十分充分：假若哪個人能夠找到一條將商品直接運送至西歐的線路，那麼他一定會變得極為富有。中世紀末期歐洲人開始探索海上線路的另

參見：維京人突襲林迪斯法恩 94~95 頁，《托爾德西里亞斯條約》148~151 頁，哥倫布大交換 158~159 頁，「五月花」號的遠航 172~173 頁，英國皇家非洲貿易公司的成立 176~179 頁。

一個原因便是想要調查在亞洲設立歐洲殖民地的可行性。這些殖民地不僅可以用作貿易站，還能成為傳教者的基地，方便他們説服當地人皈依基督教。

到了 14 世紀和 15 世紀，西班牙人、葡萄牙人、英國人和荷蘭人已經造出了遠洋航行的大船，還對航海員進行訓練，培養他們遠距離領航的能力。探險者使用着各種各樣的大船，而其中最為出眾的便是「卡拉維爾帆船」。這是一種輕型快速帆船，操縱極為靈活，船上通常裝備有長方形和三角形的船帆。三角形船帆令船隻得以迎風航行，即便是在不同的風力條件之下，探險家依舊能夠繼續前進。此外，探險家也會使用「克拉克帆船」這種有着相似船隻裝帆模式的大船。

造船技術與航海技術的發展十分迅猛。船員利用十字測天儀（一種基礎的瞄準設備）以及後來的航海星盤來測量船隻所在的緯度。這一手段背後的原理是角度的測量，例如太陽與地平線之間的角度。不僅如此，他們還會用磁羅盤來判斷方向，而伴隨着每一次航行的結束，他們的航海圖便會更加完整一些，而對於盛行風與洋流的認識也會更加全面一些。

葡萄牙航海家

數十年以來，歐洲航海家一直都在開闢大西洋上的航線。葡萄牙人在馬德拉羣島上建立了殖民地，而在 15 世紀之中，葡萄牙國王約翰一世之子航海家亨利王子曾無數次派人航行至亞速爾羣島進行探索。1418 年，亨利王子設立了第一所專攻遠洋航行的學校，還在葡萄牙的薩格里什修建了一座天文觀測台。他以這所學校為起點，推動航海、繪圖以及科學領域的教育。亨利王子派人航行至非洲西部海岸

> **我打算去看看自己究竟能否找到日本島。**
>
> ——克里斯托弗·哥倫布，1492 年

地區，而這也是因為他看中了那裏發展奴隸與黃金貿易的潛力。他的船隻一路向南，沿路設立了許多貿易站。1488 年，葡萄牙船長巴爾托洛梅烏·迪亞士已經繞過了非洲的最南端。不久之後，另一位西班牙航海家瓦斯科·達·伽馬再次率領船隻繞過好望角，並繼續穿越印度洋，首次用海上線路將歐洲和亞洲聯繫在了一起。

克里斯托弗·哥倫布

克里斯托弗·哥倫布在熱那亞出生，曾做過代理商，也曾為經商而航行於歐洲以及非洲沿海地區。

哥倫布首次抵達美洲大陸之後，又在 1493 年再次去到那裏，發現了小安的列斯羣島和大安的列斯羣島，並在伊莎貝拉島（位於如今的多米尼加共和國）上建立了殖民地。哥倫布的第三次航行（1498－1500 年）將他帶到了加勒比海上的伊斯帕尼奧拉島以及特立尼達島，而他也在那裏發現了南美洲海岸，並從奧里諾科河的規模猜測出自己大約發現了一大片廣袤的陸地。而在這一次航行期間，殖民者向王室控訴哥倫布未能得當地統治其在加勒比海地區的殖民地，於是，王室將他從總督一位上撤職。

在其最後一次航行（1502－1504年）之中，他試圖搜尋通往印度洋的海峽。哥倫布始終認為自己沒有得到應有的賞識與承諾好的賞賜，因此，當他回到西班牙時，他的健康狀況和精神狀況已經十分糟糕。1506 年，哥倫布離開了人世。

由於葡萄牙掌管着非洲沿岸一線的海上通路，這樣一來，其歐洲鄰居和對手西班牙若想去往富饒的東方，便需要尋找另一條路線。儘管到了這時候，接受過教育的人已經知道地球是球形的，然而他們卻並不清楚美洲大陸的存在。因此，對於他們而言，去往東方的另一條路線似乎便是向西航行，穿越大西洋。在包括克里斯托弗·哥倫布在內的許多海員看來，地球的直徑要遠比如今我們所了解到的真實距離短得多，於是，這條路線對他們來說似乎格外具有吸引力。

尋求資助

1485年，哥倫布向葡萄牙國王約翰二世呈上了一份橫跨大西洋，去往「香料羣島」的計劃。然而，約翰二世卻拒絕向這一方案投資。

於是，哥倫布便將網撒得更加廣泛，試圖從熱那亞和威尼斯這兩個強盛的沿海城市那裏尋求支援，同時也讓自己的弟弟去英格蘭看一看，然而，他的努力依舊沒有獲得回報。最終，他只得求助於共同統治着西班牙的「天主教君主夫婦」——阿拉貢國王費迪南德與卡斯蒂利亞女王伊麗莎白。最初的時候，他們也同樣拒絕了哥倫布，因為他們的航海顧問也一樣認為他所計劃的航行路線實在是太長了。然而，在一番曠日持久的交涉之後，他們終於同意資助哥倫布。探索出一條全新的貿易線路固然能夠為國家帶來物質回報，然而伊麗莎白同

> （他們）犯下了如此野蠻而不人道的行徑，全然背離了人類的本性，而我一面將其記錄下來，一面還在戰慄。

——巴托洛梅·德·拉斯·卡薩斯，西班牙歷史學家（約1527年）

時也將這次航行視作是一次宗教任務，一次將基督教光輝照射至東方的機會。

哥倫布的航行無疑是一次大膽的任務。儘管當時的人們都知道世界是球形的，然而許多人卻仍舊認為哥倫布的西向航行注定會失敗，擔心船員們在到達陸地之前便會因缺水而死亡。

往返於美洲大陸的航行持續了七個月，從1492年8月3日一直延續至1493年3月15日。

起點

1492年8月3日，哥倫布率領尼尼亞號、平塔號和聖瑪利亞號三艘大船離開了西班牙。

船上船員共計87名男性——尼尼亞號上20人，平塔號上26人，聖瑪利亞號上41人。

船上攜帶的供給包括食醋、橄欖油、紅酒、含鹽麵粉、餅乾、乾豆莢和鹹沙丁魚。

1492年10月12日，三艘船隻終於抵達了巴哈馬羣島。

終點

據哥倫布估算，亞洲距西班牙約有2400英里，然而實際距離則在12200英里左右。

1492年，**哥倫布**率領的旗艦在島上擱淺了，而他也因此於無意間發現了伊斯帕尼奧拉島。1496年在那裏建立起的「伊莎貝拉」則是美洲大陸歷史上最為悠久的永久性歐洲殖民地。

哥倫布向西航行

女王向哥倫布承諾，假若他能夠為西班牙征服任意哪片領土，那麼他便可以成為那裏的總督；此外，他還可以獲得包括總收益10%在內的其他一些回報。得到這樣的承諾之後，哥倫布便於1492年開始了他的西向航行。正式向西出發之前，他曾短暫停靠在大加納利島，五周後便看到了陸地。1493年初，他率領兩艘船隻回到歐洲（第三艘船在如今的海地地區擱淺，徹底損壞），被正式封為印度羣島總督。

僅僅幾個月之後，哥倫布便開始了自己的第二次航行。這一次，他共率領了17艘船隻，船上裝載着1200多人，負責在加勒比海地區建立西班牙殖民地。這些殖民者中不僅包括農民和士兵，還有專門負責令當地人皈依基督教的牧師。

> 我不應繼續依照慣例，沿陸路到達東方，而是應當向西航行。
>
> ——克里斯托弗·哥倫布，1492年

宗教皈依成為歐洲殖民過程中的一個重要組成部分，而這也體現出了殖民者渴望將自己的文化強加於被殖民者，並對他們加以控制的野心。

人們常將1492年哥倫布取得的成就形容為歐洲人對美洲大陸的「發現」，但這樣的說法事實上是有問題的，一方面因為哥倫布以為自己到達的是亞洲，另一方面也是因為來自斯堪的納維亞半島的維京人早在500年前便曾抵達北美洲地區，而紐芬蘭地區蘭塞奧茲牧草地上發現的考古學遺跡甚至顯示他們曾在那裏定居。然而，維京人卻並未在那裏居住很長時間，因此，哥倫布及其同一時代的人對於這一點也並不知情。

然而無論如何，1492年哥倫布的航行卻的確為美洲大陸與歐洲大陸之間建立起了永久的聯繫。在哥倫布首次抵達美洲的時候，他曾遇到許多居住在西印度羣島的原住民，然而，他和他的手下卻冷酷無情地為這些人帶來了毀滅，同時也開啟了此後一個世紀針對美洲原住民人口的殘殺。■

這條線應被視為永恆的標記與束縛

《托爾德西里亞斯條約》（1494年）

背景介紹

聚焦
西葡兩國征服美洲

此前

1492 年　哥倫布首次起航前往新大陸，西班牙也自此開始關注這一地區。

此後

1500 年　佩德羅・阿爾瓦雷斯・卡布拉爾佔領巴西，使其成為葡萄牙的領地。

1521 年　埃爾南・科爾特斯成功征服了阿茲特克帝國。

1525 年　佛朗西斯科・皮薩羅打響了西班牙對於印加帝國的征服之戰。

1598 年　胡安・德・奧尼亞特在加利福尼亞建立了第一個西班牙殖民地。

西班牙與葡萄牙於 1494 年 6 月 7 日在西班牙的托爾德西利亞斯簽訂了一份條約，解決兩國就新領土歸屬問題而產生的爭端。雙方的統治者達成了共識，決定將佛得角羣島以西 370 里格（1 里格約合 4 千米）的子午線作為分界線，分界線西邊的所有土地皆歸西班牙所有，而東邊的土地則屬於葡萄牙。兩國之所以選擇了這一條線，考慮到的主要是其地理位置：這條線大約位於佛得角羣島與加勒比羣島的正中，而佛得角羣島已經是葡萄牙的領土，另一邊的加勒比羣島也在 1492 年克里斯托弗・哥

參見：馬可・波羅抵達上都 104~105 頁，特諾奇提特蘭的建立 112~117 頁，克里斯托弗・哥倫布抵達美洲大陸 142~147 頁，哥倫布大交換 158~159 頁，英國皇家非洲貿易公司的成立 176~179 頁。

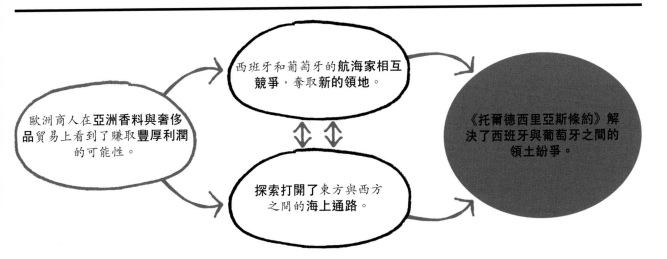

倫比亞到達這裏後歸屬了西班牙。到了 15 世紀 90 年代，兩國都已探索出了大片領土，其中便包含新大陸，雖然在這一時期，歐洲人還並不清楚美洲大陸究竟有多大。儘管哥倫布的航行是由西班牙皇室所贊助的，然而西班牙卻並不能因此就對其發現的土地宣稱所有權。1479 年西班牙天主教君主與葡萄牙統治者之間簽訂的《阿爾卡蘇瓦什條約》將加那利羣島以南所有新發現的土地劃分給了葡萄牙。當哥倫布結束第一次航行後在里斯本登陸時，他告訴葡萄牙國王約翰二世說他決定將伊斯帕尼奧拉島以及古巴獻給自己的資助者西班牙。聽聞此言，約翰立刻便寫信給西班牙統治者，說他正在籌備將本國的船隻派往加勒比海地區，將那裏收歸為葡萄牙的領土。

屬地合法化

每當有航海家發現新陸地的時候都會出現此類爭端，為防止此類情況的反覆發生，兩國領導者決定對《阿爾卡蘇瓦什條約》中的內容進行檢討。1479 年的條約中涉及教皇的權力，而如今，教皇亞歷山大六世提出在亞速爾羣島以及佛得角羣島西南部 100 里格的位置劃定一條南北方向與東西方向相結合的分界線，並將分界線以西南的地區劃歸西班牙所有。約翰拒絕了這一提議，認為這一決定有失公允，而最終，所有人都同意將佛得角羣

我和我的同伴都患上了一種心病，唯有黃金才能將其治癒。

——埃爾南・科爾特斯，1519 年

島與加勒比羣島之間的子午線作為分界。

葡萄牙殖民地

到《托爾德西里亞斯條約》簽訂完畢的時候，葡萄牙在探索非洲及南亞的過程中已經取得了進展。探險家們以北非地區的休達為基地，一路向南推進，並在西非海岸地區建立了一系列貿易站點，直到 1498 年，瓦斯科・達・伽馬繞過好望角，駛入了印度洋。16 世紀，葡萄牙已在印度、摩鹿加羣島、蘇門答臘島、緬甸以及泰國建立了殖民地。

條約劃定的分界線穿過南美地區，將西北一半的土地分給了葡萄牙人。1500 年，探險家佩德羅・阿爾瓦雷斯・卡布拉爾在巴西沿海地區登陸，並將那裏變成了葡萄牙的領土。征服者對其新建的殖民地進行剝削，強迫原住民種植甘蔗，後來又讓他們種植咖啡，開採金礦，大量勞工不幸死亡。殖民者還

從非洲帶來了大量奴隸，替代當地的原住民。巴西從 16 世紀中期便開始受到葡萄牙總督的統治，而直到 19 世紀早期，那裏依舊是葡萄牙的殖民地。

美洲大陸上的西班牙人

在哥倫布的跨大西洋航行以及《托爾德西里亞斯條約》的簽訂之後，西班牙越發開始關注美洲這片大陸，多次資助前往那裏的遠洋航行，一面進行探索，一面進行征服

特諾奇提特蘭圍城戰這一場發生在阿茲特克帝國都城的戰役在西班牙征服墨西哥的過程中起到了決定性的作用，使得西班牙征服者距離其征服整個美洲大陸的目標又更進了一步。

與殖民。第一次遠航時，船隊在埃爾南・科爾特的帶領之下來到了墨西哥，這裏便座落着當時阿茲特克帝國這一面積雖小卻格外富裕的國家，特諾奇提特蘭（如今的墨西哥城）就是帝國的都城，也是其心臟地帶。科爾特率領着區區 600 人便攻下了這個有着百萬人口的帝國，還屠殺了其統治者蒙特蘇馬。另一位西班牙領袖佛朗西斯科・皮薩羅則同樣憑藉一小部分兵力（180 人）便征服了以秘魯為中心，卻也同時涵蓋了智利、厄瓜多爾以及玻利維亞大部分地區和阿根廷西北部的印加帝國。

科爾特與皮薩羅之所以能夠取得如此卓越的戰績，還應歸功於如下幾個因素。首先，當時的西班牙

人已經開始使用火器，兵士們也一心只想着屠殺對手，這樣的作戰方式令阿茲特克人倍感無措，因為他們一直以來都習慣於在戰爭中俘獲俘虜，之後再將這些人殺掉以作獻祭。此外，西班牙人在當地結交了許多與阿茲特克人為敵的盟友，這些人也為他們提供了很大的助益。在這之後，財富不斷自大西洋對岸湧入西班牙，而那裏也成為這個國家繼續在美洲大陸擴大殖民的基地。

後來，西班牙人又進行了一系列殖民擴張行為，其中便包括征服哥倫比亞，也就是西班牙人口中的新格拉納達。到了 17 世紀即將結束的時候，西班牙已經控制了南美洲中西部的大部分地區。這些征服

> 我們同艦隊一起發現並探索的這些區域，或許應當把它命名為新大陸。

——亞美利哥·韋斯普奇，1503 年

者瓜分了被征服的土地和生活在那裏的人民，還迫使當地人皈依了基督教。不僅如此，他們還強行將那些原住民變成了勞工，其中大部分人都被派到了銀礦之中。同在巴西的勞工一樣，這些人也成為疾病與剝削的受害者，只不過死亡的規模沒有那麼大罷了，而西班牙人同樣也從非洲帶來了許多奴隸，填補死亡勞動力的空缺。

西班牙王室試圖控制這一片廣袤的帝國，指派總督對定居者以及美洲原住民進行管理，並從銀礦的收益中抽取 1/5。後來，定居者愈發對這樣的外來干預反感，然而到了 19 世紀，隨着哥倫比亞與智利等地獲取了獨立，帝國也逐漸開始走向衰落。

環球航行

《托爾德西里亞斯條約》許可了西班牙在美洲地區的活動，卻並未令西班牙和葡萄牙停止尋找通向亞洲東部的西向航海線路，而那裏才是歐洲商人眼中香料、奢侈品以及大量財富的所在地。效力於葡萄牙王室的意大利航海家亞美利哥·韋斯普奇是對那裏進行深入探索的先驅者。他考察了南美洲海岸地區，而人們之所以知道他，也是因為那片大陸正是以他的名字命名的。葡萄牙航海家斐迪南·麥哲倫是第二個探索這一路線的人，而他所代表的則是西班牙。他認為如果從條約線一路向西航行的話，那麼從西班牙到香料羣島的距離大約要短於環地球一周的半程距離，而這則可以令那些島嶼歸入西班牙的管轄範圍。1519 年，他雄心勃勃地率領五艘船隻揚帆起航，試圖完成第一次環球航行。儘管麥哲倫本人在途中離世了，這次遠航中的一些倖存者卻成功完成了航行，令西班牙有了將東南亞地區歸為己有的理由。

1529 年，西班牙和葡萄牙這兩個互為競爭對手的王室在薩拉戈薩簽訂了另一份條約。這份條約將菲律賓分給了西班牙，摩鹿加羣島則分給了葡萄牙。

條約的影響

沒有參與《托爾德西里亞斯條約》的歐洲國家直接忽略了這份條約，很快便也行動起來，發展自己的帝國。然而，這一條約卻對世界絕大多數地區產生了影響。它令歐洲之前便已悄然開始的變革浮上了水面——傳統中歐強國手中的財富與影響力正逐漸轉移至那些渴望在新領土上建立帝國的沿海海事強國手中。這些帝國為西班牙和葡萄牙帶去了巨大的財富，而它們的海外帝國也產生了深遠的文化影響：南美洲與中美洲的大部分地區都使用西班牙語，非洲與亞洲的一些地區也深深受到了葡萄牙的影響，其中最為突出的便是巴西。■

斐迪南·麥哲倫

麥哲倫（1480–1521 年）出生在葡萄牙的一個貴族家庭之中，惟年幼時便失去了父母，被人送至葡萄牙宮廷中做侍童。

長大後的麥哲倫成為一名年輕的海軍軍官。他曾在印度的葡萄牙殖民地中服役，並參與至摩鹿加羣島的征戰。然而後來，他與葡萄牙國王之間產生了分歧，便決定前往西班牙，為自己的西行探險尋求支持。到了 1518 年，他已經獲得了西班牙國王查理一世的援助，並在第二年中率領五艘船隻順利起航。

在麥哲倫的指揮之下，船隊成功通過了如今南美洲大陸與火地島之間狹窄的海上通路，而這裏也為紀念他而得名「麥哲倫海峽」。後來，他來到了一片大洋，並因那裏平靜無波而將其命名為「太平洋」。他橫渡了這樣一片廣闊的水域，最終停在了關島，後來又去到了菲律賓，並在那裏慘遭殺害。

古人從未築起過這般高大的建築

意大利文藝復興的開端（1420年）

背景介紹

聚焦
文藝復興

此前

1296 年　佛羅倫薩的聖母百花大教堂動工。

1305 年　喬托完成了其在帕多瓦競技場禮拜堂（又稱史格羅維尼禮拜堂）的壁畫作品。

1397 年　美第奇銀行在佛羅倫薩正式成立，這裏後來成為歐洲最大的銀行。

此後

1434 年　科西莫·德·美第奇成為佛羅倫薩事實上的統治者，支持藝術的發展。

1447 年　弗朗切斯科·斯福爾扎在米蘭掌權。他的宮廷逐漸成為藝術的中心。

1503 年　列奧納多·達·芬奇開始創作《蒙娜·麗莎》。

1508 年　米開朗基羅開始繪製梵蒂岡西斯廷教堂的天頂畫。

在 1418 年，資金雄厚的佛羅倫薩羊毛商會發起了一個比賽，意圖為其尚未竣工的聖母百花大教堂尋找一份穹頂設計。佛羅倫薩是意大利最為富有的城市之一，也是銀行與貿易的中心。正是有了這樣的財富積累，這座城市才能夠委託他人建造一個規模龐大、前所未見的教堂穹頂。

伴隨着國家的不斷繁榮，統治者和那些富有的市民慢慢開始有能力將錢花在美化城鎮與提高聲譽之上，於是，除佛羅倫薩之外的整個意大利也逐漸出現了在藝術與建築

參見：雅典民主政治 46~51 頁，凱撒大帝遇刺 58~65 頁，羅馬之劫 68~69 頁，康士坦丁堡的陷落 138~141 頁，克里斯托弗·哥倫布抵達美洲大陸 142~147 頁，馬丁·路德的《九十五條論綱》160~163 頁。

> 這一宏偉的建築直入雲霄，其陰影足以覆蓋所有生活在托斯卡納的人。
>
> ——萊昂·巴蒂斯塔·阿爾伯蒂，
> 《論繪畫》（1435 年）

領域斥巨資的現象。意大利強大的經濟與深刻的公民自豪感為此後歷史上影響最為深遠的一次文化運動——文藝復興奠定了基石。

聖母百花大教堂

這個穹頂將會成為羅馬時代後期以來規模最大的圓頂建築，而商會也明確表示穹頂上不應有任何支撐用的扶壁，因為他們認為那樣的建築是法國、德國和米蘭等政治對手所青睞的風格，早已過時。這一切都令穹頂的建築看上去似乎變成了一個不可能完成的任務。曾經做過金匠和鐘錶匠的年輕建築師菲利波·布魯內萊斯基憑藉其大膽的設計贏得了比賽。他計劃建造一個巨大的八邊形磚制穹頂。

建築過程中最大的難題便是如何支撐這一結構，使其不至於因重量過大而垮塌。布魯內萊斯基巧妙地解決了這個問題。他設計了兩個同心的穹頂——內層的穹頂做支撐之用，更大的穹頂則建在外層。之後，他還用巨大的磚石拱形結構以及複雜交錯的「鎖鏈」結構將兩層穹頂連在了一起。

穹頂於 1436 年完工，直至今日都是世界上規模最大的砌築穹頂。這個建築融合了復古的風格與全新的工學技術，成為文藝復興時期古代智慧與現代知識相結合的典範。

意大利文藝復興

文藝復興是一場在 14 世紀中期起源於意大利的運動，後傳播至整個歐洲。這場運動植根於人們對古希臘與古羅馬文化的再發現，對藝術領域乃至科學和學術都產生了深遠的影響。畫家、雕塑家和建築家掙脫了中世紀藝術傳統的束縛，他們前往古羅馬紀念碑的所在地，仔細觀察古典雕像與羅馬建築上的雕刻圖案，以古典風格創造藝術作品。這場運動為包括萊昂·巴蒂斯塔·阿爾伯蒂與布魯內萊斯基在內的許多建築家帶去了創作靈感，而這一時期之中也湧現出了諸如米開朗基羅和列奧納多·達·芬奇等許多偉大的藝術家。這些人大多都活躍於多個不同的領域：布魯內萊斯基不僅是建築家，還是一位工程師和雕刻家；米開朗羅不但精通繪畫和雕塑，還對詩歌創作頗有研究；而達·芬奇更是在藝術與科學

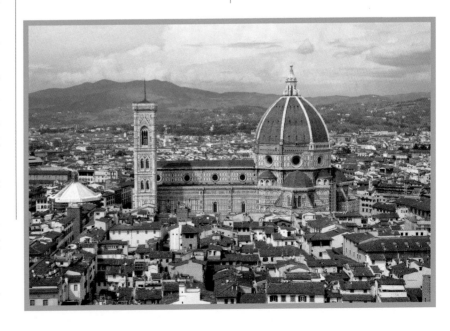

佛羅倫薩大教堂的穹頂出自布魯內萊斯基之手。這一突破性的建築始終都是城市中最高的建築物，以其114米的高度莊嚴傲立於周遭的紅瓦屋頂之間，是佛羅倫薩天際線中最為顯眼的一片。

梵蒂岡西斯廷教堂中米開朗基羅創作的天頂畫將文藝復興時期人們對於人體美以及現實主義的關注與宗教題材融合在一起。

等多個領域取得了非凡的成就。文藝復興時期的畫家與雕塑家試圖以一種相對於中世紀藝術家而言更為寫實的手法描繪這個世界：他們十分注重結構上的準確性，甚至還創造出了一種體現透視的科學方法。而在古典藝術領域，人們則更加關注人體美與裸體作品。

與此同時，許多來自拜占庭帝國的希臘學者在 1453 年康士坦丁堡陷落後紛紛定居在了意大利，而受到他們的影響，人們再次開始關注古典文化與知識。這些「流亡者」將許多早已在西方失傳了的古希臘文學、歷史與哲學典籍重新帶到了

意大利，還將希臘語傳授給意大利人，讓他們可以閱讀並翻譯這些著作。這便引發了意大利的人文主義文藝復興運動，其中涉及對於包括語法、修辭、歷史、哲學與詩歌等人文學科的研究，而從更廣義的層面上來看，人們也愈發開始重視人類的尊嚴與潛能。

文藝復興時期，一些強盛的城邦支配着意大利的生活、商業以及政治，其中便包括佛羅倫薩、米蘭、費拉拉還有威尼斯，而羅馬也是其中之一，那裏是教皇行使世俗權力的地方，也是天主教會的靈魂核心。這些城邦可以自貿易（佛羅倫薩便是如此）與銀行業之中積累

「文藝復興人」（是指那些興趣廣泛、多才多藝，在許多領域皆有建樹的人）這一概念描述的是那一時期之中的偉大思想家，例如列奧納多·達·芬奇這樣的博學家，從藝術到科學，無所不知。

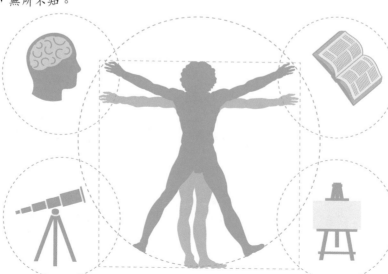

人文主義將人類置於宇宙的核心位置。它將人類取得的成就歸功於人類本身，而非上帝。

對於經典文獻的再發現給思想家以靈感，令他們能夠創作出趕上甚至超越亞里士多德等偉大哲學家的作品。

科學以及人類對於地球運行規律的逐漸了解推動了包括建築與醫藥在內等諸多不同領域的發展。

文藝復興時期發現了很多栩栩如生的古希臘與古羅馬雕塑，也對透視法有了新的認識。這一時期的藝術家受此啟發，取得了許多偉大的成就。

巨大的財富。城邦中的統治家族都會斥巨資修建宮殿和教堂，購買藝術作品，因此，他們也成為文藝復興時期許多偉大藝術家的贊助人。這些富有的家族同時也會僱用學者做子女的家庭教師，便也側面推動了古典學術的復興。除此之外，美第奇家族中的幾位家庭成員還曾經擔任過教皇一職。

文藝復興的傳播

自 15 世紀末期開始，文藝復興逐漸自意大利擴散至歐洲其他地區，北方文藝復興也開始悄然興起。以荷蘭和德國為首的歐洲北部國家慢慢有了自己的藝術家，例如同為優秀現實主義畫家的阿爾布雷特·丟勒（1471-1528 年）和小漢斯·荷爾拜因（1497-1543 年）。文藝復興中的人文主義同樣也開始向北傳播，但是北方的作家和哲學家卻往往比他們在意大利的同僚更關注基督教信仰、教育和改革，其中的代表便是鹿特丹的伊拉斯謨（1466-1536 年）。

15 世紀 30 年代，德國的約翰·古騰堡發明了西方的活字印刷術，這令文藝復興時期的思想得以傳播得更加迅速。在古騰堡之前，人們若想要實現印刷功能，只能將每一頁的內容親手篆刻在一塊木板上，但這樣的工作實在過於費時費力，於是人們只得一頁一頁地謄寫書籍。古騰堡的方法是將一塊塊金屬製成的字母和標點符號排列成行，再進一步排列成頁；當人們印完一頁的內容時，便可以將這些金屬塊重新打亂後再利用。他將這一想法與當時已有的造紙技術相結合，還借用了用於製造紅酒的壓平機，最終以這種方法首次實現了圖書的多份印刷。

古騰堡的發明引發了巨大的反響。這項發明的面世意味着人們如今可以以更加低廉的價格輕易購買到從前需要花費數月才能製作好的昂貴圖書，這樣一來，思想與信息的傳播也就變得更加快捷，受眾面也更廣了。教會的通用語言大多都是拉丁語，然而當時的作家卻開始用自己的語言進行創作；於是，以法語、英語、德語和其他語言創作而成的文學作品蓬勃發展。與此同時，人們也開始大量印刷古代經典文獻的複本，以此傳播那些文藝復興和啟蒙運動中的核心思想。

文藝復興的影響

到了 16 世紀中期，文藝復興在歐洲南部的影響力已經開始衰落，卻在北部持續得相對長久一些。然而，這一時期中的許多偉大作品卻得以流傳至今，為後世一代代畫家與建築家帶來了無盡靈感。∎

> 對於智者而言，這世上沒有甚麼東西是不可見的。
>
> ——菲利波·布魯內萊斯基

菲利波·布魯內萊斯基

菲利波·布魯內萊斯基（1377-1446 年）生於佛羅倫薩。菲利波在藝術方面展現出了驚人的天賦。成為建築師之前，他曾做過金匠，也曾學習過鐘錶的製作。菲利波在其 25 歲左右時曾同友人多納泰羅（著名雕塑家）一同來到羅馬，對古羅馬建築遺跡進行了研究，還閱讀了古羅馬作家維特魯維奧創作的專著《論建築》。1419 年，菲利波得到了自己人生中第一份重要的工作——設計一座孤兒院，於是便誕生了佛羅倫薩的育嬰堂，其拱形的門廊令這座建築成為文藝復興時期的第一座傑作。後來，菲利波相繼設計出許多包括佛羅倫薩禮拜堂以及城市防禦工事在內的傑出作品，而這也令其聲名鵲起，但他的代表作仍舊是聖母百花大教堂那令人驚嘆的穹頂。

除建築之外，菲利波也為線性透視理論的發展做出了重要貢獻，還設計了許多機器，為戲劇舞台製造特效。

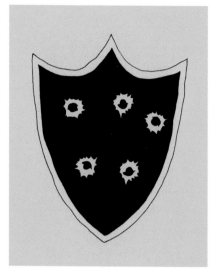

戰爭已與從前大不相同

卡斯蒂永戰役（1453年）

背景介紹

聚焦
軍事革命

此前

1044 年 一部中國軍事匯編中出現了現存最早的火藥配方。

1346 年 愛德華二世在克雷西會戰中使用了火炮。

1439 年 讓·布隆被任命為法國炮兵部隊的炮手長。

1445 年 查理七世創建了一支法國常備陸軍。

1453 年 奧斯曼軍隊用重炮攻下了康士坦丁堡。

此後

16 世紀 20 年代 意大利戰爭向人們展示了佩帶火器的步兵究竟有多麼大的威力。

1529 年 米開朗基羅為佛羅倫薩設計了一座星形要塞。

約 1540 年 一些德國騎兵將轉輪手槍作為自己的主要武器裝備。

随着王權的不斷**增強**，歐洲的**封建制度**逐漸走向**衰落**。

人們發明出了威力更加**強大**的火器。

卡斯蒂永戰役中火炮所起到的作用凸顯了僱用專業軍隊相較於自貴族之中徵募部隊的優勢。

貴族漸漸失去了自己的軍事與政治力量，
於是，王權變得更為集中。

手執**長槍與火器**的步兵逐漸取代了身披戰甲的**騎士和弓箭手**。

英國什魯斯伯里伯爵約翰·塔爾博特率領 6000 名士兵於 1453 年 7 月離開波爾多，前往英軍佔領的小鎮卡斯蒂永，而法國正計劃着向那裏發起圍攻。法方此前已經建立起一座足以容納一萬人的設防營地，還配備了約 300 台火炮，由炮兵專家讓·布隆統一指揮。塔爾博特一面等待援軍的支援，一面下令發起攻擊。然而，當英國軍隊逐漸逼近的時候，他們才發現敵眾我寡，且對方已經做好了十分充分的

參見：《大憲章》的簽訂 100~101 頁，歐洲黑死病的爆發 118~119 頁，康士坦丁堡的陷落 138~141 頁，克里斯托弗·哥倫布抵達美洲大陸 142~147 頁，布拉格擲出窗外事件 164~169 頁。

準備。法國炮兵開始攻擊，弓箭手也一一行動，於是，英國士兵大批大批地倒下。這是歐洲歷史上第一場由火器決定勝利的戰役。

百年戰爭結束

長久以來，英國與法國都因其統治家族而緊緊聯繫在一起。1337年，兩國之間爆發了百年戰爭，而卡斯蒂永戰役正是這場戰爭的高潮。到了這時候，歐洲的社會結構已然發生了巨大的變化，而這也深深改變了英國與法國皇室之間不斷交戰的軍隊。

15 世紀的歐洲首先是貨幣經濟的歐洲，包括士兵在內的每個人都指望拿到應得的報酬。這樣一來，皇室在戰爭中也愈發依賴於拿錢辦事的僱傭兵。這與從前的封建制度（貴族向皇室提供士兵，以此換取領土）形成了鮮明的差別。最終，統治者開始長期使用僱傭兵，而這便是常備軍。然而直到 17 世紀末，這一模式才正式成為常態。

無論是多厚的牆，火炮都能在幾日之內將其徹底摧毀。

——馬基雅維利，1519 年

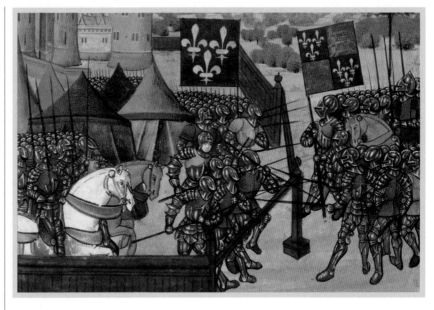

火炮與槍支

為爭奪法國控制權而戰的國王愈發重視大規模軍隊和昂貴火炮的作用。那些幫助法國在卡斯蒂永一戰中取得了勝利的火炮也改變着戰爭的面貌。在炮彈面前，中世紀城堡厚重而牢固的城牆簡直不堪一擊。自 16 世紀開始，為更好地抵禦炮火的攻擊，統治者開始修築一種全新的堡壘——星形要塞。這樣的要塞將牆壁深埋在壕溝之中，一方面抵抗敵方的直接攻擊，另一方面也可以使用火炮來進行積極防禦。

與此同時，能夠發射槍彈的手持火器這種既可以穿透騎士鎧甲，也無須太多技巧便可輕鬆使用的武器也逐漸取代了弓箭。訓練有素、手持長槍和火器的步兵也取代了大規模的弓箭手兵陣，成為戰爭的核心。

為負擔全新軍隊產生的龐大軍

這幅15世紀繪製的插圖出自記錄了國王查理七世生平的法國編年史，上面描繪的正是卡斯蒂永戰役。圖片中居於左側的法國部隊正隔着一道木質防線同英國部隊交戰。

費，統治者漸漸將自己的權力集中起來。他們建立更為高效的稅收體系和官僚系統，抑制貴族的權力，而事實上，貴族的影響力早已隨着封建制度的衰落而逐漸下滑。

火藥幫助法國取得了卡斯蒂永一戰的勝利，而這也維持了國家的獨立，使其逐漸發展為一個集權國家，而非專制王國。這次勝利令法國得以將其控制的領土統一起來，而歐洲西部的版圖也同如今的版圖更為相似了。英格蘭失去了其在歐洲的屬地，也同法國一樣愈發集權。國家的統治者慢慢將目光自歐洲大陸上移開，充分運用國家的資源，開始了針對大西洋與北美洲的海上探索。■

他們同我們之間的差別就像是黑夜與白晝

哥倫布大交換（自1492年起）

背景介紹

聚焦

生態變化

此前

1492 年以前 美洲大陸與歐亞大陸上的生態系統完全處於相互獨立的狀態。

此後

1518 年 西班牙國王查理五世准許在美洲大陸上的西班牙殖民地中販賣非洲奴隸。

1519 年 西班牙征服者將馬匹帶到了墨西哥。

約 1520 年 西班牙定居者開始在墨西哥種植小麥。

約 1528 年 西班牙商人將煙草帶到了「舊世界」。

約 1570 年 西班牙船隻最早將馬鈴薯帶到了歐洲。

1619 年 荷蘭商人俘獲了一艘西班牙船隻，將船上運送的非洲奴隸帶到了弗吉尼亞的詹姆斯敦。

1620 年 清教徒將雞和豬等家禽與家畜帶到了馬薩諸塞。

15 世紀 90 年代，第一批歐洲人踏上了北美及中美地區的土地，而他們的到來將兩個數千年以來始終獨立發展的生態系統重新聯結在了一起。在所謂的「哥倫布大交換」過程中，新作物、動物、技術和病原體的湧入突然令前幾個世紀之中始終一點一點變化着的生活和經濟發生了巨大的變化。當時的歐洲人和美洲原住民都未能預見到其中的諸多影響，也產生了許多誤解；然而，在哥倫布等人踏上美洲大陸的那一刻起，人們便再也沒有回頭路可走了。

食物與農業

當歐洲人開始在美洲大陸上定居的時候，他們也將各種不同的食物和自己馴化好的動物一併帶到了那裏，包括柑橘、葡萄、香蕉這樣的水果，咖啡、甘蔗、大米、燕麥、小麥這樣的作物，還有牛、羊、豬、馬這樣的牲畜。為種植作物、放牧動物，定居者清理了大片大片的林地，過程中也毀壞了許多當地野生物種的棲息地，還在無意之中

> **（這些土地）十分適宜開墾種植，飼養各種家畜。**
>
> ——克里斯托弗·哥倫布

用蒲公英和苦苣菜等野草的種子污染了美洲大陸的田野。從美洲到歐洲的貿易流通則將馬鈴薯、番茄、甜玉米、豆莢、南瓜、西葫蘆和煙草帶到了舊世界，一同帶過去的還有火雞和豚鼠。

全新的大宗作物改變了大西洋兩岸的生活。馬鈴薯和玉米富含碳水化合物且極易生長，解決了歐洲地區長期存在的食物短缺問題，與其類似的木薯和甘薯也一併傳到了非洲和亞洲。而在新大陸上，小麥在北美和南美的溫帶地區以及墨西

參見：克里斯托弗‧哥倫布抵達美洲大陸 142~147 頁，《托爾德西里亞斯條約》148~151 頁，「五月花」號的遠航 172~173 頁，《廢除奴隸貿易法案》226~227 頁。

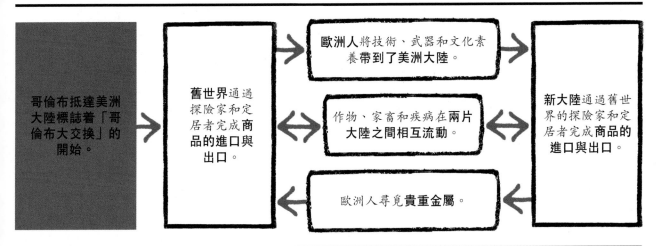

哥倫布抵達美洲大陸標誌着「哥倫布大交換」的開始。

舊世界通過探險家和定居者完成**商品的進口與出口**。

歐洲人將技術、武器和文化素養**帶到了美洲大陸**。

作物、家畜和疾病在**兩片大陸之間相互流動**。

歐洲人尋覓貴重金屬。

新大陸通過舊世界的探險家和定居者完成**商品的進口與出口**。

哥高地上蓬勃生長，最終成為成千上萬定居者賴以生存的糧食作物。與此同時，新大陸上馬匹的出現也帶來了巨大的變革，令那裏的人們能夠高效而有選擇性地進行捕獵，同時也為出行和交通帶去了便利。

生物災難

哥倫布大交換將新的疾病帶到了美洲大陸，而這也是其所帶來的最直接的毀滅性影響。定居者以及隨之而來的雞、牛、老鼠和蚊蠅將其攜帶的傳染性疾病散布給了對這些疾病並不具備生物防衛功能的美洲原住民。當地人的免疫系統無法應對天花、麻疹、水痘、流感、痢疾以及黃熱病等疾病；於是，當他們接觸到這類疾病時，便開始成百上千地相繼死去。1738 年的一次天花疫情殺死了切羅基人的一半人口，其他一些部落甚至無一倖存。一些歐洲探險家在遇到美洲人後，便將他們的疾病帶回了歐洲，例如恰加斯病（錐蟲病）；然而相比於舊世界病原體對新大陸地區產生的打擊，這些疾病對舊世界人口的影響幾乎可以忽略不計。

經濟交流

從最開始，經濟因素便是哥倫布大交換背後最為強勁的驅動力。從黃金、白銀到咖啡、煙草和甘蔗，這些商品大量運送至歐洲，而其中獲益最大的便是歐洲商人和種植園主。

很快，奴隸買賣也成為這一貿易網絡中的重要一環。商人大規模地將奴隸從一個大陸運送至另一個大陸，源源不斷地為新興經濟的擴張輸送勞動力，然而代價卻是發生在一代又一代人身上無法言說的壓迫、痛苦和早亡。哥倫布大交換為大西洋兩岸帶去的變革巨大且不可逆，而在未來的幾個世紀之中，這樣的變革始終影響着人們的生活。■

文化交流

從前，新大陸上的人們一直都在使用石器時代的工具，他們沒有輪式車輛，也很少飼養家畜；然而，正是這樣的一羣人遇到了舊世界社會，那些使用槍支，運用文字，飼養豬、牛、羊，還懂得如何養蜂的人。這兩個社會之間對於人類對自然和財產的「所有權」有着截然不同的理解，而這也進一步使接下來的文化變革變得更為複雜。歐洲人將馬匹帶到了美洲大陸，於是，一個過着遊牧式生活的美洲原住民部落逐漸崛起，很快統治了南部大平原。基督教開始在新大陸上傳播，其中的一些元素也同前哥倫布時期印加帝國與阿茲特克帝國的信仰融合在了一起。西非地區的宗教也傳播到了這片大陸，而文字、金屬工具以及機器的到來則推動了美洲地區教育、農業以及作戰方式的發展。

我的良知為上帝之道所俘虜

馬丁・路德的《九十五條論綱》

（1517年）

背景介紹

聚焦
宗教改革與反宗教改革

此前
1379 年 英國宗教改革家約翰・威克里夫在《論教會》中批判了教會的作為。

1415 年 捷克宗教改革家揚・胡斯被綁在火刑柱上活活燒死。

1512 年 馬丁・路德在羅馬期間看到了教會的腐敗。

此後
1520 年 哥本哈根定期會舉辦路德會儀式。

1534 年 英格蘭國王亨利八世與羅馬教廷決裂，成為英格蘭的最高宗教領袖。

1536 年 約翰・加爾文在瑞士發起了宗教改革。

1545–1563 年 特倫托會議重申了天主教教義，拉開了反宗教改革運動的序幕。

1517 年秋天，德國維滕堡大學教授神學的修道士馬丁・路德（Martin Luther）引發了一系列即將為歐洲帶去深刻變革的連鎖反應。他看到了天主教會中的腐敗現象，並為此深深感到擔憂，於是便撰寫了《九十五條論綱》，亦將其在大學之中廣泛傳閱，對天主教會進行抨擊。據一些報道所稱，他還將論綱釘在維滕堡城堡教堂的大門之上。很快，《九十五條論綱》便傳播至大街小巷；於是，教皇利奧十世指

參見：敘任權之爭 96~97 頁，意大利文藝復興的開端 152~155 頁，布拉格擲出窗外事件 164~169 頁，查理一世遭受處決 174~175 頁，亨利八世與羅馬教廷決裂 198 頁。

> 假若在一場佈道之中，花在贖罪券上的講解時間等於甚至多於上帝之道，那便是對上帝之道的損害。
>
> ——馬丁·路德，1517 年

控馬丁·路德為宗教異端，而路德的反應則是與天主教信仰決裂，以此正式拉開了宗教改革的序幕。基督教世界之中湧現出許多以改造後儀式為基準的教會，人們也開始更加重視《聖經》之言，而非神職人員的權威。鑒於這些教會皆成形於對天主教儀式與信仰的抗議過程，便也因此得名新教教會。

宗教改革的傳播

　　路德並非唯一一位尋求宗教改革的人。瑞士傳道者胡爾德萊斯·慈運理（1484－1531 年）創建了一個以蘇黎世為基地的新教教會，而法國人約翰·加爾文也在 1530 年

在1521年舉辦的沃爾姆斯會議
上，路德拒絕公開認錯：「除非《聖經》中有證據表明我是錯誤的⋯⋯那麼我就不能、也不會收回自己説過的話⋯⋯這就是我的立場。上帝保佑我！」

左右掙脱了天主教會的束縛。他被迫逃離法國，前往日內瓦，在那裏推動宗教改革，並最終為新教教義的成形做出卓越貢獻。

　　這些改革家的信仰並不一定全然一致。加爾文派教徒便同路德會教徒有着截然不同的觀念，而再浸禮教徒也曾因其激進的觀點而遭到新教徒和天主教徒的迫害。路德本人便曾支持以暴力手段鎮壓 16 世紀 20 年代之中再浸禮派領導的農民起義。新教徒的共同之處是他們的觀點令其在神學問題上與天主教會產生了根本衝突。

　　印刷文字這一相對新興的技術促進了宗教改革者觀點的傳播。這樣一來，信息的傳播也就變得更加廉價，也更加快捷；書籍以各國語言寫作而成，而人們對於這些書籍的需求也以驚人的速度不斷增長着。最開始的時候，路德用拉丁語寫就了《九十五條論綱》，但很快，

這份文件便被翻譯為包括德語、法語和英語在內的多種語言，廣泛印刷。緊接着，社會上又出現了大量書籍和小冊子，詳細描述教會的權力濫用，同時也對新教的神學觀點進行了論述。

上帝之道的重要性

　　新教神學的核心觀點是，權威並非來自神職人員，而是來自《聖經》本身，因此，對於改革者以及他們的追隨者而言，《聖經》的閱讀至關重要。16 世紀，人們逐漸開始接觸到以歐洲各國文字印刷而成的《聖經》，路德便在 1522 年發表了他所翻譯的《新約》，而包括經外書在內的《聖經》全本翻譯則出現於 1534 年。次年，一度做過修士的傳教者、埃克賽特主教邁爾斯·卡佛岱爾（1488－1569 年）首次完成了英文版的《聖經》全本。法國神學家雅克·勒菲弗·戴塔普勒

（約 1450-1536 年）則在 1528 年至 1532 年完成了《聖經》的法文版。

到了 16 世紀中期，宗教改革觀點已經得到了廣泛傳播。路德教傳遍了德國和斯堪的納維亞半島；加爾文教則在瑞士大部分地區生根，還在蘇格蘭取得了非凡進展。儘管當時的法國已分為天主教和新教兩派，雙方還在發生於 16 世紀後半段中的宗教戰爭里兵戎相見，但那裏也有加爾文教教徒。西班牙、葡萄牙和意大利依舊處於天主教的控制之下。

英格蘭很早便埋下了宗教改革的種子。包括教皇以及外國主教在內的神職人員用教會資金過着奢華的生活，而很多人也對這樣的腐敗現象感到深惡痛絕。然而，新教觀點根基尚淺，難以佔據上風。1534 年，英格蘭國王亨利八世同羅馬教廷決裂，拒絕承認教皇的權威，宣告自己才是英格蘭的最高宗教領袖，而從這時起，情況開始發生改變。作為基督教會的最高領袖，亨利八世全權授權了卡佛岱爾版英文《聖經》的出版，然而英國國內卻依舊沿用天主教的宗教儀式和信條。後來，在亨利八世女兒伊麗莎白一世的統治時期之中，一種相對溫和的新教主義才逐漸在英格蘭興起。

在當時，宗教異端會被處以死刑，然而改革家卻甘願冒着生命危險發聲。1415 年，捷克改革家揚·胡斯被綁在火刑柱上活活燒死，慈運理則在 1531 年新教徒與天主教徒之間的戰爭中失去了生命，而 1536 年，英文版《聖經》的翻譯者威廉·廷代爾也遭到了處決。1520 年，教皇利奧十世勒令馬丁·路德公開認錯，收回自己的主張，而路德卻將這封書面請求擲到了篝火之中，於是，教會便將他交由薩克森選帝侯、維滕堡大學創始人智者腓特烈處置。腓特烈在沃爾姆斯召集了一次正式會議，並請德國皇帝查理五世擔任主持。這位皇帝拒絕接受路德的說法，下令禁止在帝國境內傳播其觀點，然而路德卻依舊沒有退縮。他的公民權利遭到了剝奪，還被逐出教門，但是腓特烈卻製造出了他被綁架的假象，幫助其藏身在沃特堡城堡，就這樣救下了他。路德繼續寫作，組織改革運動，獲得了越來越多人的支持。

強大的同盟

位高權重之人的支持促進了宗教改革運動的傳播。同英格蘭的亨利八世一樣，德國的諸侯也對教

> **我無法承認教皇或是議會的權威，因為他們之間是相互矛盾的。**
>
> ——馬丁·路德，1517 年

會的財富、稅收和其所設置的獨立法庭倍感不滿，同時也迫切希望能夠強化自己的權力。縱觀整個中世紀，教皇始終聯合着國王和皇帝，插手世俗事務。德國王室之中的許多成員都希望能夠通過切斷與羅馬教廷之間的聯繫，剝奪主教的諸侯地位來防止此類聯合的生成。這般說來，他們對於宗教改革者的支持也是受政治私利與個人敬虔所驅使的。此後，天主教徒與新教徒之間爆發了無數次爭端，而在第一次爭端之中，神聖羅馬帝國皇帝查理五世入侵了路德會的領地，試圖撲滅這場運動。路德會教徒團結起來共同對抗查理五世，儘管這位皇帝在 1547 年的米爾貝格戰役之中取得了勝利，卻始終未能徹底鎮壓他們。1555 年，雙方最終在奧格斯堡達成了暫時的妥協，皇帝允許帝國諸侯在其各自的領土之內決定自己的信仰原則。然而，這樣的和平僅僅是曇花一現。宗教改革引發的分裂令歐洲人再次拿起了武器，而長達一個多世紀的宗教爭端也為這片大陸帶去了嚴重的創傷。

畫中的教皇以一個野獸一般兇殘的怪物形象出現在人們面前，這幅漫畫向全世界的人們（無論識字與否）傳遞出了一個最基本的新教觀點——教皇是惡魔所創設的職位。

> 天主教會沉寂千年，難道正是為了等待馬丁將其復興嗎？
>
> ——紅衣主教吉羅拉莫·阿萊安德羅，1521 年

內部改革

即便是在馬丁·路德寫下《九十五條論綱》之前，教會內部也已經開始了改革運動。文藝復興時期的人文主義推動了學術與哲學的復興，而這也在某種程度上激勵了包括西班牙人弗朗西斯科·西曼乃斯在內的一批教會人士，將《聖經》翻譯為希伯來語、希臘語、拉丁語和亞拉姆語。1545 年，保羅三世召開了特倫托會議，在這次會議上，眾主教和紅衣主教重申了天主教教義，從牧師與聖事的重要性一直說到贖罪券的合法性。但是與此同時，這次會議也推出了一系列改革措施：嚴禁牧師擔任多個職務等權力濫用行為，設立培訓牧師的神學院，還為減緩新教教義的傳播速度而正式成立了一個委員會，詳細羅列出天主教徒不得閱讀的書目。除此之外，自保羅三世起，教皇開始過上簡樸的生活，任命與其志同道合的主教，並負責對教會的財政情況進行審查。

反宗教改革

1534 年，西班牙騎士依格那·羅耀拉建立了全新的耶穌會，而作為對宗教改革的回應，教皇在 1540 年正式承認了這一組織，同時也強而有力地向整個歐洲傳遞了反宗教

《聖特雷薩的沉迷》是羅馬巴洛克藝術的巔峯之作。這是一座以白色大理石雕刻而成的祭壇作品，出自當時首屈一指的雕塑家喬凡尼·洛倫佐·貝尼尼之手。

改革的信息。在意大利巴洛克風格繁榮發展的時候，基督教藝術也悄然復興，這進一步為反宗教改革注入了活力。巴洛克教堂壯麗而華美，這一切都凸顯了天主教教堂與樸素而不加修飾的新教教堂之間的差別。巴洛克藝術與教皇和耶穌會牧師的改革熱情，確保即便新教運動正在其他地方逐漸積蓄力量，天主教也能夠在諸如意大利以及西班牙等國之內長久存在並繁榮下去。曾經在羅馬天主教會教皇領導下統一起來的歐洲如今卻注定永遠分裂為天主教國家和新教國家。在接下來的一個多世紀之中，臣民拿起武器，對抗自己的統治者、國王和諸侯，而國家與國家之間則紛紛以宗教之名投入了戰爭。■

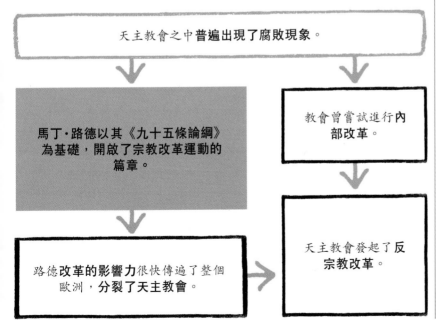

天主教會之中**普遍出現了腐敗現象**。

馬丁·路德以其《九十五條論綱》為基礎，開啟了宗教改革運動的篇章。

教會曾嘗試進行**內部改革**。

路德**改革的影響力**很快傳遍了整個歐洲，**分裂了天主教會**。

天主教會發起了反**宗教改革**。

他在波西米亞發起戰爭，征服了那個地方，迫使他們信仰自己的宗教

布拉格擲出窗外事件（公元1618年）

背景介紹

聚焦
宗教戰爭

此前
1562 年 法國宗教戰爭開啟了法國一段長達三十六年的衝突時期。

1566 年 佛蘭德斯滕福德一座修道院遭到劫掠,這一事件引發了後來的荷蘭獨立戰爭。

此後
1631 年 古斯塔夫·阿道夫在布萊登菲爾德會戰中的勝利保證德意志諸侯不會被迫改宗天主教。

1648 年 《威斯特伐利亞和約》是一系列和約,結束了神聖羅馬帝國的三十年戰爭(1618–1648 年)以及西班牙與荷蘭之間的八十年戰爭(1568–1648 年)。

1685 年 南特敕令撤銷之後,法國新教徒再次開始遭受迫害。

1618 年 5 月,布拉格的一羣新教領袖在布拉格城堡樓上同一眾議員聚在一起。這些議員都是天主教徒,效力於波西米亞的新國王斐迪南大公。新教領袖希望能夠確保新王和他的大臣不會奪回前任統治者賜予他們的宗教信仰自由,而當大臣拒絕做出承諾時,新教徒便將其中兩位大臣和一名書記官自城堡的窗戶扔了出去。三人被掉在了 20 米開外城牆邊的糞堆裏。這一事件被稱

新教貴族將帝國的大臣自市政廳的窗户扔了出去,這一事件成為反抗哈布斯堡帝國皇帝的開端,也是三十年戰爭的起始階段。

為「布拉格擲出窗外事件」,開啟了三十年戰爭這一系列摧毀了歐洲大部分地區的衝突。

宗教差異

長久以來,天主教與新教之間始終就人們是否擁有信仰自由這一點而爭論不休、衝突不斷,布拉格擲出窗外事件便發生在這一系列爭端之中。天主教與新教之間的差異對歐洲大部分地區產生了影響,而在波西米亞地區的戰火點燃之前,這片大陸上的其他一些地區便已經出現了宗教衝突。

這場爭端同時也包含着王室與貴族家族之間的權力鬥爭,他們各自支持一方,利用衝突為自己爭取利益。舉例而言,尼德蘭王國(荷蘭)是許多新教徒的居所,然而整個國家卻處於天主教西班牙的統治之下,其統治者腓力二世希望能夠徹底鏟除新教。於是,低地國家北部以新教為主的七省聯合起來,反抗國王的統治。很快,宗教衝突便升級為針對哈布斯堡王室壓迫的暴力起義,而這也促成了該地區北部獨立荷蘭共和國的誕生。

腓力二世也計劃征服英格蘭那個伊麗莎白一世統治下以新教為主的國家,希望能夠讓一位天主教君主坐上英格蘭的王位。1588 年,他派遣著名的無敵艦隊入侵英格蘭,然而英國海軍的戰術更加高明,加上艦隊遇到了暴風天氣,這次嘗試便擱淺了,英格蘭仍舊是一個獨立的國家。

我寧願失去所有土地,丟掉一百次性命,也不願成為異教徒的國王。

——西班牙國王腓力二世,1566 年

參見：格拉納達的陷落 128~129 頁，克里斯托弗・哥倫布抵達美洲大陸 142~147 頁，馬丁・路德的《九十五條論綱》160~163 頁，阿姆斯特丹證券交易所的成立 180~183 頁。

這些宗教差異為 16 世紀的法國帶去了格外嚴重的打擊，那裏佔據少數的新教徒，也就是人們口中的胡格諾派教徒大部分都遭到了處決。許多新教徒，尤其是加爾文派牧師都被割掉了舌頭，或是被人綁在火刑柱上活活燒死。在 1572 年所謂的「聖巴托羅繆之夜」中，一羣暴徒先是對胡格諾派教徒實施了暴力，後又發起一系列有目標的刺殺，這一次大屠殺持續了數周，上千人失去了性命。

在此後的三十六年間，歐洲又爆發了一系列「宗教戰爭」。戰爭共持續了八個階段，其間也曾有過數次難以作數的停戰協議和最終破裂的協定。1598 年，戰爭終於畫上了句號。繼承王位之前曾是一名新教領袖的法國國王亨利四世頒佈了南特赦令。這一條赦令將諸如（在某些特定地區之內實行的）信仰自由等權利賦予了胡格諾派教徒。天主教依舊是法國的國教，新教徒需慶祝天主教節日，並向教會支付稅金。然而，天主教與新教之間卻依舊會時不時地爆發矛盾，許多胡格諾派教徒也離開了法國，前往英格蘭與尼德蘭等國尋求安穩。

三十年戰爭

法國、尼德蘭以及英格蘭的宗教戰爭以及爭端為歐洲的三十年戰爭埋下了混亂的伏筆。波西米亞境內的大多數人都是新教徒，然而這一地區卻同德國、奧地利和匈牙利一樣，歸屬於神聖羅馬帝國，由天主教哈布斯堡皇帝統治。皇帝作為

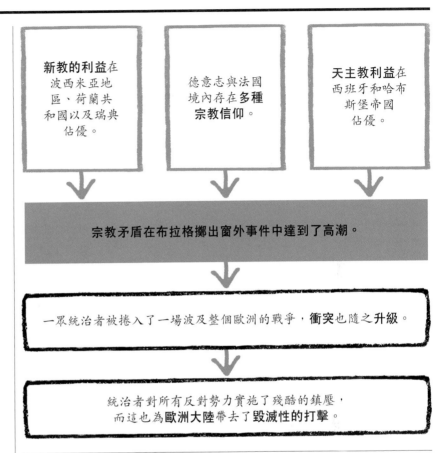

新教的利益在波西米亞地區、荷蘭共和國以及瑞典佔優。

德意志與法國境內存在**多種宗教信仰**。

天主教利益在西班牙和哈布斯堡帝國佔優。

宗教矛盾在布拉格擲出窗外事件中達到了高潮。

一眾統治者被捲入了一場波及整個歐洲的戰爭，**衝突**也隨之升級。

統治者對所有反對勢力實施了殘酷的鎮壓，而這也為**歐洲大陸**帶去了**毀滅性的打擊**。

大君主，統領各國國王、諸侯以及君主。他們之中以馬蒂亞斯（Matthias，於布拉格擲出窗外事件發生時即位）為代表的一些人如其新教臣民所願，授予了他們信仰自由的權利。他正式發表了前任皇帝魯道夫二世簽署的憲章《與陛下書》，令新教徒得以擁有包括信仰自由在內的一些基本權利。然而，馬蒂亞斯的繼任者斐迪南卻是一名狂熱的天主教徒。他認為自己並沒有遵守《與陛下書》的必要。於是，斐迪南壓制新教教會，還將天主教徒扶上了高位。這重新點燃了波西米亞境內自 15 世紀第一次新教改革以來

便開始存在的宗教爭端。

布拉格擲出窗外事件發生之後，雙方都在為即將打響的戰爭做準備，然而 1619 年馬蒂亞斯的離世卻急速加快了這一進程。當時已經坐上波西米亞王位的斐迪南後來也成為神聖羅馬帝國的皇帝。波西米亞本地的新教領袖試圖將其推下波西米亞的王位，並將己方的候選人巴拉丁選帝侯腓特烈五世推舉為王，以此削弱斐迪南在波西米亞本地的勢力。

腓特烈是一位足夠忠誠的新教徒，這不僅是因為他自身的宗教信仰，還與他的婚姻有關：他的妻

子是伊麗莎白·斯圖爾特，是英格蘭新教國王詹姆斯一世的女兒。然而，要想成功讓腓特烈坐上王位，波西米亞人就必須要廢除斐迪南這位經由合法程序受到加冕的君主，而這會令他們失去一眾潛在同盟者的支持。

1620年，波西米亞軍隊在布拉格城外的白山迎戰神聖羅馬帝國軍隊。兩方勢均力敵：腓特烈與安哈爾特公爵克里斯蒂安所率領的新教徒人數更多，但是帝國的軍隊則經驗更加豐富，更是有戰地指揮官西班牙－佛蘭德貴族蒂利伯爵和著名將領阿爾佈雷赫特·馮·華倫斯坦坐鎮統帥。僅一個小時之後，波西米亞軍隊便遭受了重創——共4000人或被殺死，或被俘虜，而神聖羅馬帝國一方僅損失了700人。蒂利帥兵攻入了布拉格。腓特烈選擇逃亡，而許多新教領袖則遭到了處決；平民新教徒假若不願被驅

逐，堅持選擇留在布拉格的話，便要被迫皈依天主教；戰後的波西米亞一片狼藉，人口驟然減少，近乎毫無反抗能力。直到20世紀，這一地區始終由天主教主導。

動盪的改革

波西米亞地區的遭遇只不過是神聖羅馬帝國大規模動盪的體現之一。縱觀其歷史，帝國皇帝常常與地方統治者爆發衝突，但是在皇帝決定尊重帝國境內各國的權利之後，國內的情況便大體取得了平衡。然而，宗教改革帶來的變革卻徹底打翻了這樣的平衡，一些地方（例如薩克森）的新教信仰逐漸崛起，而另一些地方則主要信奉天主教。很快，一系列爭端便升級為武力衝突。大部分戰役的戰場都在德國和歐洲中部地區。沒過幾年，為斐迪南而籌建的哈布斯堡帝國軍隊便在阿爾布雷赫特·馮·華倫斯

> （新教這塊）傷口變成了壞疽；唯有烈火和利劍才能將其徹底除掉。

—— 費爾南多·阿爾瓦雷斯，約16世紀60年代

坦這位將領的領導下徹底擊敗了德國，並進一步推進至丹麥。到1629年，斐迪南已經有能力成功收回新教手中的領土。

然而，新教一方還有兩個強大的盟友：一個是極具軍事才華的國王古斯塔夫·阿道夫統治下的瑞典，另一個便是希望能夠削弱帝國統治力量的天主教國家法國。1630年，古斯塔夫率領大批軍隊抵達德國，並在法國的資金支援之下，於1631年取得了布萊登菲爾德會戰這一場關鍵性戰役的勝利。

17世紀30年代中期，哈布斯堡軍隊在西班牙的支持下發起了反擊。至此，這場衝突已經演變成了一場無所不包的戰役，幾乎每個在歐洲擁有一定話語權的國家都參與進來，為爭奪權力而戰。皇帝希望能夠奪回他在德國的領地，而西班牙人則希望能夠扶植盟友哈布斯

古斯塔夫在布萊登菲爾德會戰中實施了全新的聯合作戰模式，令各個步兵、炮兵和騎兵部隊相互配合，最終取得了決定性的勝利。

随着不同力量——参与到三十年戰爭之中，這場爭端逐漸自宗教分歧演變成了法國與哈布斯堡帝國之間對於歐洲至高權力的爭奪。

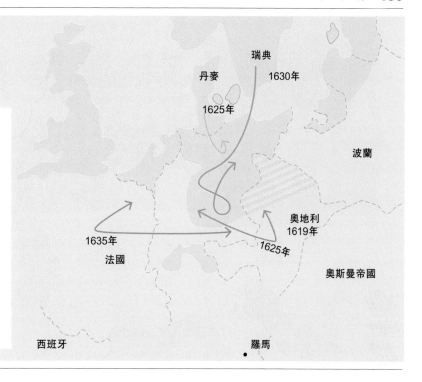

圖例

戰役

→ **奧地利**入侵了波西米亞與德國腓特烈五世的領地。

→ **丹麥**出面支援德國北部的路德教教徒。

→ **瑞典**對德國的天主教勢力發起了戰爭。

→ **法國**向哈布斯堡王朝統治下的西班牙和神聖羅馬帝國宣戰。

宗教區域劃分

▨ 新教勢力佔優

▨ 天主教勢力佔優

堡帝國，因為如此一來，他們便可以輕鬆穿行於歐洲地區，攻打尼德蘭。法國唯恐自己會被哈布斯堡帝國及其同盟所包圍，於是便繼續致力於削弱帝國的權力。

結束與餘波

到了 17 世紀 40 年代，反帝國力量開始佔據上風。法國在 1643 年的羅克魯瓦戰役中擊敗了西班牙，而瑞典則於 1645 年在布拉格東南部同帝國軍隊進行了正面對抗。在這一場血腥的戰役之中，帝國軍隊犧牲了其中 1.6 萬名士兵中的半數，而瑞典軍隊似乎準備繼續向布拉格或是維也納推進。然而到了此時，雙方皆已筋疲力盡，瑞典軍隊終究也未能進入這兩座城市。

三十年戰爭中的戰役皆規模龐大。成千上萬的騎兵衝鋒前陣，背後還有火器的支援，此外，各國還使用了大量僱傭軍。大多戰役皆是速戰速決，專業的作戰手段甚是冷酷無情，然而有時，戰爭的餘波卻比戰役本身還要可怕。多支軍隊都在戰爭過程中做出過極其殘暴的行徑，惡名昭彰：他們沿路進行大規模劫掠，尋找食物，摧毀一切可能為其敵人所用的東西。在這些軍隊的所過之處，鄉村地區受到了格外嚴重的打擊，德國的人口甚至減少了 1/5。戰爭所造成的毀滅性影響也波及了商業和製造業。儘管在包括英格蘭與尼德蘭在內那些擁有強大貿易網絡和海上實力的國家之中，戰爭帶去的打擊相對較小，但中歐地區卻足足用了幾十年才從戰爭中恢復過來。

一次又一次的火炮戰爭也逐漸消磨了戰爭雙方的實力。最終，疲憊不堪的新教徒與天主教徒決定和解。1648 年，神聖羅馬帝國、西班牙、法國、瑞典、荷蘭共和國的代表，以及德國眾諸侯國和城市的統治者與其他相關方齊集在奧斯納布呂克和明斯特這兩個德國北部城市之中，共同簽署了《威斯特伐利亞和約》。這一次會談並未能解決政治與宗教領域中各個利益方之間的根本衝突；然而，與會人員卻的確在結束戰爭這一點上達成了共識，這一和約也在一眾獨立國家之間建立起了大體上的權力平衡。

儘管戰爭結束後的歐洲已經永久性地成為一片由天主教國家和新教國家組成的大陸，但這些國家也決定學習相互共存之道。《威斯特伐利亞和約》創造了各國之間通過高規格外交會議締結協議的先例，而自那時以後，此類會議始終在國際關係中扮演着重要角色。■

皇權是反叛之心的糾正之法

阿克巴大帝的征戰（1556年）

阿卡巴大帝的父親胡馬雍在被流放至波斯期間，同**薩法維帝國**的統治者建立了密切的聯繫，而薩法維帝國也幫助他重新尋回了他在**印度**的部分領土。

阿卡巴大帝贏得了第二次帕尼帕特戰役的勝利，莫臥兒帝國也成為印度次大陸上最為強大的力量。

阿卡巴大帝**加強了波斯與印度之間**的文化、商業以及政治聯繫。

莫臥兒帝國的輝煌將許多波斯藝術家和學者吸引到了印度。

波斯文化對印度北部的文學、建築以及藝術傳統產生了深刻影響，**一種獨特的莫臥兒風格**由此誕生。

1526 年，來自中亞地區的突厥化蒙古侵略者在印度北部建立起穆斯林莫臥兒王朝。三十年後的 1556 年 2 月，阿布·阿克巴正式成為這一王朝的新任統治者。即位後不久，阿克巴的軍隊便在第二次帕尼帕特戰役之中遭遇了希穆所率領的大軍，試圖與其爭奪德里的統治之位。莫臥兒人大敗希穆軍，重新奪回了阿克巴父親胡馬雍丟失的土地。此後，阿克巴逐漸鞏固統治，擴展自己的勢力，成功吞併了印度北部以及中部部分地區。他推翻了一眾國家的統治者，並對他們和國家中的人民進行了殘忍的屠殺，將那些曾

參見：穆罕默德領受天啟 78~81 頁，巴格達的建立 86~93 頁，格拉納達的陷落 128~129 頁，康士坦丁堡的陷落 138~141 頁，波斯薩法維王朝的建立 198 頁。

經獨立的王國收歸為帝國的省區。

支持與存活

阿克巴建立起一個能夠隨着領土擴張一同完成擴充的政治制度，以此在這個蔓生的國家之中維持政治統一。此外，他還建構了一個由貴族組成的網絡，令這些貴族之中的一部分人擔任省長，並將另一部分人僱用為野戰軍統帥或是中央軍這一帝國脊樑中的一部分，為他們提供極為優渥的薪資待遇。他還從整個印度（以及波斯）境內招募印度教和伊斯蘭教的有才之士，將金錢和土地賞賜給他們。

這一體系獎勵那些德才兼備又忠誠於帝國的人，同時也避免政治

在這幅微型畫中，莫臥兒人正在帕尼帕特戰役之中對抗來自印度的敵軍。後來的一次次征戰令帝國軍隊擁有了更多的資金、戰士和武器，逐漸變成了一支難以戰勝的力量。

制度過於集權，而對於一個很難從一處掌控全局的帝國來說，這無疑是一項獨特的優勢。皇帝本人時常同廷臣和後宮一起四處巡遊，夜宿在設施完備的帳篷之中。

伊斯蘭教及其藝術與文化的傳播也起到了鞏固帝國統一的作用；然而，阿克巴卻信奉宗教信仰自由，允許帝國境內的非穆斯林（其中大多都為印度教徒）擁有自己的信仰、法律以及習俗。

莫臥兒與波斯

莫臥兒王朝的建立者巴布爾與阿克巴的父親胡馬雍曾與該地區的另一個伊斯蘭帝國薩法維波斯建立起外交、文化與政治聯繫，而這也進一步激發了莫臥兒人對於微型畫以及「圖書藝術」等波斯精妙藝術的興趣。阿克巴在法塔赫布爾西格里和拉合爾（位於現今的巴勒斯坦）兩座城市中設立畫室，繪製插圖書籍，還將波斯建築師和手工匠人帶到印度，設計並修建宮殿、堡壘、清真寺以及公共建築，其中便包括位於德里的胡馬雍之墓。這一圓頂建築為後來許多重要的建築發明帶去了靈感。

阿克巴大帝的兒子賈汗季即位後延續了莫臥兒帝國的繁榮，然而到了 17 世紀，這個國家卻在不斷的宗教鬥爭與經濟問題中逐漸走向了衰落。後來，莫臥兒帝國先是被阿富汗侵略者所擊敗，最終在 1818 年英國人擊敗馬拉塔人後落入了英國人的手中。■

阿克巴大帝

阿克巴即位為莫臥兒帝國皇帝的時候年僅 13 歲，最初由攝政王拜拉姆汗輔佐，幫助他將印度境內的眾多區域王國統一為一個整體，建立起集權政治，使皇帝擁有至高無上的權力。

在阿克巴的統治之下，莫臥兒王朝逐漸成長為一支強大的軍事力量，同時也孕育了燦爛的藝術文化。在這位皇帝的資助之下，繪畫和文學蓬勃發展；阿克巴從各地蒐羅了兩萬四千多部藏書。儘管阿克巴從未正式宣佈與伊斯蘭教決裂，但他卻同時對其他宗教信仰持開放的態度，還曾邀請印度教、基督教以及佛教的哲學家到宮廷中同穆斯林神學家進行辯論。他甚至還將所有這些宗教的元素結合在一起，構思出了一個全新的宗教，而這個宗教中的神明便是他本人。

他們懷揣着
厚望與熱忱

「五月花」號的遠航（1620年）

1620 年，一羣無法在英格蘭境內依照自己心意進行禮拜的英國人起航跨越大西洋，追尋宗教信仰自由。這羣人便是後來的清教徒。他們出發時乘坐的是兩艘船隻，後來，其中一艘出了問題，只乘坐「五月花」號繼續向前。冬日的風暴為這場為期 66 天的遠航帶去了嚴重的破壞。這羣清教徒在船上起草了《五月花號公約》，一方面向皇室表明自己的忠心，另一方面也重申了自身在英國法律框架之內制定法律的權利。這些人落腳在普利茅斯；儘管他們中的許多人都未能熬過第一個冬季，然而這一個羣體卻成功倖存了下來。

早期殖民

在那時，英格蘭為在北美地區建立殖民地而競爭。詹姆斯敦建立於清教徒登陸普利茅斯的十三年之前，但那裏卻並不是一片宗教社區。英國殖民者獲得皇室特許之

英國的新教徒乘坐着「五月花」號航行至北美洲地區，尋求宗教信仰自由。他們剛一到達這片大陸，便開始建立殖民地。

更多**宗教獨立主義者**經由這一線路到達美洲地區，**殖民地人口**迅速增長。

其他獲得英國**皇室皇家特許**資格的公司在美洲建起了更多的殖民地。

殖民者在**追求宗教信仰自由**的基礎上，以英國**議會制**為原型，發展出了自己的**治理模式**。

參見：克里斯托弗・哥倫布抵達美洲大陸 142~147 頁，阿姆斯特丹證券交易所的成立 180~183 頁，《獨立宣言》的簽署 204~207 頁，埃利斯島正式開放 250~251 頁。

「五月花」號曾三次試圖從英格蘭出發：這艘船先是從南安普敦離港，後又在8月從達特茅斯起航，最後終於在1620年9月6日駛離了普利茅斯。

終都能夠銷往美洲地區，英國先後頒佈了一系列航海條例，對殖民地區的貿易進行限制。殖民者察覺到這些手段都是對其貿易與生產的蓄意壓制。英國方面與殖民國家的商人都想要保障自己的利益，於是，大西洋兩岸的矛盾逐漸加深。

殖民地的擴張

殖民者與東海岸地區原住民之間的關係越來越緊張。殖民地人口的不斷增加對土地和資源造成了極大的壓力，迫使人們向西遷移，定居在屬於美洲印第安人的土地上。

不同羣體努力尋求和諧共存。而在此後的許多年中，殖民者與美洲印第安人之間不時會爆發暴力衝突，和平也始終都是暫時性的。■

後，於 1607 年以詹姆斯敦為中心建立了弗吉尼亞殖民地，這是他們在美洲大陸上建立的第一塊永久性定居處。法國探險家沿加拿大的河流建立了一連串皮草貿易站；荷蘭及瑞典殖民者則在 17 世紀早期到達北美洲，而荷蘭人也於 1613 年在曼哈頓島的西岸地區建立了貿易站。

要在現存英國法律的框架之下制定法律法規。然而，英格蘭國王以及其在倫敦的統治機構卻將殖民地視作盛產原材料的資源之地，並從自己的利益出發，同總督一起對殖民地進行徹底的剝削。

為保證英國工業生產的產品始

治理與貿易

普利茅斯與詹姆斯敦都逐漸發展出代表機構，殖民者通過這一機構選舉官員管理自己的事務。這一成果誕生於《五月花號公約》之中所主張的權利，殖民者受英國議會制模式的啟發，成功建立了一種自治制度，而這種模式也逐漸成為英國在北美洲殖民的一大特徵。

每一塊殖民地都設有一名由英國君主指派的總督和一個由殖民者選舉產生的立法機構；二者之間時常會產生矛盾，因為立法機構一定

宗教迫害

17 世紀之初，依照法律規定，英國人必須遵循英格蘭教會的規定進行禮拜。儘管當時的英國教會已經同天主教會決裂，但許多人仍舊認為其神職等級的劃分以及宗教儀式、贊美詩和禱告文都是應當被掃除的天主教殘存因素。

清教徒（因追求宗教純粹，主張清除天主教殘餘而得名）希望能夠從教會內部進行改革。其他被稱作為獨立主義者的團體也建立了自己

的「獨立」會眾；然而，當他們的首領或是遭到囚禁，或是遭到處決時，這羣人便遷移到更具包容性的尼德蘭。在這裏，他們可以依據自己的心意，更加簡單地進行禮拜；但是與此同時，他們卻很難維持生計，因為這個國家的行業協會並不對他們開放。這也是清教徒以及後來的許多人決定前往北美洲追尋新生活的原因之一。

我們要將他的頭顱連同皇冠一起砍下

查理一世遭到處決（1649年）

查理一世接受了**神授的君權**，開始**統治**英格蘭。

國王需要**徵收稅金**，負擔軍費開支。

議會試圖**限制國王的權威**。皇室與議會之間為爭奪**統治權**而爆發了**內戰**。

由克倫威爾率領的**議會派軍隊贏得了戰爭的勝利**。

國王遭到處決，英格蘭開始實行共和制。

17 世紀 40 年代之中，為決定英格蘭的未來，國家陷入了一系列戰爭，而這些戰爭便統稱為英國內戰。戰爭的一方是保皇派，主要由支持國王查理一世的鄉紳和貴族構成，這一派人認為他有權獨立於議會進行統治；另一方是議會派，主要由小地主和商人構成，他們中的許多人都是清教徒，並不認同查理一世的獨裁式統治。到了 1648 年，議會派已經在戰場上擊敗了查理一世，而議會派的領導者奧利弗·克倫威爾驅逐了議會之中所有打算同國王進行談判的人，並在剩下的人之中舉行投票，決定是否結束君主制。查理一世以

參見：《大憲章》的簽訂 100~101 頁，馬丁・路德的《九十五條論綱》160~163 頁，布拉格擲出窗外事件 164~169 頁，阿姆斯特丹證券交易所的成立 180~183 頁。

叛國罪接受審判，並在 1649 年遭到斬首。在這之後，英格蘭進入了一段為期十一年的共和制時期。

戰爭起因

查理對天主教懷有好感，而議會成員則信仰新教；此外，查理一世還信奉「君權神授」，認為君主是由上帝所任命的，擁有絕對的權力。

雙方之間的首次衝突在國王屢次試圖籌措資金投入至法國戰場時達到頂峯。議會於 1628 年提出了《權利請願書》，規定徵稅需經過議會的同意；他們希望能夠通過這種方式抑制查理一世的權力，阻止他隨意徵稅。然而，查理一世利用一項古老的中世紀法律成功規避了這項條款，還通過售賣貿易壟斷權集資，繞過議會進行統治。1640年，國王被迫在十一年來首次召集議會，為鎮壓蘇格蘭起義而籌措資金。於是，議會便試圖利用這一次機會，進一步推出措施，限制國王的權力；然而查理一世對此的回應卻是嘗試逮捕五名議員。

戰爭與影響

最初佔得上風的是保皇派，然而到了 1644 年，議會派在克倫威爾的領導之下重整了軍隊。紀律嚴明、訓練有素的新模範軍成功於 1646 年逼迫查理一世投降。然而，國王卻在兩年之後再次發動了戰爭，而這第二次內戰則在 1648年保皇派的失敗中畫上了句號。第二次內戰也開啟了之後的一系列事件，最終，查理一世在 1649 年遭到處決，克倫威爾建立了英吉利共和國。

同查理一世一樣，克倫威爾也未能與議會和平共處，然而他卻試圖引入改革措施。他實行嚴苛的清教統治，無情地將這種信仰施加到蘇格蘭人與愛爾蘭人身上。後來，人們或許是厭倦了清教的苦行，便在克倫威爾去世後不久迎回了查理一世遭到流放的兒子，將他捧上了王位。查理二世同意對王權進行制約，也同意對新教進行支持，然而他的繼任者——查理二世信奉天主教的弟弟詹姆斯二世卻同英國聖公會的主教發生了衝突，並將宮廷之中的重要職位賜給了天主教徒，就此與新教結下了矛盾。

英國人唯恐再次出現一位天主教國王，便在 1688 年的光榮革命中推翻了詹姆斯的統治。詹姆斯二世遭到流放，其新教教徒女兒瑪麗同她的荷蘭丈夫奧蘭治的威廉開始共同統治英格蘭。1689 年，瑪麗和威廉接受了一項《權利法案》；這項法案為其臣民能夠擁有包括陪審審判在內的基本公民自由提供了保障，同時也保證英國法律對君主具有約束力。自那以後，英國始終實行君主立憲制度，再沒有哪位國王或是女王會像查理一世一樣蔑視議會。■

英格蘭國王查理一世

查理一世是英格蘭斯圖爾特國王詹姆斯一世（James I，同時也是蘇格蘭國王詹姆士六世）與丹麥公主安妮（Anne）的兒子。他出生在 1600 年，於 25 歲時登基為國王。繼位之初，查理一世便主張「君權神授」，還大量徵收稅金（大部分投入到了法國戰場），逐漸失去了臣民與議會的支持。此外，他還因為支持天主教（他的妻子是法國天主教公主亨莉雅妲・瑪利亞）而與教會發生了衝突。與此同時，查理一世在蘇格蘭也並不受擁戴。他試圖以等級更為分明的主教制（遵循英國聖公會的模式，設有主教一職）取代當時的長老制（不設主教一職），而這則導致了 1639 年與 1640年主教戰爭這一政治軍事衝突的爆發。英國內戰期間，他積極率領保皇派軍隊，直至遭到俘虜為止。最初，查理一世被囚禁在家中，後來才在 1649 年行刑之前住進了監獄。審判期間，他始終主張自己的統治權力是上天授予的神聖權力。

種植園的存在全然依賴於黑奴的供應

英國皇家非洲貿易公司的成立（1660年）

背景介紹

聚焦
奴隸與殖民地

此前

1532 年 葡萄牙人在巴西建立了第一個殖民地。

1562 年 約翰·霍金斯的海上航行開啟了英國在非洲地區的奴隸貿易。

1625 年 詹姆斯一世統治時期之中，英國宣稱對巴巴多斯島擁有所有權。

1655 年 英國人自西班牙殖民者手中奪取了牙買加。

此後

1672 年 公司經歷改組後成為英國皇家非洲貿易公司。

1698 年 所有英國商人只要向英國皇家非洲貿易公司支付佔非洲出口商品貿易總額 10% 的稅款，便可以合法地從事非洲地區貿易。

1660 年，皇家探險者非洲貿易公司在英格蘭正式成立。這家公司擁有國王頒發的特許，只要將利潤的一半交給英國皇室，便可以獨家享有在西非海岸地區進行貿易活動的權利，還可以在那裏設立邊界貿易站。十二年之後，這家公司成為英國皇家非洲貿易公司，也擁有了更大的權力：公司可以建立邊界貿易站和「工廠」（奴隸在被運送至美洲地區之前便待在這裏），還能僱用自己的軍隊。這家公司之所以格外重要，是因為它在推動奴隸貿易發展的過程中扮演了極為關鍵的角

參見：克里斯托弗・哥倫布抵達美洲大陸 142~147 頁，《托爾德西里亞斯條約》148~151 頁，哥倫布大交換 158~159 頁，《廢除奴隸貿易法案》226~227 頁。

　　大西洋奴隸貿易自1807年便遭到了禁止，卻又繼續進行了數十載。這幅版畫刻劃的便是1860年前後俘虜乘坐着美國船隻「野火號」前往古巴的場景。

色。它令數以萬計的非洲人從此淪為奴隸，還同西非地區的領袖進行合作，共同建立起奴隸貿易，而這項貿易即便是在 1752 年公司解散之後仍舊存在，致使數百萬非洲人被迫離開家園，在美洲大陸過艱苦的生活。

公司的成立

　　公司成立後不久，便被捲入了第二次英荷戰爭。在這次戰爭中，英格蘭與荷蘭就貿易問題爆發了激烈的衝突，最終，荷蘭佔據了數座邊界貿易站，還將英國人擠出了奴隸貿易之中。這場戰爭幾乎令皇家探險者非洲貿易公司走向破產，然而在 1672 年，英格蘭國王頒發了一項全新的特許，令公司成功擺脫了破產的境地，自此有了在美洲大陸上販賣奴隸的權利。很快，公司便有了起色，在 1672 年至 1698 年運送了十萬名左右的奴隸，而

在 1698 年，《權利法案》對王權進行了制約，公司也失去了對於奴隸貿易的壟斷。1698 年之後，其他商人也可以參與至奴隸貿易之中，但他們需要向公司支付自己在非洲地區出口總額的 10% 作為稅金。這些商人的加入急速擴張了這項貿易，奴隸貿易甚至成為英國商業生活的一部分，並一直貫穿了整個 18 世紀。

英國皇室需要財政收入。

英國商人在奴隸貿易之中看到了利益。

非洲是潛在的奴隸來源地。

英國皇家非洲貿易公司的成立是為了組織貿易交流活動，令商人和皇室富裕起來。

數百萬名非洲人被迫離開家園，成為奴隸，跨大西洋奴隸貿易迅速發展。

> **我就像驅趕牛羣一樣，將他們趕到船上。**
> ——第奧古·戈麥斯，葡萄牙探險家
> （1458 年）

　　奴隸貿易本身的歷史要遠比英國皇家非洲貿易公司來的悠久。14 世紀末期，葡萄牙商人成為最早從西非地區運輸奴隸的歐洲人。到了 16 世紀，葡萄牙人將大量奴隸運送至巴西，並讓他們在甘蔗種植園中工作。最早的英格蘭奴隸貿易遠征發生在 16 世紀 60 年代，當時，商人將他們從非洲統治者那裏俘獲的奴隸帶到了美洲大陸。在 17 世紀之中，隨着英國殖民地數量的不斷增加，非洲奴隸的市場也不斷擴大，英國皇家非洲貿易公司便從中賺得盆滿缽滿。

三角貿易

　　很快，跨大西洋奴隸貿易便成為三角貿易網絡之中的一環：船隻將奴隸從非洲運送至美洲；重新用商品將貨艙裝滿，運回歐洲；之後再將歐洲的工業製成品帶到非洲地區進行銷售，完成三角貿易之中的最後一環。貨船從加勒比海地區裝載蔗糖、糖漿和咖啡等商品，從北美洲南部殖民地裝載水稻、靛藍植物、棉花和煙草，再從東北部殖民地裝載皮草、木材和朗姆酒，將這些商品一一運送到英格蘭。在英格蘭到非洲地區的航段之中，貨船會運送包括布料、槍支、鋼鐵以及啤酒在內的物品。象牙和黃金等商品則直接從非洲運送至歐洲，雖不作為三角貿易之中的一環，卻也同樣強化了這一體系。

　　這個貿易網絡為美洲地區的種植園主、英國製造商，還有參與至奴隸及其他商品貿易之中的商人帶去了巨大的利潤。售賣奴隸的港口經營者和西非領導人、向遠征行動放款的銀行家，甚至是那些依靠進口原材料謀生的英國工廠工人都能夠從這個貿易網絡之中獲益。

　　作為貿易網絡之中的一個關鍵部分，奴隸貿易為 18 世紀西方資本主義的迅速崛起創造了可能。就連那些距離英格蘭貿易港口尚有一些距離的工廠也參與到其中。武器製造業便是其中一個突出的例子，這些工廠設立在英格蘭中部伯明翰等人口密集的地區，為自身獲取鋼鐵原材料提供了便利。每年都有約

> **四周充斥着婦女的尖叫聲和將死之人的呻吟聲，你幾乎難以想像眼前的一切有多麼駭人。**
> ——奧拉達·艾奎亞諾，
> 非洲作家、重獲自由的奴隸（1789 年）

弗吉尼亞地區的煙草在歐洲十分暢銷。種植園主通過海路運輸直接將產品運送回本國，並用其中的收益來購買非洲奴隸和歐洲商品。

十五萬支槍支出口到西非地區，其中大部分的槍支都產自這些中部工廠；這些槍支幾乎都用來同非洲商人交換了奴隸。產自伯明翰和謝菲爾德地區的英國餐具也以同樣的方式出口到了非洲。三角貿易之中摻雜了太多人的既得利益，歐洲政客甚至很難對這一體系進行批判，更不用說是徹底將其廢除了。

　　無數人淪為奴隸，任人買賣。據估算，截至 1807 年英國將奴隸貿易列為非法行為之時，英國商人已經逼迫三百萬名非洲人前往美洲大陸，過上為奴的生活。葡萄牙商人很可能將更多的奴隸販賣到了巴西，其他國家的船隻也曾參與到奴隸貿易之中。一些歷史學家估計，遭到販賣的奴隸總數或許可以達到一千萬名，而另一些人則認為這一數字甚至還會更高。

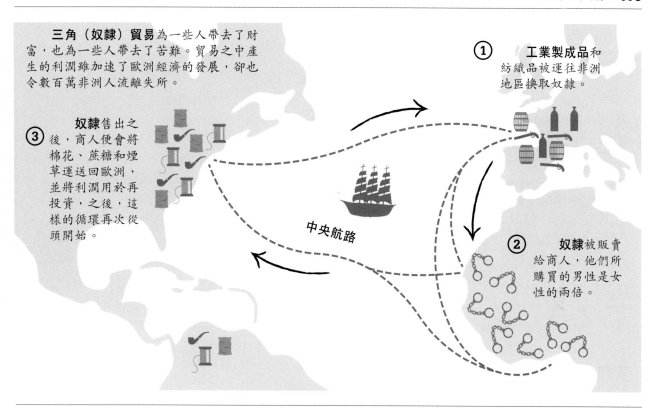

三角（奴隸）貿易為一些人帶去了財富，也為一些人帶去了苦難。貿易之中產生的利潤雖加速了歐洲經濟的發展，卻也令數百萬非洲人流離失所。

① **工業製成品**和紡織品被運往非洲地區換取奴隸。

③ **奴隸**售出之後，商人便會將棉花、蔗糖和煙草運送回歐洲，並將利潤用於再投資，之後，這樣的循環再次從頭開始。

中央航路

② **奴隸**被販賣給商人，他們所購買的男性是女性的兩倍。

歐洲殖民地

西班牙、荷蘭和法國殖民者率先在加勒比海地區創立了種植園體系，利用大型農場或種植園生產種植甘蔗及咖啡等作物。加勒比海地區最早的殖民地包括古巴（西班牙殖民地）、海地（法國殖民地）和荷屬安的列斯羣島。在這些種植園中使用奴隸為種植園主創造了巨大的財富。17世紀，英國殖民者的身影逐漸出現在這一地區。英國最為成功的殖民地便是巴巴多斯島，而到了17世紀80年代，島上的奴隸已達到46,000人。18世紀，牙買加也出現了種植甘蔗的熱潮。

在歐洲人征服美洲地區的過程之中，大多數原住民都遭到了徹底的消滅，而歐洲工人也並不適應當地的條件；於是，種植園主愈發依賴於對奴隸的殘忍剝削。北美地區的殖民地也普遍使用奴隸，尤其是在南部種植煙草等作物的種植園之中。奴隸常常遭受非人的對待，被迫工作，不得不忍受種植園主的肆意打罵和烙印，而一些奴隸的待遇甚至更糟。

三角貿易之外的奴隸制

歐洲殖民者也在大西洋三角貿易之外實行奴隸制。荷蘭人首先在東南亞地區開始了奴隸貿易，還會同印度洋對岸的馬達加斯加和毛里求斯等地進行販賣交流。這些貿易大多受到荷屬東印度公司的保護，而這家公司的東部總部便設立在雅加達島（也就是荷蘭人口中的巴達維亞）和斯里蘭卡島上。他們以這些地方為起點，將奴隸運送至從東部印度尼西亞到南部非洲的印度洋各處。而當葡萄牙人和英國人也開始設立貿易站點後，印度沿岸的奴隸貿易也逐漸發展起來。

然而，三角貿易卻成為全球經濟誕生過程中的重要因素，其背後的驅動力則是歐洲人及其殖民地分支對於自身利益的追求。對於那些從事奴隸貿易的國家來說，這項活動為他們創造了驚人的財富增長。例如，英國的對外貿易總值便從18世紀之初的1000萬英鎊上升到了世紀末的4000萬英鎊。直至今日，依舊無法計算出奴隸貿易過程之中的人員損失，而奴隸貿易也對接下來幾個世紀人們的思維模式和行為模式產生了深遠的影響。∎

每一個角落都有人在談論股票

阿姆斯特丹證券交易所的成立（1602年）

背景介紹

聚焦
荷蘭黃金時代

此前

1585 年 荷蘭共和國建立；南部的新教徒向北遷移。

1595 年 科內利斯·德·霍特曼率領遠征隊前往亞洲，開啟了荷蘭的香料貿易。

此後

1609 年 阿姆斯特丹銀行正式成立。

1610－1630 年 改造荒地；荷蘭共和國的國土增加了三分之一，農業產量上升。

1637 年 一個鬱金香球莖的價格可以達到一位熟練工匠年收入的十倍。

1650 年 共和國內半數的人口都生活在城鎮之中；尼德蘭成為全歐洲城鎮化水平最高的地區。

1602 年，世界上第一家進行證券與股票交易的永久市場阿姆斯特丹證券交易所在荷蘭東印度公司的贊助之下正式成立。荷蘭東印度公司是一家規模極為龐大的企業——事實上，它也是第一家跨國公司，其成立是為了向前往亞洲地區的貿易遠征提供支持。在荷蘭政府的授權之下，荷蘭東印度公司除了可以進行貿易交流外，還可以建築防禦工事，設立定居點，招募軍隊，甚至還能與外國統治者簽訂條約，而一家公司能夠擁有這些權力也是極不尋常的。該組織有着龐大的船舶、港口和人員網絡，也因此而獲得了

參見：克里斯托弗·哥倫布抵達美洲大陸 142~147 頁，《托爾德西里亞斯條約》148~151 頁，布拉格擲出窗外事件 164~169 頁，斯蒂芬森的「火箭號」投入使用 220~225 頁，蘇伊士運河的修築 230~235 頁。

荷屬東印度公司擁有自己的造船廠，而這家造船廠也是全阿姆斯特丹最大的一家，如左圖所示。公司在 17 世紀十分強盛，卻在 1800 年破產解散。

大量的資金和投資人。阿姆斯特丹證券交易所最初成立的目的便是為了令投資者能夠對荷蘭東印度公司的股份進行買賣，但是到了後來，交易所逐漸發展成了一個生機勃勃的金融資產市場，也成為荷蘭共和國中資本主義經濟不斷發展的一大驅動力。

經濟擴張

17 世紀，尼德蘭雖與西班牙交戰不斷，經濟上卻也取得了非凡的增長。16 世紀末，該地區的北部（信仰新教的荷蘭共和國）已同南部（信仰天主教的佛蘭德）徹底分裂。共和國內共有七個獨立的行省，每個行省都有極大的自主權，但同時也受到邦聯議會的統一管轄。生活在安特衛普等天主教城市的新教商人為逃避迫害而移居北部，也一併將自己的資本與貿易紐帶帶到那裏去。與此同時，許多擅長製作紡織品的佛蘭德工匠也搬到了北部的哈勒姆、萊頓以及阿姆斯特丹等城市，進一步推動了荷蘭共和國經濟的發展。

荷蘭共和國在 17 世紀真正開始走向繁榮，而這一面積並不大的區域之所以能夠取得如此成就，歸功於幾個因素，其中最重要的便是該國強大的航海業傳統，這一傳統令共和國擁有比其他國家較大的優勢。除此之外，國家的公民也有着極強的職業道德，而這在很大程度上是因為新教相信世俗的工作是一種責任，也是通向救贖的道路，這樣一來，國家便有了很高的生產力。此外，荷蘭共和國的人口不斷增加（尤其是城鎮之中的中產階級），以阿姆斯特丹為首的主要城市也在不斷擴張，這些城市則成為商業貿易的理想中心。在所有這些因素的推動之下，荷蘭的經濟逐漸向造船業、商業和金融業傾斜。

剝削與貿易

作為一個沿海國家，荷蘭共和國中曾湧現出許多著名的航海家和探險家，而長距離貿易也自然而然地成為這個國家海事歷史中的產物。除此之外，共和國造船技術的進步也令荷蘭商業船隊迅速擴張；

農業革命

17 世紀，荷蘭共和國的人口不斷增加，而這也令農民開始想方設法實現農業增產。荷蘭的農業增產在很大程度上是通過開墾荒地這一自中世紀末期便已順利起步的手段來實現的。與此同時，荷蘭人也改變了自己的土地利用模式。他們不再一年耕作、一年休耕，而是開始種植一些能夠產生氮素養分的作物（如豌豆、蕪菁和苜蓿，這些作物可以用作動物飼料），用以改善土壤質量，為下一年種植莊稼做準備。草料種植規模的增加讓農民有能力飼養更多的牲畜，由此一來也能產出更多的肉類、奶品和糞便（以做施肥之用）。儘管這時候的荷蘭依舊需要進口小麥來填補食物的短缺，但農業生產力的提高卻無疑為不斷增長的人口提供了更多供應。此外，高產的農業也解放了大量的勞動力，令更多人得以在商業和金融領域工作，而不必被束縛在農田之中。

到了 1670 年，荷蘭商船的數量已經超過了整個歐洲的總和。不斷擴大的商人階層在同亞洲地區的香料貿易中看到了巨大的潛在利潤，於是，荷蘭的航海家也開始探索到達東方的全新航線。荷蘭人的足跡遍及世界上的每個角落，還建立起許多片殖民地，其中便包括位於北美洲的新阿姆斯特丹。1624 年，荷蘭人正式在這裏定居，而當英國人佔領這裏之後將其更名為紐約。1596 年，荷蘭探險家威廉・巴倫支試着尋找出一條通往亞洲的北部通路，並在這一過程之中發現了斯瓦爾巴羣島（斯匹茨卑爾根島），這裏後來成為荷蘭捕鯨者的目的地。

自 1595 年開始，荷蘭人開始定期前往東南亞進行香料貿易，尤其是胡椒、肉豆蔻、丁香和肉桂，而這也是共和國繁榮背後的最大驅

巴達維亞是荷屬東印度公司在亞洲地區的總部。1619年，荷蘭人將當時的雅加達夷為平地，後來便在這裏建起了這座港口城市。

動力。他們在那裏建立起殖民地，還建立了巴達維亞，也就是後來的雅加達。這極大地推動了該國經濟的發展。

投資需求

剝削行為與商業貿易過程中產生的財富重新注入到了荷蘭的經濟之中，但與此同時，國家也需要大量的投資來填補海外遠征所產生的龐大資金消耗。17 世紀，航海前往亞洲進行貿易交流是一件風險極高的事情——儘管這項貿易的潛在利潤很高，但海上風暴、海盜劫掠、戰爭或是意外都會造成船隻、船員或是貨物的損失，而這些損失也足以抵消所有的利潤。因此，一次航行之中通常會包含許多人的投資，以此分散風險，而不是讓一家承擔所有的成本和責任。社會上出現了許多私人貿易公司，每家公司都投入一點點，一同構成總體的龐大投資；假如一切順利的話，這些公司都會分得相當的利潤。

> 假如有誰在領着一位異鄉人穿越阿姆斯特丹的街道時，問他究竟他身在何處的話，他一定會回答說「在投機商之中」。
>
> ——約瑟夫・德・拉・韋加，
> 《混亂中的混亂》(1688 年)

交易所的誕生

1602 年，這些貿易公司合併在了一起，共同組成了荷屬東印度公司，公司中的股份則在阿姆斯特丹新成立的證券交易所中進行分配。起初，交易所的成立是為了給股份所有者買入或賣出股份創造條件；很快，其他公司也開始在交易所中上市，以籌集更多的資金。人們可以對股份進行買入和賣出，於是證券交易所很快便繁忙起來，為歐洲這一地區資本主義的發展提供了動力；這一過程之中誕生了更多的產業，而這也進一步激發了更多的投資，創造出更大的財富。

交易歷史

阿姆斯特丹證券交易所並非是在真空環境下發展起來的。證券（包括股票在內的可交易金融資產）的買賣在歐洲已經擁有十分悠久的歷史。14 世紀，也有可能是在更早以前，威尼斯、熱內亞等城市的商人已經開始進行證券交易。自16 世紀以來，阿姆斯特丹便形成

了一個強有力的金融市場，人們在市場中進行商品交易和投資買賣，從鯨油到鬱金香，種類無所不包。因此，在這樣一個具有創業精神的社會中，股票的買賣便具有充足的吸引力，而在亞洲貿易利潤前景格外樂觀的情況下更是如此。除此之外，交易所進行貿易活動的獨特方式（僅在固定時間開放）進一步激發了商人的買入和賣出行為，也創造出一個流動性極強的市場。

經濟的推力

阿姆斯特丹證券交易所開幕之後，1609 年，阿姆斯特丹銀行也正式成立，成為現代國家銀行的先驅。銀行為人們提供了一個存放現金和金條的安全之所，同時也保證本地貨幣不至於貶值。這樣一來，阿姆斯特丹銀行令荷蘭共和國的金融市場更加安全，也進一步在這個急速成長的市場之中為海上貿易這一充滿活力卻也風險十足的活動提供了保障。

1623 年，荷蘭的金融市場經歷了又一輪的蓬勃發展。當時，荷蘭東印度公司經過談判取得了另一項特許，使得投資者能夠定期獲得股息，而那些想要離開公司的人也可以在證券交易所中將自己的股份賣掉。這進一步增加了證券交易所的貿易量，同時也開拓了更多包括未來貿易在內利潤豐厚的業務。

同一時期，阿姆斯特丹的保險業也逐漸興盛起來，尤其是出現於 16 世紀的海事保險。這種保險保護了船主和投資者的利益，令其可以不必承擔遠程航行的風險。而當證券交易所開幕時，大廳中還專門

荷蘭探險家發現了**全新的海上航線，荷蘭商人的船隊迅速擴張**。

↓

前往亞洲香料產出國的**貿易航行有着極高的利潤，**但同時也有着**很高的風險**。

↓

荷屬東印度公司成立的目的在於在**多位投資者**之間分擔航行的**金融風險**。

↓

阿姆斯特丹證券交易所成立，對荷屬東印度公司的份額進行交易。

↓

頻繁的**買入和賣出**創造出了一個流動更強的金融市場，投機商也因此而**甘願冒更大的風險**。

為保險的買賣開闢出了一塊空間。

文化的繁榮

17 世紀阿姆斯特丹繁榮的金融活動促進了中產階級的擴張，也為他們購買精美傢具、油畫等消費品提供了更大的動力，同時還令這一原本就格外成功的區域取得了進一步的經濟增長。阿姆斯特丹藝術市場的發展趨勢格外強勁，這便湧現出了許多包括維米爾和倫勃朗在內的偉大畫家。大多數藝術家都有

自己的專攻，而這也滿足了人們對於各種藝術作品不斷增長的需求，像倫勃朗這樣的偉大藝術家卻在諸多題材和藝術形式上都頗有建樹，包括油畫、素描畫，還有版畫。

財富的不斷積累也擴大了城鎮的規模，嶄新的市政廳、倉庫和商人住宅如雨後春筍般拔地而起。阿姆斯特丹和代爾夫特至今仍舊保留着無數中產階級的磚房，其中大部分都位於運河沿岸。這些磚房大多建成於這一時期。■

即使取得了勝利，也要仔細綁好頭盔上的帶子

關原合戰（1600年）

背景介紹

聚焦
江戶時期

此前

1467 年 戰國時期拉開了帷幕，天皇的權力逐漸落到了由大名和幕府將軍所率領的敵對派別手中。

1585 年 豐臣秀吉被天皇賜封為關白。

此後

1603 年 德川家康成為幕府大將軍。

1610−1614 年 日本驅逐傳教士，還禁止了一切天主教活動。

1854 年 向西方閉關鎖國多年之後，日本對美洲航運及貿易開放了港口。

1868 年 德川幕府終究走向了終結，帝國權力在明治天皇的統治下得以恢復。

日本出現了**大範圍的社會動盪**。 → 強大的豪族建立起一個**封建社會**。 → **德川家康**崛起為一位令人敬畏的**軍事領袖**。

德川家康在關原合戰一役中擊敗了對手石田三成，隨後凱旋。

德川家康成為**幕府大將軍**，德川幕府也成功統一了政治權力。

1600 年 10 月 21 日，日本中部的關原爆發了一場重大的戰役，對戰的雙方是東軍與西軍兩派，目的則是為了爭奪國家的控制權。德川家康領導下的東軍在這場戰役之中取得了決定性勝利。三年之後，日本天皇將德川家康封為幕府大將軍，還一併賜予他代表天皇統治國家的權力。德川家康為日本帶來了和平與穩定，並將國家的都城遷到了江戶城（如今的東京），就此建立起一個全新的日本文化中心以及權力中心。

派系鬥爭

自 1192 年以來，日本天皇始終更像是一位傀儡統治者。他將自己的權力授予幕府大將軍。幕府大將軍是世襲的高級軍隊統帥，擁有

參見：源賴朝成為幕府大將軍 98~99 頁，阿姆斯特丹證券交易所的成立 180~183 頁，明治維新 252~253 頁，第二次鴉片戰爭 254~255 頁。

德川家康

武士領袖德川家康（1542–1616 年）的父親是日本中部三河國一位相對弱小的豪族。德川家康小時候便開始接受軍事訓練，後來與包括織田信長（1534–1582 年，日本戰國時期這一動盪年代之中最為殘暴的領袖之一）及其繼任者豐臣秀吉（1536–1598 年）在內一些更為強大的豪族結成了同盟。在與織田信長和豐臣秀吉的合作過程中，德川家康不僅逐步建立了更為廣闊的私人領土，還學會了忠誠和軍事力量等重要觀念，正是這些觀念令豐田秀吉得以為日本迎來短暫的統一。豐田秀吉過世之後，德川家康脫穎而出。作為幕府大將軍，德川家康充分有能力令祖國長治久安，然而，他僅在兩年之後便正式退位了，這一舉動是為了保證自己的兒子德川秀忠能夠順利繼位。此外，德川家康還建立了一種繼任模式，以確保德川幕府能夠長久存在下去。儘管德川秀忠正式接任了幕府大將軍一職，但是日本的實際統治者卻始終都是德川家康，直至其離世為止。

絕對的統治權威。然而，到了 15 世紀 60 年代，各地的大封建主（大名）已經擁有極強的權勢，又因這些人和他們所率領的武士集團通過武力贏得了任命幕府將軍繼任者的權利，於是便沒有哪位幕府大將軍能夠控制大名了。待至關原合戰爆發時，日本已經在長達一個世紀裏見證了無數次統治階級之間激烈的派系鬥爭。

德川家康在關原合戰之中的勝利為這段戰國時期畫上了句號。而在德川幕府時代，德川家康和他的一眾繼任者也為日本創造了一段長達二百五十年的太平治世。

德川幕府

從許多方面看來，德川幕府的統治都仿傚了早期的統治者，尤其是豐臣秀吉。豐臣秀吉的出身並不足以使其成為幕府大將軍，然而他卻以關白這一略低於幕府將軍的頭銜進行統治，並在 16 世紀 80 年代之中為日本帶去了統一。豐臣秀吉實施了一種封建的軍事化統治，借大名及其武士集團之手來運用自己的權力。德川幕府也決定以同樣的方式進行統治，將地方交由大名管理。此外，德川家康還謹慎地要求大名輪番到江戶城來居住幾年，以免他們在地方建立起自己的基地。

幕府將軍崇尚忠誠這一德行，還逐漸發展出一種精英官僚體制。他們改善了日本的道路交通網，廣泛推行教育，還統一了貨幣。不僅如此，德川幕府也驅逐了許多外國人，限制本國與外部世界的交流溝通，以此抵禦外界對日本的影響。幕府將軍對其他所有歐洲人採取猜疑態度，認為他們計劃令日本皈依基督教，意圖奪取政治權力。與此同時，日本人也不得四處遊歷或是建造航海用的船隻。這一孤立政策實實在在地斷絕了日本與西方之間的聯繫，使其直到 19 世紀中期都絲毫沒有受到西方的影響。

「浮世」

德川幕府時期，都城江戶城成為不斷繁榮的城市文化中心。包括俳句（由三行十七個音節所構成的短詩）在內的許多日本文學形式百花齊放，而歌舞伎與淨琉璃文樂木偶戲等諸多獨特的戲劇形式也是如此。同時，這也是一段觀賞藝術急速發展的時期，尤其是風景畫與木版畫。

都城中的精英階層愈發奉行享樂主義，而他們的生活方式則常常被人們稱作為「浮世」。起初，浮世一詞在佛教中意為「悲傷的世界」，這也反映出佛教徒觀念之中「世俗中的一世猶如曇花一現」這種想法，也表達了他們渴望「居有常」、遠離苦痛與一切世俗慾望的心願。然而，到了江戶時期，日語中的「浮世」形容的卻是這個短暫物質世界的歡樂一面，折射出當時人們渴望尋歡作樂的心態。■

以夷制夷

三藩之亂（1673－1681年）

背景介紹

聚焦
清朝三帝

此前

1636 年 滿族人在自己的家園滿洲里建立起清王朝。

1644 年 清王朝征服了中國北部。

此後

1683 年 清王朝鏟除了所有明朝的殘餘勢力，開始統治整個中國。

1689 年 康熙帝同俄國簽訂了《尼布楚條約》，阻止了俄國的東向擴張。

1750 年 中國建築設計的瑰寶頤和園建成。

1751 年 西藏成為受到中國保護的領地。

1755－1760 年 乾隆帝掃清了突厥人和蒙古人對中國東北部地區的威脅。

1792 年 清朝入侵尼泊爾。

乾隆皇帝將意大利的耶穌會會士郎世寧召入宮中作宮廷畫師，而他所繪製的皇家肖像畫將中國捲軸畫與西方現實主義元素和透視法技巧融合在一起。

1644 年，在長城以東北建立起一個龐大國家的半遊牧民族滿族人自搖搖欲墜的明王朝手中奪取了北京，建立了自己的王朝——清朝，自此開始統治中國北部地區。十七年後，清朝在經歷了大規模的激烈戰爭後，終於戰勝了明朝忠臣所率領的抵抗勢力，入主整個中原地區。然而，他們的王朝依舊不夠穩固。1673 年，清朝的第二位皇帝康熙被迫應對一場大規模的叛亂，而這場叛亂即人們後來所說的「三藩之亂」。

三藩位於中國南部地區，是清朝賞賜給那些變節明朝將領的半獨立封地，以肯定他們在幫助清朝奪取中原這一過程之中所做出的貢獻。時間一久，這些封地便愈發自治，然而當康熙宣佈撤藩的時候，這些藩王便決定發動叛變。接踵而來的鬥爭令許多人失去了生命，也對經濟造成了嚴重的打擊。其間曾有一段時期，其中一位藩王吳三桂似乎就快要成功顛覆清朝皇帝的統治；然而，他終究還是為康熙帝的支持者所擊敗。

到了這時，清朝已經不容置疑地成為整個中國的統治者，康熙帝更是在隨後發動了一系列軍事征戰，將西伯利亞與蒙古的部分地區收入了帝國的囊中，並將其統治範圍一直延伸至西藏。在康熙帝以及後來兩位繼任者的卓越統治

參見：馬可・波羅抵達上都 104~105 頁，朱元璋建立明朝 120~127 頁，第二次鴉片戰爭 254~255 頁。

三藩之亂以失敗告終，自此之後，清朝的統治便再沒有了阻力。

→ 清朝最早的三位皇帝通過沿用國內統治手段的方式而使其在**境外的統治合法化**。

→ 在接下來的和平盛世之中，中國的**國土面積增長了兩倍**，經濟也得到了**迅速發展**。

18世紀，中國成為世界上**最大的製造業強國**。

待至19世紀末期，清王朝已是名存實亡。**歐洲帝國擴張帶來的壓力**以及**王朝內部越發嘈雜的反對之聲**為這一政權帶來了致命的打擊。

清朝社會

從許多方面看來，在三位皇帝的統治時期之中，社會都十分保守：漢族人必須留滿族人的髮式，將前額和兩側的頭髮剃光，其餘的頭髮編成辮子；社會遵循嚴格的等級制度，針對同性行為的法律、對女性行為舉止的要求，以及審查制度均極為嚴苛。然而，在清朝早期，國家的經濟卻取得了長足的發展，而這要歸功於西方對絲綢、瓷器還有茶葉等奢侈品的強烈需求。

然而，自進入 19 世紀以來，清王朝對漢族人的不斷壓制，以及饑荒的爆發和鴉片（由歐洲商人帶入中國）成癮的問題開始令國家走向衰落。與此同時，這些因素也為 19 世紀中期的起義、貿易紛爭以及中國同歐洲貿易對象之間爆發的戰爭埋下伏筆。■

之下，中國經歷了一段社會安寧、經濟繁榮、政治穩定的黃金時期，而這一情形也一直持續到了 18 世紀末。

全球超級大國

在康熙帝長達六十一年的統治之中，他成功通過傳承並尊敬中原地區文化遺產的方式贏得了本地漢民族臣民（曾將滿族人視作野蠻人）的配合與忠誠。此外，他還沿用了先前王朝的統治模式，允許明朝官員保留他們在地方的職務，同時派遣滿族官員，對大部分的工作進行監督。

在接下來兩位皇帝的統治之下，清朝更是變得無比強大。雍正帝（1722−1735 年）同康熙帝一樣，對朝廷及官僚進行嚴格的控制，並通過改革稅收體系的方式增加國家財政收入；而到了乾隆帝（1735−

1796 年）統治時期，帝國的領土面積達到了最大，人口不斷增長。乾隆皇帝酷愛藝術，他本人更會寫詩，還出資支持文學項目，以提高本民族的聲望；儘管與此同時，他也下令禁止並銷毀了許多被認為具有「反清」內涵的書籍。

耶穌會會士在中國

1540 年，來自西班牙的天主教神學家羅耀拉創建了耶穌會，希望能夠通過傳播耶穌的教義來達到推廣這一信仰的目的。天主教教會在明朝以及清朝早期的時候曾將許多耶穌會傳教士派到中國，而這些人最初也受到了當地的歡迎。康熙帝對這些耶穌會會士所掌握的科學（尤其是數學和天文學）和技術（尤其是武器製造與水泵技術）十分感興趣。他將這些耶穌會會士指派到欽天監

工作，而北京地區最早的準確地圖便是由一位耶穌會會士繪製的。

康熙帝准許天主教徒在中國擁有信仰自由，而耶穌會會士也同意那些皈依了天主教的中國人繼續祭拜自己的祖先。然而到了後來，一位梵蒂岡使節來到了中國，他決定禁止基督教徒進行祭祖儀式，教皇也隨即做出了相同的裁決；於是，康熙帝便將那些反對這一儀式的耶穌會傳教士驅離了中國。

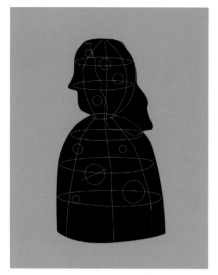

我在這部著作中將數學研究得極為深入，你甚至可以將其視作為哲學

牛頓發表《自然哲學的數學原理》（1687年）

背景介紹

聚焦
科學革命

此前
1543 年 哥白尼提出了太陽是宇宙的中心這一觀點。

1609 年 德國人約翰尼斯・開普勒對行星的橢圓軌道以及運行速度進行了描述。

1620 年 弗朗西斯・培根出版了《新工具》。

1638 年 意大利人伽利略・伽利雷的著作《關於兩門新科學的對話》為力學的發展奠下了基礎。

1660 年 皇家學會在英格蘭成立。

此後
1690 年 荷蘭人克里斯蒂安・惠更斯發表了《光論》這一部關於光的波狀運動的理論著作。

1905 年 阿爾伯特・愛因斯坦的狹義相對論證明牛頓所提出的運動定律之中仍存在謬誤。

1687 年，英國科學家艾薩克・牛頓發表了第一版《自然哲學的數學原理》。這部作品探討了物體在運動過程中的樣子，對重力進行了研究，還解釋了行星與衛星的運動。儘管這部作品建立在包括伽利略、惠更斯、開普勒等前人研究的基礎之上，但也無疑是一部具有革命意義的著作。這本書向人們展示了同一種力──重力分別會對地球上與宇宙中物體的運動產生怎樣的影響，並以這種方式將兩個此前互不相干的科學領域聯繫在一起。

深遠的影響

牛頓利用以數學為基礎的理論來解釋自然現象，而這本身便是科學革命的一部分。英國散文家弗朗西斯・培根堅持認為科學家應當以理性論斷檢驗自己的結論，而法國哲學家勒內・笛卡兒亦主張科學家應當利用數學與邏輯來解決科學問

（牛頓）為從前始終深陷猜想與假設黑暗之中的科學灑下了數學的光芒。

──亞力克西斯・克萊羅，
法國數學家、天文學家（1747 年）

題。這些哲學家通過強調人類理性的重要性，掙脫了從前對於物質世界的解釋應依賴於基督教信仰與教會教義這一束縛。這為啟蒙運動這一學術運動鋪平了道路，甚至也為後世科學家的作品奠下了基礎，例如阿爾伯特・愛因斯坦便對牛頓的理論進行了修改和潤飾。■

參見：巴格達的建立 86~93 頁，意大利文藝復興的開端 152~155 頁，狄德羅發表《百科全書》192~195 頁，達爾文發表《物種起源》236~237 頁。

走到人類所能到達的最遠處

庫克船長的航行（1768–1779年）

背景介紹

聚焦
太平洋與澳大拉西亞的探索

此前
1642–1644 年 荷蘭人阿貝爾·塔斯曼成為第一個到達新西蘭和塔斯馬尼亞島的歐洲人。

1768–1771 年 詹姆斯·庫克開啟了自己前往澳洲和新西蘭的第一次航行。

1772–1775 年 庫克駛到了南極洲附近，並繞南太平洋一周。

1776–1779 年 庫克的第三次航行將他帶到了夏威夷，在那裏，他與當地人發生了爭鬥，最終不幸離世。

此後
1788 年 第一批罪犯從英國來到傑克遜港（悉尼港）罪犯流放地。

1802 年 英國航海家馬修·弗林德斯進行了一場環繞澳洲的航行。

1768 年，英國航海家詹姆斯·庫克航行至大溪地，希望能夠科學地記錄下金星凌日這一種能從南半球觀測到的天象奇觀。記錄完成後，庫克繼續向前航行，找尋傳說中「南半球的未知土地」。他繪製了新西蘭海岸的地圖，然後向西北方向航行，發現了澳洲的東部海岸。他將這裏佔為了英國的領土，還將其命名為新南威爾士。在同植物學家約瑟夫·班克斯與丹尼爾·索蘭德工作的過程中，庫克船長也完成了一部記錄着當地種族、植物羣和動物羣的寶貴文獻。

持久的聯繫

歐洲人早前便有探索太平洋的海事傳統，庫克的航行只是其中的一次；荷蘭人阿貝爾·塔斯曼就是一位偉大的航海家，塔斯馬尼亞島便是以他的名字命名的。庫克在澳大拉西亞與歐洲之間建立起永久性的連接，也開啟了此後兩地的一系列活動，包括殖民、將英國罪犯流放至澳洲，還有諸如悉尼與墨爾本等城市的建立。

庫克在其後期的航行之中開始應用英國人約翰·哈里森的最新發明 —— 航海精密計時器。它能夠幫助人們在海上準確把握時間，因此也能計算出準確的經度。■

> 在離開陸地 17 周又 3 天後，眼前新西蘭山脈的美景令我們心生喜悦，這是多麼不一樣的景象啊！

—— 理查德·皮克斯吉爾，
「決心號」上的海軍上尉

參見：馬可·波羅抵達上都 104~105 頁，克里斯托弗·哥倫布抵達美洲大陸 142~147 頁，《托爾德西里亞斯條約》148~151 頁，「五月花」號的航行 172~173 頁。

朕即國家
法國路易十四開始專制統治（1661年）

23 歲的法國國王路易十四在其首相樞機大主教馬薩林離世時宣佈自己將作為絕對君主，單獨進行統治。在其在位的七十二年間（1643-1715 年），路易十四始終主宰着自己的臣民，逐漸建立起「太陽王」的形象，整個國家都應圍繞他運轉。路易十四認為自己的權力是上帝賜予的，而他自己則是國家的化身，貴族、中產階級還有農民都應向他尋求正義和庇護。

為維護自己的統治地位，路易十四控制了歷來難以駕馭的貴族。他逼迫他們成為廷臣，並在宮廷之中舉行儀式，分發特權和職務。他指派中上階層的人士到各個行省中徵稅，以此填滿了枯竭的國庫。當時的稅收名目眾多，而負擔則主要落在農民身上。路易十四的財政大臣讓-巴普蒂斯特·柯爾貝爾曾徹底改造了法國的貿易與工業，將這個國家打造為歐洲的領軍者。

擴張的法國

路易十四用徵收得來的稅金建造了耀眼的凡爾賽宮。這是一座由古老的狩獵小屋擴建而成的皇家宮殿，也是奢華娛樂的場所。自 1682 年起，這裏便永久性地成為宮廷的所在，也是全法國的政治中心。此外，路易十四還發動一系列耗資巨大的王朝戰役，希望能夠將法國的邊境線繼續向外推，而這令其他歐洲國家開始聯手起來對抗法國。

1713 年簽訂的《烏得勒支條約》終於帶來了和平與安定，卻並未為法國贏得多少好處。國家陷入了深深的債務，輿論紛紛開始攻擊皇室。儘管如此，路易十四仍舊建立了一種專制模式，這種統治模式貫穿了 18 世紀的大部分時期，直到人們開始試圖改革這一體系，而這一改革試圖又引發了 1792 年的法國大革命，最終推翻了君主制。■

參見： 查理一世遭受處決 174~175 頁，狄德羅發表《百科全書》192~195 頁，攻佔巴士底獄 208~213 頁，滑鐵盧戰役 214~215 頁。

不要忘記你們的大炮，它們是捍衞王權的最佳武器

魁北克戰役（1759年）

背景介紹

聚焦
七年戰爭

此前

1754 年 法國與英國在北美地區開戰，所謂的法英戰爭正式打響。

1756 年 普魯士國王腓特烈二世為阻止俄國建立基地而入侵了薩克森，就此拉開了七年戰爭的序幕。

1757 年 普魯士在羅斯巴赫一戰中重創了更為強大的法國和奧地利軍隊。

1759 年 俄國在庫勒斯道夫戰役中消滅了三分之二的普魯士軍隊。

此後

1760 年 蒙特利爾的法國軍隊向英國投降。

1763 年 七年戰爭在《巴黎和約》與《胡貝爾圖斯堡和約》的簽訂中畫上了句號。

1759 年 9 月 13 日，24 名英國人攀上了魁北克下面的峭壁，為將軍詹姆斯·沃爾夫所率領的英國軍隊開闢出一條道路，攻佔這座城市。這場決定性的戰役結束了法國在加拿大的統治，也成為七年戰爭（1756–1763 年）之中一個重要的事件。

大多數重要歐洲國家都被捲入了這場戰爭，相互爭奪領土與權力。這場戰爭主要圍繞兩個衝突展開：一個衝突是海事與殖民衝突，其中主要是英國與法國波旁王朝之間在北美大陸和印度展開的陸地戰役；另一個衝突是歐洲陸地上發生的戰爭，主要是法國、奧地利以及俄國與普魯士之間的對抗。除此之外，海外殖民地也參與到了戰爭之中，令七年戰爭成為第一場真正意義上的全球衝突。

相互競爭的力量

英國在對陣法國的過程中取得了顯著的勝利。英方利用其強大的

> **沒有哪支軍隊能夠在缺少補給的情況下英勇起來。**
>
> ——腓特烈大帝（1747 年）

海軍重挫了法國的入侵者，還在西非、加勒比海以及北美地區的殖民地中接連戰勝法國。英國迫使法國割讓了它們在密西西比河以東的全部領土，令法國再也無法對英國在北美地區的殖民地構成威脅。

1757 年，英方將領羅伯特·克萊武在普拉西戰役中擊敗了孟加拉的納瓦布，徹底打亂了法國軍隊的腳步。七年戰爭結束之時，英國已經成為世界上最強大的殖民宗主國。 ■

參見：克里斯托弗·哥倫布抵達美洲大陸 142~147 頁，布拉格擲出窗外事件 164~169 頁，「五月花」號的航行 172~173 頁，滑鐵盧戰役 214~215 頁，巴雪戴爾戰役 270~275 頁。

匯集散落在世界各地的所有知識

狄德羅刊印《百科全書》（1751年）

背景介紹

聚焦
啟蒙運動

此前

1517 年 挑戰了天主教教會權威的宗教改革拉開了帷幕。

1610 年 伽利略・伽利雷發表《星際使者》，將自己對天空的觀測寫入了書中。

1687 年 牛頓在《自然哲學的數學原理》一書中對以自然法則和理性認識為基礎的宇宙觀進行了闡釋。

此後

1767 年 美國思想家、外交家本傑明・富蘭克林從巴黎將啟蒙運動中的思想帶回了美國。

1791 年 英國作家瑪莉・渥斯頓克雷福特創作了《女權的辯護》這部具有開創意義的作品，將女性主義思想注入了啟蒙運動之中。

18 世紀中期，法國哲學家德尼・狄德羅邀請包括文學家、科學家、學者以及哲學家在內的一眾國內頂尖知識分子為一部大部頭的著作《百科全書》（或《科學、藝術和工藝詳解辭典》）撰寫文章，而他本人既是這部作品的主編，同時也是供稿人。這部《百科全書》的第一版於 1751 年面世，而全本則是在二十一年之後成書的，其中共包含 17 卷正篇文字和 11 卷圖冊。

《百科全書》並非世界上第一部包羅萬象的百科全書，卻無疑是

參見：牛頓發表《自然哲學的數學原理》188 頁，《獨立宣言》的簽署 204~207 頁，攻佔巴士底獄 208~213 頁，斯蒂芬森的「火箭號」投入使用 220~225 頁，《廢除奴隸貿易法案》226~227 頁。

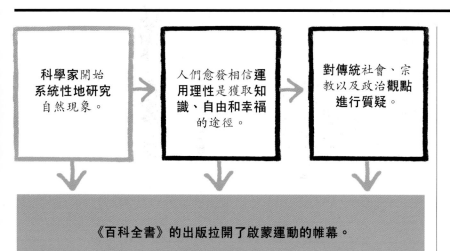

科學家開始 **系統性地研究** 自然現象。

人們愈發相信**運用理性**是獲取**知識、自由和幸福**的途徑。

對傳統社會、宗教以及政治**觀點進行質疑**。

《百科全書》的出版拉開了啟蒙運動的帷幕。

第一部由明確作者編寫內容的百科全書，還特別對手工藝這一項內容給予了關注。然而，這部《百科全書》最為突出的一點卻是它從批判性的角度出發，介紹了當時的諸多觀點與制度——其背後的作者都是科學思想與世俗價值的捍衛者。他們試圖用理性和邏輯，而非宗教或政治教條去解釋自然世界之中發生的現象。正因如此，這部作品同時對自神聖旨意、永恆秩序等傳統觀點中汲取權威的天主教教會與法國王室發出了質疑之聲。

思想革命

《百科全書》創作的目的是本着啟蒙運動的精神，對西方世界的知識進行分類記錄。啟蒙運動是一場多方面的學術運動，儘管這場運動發源於 17 世紀裏那些具有先鋒意義的現代科學與哲學思想作品之中，但其真正的開始時間還應追溯至 1715 年。《百科全書》中大約

有 7.2 萬篇涉及多門學科的文章，提取了法國重要啟蒙思想家觀點與理論之中的精華，包括作家與哲學家伏爾泰、讓-雅克·盧梭和孟德斯鳩。

《百科全書》中的文章無所不包，但大體上圍繞着三個領域展開：將社會建立在理性思想之上，而非信仰與天主教教會教條之上的必要性；科學中觀察與實驗的重要性；以及尋找一種通過自然法則與正義之道管理國家和政府的途徑。

狄德羅將《百科全書》之中的文章主要分為了三類：記憶（與歷史相關的主題）、理性（哲學）和想像（詩歌）。頗具爭議的是，書中並沒有為上帝或是神明單獨開闢出一塊內容，而是將宗教視作哲學之中的一部分，就像魔法和迷信一樣。這樣的觀念十分具有突破性，但也很容易引發爭論。幾世紀以來，宗教始終都在歐洲人的生活與思想之中居於最核心的地位，而《百科全

書》以及啟蒙運動本身卻都拒絕將宗教捧到如此高的位置上。

儘管當局曾多次試圖禁止書中的某些文章，還曾經對其編輯進行恐嚇，然而，《百科全書》卻依舊成為當時影響最大、也最廣泛為人所查閱的作品。18 世紀末期，書中傳遞的思想激發了法國與美國的革命運動。

科學與理性

啟蒙運動的核心便是關注人類理性的力量，並對公認的知識進行懷疑，而這也正是人們能夠將這一時期同過去劃分開來的重要一點。從前，人們對於世界的認知是從宗教教義以及教會信條之中汲取的；這樣的思想滲透至社會的各方面，從婚姻法到人們理解行星運動與宇宙誕生的方式。然而，對於啟蒙運動之中的思想家來說，人類的感知以及他們對於理性的運用要遠比盲目遵從信仰重要得多。在他們看

勇於求知！敢於運用自己的理性！

—— 伊曼努爾·康德，
〈何謂啟蒙？〉(1784 年)

伏爾泰

　　弗朗索瓦-馬利·阿魯埃（François-Marie Arouet）以伏爾泰這個筆名走入了大眾的視線。他是啟蒙運動時期最偉大的作家與社會活動家，因其智慧與學識而聞名於世。伏爾泰於 1694 年出生在巴黎，儘管他雲遊四方，會說多國語言，但他一生之中的大部分時間仍舊是在巴黎度過的。作為一名作家，伏爾泰十分多產，幾乎每種文學體裁他都有涉及，包括小說、戲劇、詩歌、散文、歷史研究，甚至還出版過哲學著作和無數本時事刊物。

　　伏爾泰公開支持社會改革，捍衛公民自由以及言論和信仰自由。他曾直言譴責政治機構與宗教機構的虛偽本性；因為這些言論，他的一些作品遭到了禁止，本人也曾多次短暫入獄，還曾被流放至英格蘭（他將自己的這一段經歷寫入了《哲學通信》這部極具影響力的作品之中）、日內瓦和瑞士（他在那裏寫下了自己最為著名的作品 —— 哲學中篇小說《老實人》）。

從古至今，神父始終都是自由的敵人。

—— 大衛·休謨

來，真實世界之中的「真相」，也就是古時候亞里士多德等人所記載的內容以及教會始終擁護的內容，應當經過實驗與觀察的檢驗，再以理性的方式進行探討。

　　這種理性的思考方式起源於 17 世紀之中的科學革命。包括弗朗西斯·培根、約翰尼斯·開普勒、艾薩克·牛頓以及伽利略·伽利雷在內的一眾科學家和哲學家改變了人們對於自然和物理宇宙的研究方式，令其更加依賴於觀測這一手段。他們進行了細緻的實驗，並將實驗結果交由數學分析進行檢驗；在這一過程中，他們對物理、化學、生物以及天文等學科進行了徹底的更新和拓展。

　　啟蒙運動時期的科學家進一步推動了人類對於現實的探索；舉例而言，我們可以說沒有這樣的努力，瑞典植物學家卡爾·林奈就無法在 18 世紀早期研究出一份更為準確、也更為合理的生物學分類。除此之外，啟蒙運動時期從理性出發的探索方式還激發了技術領域的進步。18 世紀 60 年代之中，蘇格蘭物理學家約瑟夫·布萊克發現了

二氧化碳；而在 1769 年，蘇格蘭人詹姆斯·瓦特改進了蒸汽機，提高了機器的工作效率，也令工廠得以發展。《百科全書》便將包括蒸汽機在內的許多 18 世紀科學家及其先驅者的諸多發明推廣了出去。

　　《百科全書》在啟蒙運動時期湧現出的學術團體、學院以及大學之中也頗受歡迎。儘管在歐洲一些較為古老的天主教大學之中，許多教師和學者都對這些嶄新的科學思維方式聽而不聞，但仍舊有很多更為開明的人將它們運用到了教學當中，推動了這些思想的傳播。

平等與自由

　　科學革命與啟蒙運動也傳遞出了「理性可以揭示人事之中的自然法則」這一觀念。啟蒙運動時期的思想家並不從信仰之中獲得結論；相反，他們認為政治應當與宗教相分離，而兩者也都不應對個人的權利進行限制，人們應當自由表達自己的觀點，以自己的方式信仰宗教，閱讀自己想要閱讀的讀物。這一常常被冠上自由主義標籤的政治信條植根於 17 世紀英國人約翰·

懷疑是接近真相的第一步。

—— 德尼·狄德羅，
《哲學思想錄》（1746 年

> 放棄自由便是放棄為人。
>
> ——讓-雅克·盧梭，
> 《社會契約論》(1762 年)

洛克（自由主義之父）等一眾哲學家的作品之中。在洛克看來，人類擁有一些不依賴於法律或是習俗的固有權利；換句話說，這些權利的存在是獨立於教會或王室的法令裁決的。自然權利有很多種不同的表達方式，但其中應當包括生命權、自由權，以及財產權。這些觀點對於啟蒙運動時期的思想家而言十分重要；在洛克提出這些觀點之後，他們逐漸認為這樣的自然權利應當是任何一種政治體制的基石。

自由主義還表現在啟蒙運動時期作家的作品之中。舉例而言，伏爾泰的《哲學辭典》等作品便強調了天主教教會的非正義行徑和權力濫用行為，還對寬容、出版自由、理性優於教條，以及宗教啟示等價值進行了擁護。在《論法的精神》之中，孟德斯鳩提倡分權（立法、司法、行政），還迫切要求廢除奴隸制。而在《社會契約論》之中，讓-雅克·盧梭認為權力不應掌握在王室手中，而是提倡主權在民；他認為，人民一定要平衡權利與義務之間的關係，還應當有能力決定用甚麼樣的法律來管理自己的生活。此外，《百科全書》內容的貢獻者也提倡在經濟生活之中實行自由主義。他們反對設立集會（外來的商人會在這裏售賣商品，然而本地的商人卻常常不得不在這期間關停生意），主張建立市場，讓本地的商人去滿足本地居民的需求。

諸如此類的觀點很快便傳播至整個歐洲。英國、法國、德國與荷蘭的城市之中湧現出了許多咖啡屋；到了啟蒙運動時期，人們常常可以在這些地方聽到關於哲學、政治還有科學問題的探討和辯論。這些咖啡屋儼然已經成為人們交流信息的中心，包括作家、政客、哲學家與科學家在內各行各業的人都能夠聚集在一起，分享彼此的看法。

走向光明

啟蒙運動，以及起到傳播啟蒙運動思想作用的《百科全書》本身，對歐洲的社會、政治還有學術生活起到了極為深遠的影響。這場運動的支持者認為他們是在努力掃清中世紀之中壓迫性的世界觀，開啟一個全新的時代，而他們也希望這個時代能夠成為一個思想自由、心胸開闊而寬容大量的時代。

啟蒙運動不斷發出質疑的理性態度以及對自由的迫切追求為人們能夠擁有公民權利而鋪平了道路。這場運動影響了君主統治者的政策，例如在 18 世紀 80 年代，神聖羅馬帝國的皇帝便宣佈解放了農奴。那些接受了啟蒙運動價值觀的君主冠上了這場運動的名稱，將自己封為「開明君主」。啟蒙運動時期的思想也為 1787 年到 1799 年的法國大革命（革命的發起者便是接受了啟蒙運動之中個人自由與平等等思想的人民）以及 19 世紀之中主張廢除大西洋奴隸貿易的運動提供了思想武器。

包括自由主義在內的一些啟蒙運動時期政治哲學也逐漸影響了世界其他地區的統治者（尤其是在羽翼漸豐的美國，該國家 1789 年出台的憲法便採用了孟德斯鳩的分權觀念）；他們開始建立法律體系，保障公民應有的權利。

總體而言，這場運動鼓勵人們為追求知識而追求知識，同時也逐漸令所有人認識到，一個人對世界的探求也可以惠及整個人類。■

1783年，法國的孟格菲兄弟首次向人們展示了自己的新發明——熱氣球，以這種令人驚嘆的方式將科學帶到了公眾的視線之中。

我建起聖彼得堡這扇窗，讓歐洲的光芒照耀進來

聖彼得堡的建立（1703年）

1703 年 5 月 27 日，俄國統治者彼得大帝在涅瓦河的河口上建立了聖彼得堡。這座波羅的海旁邊嶄新佇立起來的城市、堡壘和港口令俄國能夠直接通過海路前往歐洲，也為他們提供了新的貿易可能與軍事征戰機會。1712 年，彼得將自己建造的這座城市定為俄國的首都，就此將這一頭銜自莫斯科那裏奪了過來。

彼得大帝十分欣賞西方的宮殿，於是，他在命人建造政府大樓、宮殿、大學以及住宅房屋的時候便都採用了歐洲建築之中時興的

聖彼得堡為這個國家開闢了全新的視野。其頗具戰略意義的地理位置為貿易提供了便利，城市中的風氣也推動了教育的發展，而一座座華美的建築則展現了俄國的輝煌成就。

巴洛克風格。他每年還會逼迫三萬名農民、俄國定罪勞工，以及瑞典戰俘加入建築施工隊伍。這一體系十分嚴苛，而他們的生存環境也極為惡劣：死亡的工人數量超過了十萬人，但那些有倖存活下來的人便得以重獲自由。

彼得大帝的這些建築造型奢

參見：法國路易十四開始專制統治 190 頁，狄德羅發表《百科全書》192~196 頁，攻佔巴士底獄 208~213 頁，俄國解放農奴 243 頁，十月革命 276~279 頁。

華，規模龐大，不僅顯示出他對歐洲文化的喜愛，也昭示了他渴望成為一名像路易十四那樣地位崇高的西方專制統治者的決心。彼得大帝利用自己的權力，為俄國帶來了重大變革。他建立了俄國海軍，還改革了軍隊（當時的俄國軍隊依賴於一輩輩由村中長者所率領的男性，而這些領頭人也大多並未接受過正規訓練）。他還沿歐洲一線重組了軍隊，併發展起全新的鑄鐵和軍工產業，升級軍隊的裝備。到了 1725 年，俄國的職業軍人數量已達到 13 萬人。

全新的現代文化

彼得大帝對自己的宮廷進行了一番改革，令其朝臣放棄傳統長袍，改穿法式服裝，還命他們剪掉自己的長鬍鬚。他建立了多所學院，強迫貴族階層將子女送去接受教育，同時實行用人唯賢的政策，

```
┌────────────────────────────────────────────┐
│ 彼得一世訪問西歐，吸納並借鑒了那裏的觀念與影響力。 │
└────────────────────────────────────────────┘
```

當代的統治理論為各國提供了一個建立**開明專制**的模型。

巴洛克式的西方宮殿與**城市彰顯了其統治者的權力**。

彼得大帝建立起聖彼得堡，並將其作為西化後俄羅斯帝國的首都。

再不像從前那樣看重出身。

這位沙皇也以其對反叛的殘酷鎮壓以及極具侵略性的對外政策而聞名，其中最為突出的事件便是他對瑞典發動的一系列戰爭，而這些戰爭最終也令他取得了波羅的海地區的控制權。後來的幾位沙皇，尤其是凱瑟琳二世（凱瑟琳大帝），也沿用了彼得大帝的統治方式，繼續推行彼得所發起的現代化政策。在歐洲啟蒙運動思想的影響之下，凱瑟琳不斷推動教育和藝術的發展，還對外國文學作品的翻譯進行資助，自己本人也撰寫書籍。同彼得大帝一樣，她也提升了俄國的帝國實力，並在對陣奧斯曼帝國的軍事戰爭中取得了勝利。■

彼得大帝

1682 年，彼得（1682–1725 年）成為俄國的統治者。最初，他與自己同父異母兄長伊凡共同即位為沙皇，並由母親攝政，後來才成為俄國唯一的君主。彼得接受過良好的教育，對一切都懷有好奇心。他曾遊歷至尼德蘭和英格蘭，體驗西方的生活、建築和管理模式。他還曾學習過造船與木工等專業技術，且技藝十分卓越。彼得大帝的統治深受其遊歷經歷與西方顧問團的影響。他曾實施軍事改革，並採取獨裁式統治。我們可以自聖彼得堡這座新城的地理位置以及城中的宏偉建築中看出，彼得大帝十分看重西歐的文化與權力。

儘管彼得大帝與西歐建立了永久性的外交聯繫，但他卻未能同歐洲聯合起來，共同對抗奧斯曼帝國。他最為輝煌的成就還是體現在俄國同瑞典的對戰以及國內改革措施之中，還有他成功地成為這樣一片廣袤帝國的沙皇與君主，而這個帝國也一直延續到了 1917 年革命的爆發。

延伸事件

波斯薩法維王朝的建立

（1501年）

薩法維王朝在沙阿（波斯語皇帝）伊斯瑪儀一世的統治之下逐漸崛起。伊斯瑪儀一世是什葉派十二伊瑪目派的領導者，這一派別相信十二位伊瑪目（伊斯蘭教領袖）是先知穆罕默德的繼承人。沙阿伊斯瑪儀一世以什葉派的名義，在一系列持續至 1509 年的軍事戰爭中征服了波斯（如今的伊朗）和伊拉克的部分地區。他的兒子沙阿塔赫馬斯普（約 1524–1576 年）在同鄰國奧斯曼帝國（其統治者是敵對勢力遜尼派伊斯蘭教的追隨者）的對抗中捍衛了本國的領土。薩法維王朝在波斯建立了強大的什葉派統治，還創建了高效的治理體系與官僚系統，而這個王朝也一直延續到了 1736 年。

查理五世成為神聖羅馬帝國皇帝

（1519年）

作為西班牙哈布斯堡帝國的國王和勃艮第以及尼德蘭的統治者，查理五世是歐洲最具權勢的君主之一。1519 年，查理五世被選為神聖羅馬帝國的皇帝，隨即便將中歐的大部分地區與意大利北部納入了自己的統治範圍。這賦予了他前所未有的權力，但是與此同時，帝國的鄰國（一面是法國，另一面是意大利）以及國內的新教徒也為他帶來了極大的挑戰。查理退

位之後，他將西班牙的王位交到了兒子腓力的手中，而皇帝之位則傳給了另一個兒子斐迪南。

亨利八世與羅馬教廷決裂

（1534年）

英國國王亨利八世曾面臨王朝危機：他需要一位男性繼承人來繼承自己的皇位，但他與妻子阿拉貢的凱瑟琳卻沒有辦法生出兒子。這樣一來，亨利便想要與凱瑟琳離婚，然而教皇卻並不允許他這樣做。於是，亨利決定同羅馬教廷決裂，還自封為英格蘭教會的領袖。儘管在亨利的統治時期，英格蘭教會依舊沿襲着天主教的教義與儀式，然而國王的這一決定卻也為之後英格蘭接受新教鋪平了道路。除此之外，亨利八世還解散了許多修道院，而這也令他擁有了更多的土地和財富，並且進一步切斷了他與羅馬天主教教會之間的聯繫。

卡蒂埃探索加拿大

（1534 –1542年）

法國航海家雅克·卡蒂埃對加拿大北部海岸以及紐芬蘭地區進行了探索，還沿聖勞倫斯河一路北上，一直行駛到了如今的蒙特利爾。儘管他並未在那裏建立殖民地，卡蒂埃的探險卻也激發了法國人對加拿大這片地區的興趣，還對後來 17 世紀法國人在那裏建立殖民地並佔領加拿大起到了決

定性的作用。自那以後，加拿大便始終深受法國的影響。

荷蘭革命的爆發

（1568年）

1568 年，新教控制之下的尼德蘭北部行省向其天主教統治者西班牙的腓力二世發動了叛亂，宣佈獨立，由此開啟了一段長達八十年的戰爭歲月，直到他們所建立的共和國正式得到承認為止。腓力二世強硬地將他所信仰的天主教強加給民眾，於是，尼德蘭南部（仍舊忠誠於國王）的許多新教徒便遷居到了北部。這樣的人口流動推動了共和國在科技領域之中的進步，還令其取得了矚目的藝術成就；而在海上貿易的促進之下，共和國也迅速成長為一個經濟穩定、文化繁榮的國家。

聖巴托羅繆之夜

（1572年）

16 世紀的法國時常會發生暴力衝突，而在 1562 年，天主教徒與新教徒之間爆發了內戰。這場戰爭中最為慘烈的事件發生在 1572 年新教爭取法國王位的過程之中。納瓦爾的亨利在巴黎成婚，而在那之後不久，數以千計的新教徒遭到了屠殺。亨利成為法國國王之後，便在 1598 年發佈了南特赦令這一主張宗教寬容的文件。然而1685 年，路易十四推翻了南特赦令，對法國境內的新教徒施以殘酷的鎮

壓。路易十四在位期間，許多新教徒被投入監獄，另外一些則逃離了這個國家。

西班牙無敵艦隊
（1588年）

1588 年，西班牙天主教君主腓力二世派遣由 130 艘船隻組成的艦隊入侵英格蘭，試圖征服這個新教統治的國家。英格蘭利用火攻船成功擊毀了部分戰艦，後來，西班牙無敵艦隊又在格拉沃利訥海戰中失利，被迫向北撤退至蘇格蘭，而更多的船隻又在風暴之中遭到了摧毀。最終，僅有 86 艘戰艦返回了西班牙。這一次的失敗為西班牙帶來了重創，而這場為維持天主教在英格蘭統治地位的戰爭也不得不畫上句號，伊麗莎白一世統治之下的英格蘭終究還是成為一個新教國家。

日本進侵朝鮮遭挫敗
（1592－1598年）

日本武士首領豐臣秀吉曾在 1592 年和 1597 年兩次試圖征服朝鮮，而這也是其意圖積蓄實力、入侵中國這一大計劃之中的一個環節。在這兩次行動之中，日本都曾取得巨大的優勢，然而朝鮮一方卻都在中國軍隊的支持下成功反擊。儘管朝鮮的統領李如松數次在海上擊敗日本，然而他們卻無法徹底驅逐日方的軍隊，而這也導致了陸路上雙方僵局的形成。日本軍隊一而再、再而三地在海上受挫，陸路上也被困在了為數不多的幾處要塞，於是不得不放棄入侵計劃。直至 1910

年，朝鮮都始終是一個獨立的國家，但是在那之後，日本便在朝鮮維持了長達 35 年的統治。

德羅赫達攻城戰
（1649年）

1641 年，愛爾蘭的天主教徒將國家自英格蘭統治者手中奪了過去。這樣一來，到了 1649 年，英格蘭的議會派領袖奧利弗・克倫威爾便向愛爾蘭發動了戰爭，試圖再次征服那個地方。在克倫威爾佔領了都柏林後，德羅赫達便成為愛爾蘭天主教領袖的基地。於是，克倫威爾率軍包圍了這座城市，並在城內人拒絕投降之後對其進行了大規模屠殺。那裏共駐紮了約 2500 名軍士，而他們中的大多數人以及許多平民都慘遭殺害。儘管這場殺戮並未違反當時的軍事法規，但英軍的行徑之殘忍以及被害者的人數之多都是前所未見的，而這一事件也為未來英格蘭與天主教愛爾蘭之間的關係埋下了隱患。

荷蘭在開普敦建立殖民地
（1650年）

儘管最早發現好望角的人是 15 世紀的葡萄牙探險家，然而真正建立開普敦的卻是荷蘭人。1652 年，一羣來自荷蘭東印度公司的人在贊・范・里貝克的帶領之下於那裏建立了殖民地，為往來亞洲的荷蘭船隻創建了一處停靠點。後來，這裏成為一個大型荷蘭裔社區的中心，而這些人也在南非歷史中扮演了關鍵角色。他們掌控

了這一地區的貿易和農業，還逐漸創造出自己的語言——阿非利坎斯語。

奧斯曼帝國圍攻維也納
（1683年）

奧斯曼土耳其帝國的國土面積在 1683 年時達到了巔峯，其中涵蓋了北非的大片地區、中東地區以及東歐。奧地利位於帝國的西部邊界，而當時的土耳其人也已經做好了征服維也納的準備。1683 年，他們發起了最後一次攻城戰：哈布斯堡統治下的神聖羅馬帝國軍隊以及波蘭軍隊前來營救維也納，徹底擊敗了奧斯曼人。自這時起，奧斯曼帝國的實力便開始衰退。他們再也無法對基督教歐洲構成威脅，也逐漸失去了自己在歐洲地區的領土。

卡洛登戰役
（1746年）

在蘇格蘭的卡洛登戰役之中，由漢諾威國王喬治二世之子坎伯蘭公爵率領的軍隊擊敗了查理・愛德華・斯圖亞特王子領導的一小支詹姆斯黨（其中包括許多蘇格蘭高地的氏族）力量。斯圖亞特王子本希望能夠將英國的王位重新收回到自己家族的手中，然而卡洛登一戰卻徹底擊碎了他的復辟之夢。與此同時，這場戰役也解除了蘇格蘭高地（詹姆斯黨人勢力最強的地區）的威脅，瓦解了那裏的氏族體系，也開啟了蘇格蘭文化所遭受的殘酷壓迫，人們不得繼續穿着高地裙裝，也不得繼續使用蘇格蘭的蓋爾語。

CHANGING SOCIETIES
1776–1914

變革中的社會
1776－1914年

《獨立宣言》簽署。這份文件維護了**基本人權**，還建立起一個全新的國家——**美利堅合眾國**。

1776年

英國通過了《**廢除奴隸貿易法案**》，**以法律的形式禁止奴隸買賣**；然而，奴隸制本身卻直到1833年才被廢除。

1807年

西蒙·玻璃瓦爾建立了大哥倫比亞這一個**獨立**於西班牙統治的**南美洲**共和國，而這個國家也一直維持到了1830年。

1819年

隨着人們對**自由主義**、**社會主義**以及**民族自決**的需求不斷增加，歐洲各地頻繁發生叛亂，而所有叛亂最終都遭到了軍事鎮壓。

1848年

1789年

巴士底獄的陷落標誌着法國大革命的開始，而在這場革命之中，**君主制遭到推翻，法蘭西共和國成立**。

1815年

拿破崙在**滑鐵盧戰役**中被英國人、荷蘭人和普魯士人擊敗，而這場戰役也結束了歐洲境內持續長達二十三年的戰爭。

1830年

喬治·斯蒂芬森的「**火箭號**」**蒸汽機車**為世界上第一條**商業鐵路運營線路**（連接利物浦和曼徹斯特）提供了支持。

1856年

西方列強發動了第二次鴉片戰爭，強迫**中國**向他們敞開貿易港口。

自18世紀末以來，歷史便似乎總是在給我們一種「進步」的錯覺。變革的速度不斷加快，看上去好像也有明確的方向。世界人口在1804年超過了10億人，而到了1914年時就已接近20億人了。這樣的增長還應歸功於經濟產出的迅猛提升。農業更加高效，人們也開發了更多的土地，以作耕種之用。當時，人類對於新型能源（尤其是蒸汽）的利用、全新技術的使用以及工廠之中的組織工業生產為商品的製造帶來了巨大的變革。相比於騎馬或是馬車，鐵路讓人們更加高速地出行，而這在交通運輸歷史上還是第一次；城市不斷擴大，舉例說，倫敦的人口便從1800年的100萬人增長到了1910年的

700萬人。在最為發達的國家中，公共健康以及醫藥領域的發展甚至延長了人們的壽命。

人權與平等

儘管人類已經取得了如此大的進步，但我們卻很難肯定說人民的生活已經得到了明顯的改善。在這一時期開始的時候，美國和法國爆發的政治革命闡明了人權與公民平等等原則，而這也從根本上改變了當時的社會秩序。及至20世紀初期，歐洲與北美洲大陸上的自由主義者及民主主義者已經可以為選舉權範圍的廣泛擴大、奴隸制的廢除，以及言論自由等一系列成就而感到些許的得意。然而，大多數女性卻依舊無法參與到投票之中，社

會上也談不上經濟平等。在世界上最為富有、最先進的社會之中，極度富裕與極端貧窮呈現出兩極化的趨勢，而工人的生活境遇往往十分艱難。浪漫主義運動之中的藝術家和學者紛紛開始批判機械化工業對人類以及環境造成的影響，與此同時，社會主義運動又期盼着能夠進一步通過革命的方式結束人與人之間的剝削，創造出一個人人平等的社會。

西方帝國主義

在工業資本主義創造出的全新世界秩序之中，最顯而易見的輸家便是全球經濟邊緣國家之中的人民。西方的工業化國家需要對象來將自己過剩的資本投入進去，而他

查爾斯·達爾文發表了《物種起源》，並在書中提出了「**進化論**」這一頗具爭議的學說。

美國**內戰**期間，美國總統亞伯拉罕·林肯發表了葛底斯堡演說這一歷史上**最偉大的演説**。

蘇伊士運河開通，將紅海與地中海**聯繫在了一起**，極大地縮短了歐洲與東方之間的**航行時間**。

一個名為**青年土耳其黨**的改革派聯合組織推翻了**專制奧斯曼帝國蘇丹**的統治，企圖自己登上統治之位。

1859年　　**1863**年　　**1869**年　　**1908**年

1860年　　**1868**年　　**1892**年　　**1913**年

朱塞佩·加里波第率領1000名志願軍**推翻**法國波旁王朝在**意大利南部**和**西西里**地區的統治，一年之後，意大利成功統一。

德川幕府遭到**推翻**，明治天皇成為**日本的統治者**，而這個國家也逐漸成為了一支強大的**帝國力量**。

埃利斯島在紐約港開放，處理**移民到達美國**後的**入境事務**，而這些移民之中的大多數人都成為美國公民。1954年，埃利斯島正式關閉。

艾米麗·戴維森在德比馬賽中衝向了國王喬治五世的賽馬，後遭踩踏而死。這一事件令全世界開始關注**女性的選舉權**。

們的工廠也需要原材料，產品也需要市場；於是，這些國家便將目光投向了亞洲、非洲和拉丁美洲。與此同時，他們也開始為國內不斷增長的人口尋覓安身之所，這樣一來，地廣人稀的北美洲平原以及澳洲地區便成為他們的目標。在這一過程之中，他們掃清了一切攔路的人。歐洲人開始在這些地區進行擴張，並對那裏實施直接的統治或管理。19 世紀中期前後，英國人掌控了印度次大陸，而歐洲列強也如同當地人根本不存在一般，毫不猶豫地瓜分了撒哈拉沙漠以南非洲，這些都是帝國主義行徑最為鮮明的例證。

世界各地對西方帝國主義的態度不盡相同。大多數地區都爆發了戰爭或起義等形式的抵抗運動，以反對歐洲人的控制。然而，西方社會之中逐漸領先於世界的科學技術、軍事力量以及社會結構也開始令一些歐洲之外的政府以西方模式推進現代化。在伊斯蘭世界之中，埃及、土耳其和伊朗試圖進行現代化改革，但結果卻並不總是成功的。而在東亞地區，日本成功轉型為一個高效的現代化國家，其本身也成長為一支帝國主義力量。相比之下，中國卻經歷了接連不斷的動盪與入侵，其帝國統治也終於在 20 世紀初的興起分崩離析。

民族主義情緒高漲

大多數歐洲人與歐洲人的後裔都為其自身的種族以及相比世界其他地方都要先進的文化而感到驕傲，然而歐洲卻依舊是一片四分五裂的大陸。法國大革命所釋放的好戰民族主義情緒對和平穩定造成了威脅。到了 1815 年的時候，拿破崙戰爭已經引發了大規模的衝突。19 世紀中期的戰爭為意大利和德國帶來了統一，而在那之後，這兩支強大的力量依舊擁有大批軍隊，還形成了相互敵對的聯盟體系。他們的軍隊都配備有高爆炸彈和速射武器。

高度組織化的國家體系與經濟為歐洲的軍事力量提供着支持，而這無疑也是歐洲得以統治整個世界的關鍵因素之一。假若歐洲人將這樣的力量用在相互對抗之中，那這個世界必將迎來巨大的災難。■

我們認為下述真理是不言而喻的：人人生而平等

《獨立宣言》的簽署（1776年）

背景介紹

聚焦
美國革命

此前
1773 年 「波士頓傾茶事件」對高額的茶葉進口關稅進行抗議。

1775 年 愛國者民兵與英國軍隊之間爆發了武力衝突。

此後
1777 年 英國在薩拉托加一戰中的失敗令法國下定決心支持美國的起義。

1781 年 英國在弗吉尼亞的約克鎮投降。

1783 年 英國承認美國的獨立地位。

1787 年 開始起草憲法。

1789 年 喬治・華盛頓被選為美利堅合眾國的第一任總統。

1790 年 美國憲法正式生效。

《獨立宣言》以最洪亮的聲音宣告了美利堅合眾國的成立。1776年7月4日，第二屆大陸會議通過了這份宣言，與會的56名代表都在上面簽上了自己的名字。美利堅合眾國包含13塊17世紀以來逐漸建立起來的英國殖民地，分佈在北美洲的東海岸地區。從地理上看，這些殖民地不僅與其母國相距甚遠，彼此之間也隔着大段的距離。它們的經濟十分脆弱，也並沒有清晰的政治身份（舉例而言，弗吉尼亞的公民將自己視為弗吉尼亞人，而不是美國人），就連對於英國皇室的忠誠之心都在逐漸消退。

參見：魁北克戰役 191 頁，攻佔巴士底獄 208~213 頁，《廢除奴隸貿易法案》226~227 頁，1848 年歐洲革命 228~229 頁，葛底斯堡演說 244~247 頁，加利福尼亞淘金熱 248~249 頁。

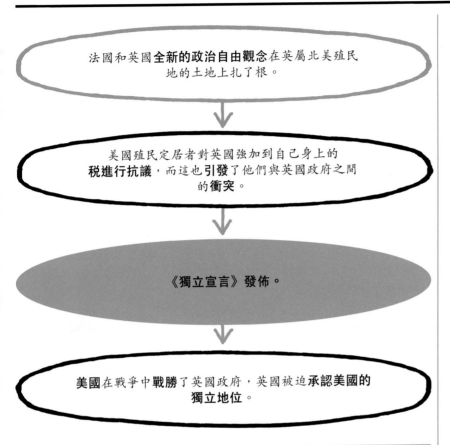

法國和英國**全新的政治自由觀念**在英屬北美殖民地的土地上扎了根。

美國殖民定居者對英國強加到自己身上的**稅進行抗議**，而這也**引發**了他們與英國政府之間的**衝突**。

《獨立宣言》發佈。

美國在戰爭中**戰勝**了英國政府，英國被迫**承認美國的獨立地位**。

後來選擇定居加拿大。

衝突的爆發

　　沒有漫長而艱難的戰爭，獨立便無法成為現實。英國執意要維持其在北美地區的「合法」統治，美國這個初生國家匆忙間組織起來的軍隊也同樣堅定地維護自己的獨立權。在之後的六年時間裏，這兩支同樣弱勢的軍隊（英國弱勢是因為他們很難大規模地將軍隊派遣至美洲地區，而殖民定居者弱勢則是因為他們始終缺乏渠道，難以組織起一支真正具備實力的武裝軍隊）在一系列小型戰爭中相互對抗。

　　美國的軍隊即便是在其巔峯時期也僅有四萬人左右，且幾乎不具備海軍。英國部署的軍隊人數也大體相同，但他們卻有着更多的戰艦。然而，到了 1778 年，法國宣佈對殖民地方面進行支持。1781 年 10 月，英國在經歷了一系列戰敗之後，終於在弗吉尼亞州的約克鎮投降。這場戰爭真正畫上句號是

> **這些聯合起來的殖民地如今是自由而獨立的，並且按公理來説也應當是自由而獨立的。**
>
> ——理查・亨利・李，第二屆大陸會議上提出的決議(1776 年 6 月)

　　然而，這些殖民地卻也極具自我意識，同時也敏鋭地察覺到了啟蒙運動之中覺醒的政治自由等觀念，他們愈發擔憂自己是否會在英國的統治下完全失去自由。這些殖民地上的定居者一方面無法維護自己的自然權利，另一方面還要忍受加諸自己身上的高額稅金，於是，他們漸漸產生了這樣的疑問：為何大洋彼岸的議會和大洋彼岸的國王要將他們的意志強加在自己的身上？在一系列傑出領袖的帶動下，1776 年，定居者終於起來反抗英國的統治，還決心建立起一個全新的國家，而在這個國家，統治的權力應來自「被統治者的許可」。這樣的觀點可謂聞所未聞，然而正是在這一觀點的影響之下，一個嶄新而經久不衰的共和制國家就這樣誕生了。

　　然而，殖民地內部卻並未就正式宣告美國獨立這一問題達成共識。尤其是在紐約州、新澤西州、馬里蘭州、特拉華州和賓夕法尼亞州之中，這五個地方擔心獨立會對貿易造成損害，也擔心一旦獨立失敗，英國將會展開殘酷的報復行動。同樣，250 萬人口之中的 50 萬人直至鬥爭結束都始終忠誠於英國王室，而他們之中的許多人也在

在一年之後，然而無論怎麼説，殖民定居者及其法國同盟都為英國這位「主宰者」帶去了巨大的打擊。

法國之所以參與到這場戰爭之中並幫助美國獲得了獨立，是因為他們希望能夠洗刷自己在七年戰爭之中戰敗的恥辱。但是頗具諷刺意味的是，這一舉動卻成為法國王室最終走向破產的其中一個原因，並側面推動了 1789 年法國大革命的爆發。另外一點也極具諷刺意味——專制主義的法國幫助美國人民贏得了自由，但自己卻不願將自由賜給本國的公民。

革命理想

美國革命的核心是包裹在《獨立宣言》之中的全新政治哲學。這份宣言的擬定者是一位弗吉尼亞貴族，也是一位傲慢自大的奴隸主，

他便是托馬斯·傑斐遜。他是《獨立宣言》編寫委員會五人之中的一個，然而 1776 年 6 月誕生的兩版草稿幾乎完全是傑斐遜一人的成果。我們很難用言語説明《獨立宣言》究竟有多麼重要。當時，這份宣言做出了「人人生而平等」這樣震驚四座的主張，還進一步宣稱「政府之正當權力，是經被治理者的同意而產生的」。

這樣的情緒極具煽動性，但英格蘭國王喬治三世和法國國王路易十四卻絕不會對其產生共鳴。然而無論如何，《獨立宣言》依舊成為未來美利堅合眾國，甚至是整個西方世界自由政治體系的基石。這些起源於啟蒙運動之中的英國及法國思想家之政治信條推動了世界上第一個現代國家的誕生，也由此改變了整個世界。

約翰·特朗布爾創作的這幅《獨立宣言》刻劃了起草委員會將文件提交給國會的場景。我們可以看到，托馬斯·傑斐遜便是畫面最中間身穿紅色馬甲的那一位。

美國的命運

傑斐遜本人始終都是一個神秘的人。他憎恨君主制，卻十分喜愛大革命前的法國；他曾擔任第一任駐法美國大使，為那裏典雅有禮的氛圍而傾倒。他説自己蔑視高層，卻又在後來連任美國總統。除此之外，擔任總統期間，他曾在 1803 年通過路易斯安那購地案，從其名義上的統治者法國的手中以極低的價格將密西西比河以西的大片土地收入了美國的囊中。傑斐遜清楚明白美國的命運依賴於西部廣闊的殖民地，認為應將當地的原住民悉數清走，而他本人手下也有許多奴

> 上帝在賜予了我們生命的同時，也賜予了我們自由。
> —— 托馬斯・傑斐遜

隸。他曾說「黑人無論是從體魄上看還是從頭腦上看，都要遜色於白人，而這也是天生的。」儘管同為弗吉尼亞貴族的喬治・華盛頓將自由還給了奴隸，傑斐遜卻並沒有作出同樣的選擇。

然而，這些都無法抹殺傑斐遜在闡述自由這一理念之中所發揮的關鍵作用，而直至今日，他的聲音也依舊迴響在我們的腦海之中。儘管他並不認為奴隸制是正確的，但是他同時認為，解放奴隸無論對於奴隸本人還是白種美國人而言都並非是一件好事，除非人們能夠將奴隸重新送回非洲。

全新的憲法

儘管我們可以將傑斐遜視為《獨立宣言》背後的靈魂人物，他卻並未參與起草美國憲法這份《獨立宣言》之後再一次對美國起到塑造作用的文件。1783 年，美利堅合眾國正式脫離英國的統治，成為一個獨立的國家。然而在接下來的四年之中，美國的局勢卻愈發不穩定，國家的命運掌握在逐漸分裂的聯邦國會手中。

當時的人們充分有理由相信這個新成立的國家終究會垮台：一派認為各州的權力應凌駕於中央政府之上，而另一派則認為應當建立一個強大的中央政府甚至是美國君主制，而這兩派之間的爭論也幾乎令國家四分五裂。1787 年春天，制憲會議在費城召開。會議上提出了一份正式的成文憲法，而直到第二年的 6 月，在經歷了漫長的爭論之後，這份法律文件才暫時獲得批准。憲法宣告了一種全新政治體制的誕生。這份文件既是一份權利法案，也是理想政府的藍圖，國家的立法、司法以及行政這三個部門將以分權制衡的模式運行下去。這份憲法對 1791 年法國大革命期間提出的憲法產生了深刻的影響，直至今日都仍舊是此類法律文件的範本。

「未竟之業」

美國的開國元勳曾對國家的發展持樂觀態度，而事實證明，他們的想法也是正確的；然而，他們卻未能解決一個關鍵問題。傑斐遜在《獨立宣言》的初稿之中將奴隸制稱作是「一項可惡的貿易」、「一場針對人性本身的殘酷戰爭」。然而，為了安撫南部的奴隸州以及北部的奴隸商人，這些激進的言論便自宣言中刪除了。近 90 年之後，為結束奴隸制，完成亞伯拉罕・林肯口中《獨立宣言》與美國憲法的「未竟之業」，美國終究付出了一場內戰與 62 萬條生命的慘痛代價。■

喬治・華盛頓

喬治・華盛頓出生於 1732 年。英法七年戰爭（1754–1761 年）期間，華盛頓效力於英國皇室，成績斐然。他曾擔任弗吉尼亞的下議院議員，還在 1774 年和 1775 年兩次代表弗吉尼亞出席大陸會議。美國獨立戰爭爆發後，人們一致將他推選為大陸軍的領導者，而他也勇於承擔起這項責任，以其卓越的創造力取得了非凡的成就，尤其是在戰爭早年的艱苦時期：華盛頓所率領的軍隊「骨瘦如柴」，裝備嚴重落後，就連軍餉都難以得到保障，還不得不在賓夕法尼亞的福吉谷熬過 1777 年到 1778 年那個格外寒冷的冬天。自 1783 年開始，華盛頓試圖在這個全新的國家中建立起一個立憲政體。後來，他成為美利堅合眾國的第一位總統，並在第一輪任期結束後成功連任。1797 年，華盛頓選擇了隱退；當時，傑斐遜領導下的民主共和黨與脾氣火爆的亞歷山大・漢密爾頓領導下的聯邦黨之間的衝突正愈演愈烈。1799 年華盛頓離世。

陛下，
這是一場革命

攻佔巴士底獄（1789年）

背景介紹

聚焦
法國大革命

此前
1789 年 5 月 路易十六召集三級會議。6 月，第三等級代表組成國民議會，以人民之名奪取了政權。

此後
1792 年 4 月 立法議會向奧地利和普魯士宣戰。法蘭西第一共和國宣佈成立。

1793 年 1 月 路易十六遭到處決。

1794 年 3 月 法國恐怖統治（又稱「雅各賓專政」）進入巔峯時期。7 月，雅各賓派的實際首腦羅伯斯庇爾遭到處決。

1795 年 10 月 拿破崙憑藉武力令陷入動盪的巴黎回復秩序。

1799 年 11 月 拿破崙成為法國的實際統治者。

1789 年 7 月 14 日，一羣憤怒的巴黎民眾四處搜尋武器，抵抗傳言中來自皇室的襲擊，保衞自己的城市。他們湧向了崩塌的堡壘巴士底獄，殺死了監獄的管理者和守衞士兵。這一反抗皇權的暴力行為已經成為法國大革命的標誌。法國大革命不僅席捲了整個法國，還震顫了整個世界。革命中傳達出的思想標誌着歐洲的君主專制開始走向終結，也激勵人們用另一種更為民主的政府取代皇權。

法國大革命最初的目的是希望能夠掃清貴族的特權，建立一個以啟蒙運動時期自由、平等、博愛等原則為基石的全新國家。然而，儘管大多數人在革命剛剛開始的時候都保持着樂觀的態度，但是革命很快便淪為一場持續數年的暴力衝突，並最終在拿破崙·波拿巴的獨裁統治之下才得以結束。直至今日，法國大革命始終都是一個充滿了困惑與混亂的故事，一個特權階級舊秩序與在暴力之中謀求創

法國大革命是人類歷史上自基督降臨以來最偉大的進步。

——維克多·雨果，
《悲慘世界》(1862 年)

造新秩序的新世界之間相互碰撞的故事。

混亂之中的國度

法國國王路易十六是一位善良卻優柔寡斷的君主。他幾乎不具備處理危機的能力，更不要說是一場同 1789 年法國大革命這般巨大的危機。在 17 世紀，路易十六的曾曾曾祖父「太陽王」路易十四在法國確立了君主專制制度，將國家的所有權力集中在國王手中，而他

啟蒙運動時期的思想令人們渴望建立起一種基於**自由**之上的**全新政治秩序**。

→

法國出現**政治危機**，人們突然看到了**推翻舊秩序**的希望。

→

一羣暴徒攻佔了巴士底獄。

↓

人們嘗試建立起一個**全新的社會**：君主制被推翻，共和國宣佈成立。

←

之後便是一段**社會動盪、暴動不斷**的時期，法國爆發了**內戰**，國家還接連下達了一系列**處決令**。

←

大革命背後**自由、平等、博愛**的思想不僅改變了法國，也改變了整個世界。

參見：法國路易十四開始專制統治 190 頁，魁北克戰役 191 頁，狄德羅發表《百科全書》192~195 頁，《獨立宣言》的簽署 204~207 頁，滑鐵盧戰役 214~215 頁，1848 年歐洲革命 228~229 頁。

攻佔巴士底獄標誌着法國大革命正式開始。1789 年 7 月時，獄中僅關着七名犯人，然而巴士底獄的陷落卻具有格外重大的意義。

殿進行了一番徹底的洗劫。這些人將凡爾賽宮守衛的人頭割了下來，釘在木椿之上，並在路易十六及其家人被人護送回巴黎的途中手舉人頭示眾，而這一事件似乎也預兆着即將到來的一連串暴力與恐怖。

推翻現有的皇室統治並非是一件難事，真正困難的是建立新的政權。多數人都認為建立君主立憲政體是解決之法。在這樣的情況下，法國陷入了一種兩難境地，一批人傾向於君主立憲這種相對溫和的選擇，而另一批人則支持建立一個更為激進的共和制國家。

法蘭西第一共和國

從關鍵層面看來，路易十六的統治似乎終將走向終結，然而這位

在凡爾賽的宮殿既是全歐洲最華美的宮殿，同時也是捍衛貴族特權的堡壘。

因此，在路易十六統治下的國家，貴族們拒絕交出自己的特權，而國家的稅收近乎全部來源自受到壓迫的農民階級，法國實際上已經進入破產狀態。18 世紀末，法國人口迅速增長，然而不同於英格蘭，法國並沒有經歷過農業革命，一場荒年便有可能為這個國家帶來致命的打擊。人們挨過了幾乎顆粒不收的兩個夏季，卻又迎來了 1788 年與 1789 年兩個格外艱苦的冬季，法國國內出現了大規模的饑荒。

國王的反應

面對國內嚴重的金融危機，路易十六一面迫切地籌募資金，一面試圖維持自己的統治權力。於是，

他召集了所謂的三級會議。三級會議的參會者包含第一等級的教士、第二等級的貴族，以及第三等級的市民（實質上主要由中產階級律師組成）。1789 年 5 月 5 日，三級會議在凡爾賽宮正式召開。會議剛開始，貴族與教士便試圖宣稱，相比於平民，自己投出的票應當佔有更高的權重。針對這一情況，平民在 6 月 17 日宣佈成立國民議會，將權力授予自身，而非王室。到了 8 月，法國鄉村開始出現大規模農民起義，於是，國民議會廢除了封建稅收，剝奪了貴族的特權，還發佈了後來的《人權宣言》，對人民的基本自由加以維護。

1789 年 8 月，事件的發展突然開始加速。巴黎出現糧食短缺問題，而憤怒的民眾大批湧入凡爾賽宮，迫使皇室遷移至巴黎，還對宮

> 恐怖統治不過是急速、嚴苛而僵化的正義；這樣說來，它其實是美德的產物。

——馬克西米連·羅伯斯庇爾
（1794 年 2 月）

國王卻並未完全放棄重樹威信的希望。此前便有大批法國貴族（政治流亡者）逃出法國，唯恐革命會令國內變得不再安全。為說服歐洲其他政權，尤其是奧地利（奧地利的皇帝是法國女王瑪麗·安托瓦奈特的哥哥），他們開始煽動反革命情緒，卻並未成功，反而進一步加深了法國人將革命進行到底的決心。

1791年6月，路易十六試圖逃走，卻在靠近低地國家的邊境地區遭到攔截，復又被帶回巴黎，淪為了「無套褲漢」（一羣越發暴力、越發政治化的平民，得名於他們鬆垮的條紋褲子）的笑柄。巴黎不同敵對政治派別之間的狀態愈發僵持，吉倫特派與更為極端卻擁有無套褲漢與法國政府支持的雅各賓派便是如此。

外部威脅

無論當時的法國社會有多麼動盪，人們仍舊在努力建立起一個全新的社會秩序。1791年9月，法國成為君主立憲制國家。同王室一樣，教會的特權地位也被迫終結，儘管這也引發了持久的動盪與暴力。同樣值得一提的是，公民的言論出版自由也在此時得到了維護。

與此同時，革命中的法國還面臨着來自奧地利和普魯士的外部威脅。這兩個國家都決心重新在法國建立世襲君主制，通過這種方式預先扼殺本國的革命傾向。1792年4月，法國同時向奧地利和普魯士宣戰，這場戰爭持續了二十三年之久。到了8月，奧地利與普魯士聯軍已經行進到距離巴黎160公里的地方。

整個城市陷入了一種歇斯底里的情緒。一羣暴民湧入皇室家族所在的杜伊勒里宮，對那裏的瑞士守衛進行屠殺。而在一個月之後，民眾又發起了第二輪殺戮行動——9月大屠殺，殺死了所有可能支持保皇黨的人。1792年9月同時也見

> 因此，立法者們，請將恐怖政治提上日程！……法律的利刃始終都應在有罪之人的上空盤旋。
>
> —— 公安委員會（1793年9月）

證了經直接選舉產生的國民公會以及法蘭西第一共和國的誕生。公會通過的第一項法令便是將路易十六以叛國罪推上審判台。1793年1月，路易十六遭到處決，成為斷頭台之下最早的犧牲品。

危機感持續攀升。1793年4月，為捍衛革命，公安委員會正式成立。在接下來一年左右的時間裏，公安委員會在其主席馬克西米連·羅伯斯庇爾的領導下成為法國實質上的管理機構。然而，這一機構雖如曇花一現，卻為法國帶去了毀滅性的打擊，它開啟了恐怖統治。國內的反革命運動遭到了殘酷的鎮壓，尤其是在西南部的旺代地區，那裏的死亡人數甚至達到30萬人。事實證明，教會成為鎮壓者最大的目標。恐怖統治下的主要受害者並非是殘存下來的貴族，而是在羅伯斯庇爾看來心思並不單純的

路易十六於1793年遭到處決。處死路易十六時所用的是當時唯一的行刑工具（無論皇族還是乞丐）——斷頭台，而這也是為了進一步強調平等這一革命原則。

法國大革命的初衷是為了建立一個嶄新的國家，並將啟蒙運動時期中的自由、平等與博愛等原則作為國家的根基。

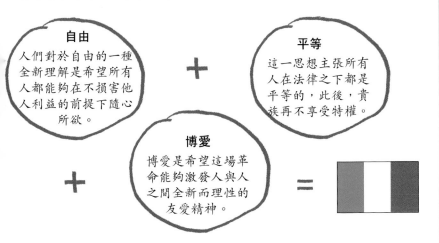

自由
人們對於自由的一種全新理解是希望所有人都能夠在不損害他人利益的前提下隨心所欲。

+

平等
這一思想主張所有人在法律之下都是平等的，此後，貴族再不享受特權。

+

博愛
博愛是希望這場革命能夠激發人與人之間全新而理性的友愛精神。

=

馬克西米連·羅伯斯庇爾

人，其中幾乎包括了他的所有政治對手。羅伯斯庇爾一心追求的革命純潔在其於 1794 年創建出「最高主宰教」這一全新宗教時進入了一個荒謬的高潮時期。羅伯斯庇爾希望這個宗教能夠成為愛國與革命的核心，激勵人們追求這兩種美德，並以一種讚頌宇宙自然之法的理性信仰取代天主教教會的迷信。最高主宰教中透露出的狂妄自大促成了羅伯斯庇爾的垮台，而到了 1794 年的 7 月末，他也被推上了斷頭台。

重塑秩序

伴隨着殺戮的結束，尤其是伴隨着 1795 年年底督政府的建立，社會秩序得以重塑。很明顯，這在某種程度上還應歸功於督政府傾向於利用武力對抗巴黎的暴民。這些命令都是由拿破崙·波拿巴下達的。

除此之外，大規模徵兵後得以擴充的法國軍隊逐漸開始扭轉前期的敗局，顯然，他們已經做好準備，將革命帶入一片全新的領域。

此時的法國儼然甚有力量，他們進一步強調萊茵河地區是其「自然邊境」，然而事實上，這只是法國希望能夠將統治區域延伸至德國的大膽擴張行為。待至 1797 年，法國已在低地國家和意大利北部大敗奧地利，隨時做好了維護自身在歐洲地區固有霸主地位的準備。

歷史意義

無論法國大革命具有怎樣的重要意義，它始終都是歷史所爭論的焦點。大革命的理論目標十分清晰——結束壓迫公民的君主制度以及根深蒂固的特權制度，建立代議制政府，捍衛普遍權力。然而，現實卻常常是混亂而充滿暴力的。

不僅如此，至 1804 年，拿破崙已經成功建立起自己的專制統治。但是即便到了 20 世紀，法國大革命依舊深刻影響着這個社會。那是一個關鍵的時刻，一個人們堅信自由應成為文明世界之根基的時刻。■

馬克西米連·羅伯斯庇爾（1758－1794 年）是一名律師，也是 1789 年三級會議中第三等級的代表。他是恐怖統治的締造者之一，而這一統治在 1793 年 9 月至 1794 年 7 月始終籠罩着整個法國。羅伯斯庇爾是被剝奪財產之人權利的堅定捍衛者，也是一名極為出色的演說家，能夠憑藉令人驚嘆的激烈演說將其支持者與反對者煽動起來。除此之外，他也是革命戰爭的堅決反對者，在他看來，一支實力強大的軍隊一不小心便會成為反革命熱情的來源。至少是在最初的時候，羅伯斯庇爾也反對死刑。然而，他的轉變決絕得令人震驚。他逐漸相信恐怖統治是推進革命的最有效方式，而在那之後，他便開始堅決貫徹這一原則，聲稱恐怖是美德的自然根基，也應成為革命的驅動力。此後，那些為追求所謂「大局」而選擇捍衛國家暴力的人，始終都將羅伯斯庇爾奉為令人膽寒的恐怖統治先驅者。

我定要將歐洲的所有民族合為一個民族，令巴黎成為整個世界的首都

滑鐵盧戰役（1815年）

背景介紹

聚焦
大革命戰爭與拿破崙戰爭

此前

1792 年 針對法蘭西共和國的法國大革命戰爭正式打響。

1799 年 拿破崙在一次軍事政變中掌權。

1804 年 拿破崙自封為「法國人的皇帝」。

1805 年 英國在特拉法爾加海戰之中擊敗了法國和西班牙。

1807 年 法國入侵葡萄牙。

1809 年 拿破崙在其最後一次重要勝利中擊敗了奧地利。

1814 年 拿破崙在經歷了一系列戰敗後退位。

此後

1815 年 拿破崙最後一次遭到流放，波旁王朝復辟。

1830 年 波旁王朝的統治遭到推翻。

法國**大範圍徵兵**，其所創建的軍隊規模之龐大史無前例。

拿破崙稱帝，發誓要**讓法國重新站上**歐洲的**頂峯**。

俄國的入侵令**拿破崙捉襟見肘**，法國的人力資源也已走向枯竭。

大規模征戰創造出了一個自查理大帝時期以來最為龐大的**歐洲帝國**。

法國再也**無力維持**軍費開支巨大的拿破崙征戰。

拿破崙最終在滑鐵盧一役中失敗。

1815 年 6 月 18 日，拿破崙·波拿巴在布魯塞爾以南的滑鐵盧戰役中敗北，這一事件將拿破崙推下了法國的皇位，也結束了歐洲境內長達 23 年的戰爭。這是一場漫長而艱難的對戰，地面被雨水打濕成泥，

英國、荷蘭以及普魯士方面的 11.8 萬名士兵終於擊敗了拿破崙草草召集起來的 7.3 萬名法國士兵。

1792 年爆發的法國大革命戰爭旨在將革命原則傳遞給鄰邦，保衛法國不受其敵人的侵襲。而在拿破崙的統治下，這場戰爭儘管在名

參見：法國路易十四開始專制統治 190 頁，魁北克戰役 191 頁，狄德羅發表《百科全書》192~195 頁，《獨立宣言》的簽署 204~207 頁，攻佔巴士底獄 208~213 頁，1848 年歐洲革命 228~229 頁。

拿破崙·波拿巴

拿破崙·波拿巴（1769–1821 年）出生在科西嘉島阿雅克肖城一個沒落的意大利貴族家庭。1785 年，他進入法國軍隊服役，積極支持法國大革命。1796 年，26 歲的拿破崙被任命為意大利方面軍的總司令，率軍取得了一系列令人矚目的成就。兩年之後，拿破崙帶領法國軍隊入侵埃及，卻以失敗告終。

後來，拿破崙愈發堅信自己終將做出一番大業。待至 1800 年，已經籌劃過一次政變的拿破崙掌握了法國的大權，也將在未來掌控整個歐洲。他

既是一位才華橫溢又精力充沛的統治者，也是一位這樣的士兵。統治期間，他最為不朽的革新之舉便是在 1804 年推出了《拿破崙法典》，而這部法典直至今日仍舊是法國法律的基石。1814 年，拿破崙被迫退位，後又被流放至地中海地區的厄爾巴島；但他成功自那裏脫逃，這才有了後來他在滑鐵盧一役中的最後一次戰敗。1815 年，拿破崙被發配至西太平洋上的聖赫勒拿島，六年之後在那裏去世。

義上是大革命戰爭，實際上卻已經成為以征戰為目的的戰爭。

重塑歐洲大陸

大革命戰爭期間，法國已經在意大利北部和低地國家建立了姐妹共和國；在拿破崙的統治之下，其中的許多國家都被改造成了王國，王國的君主也來自這位皇帝的家族。以犧牲普魯士為代價，德意志境內的許多國家都遭到了瓜分，成為法國的傀儡國，而擁有八百年歷史的神聖羅馬帝國也不復存在。這些都是一番征戰之後法國邊界線周圍的國家：神職人員的權力遭到了削弱，農奴制被廢除，貴族也不再享有特權。

拿破崙之所以能夠一次又一次地在征戰中大獲全勝，不僅應歸功於其卓越的軍事才華，還應歸功於法國軍隊的大規模擴充。在一眾國家之中，只有英吉利海峽庇護下的英國沒有被法國擊敗，而 1805 年西班牙南部特拉法爾加海戰之中的

勝利也鞏固了英國作為海事強國的地位。然而僅有強大的海上實力並不足以擊敗拿破崙；英國所扮演的關鍵角色便是為對抗法國的一個又一個聯盟提供經濟支持。

為應對這一情況，拿破崙開始實行「大陸經濟封鎖」政策，禁止歐洲大陸與英國進行貿易往來。然而，葡萄牙和俄國卻繼續同英國維持着貿易合作，於是，拿破崙便分別在 1807 年和 1812 年對這兩個國家發動了侵略。

越來越多的國家開始反抗拿破崙的統治；西班牙發起了一場殘暴的游擊戰，榨乾了法國的資源，成為拿破崙口中的「西班牙潰瘍」。

最後的挫敗

拿破崙令整個世界產生一種「法國所向披靡」的感覺，在這樣的氛圍下，他最終所遭受的那場敗仗也就格外使法國受創。1812 年，他率領 45 萬名士兵對戰俄國，但最終倖存下來的不足 4 萬名士兵。

拿破崙過高地估計了自己。在 1813 年的德國萊比錫戰役之中，奧地利、普魯士、俄國以及瑞典聯軍的人數是法國軍隊的三倍，而這也是拿破崙的第一次慘敗。待到滑鐵盧戰役之時，雙方兵力的差異也縮小到了兩倍，但拿破崙的軍事才華卻終究未能令他扳回一城，於是，他的帝國野心也深深跌入滑鐵盧的泥淖之中。■

所有法國人隨時都應做好應征服役的準備。

——《徵兵宣言》(1793 年)

讓我們拋卻恐懼，奠定美國自由的基石，遲疑便等同於滅亡

玻利瓦爾建立大哥倫比亞（1819年）

背景介紹

聚焦
拉丁美洲的獨立

此前
1807－1808 年 拿破崙領兵入侵伊比利亞，伊比利亞在南美洲的殖民地出現統治危機。

1819 年 西班牙被驅逐出其從前的行省新格拉納達，哥倫比亞共和國宣佈成立。

此後
1822 年 葡萄牙同意巴西成為君主立憲制國家，由佩德羅一世進行統治。

1824 年 西班牙在秘魯投降，而他們的新大陸帝國也就此崩塌。

1830 年 哥倫比亞共和國分裂。厄瓜多爾、哥倫比亞和委內瑞拉成為獨立的國家。

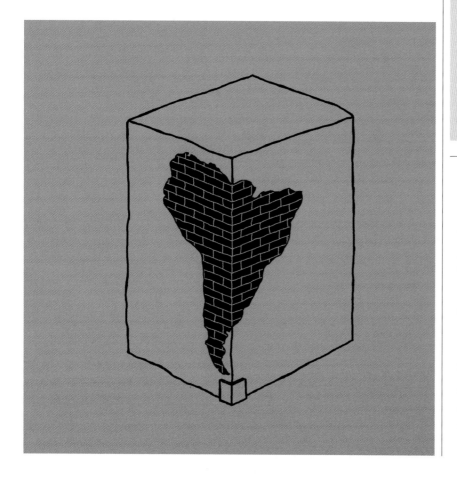

1819 年，西蒙・玻利瓦爾這位自封的「解放者」建立了哥倫比亞共和國，也就是我們後來所說的大哥倫比亞，而這個國家的建立也是拉丁美洲獨立過程中的一個關鍵時刻。

及至 1825 年，南美洲大陸已經成功結束了持續時間近 300 年的西班牙與葡萄牙統治。巴西於 1822 年贏得了獨立，且這一過程相對輕鬆，並沒有發生大規模的流血衝突。但是其他地區的情況則更為複雜，它們獲得獨立的過程也更為漫長且充滿了暴力。當時的社會由許多不同的階級和種族所構成，

參見：《獨立宣言》的簽署 204~207 頁，攻佔巴士底獄 208~213 頁，《廢除奴隸貿易法案》226~227 頁，墨西哥革命 265 頁。

政治自由理念開始在西班牙和葡萄牙的**南美地區**殖民地中傳播。

這些觀念**動搖了西班牙**在這片大陸上的**統治根基**。

南美地區爆發了抵抗殖民力量的激烈戰爭，在這樣的環境之下，大哥倫比亞這一全新的獨立國家誕生了。

這個新國家面臨著**分裂和動盪**。政治內部鬥爭逐漸令人們失去了統一的希望。

因種族問題與社會問題而處於**混亂**狀態的**南美洲地區**始終都在**抗爭**，試圖**維護自身的**經濟以及政治權利。

西蒙·玻利瓦爾

1783 年，西蒙·玻利瓦爾出生在委內瑞拉的加拉加斯市，他的家族是當地最為古老、也最為富有的貴族家族。玻利瓦爾在歐洲接受了教育，並在那裏自美國革命和法國革命中汲取了共和制觀點。

1810 年，玻利瓦爾在加拉加斯市一次夭折的起義中開展了自己的革命生涯。1814 年，極具領袖風采的玻利瓦爾自封為「解放者」，還成為委內瑞拉共和國這個新國家的元首。1817 年，他部署了一次大膽的行動，入侵哥倫比亞，並在 1824 年繼續向厄瓜多爾和秘魯推進。玻利瓦爾夢想着能夠將除阿根廷、巴西以及智利之外的整個南美地區統一為一個巨大的共和國。然而，他的獨裁傾向以及手下軍隊的殘暴行徑最終引發了國內的不滿情緒，直接導致了 1830 年大哥倫比亞的分裂，而玻利瓦爾本人也於同一年離開了人世。

其中包括歐洲統治者、印第安原住民、黑人，還有混血人種，這些人似乎永遠無法共同組成一個和諧的政治整體。大哥倫比亞這個共和國始終飽受激烈爭端的困擾，很快便在 1830 年分崩離析。

巴西的獨立

儘管南美洲的獨立在某種程度上也是受到了美國革命與法國革命中自由信條的影響，然而其背後的原因卻並不總是為了追求社會正義或是建立代議制政府。我們暫且不論 1810 年與 1813 年兩次夭折的墨西哥革命，南美洲的革命都可被歸類為平民同統治精英之間的權力鬥爭；可以說，這些革命的目的從來都不在於像法國大革命一樣，以自由原則改造社會，從而引發社會變革。話雖如此，推動南美洲革命向前發展的力量也絕對與拿破崙戰爭的影響離不開關係。1807 年，拿破崙入侵葡萄牙，迫使葡萄牙國王若昂六世及其王室成員逃往葡萄牙在巴西的殖民地。後來，即便是 1815 年拿破崙倒台之後，若昂六世也始終待在巴西，直到 1821 年才正式返回葡萄牙。然而，他的兒子佩德羅卻繼續留在了巴西。

同西班牙在拉丁美洲的殖民地

還包括得克薩斯州的大部分地區。正是在那裏，事件開始發生轉變。1810 年，一位名為米克爾・伊達爾哥的神父對墨西哥的不平等狀況倍感震驚，於是便率領民眾起來反抗，然而到了第二年，這場革命便遭遇了殘酷的鎮壓，伊達爾哥本人也遭到了處決。1813 年到 1815 年，由另一位天主教神甫何塞・莫雷洛斯率領的民眾起義也同樣遭遇了鎮壓。1821 年，墨西哥終於獲得獨立。當時，墨西哥將軍阿古斯汀・德・伊圖爾維德領兵對抗西班牙。第二年，伊圖爾維德將自己封為了墨西哥的皇帝，然而他的統治時間甚至還不滿一年。待至 1838 年，墨西哥已經丟掉了自己在中美洲地區的所有領土，而到了 1848 年，就連北美洲地區的領土也不再屬於墨西哥人。

一樣，巴西也由擁有土地的上層人物所掌管，而在經歷了一代又一代人的統治之後，現任統治者之中的大多數也都是出生於南美洲。這些人逐漸無法接受最高統治權掌握在遠方王室手中這一事實。

南美洲革命與美國革命有很多相似之處；然而不同的是，美國革命爭論的焦點是生而自由之人的基本自由，但是在巴西，革命的焦點問題卻並沒有那麼宏大，巴西人在意的只是誰來統治的問題。

1822 年，為維護出生在本地的貴族的利益，佩德羅宣佈將巴西獨立為一個君主立憲制國家，自己則是這個國家的皇帝。然而我們很難將這次革命視為一次真正意義上的革命，因為巴西雖獲得了獨立，但真正獲益的卻仍舊是那些手中已然握有權力的人。此外，這次革命之中還存在一個顯而易見的問題：革命並未改變巴西的社會秩序或是經濟秩序，奴隸制依舊合法，直到 1888 年才得以廢除，而這一問題在當時的西方世界卻早已得到解決。

統治西班牙殖民地

一方面而言，西班牙殖民地爭取獨立的驅動力是統治階級克里奧爾人（出生在本地的西班牙後裔）維護自身利益的願望，尤其是經濟利益。當時的西班牙對南美洲的貿易進行嚴格的控制，還制定了苛刻的稅收政策，而這極大地損害了殖民地的利益。然而從短期看，殖民地的獨立也同拿破崙的侵略戰爭不無關係。1808 年，拿破崙入侵西班牙，推翻了西班牙國王斐迪南七世的統治，意欲扶植自己的兄長約瑟夫。

儘管南美洲的解放者將約瑟夫視作取代斐迪南七世專制統治、建立公正社會新秩序的先驅者，但是在殖民地那些擁護君主制的人看來，這樣的自由化傾向會從根本上威脅社會的穩定。於是，內部鬥爭的種子悄然開始生根。

墨西哥的社會革命

當時的墨西哥是新西班牙的總督轄區，地域廣闊，幾乎從如今的懷俄明州一直延伸至巴拿馬，其中

為了我的家族、我的榮耀、我的上帝，我發誓要為巴西帶來自由。

—— 佩德羅王子，
未來的巴西國王佩德羅一世（1822 年）

> 願奴隸制不復存在，各
> 個等級之間也不再有所區別。

—— 何塞·莫雷洛斯，1813–1815 年
墨西哥起義(以失敗告終) 的領袖

大哥倫比亞

西班牙在南美洲地區的殖民地包含三大總督轄區：新格拉納達、秘魯以及拉普拉塔，然而在這三個地區，事情的發展軌跡卻大相逕庭。這其中的重要人物是西蒙·玻利瓦爾。玻利瓦爾出生在如今的委內瑞拉，他是一名克里奧爾貴族，接受過良好的教育，曾多次前往歐洲，對於建立在法國大革命之上的現代國家建構模型十分狂熱。他尤其相信人們可以通過建立共通的南美洲身份認同感來將不同的民族團結在一起，維護南美洲的利益，而若要建立這樣的身份認同感，首先便需要建立起一個龐大的南美洲國家。這個國家即後來的大哥倫比亞，其疆域涵蓋了南美洲北部的大部分地區。

玻利瓦爾希望能夠為南美洲地區爭取到獨立，然而這一願景卻常常與一系列政治現實相衝突。例

阿亞庫巧戰役 (1824年) 見證了西班牙軍隊在南美洲解放部隊手下的失敗。這場戰役標誌着西班牙在秘魯以及南美洲地區統治的結束。

如，1824 年，玻利瓦爾率軍分別從南北進行包夾，最終在安第斯山脈中部地區徹底擊潰了西班牙在秘魯的剩餘要塞。

玻利瓦爾是一位理想主義者，同時也堅決反對奴隸制。在他看來，那樣一片迥然不同的土地和那樣一羣迥然不同的人民只能由一個強大的中央政府進行統治。他將自己視為天生的領導者，便提出要擔任大哥倫比亞的終身總統。然而，這一點卻招致了激烈的反對。

大哥倫比亞的分裂

1830 年，年僅 47 歲的玻利瓦爾因感染肺結核而離開人世，而當時，大哥倫比亞已經四分五裂。可以說，這樣的結果還應歸結於當時歐洲已經多少顯露出端倪的民族主義。具體而言，大哥倫比亞的分裂是因為人們無法就國家的未來發展達成統一意見：一些人認為國家應奉行政治自由，一些人認為統治還應以保守為佳，而另一些人則支持

建立專制獨裁的統治。尤其是委內瑞拉，這個國家在 19 世紀經歷了激烈的戰爭，據估算，戰爭期間的死亡人數很可能達到了一百萬人。大哥倫比亞缺乏明確的發展方向，而這也導致了未來一個多世紀之中的社會動盪與不平等。除此之外，這樣的環境之下也誕生了數位獨裁軍事領袖，為土地所有者謀求利益。軍隊和農民毫無效率地在大莊園中工作，其中收穫的利益則落入了殘暴土地所有者手中。

1910 年，墨西哥掀起了進一步的革命熱潮。究其原因，當時的國家正陷於兩種不同的政體之中，左右為難。

當時的南美洲社會極度不平等，人們無法就國家的發展命運達成共識，各派之間常常以暴力手段相互競爭，維護自己一方的特殊利益，而這又進一步削弱了國家的力量。在這樣的社會現實中，玻利瓦爾永遠無法實現自己的抱負，建立起一個嶄新而獨立的南美洲。∎

沒有幹勁的人生是罪疚

斯蒂芬森的「火箭號」投入使用 (1830年)

背景介紹

聚焦
工業革命

此前

1776 年 亞當・斯密發表了作品《國富論》。

1781 年 瓦特發明了第一台旋轉運動式蒸汽機；英格蘭的科爾布魯克代爾搭建起了世界上第一座鐵橋。

1805 年 連通了伯明翰與倫敦的「聯結運河」正式竣工。

1825 年 世界上第一條商業管運的蒸汽火車鐵路建成通車，將史托頓與達靈頓連接在了一起。

此後

1855 年 貝塞麥酸性轉爐煉鋼法面世。

1869 年 第一條橫跨大陸的鐵路在美國落成。

1885 年 德國將世界上第一台實用的汽油動力內燃機安裝到了機動車上。

西方的**一場科技革命**令人們產生了一種自己可以**進一步理解**並**進一步開發**這個世界的想法。

蒸汽動力機器的進步推動了**工廠化大規模生產**的發展。

斯蒂芬森發明的「火箭號」機車開啟了一個更為快捷，也更為可靠的交通運輸新時代。

西方強勢向世界上的其他地區施加影響，創造出了一個**相互連接的全球市場**。

工業化社會**對於化石燃料的依賴**對**自然環境**造成了巨大的壓力。

1830 年 9 月 15 日，世界上第一條商業客運鐵路——利物浦及曼徹斯特鐵路正式建成通車，而奔馳在這條鐵路上的便是喬治・斯蒂芬森發明的「火箭號」蒸汽機車。利物浦及曼徹斯特鐵路全長 56 公里，其上運行着同為斯蒂芬森所設計的火車頭，行駛速度可以達到每小時 48 公里。

斯蒂芬森「火箭號」的面世標誌着人類自農業社會向工業社會的轉變，不再依賴於風車、水車、馬匹以及其他力畜，而是能夠利用蒸汽機生產出從前難以想像的大量動力，這樣的轉變即使到了今日都仍舊算得上是世界歷史在過去二百五十年間的一大重要發展。

背景

工業化進程最早起源於 18 世紀中後期的英國，而這一進程的開始還應歸功於 17 世紀末期歐洲的科學革命。此外，首先出現在荷蘭，後才傳播至英國的金融變革也同樣功不可沒：獲得貸款更加容易，而這也提升了企業活動的活力。在這一時期，愈發富有的中產階級不斷尋找着可供投資的目標。

工業革命的第三個驅動力是農業革命。這一進程起源於荷蘭和英國，那裏的農民逐漸意識到有了輪作法，他們便不必每隔兩年就進行一次休耕。在這兩個國家之中，土地復墾擴大了可供種植的土地面積。這樣一來，農作物產量便得到了提高，而與此同時，人工選擇性繁育也提高了飼養利潤，還增大了家畜的個子，為人們提供了更多的

參見：阿姆斯特丹證券交易所的成立 180~183 頁，牛頓發表《自然哲學的數學原理》188 頁，狄德羅發表《百科全書》192~195 頁，蘇伊士運河的修築 230~235 頁，達爾文發表《物種起源》236~237 頁，埃菲爾鐵塔正式開放 256~257 頁。

食物和羊毛。這一切一切都降低了饑荒爆發的可能性，於是，英國人口迅速增長。而人口的增長反過來也擴大了潛在市場，增加了勞動力。

最後，英國的交通運輸網絡得到了改進，令當時數量空前的商品得以透過更為快捷的速度和更為可靠的方式運送到各地。在 1760 年至 1800 年，英格蘭境內所建造的運河長度達到了 6840 公里。

思想家試圖分析出這種社會變革背後的驅動力。1776 年，蘇格蘭哲學家亞當·斯密發表了《國富論》。這部作品成為日後政治經濟學的發展基石，其中指出利潤動機在經濟活動中扮演着關鍵角色，而提高效率、降低價格則是企業競爭的主要手段。

這一經濟轉型推動了全球市場的形成，而全球市場的形成同時也進一步加深了經濟轉型。全球市場是歐洲殖民帝國迅速發展所帶來的必然結果，殖民活動為生產提供了更多的原材料，也為製造出的商品提供了更加廣闊的市場。在這一時期，人類對於世界的版圖有了更加清晰的認識，造船技術與海上定位技術都得到了進一步提升，這些都為全球貿易的發展提供了便利。

蒸汽動力

然而，經濟轉型背後凌駕一切的力量還要屬蒸汽動力的發展。蒸汽動力在極短的時間內便為英國帶去了徹底的變革，使其成為世界上

> 一百年前的商業仍舊受到地域的局限，然而如今的商業卻已遍及全球。
>
> ——弗蘭克·麥克維，
> 《近代產業制度》(1903 年)

最強大的工業力量，還最終改變了整個世界。儘管如此，假若英國沒有如此大量的煤炭儲備，能夠充分維持蒸汽動力的運作，蒸汽動力的發展或許也就不會對世界產生如此巨大的影響了。煤炭取代木材成為首要的燃料資源是工業發展過程中的關鍵因素。同樣，18 世紀之初焦炭利用水平的提升也令鐵這一新技術之中不可或缺的關鍵原料冶煉起來更加迅速，也更加方便。

1712 年，托馬斯·紐科門建造出了一台「大氣引擎」，而自那以後，科學家先後發明了一系列可靠性不盡相同的蒸汽機。然而，人們真正認識到機器動力的能量，還是在 1781 年詹姆斯·瓦特發明了第一台旋轉運動式蒸汽機之後。最早的蒸汽機主要被人們當作泵來使用，但是瓦特的旋轉運動式蒸汽機

斯蒂芬森發明的「火箭號」是世界上第一條客運鐵路線（連接了利物浦與曼徹斯特）上的蒸汽機車。這張照片拍攝於倫敦英國專利局之外。

卻能夠為機械設備提供動力。1775年，他與馬修・博爾頓合伙在伯明翰創立了一家工程公司，而這家公司共生產了超過 500 台蒸汽機。

1800 年，瓦特的專利權過期，其他人便紛紛開始生產自己的蒸汽機。蒸汽機的普及尤其惠及了西北部的紡織工業，很快，大規模甚至是全方位的機械化工廠生產便取代了小型的家庭製造。至 1835 年，各家紡織廠中的動力織布機總數已超過 12 萬台。當時的紡織工廠已不再需要依靠河流為其提供能源，這樣一來，工廠便可以隨意選址，於是，紡織工廠逐漸集中在了英格蘭北部以及中部地區的城鎮之中，而這些地方很快也在 19 世紀發展成為主要的工業中心。

社會變革

這些新建立起來的城市吸引了大量工人，於是，這裏很快便成為對於勞動力（其中許多都是兒童）而言惡劣生活條件與惡劣工作條件的代名詞。勞動力的湧入創造了城鎮底層階級。直到很久之後，這些工人的生活才得到一點點的改善，而他們也用了很長時間才逐漸意識到，自己應當分享社會變革與經濟變革的成果，而不是單純成為受人剝削的苦工。

更加廣闊的世界

從某種程度上來說，英國直到 1860 年都始終是世界上首屈一指的工業強國與貿易強國，然而其他西方國家很快便也在工業革命之中看到了自身的發展機會。在歐洲大陸上，工業化的前景最初並不明朗，1848 年歐洲革命造成的政治動盪制約了工業的發展，而大多數歐洲國家都未能同英國一樣得以保全自己。但是到了後來，歐洲大陸上工業化的速度便逐漸追上了英國。1840 年，德國與法國的鐵路總長大約都在 480 公里，然而到了 1870 年，兩國的鐵路總長便都達到了 1.6 萬公里。同樣，兩國的生鐵產量也都從 1840 年的 12.5 萬噸上升到了 1870 年的 100 萬噸。然而，發展勢頭最為驚人的還是要數美國。1840 年時，這裏的鐵路總長約

貝塞麥酸性轉爐煉鋼法是由英國工程師貝塞麥所創造的，其目的是將鐵煉成鋼。這項發明極大地提升了從交通運輸到軍事工業等所有工業領域的生產效率。

為 5300 公里，但是到了 1860 年，這一數字便達到了 5.15 萬公里，而到了 1900 年，美國的鐵路總長更是飛速增長至 31.06 萬公里。生鐵產量的增加也同樣驚人：1810 年，

伊桑巴德・金德姆・布魯內爾

偉大而又勤奮的伊桑巴德・金德姆・布魯內爾（1806–1859 年）的身上淋漓盡致地體現出了決心、雄心與遠見這幾項推動着工業革命第一階段不斷向前發展的品質。他創造出了一系列令人驚嘆的「世界之最」——世界上最長的大橋（克里夫頓吊橋）、世界上最長的隧道（威爾特郡的博克斯鐵路隧道），還有世界上最大的船隻（「大東方號」）。1827 年，伊桑巴德被任命為修建泰晤士河隧道的首席工程師。1833 年，他又成為建造大西部鐵路的總工程師；這條鐵路在 1841 年連通了倫敦和布里斯托，而布里斯托的碼頭也是伊桑巴德在 1832 年時主持重建的。在伊桑巴德看來，從倫敦直達紐約這一想法是可行的，於是，他便設計出了世界上第一艘真正投入使用的遠洋蒸汽船「大西方號」。伊桑巴德雖極具遠見卓識，他所主持的許多項目卻都深受工程延誤以及成本超支的困擾。儘管如此，伊桑巴德所設計的不少作品仍舊可被視作世界上最偉大的工程。

美國的生鐵年產量約為 10 萬噸；1850 年時，這一數字就接近了 70 萬噸；而到了 1900 年，生鐵產量便一躍攀升至 1300 百萬噸。

鋼所扮演的角色

大約到了 1870 年，歐洲與美國都開始了第二輪工業化進程，而在這一時期，電、石油、化學製品以及鋼材便開始扮演愈發重要的角色。1855 年以後，鋼的冶煉方式開始發生變革。英國工程師亨利・貝塞麥尋找到了一種能夠令金屬變得更加輕盈、更加結實，用途也更加廣泛的方法。自那以後，鋼鐵逐漸成為工業製造的關鍵。1870 年，世界鋼鐵總產量為 54 萬噸，而在不到二十五年的時間裏，這一數字便攀升至 1400 萬噸。

在 1870 年至 1914 年，德國的工業總產值翻了兩番，逐漸開始威脅英國在歐洲地區的工業霸主地位，而同一時期，美國也迅速成為世界上最為強大的工業國家。1880 年時，英國的鋼鐵產量尚領先於美國，但是到了 1900 年，美國的鋼鐵產量便超過了英國與德國的總和。

與此同時，人們還逐漸開始將蒸汽船投入使用。船隻的前進不再依靠變幻莫測的風，這極大地縮短了航行時間，也使其變得更為可控。同時，船隻的體積也明顯增加。1870 年時，世界上所有蒸汽船的總噸位為 140 萬噸，而到了 1910 年，總噸位便達到了 1900 萬噸。

贏家與輸家

各個國家和地區在工業化過程中的得益並不均衡。南歐的工業化進程起步較晚，俄國也同樣難以同歐洲其他地區並駕齊驅。中國和印度帝國或是不願參與，或是沒有能力參與，拉丁美洲的這一進程始終是斷斷續續的，而非洲地區則受到了技術強國的控制。相比之下，1868 年之後，日本一心追求工業化，而這也令這個國家一躍成為世界強國。

與此同時，工業化也創造出了一種全新的戰爭，一種具有大規模殺傷力的戰爭。工業化進程之中有一件至今都頗具諷刺意味的事情：那些在這一過程之中受益最多的國家反而在後來令事情向不利於自己的方面轉化，他們捲入了兩場世界大戰，部署了極具破壞性的武器，自此泥足深陷。

工業革命為現代世界的建立打下了基礎。這一過程似乎總是充斥着無限的可能性，在一些地區之中，自社會的各方面看來，人民的生活水平都得到了極大的提升，而這在從前的時代幾乎是不可想像的。然而，在生活富足的西方世界，工業革命也為人們帶去了一種物質優越等同於道德優越的錯覺，這不僅令西方統治世界成為可能，更是令這件事情成為他們的必然之選。■

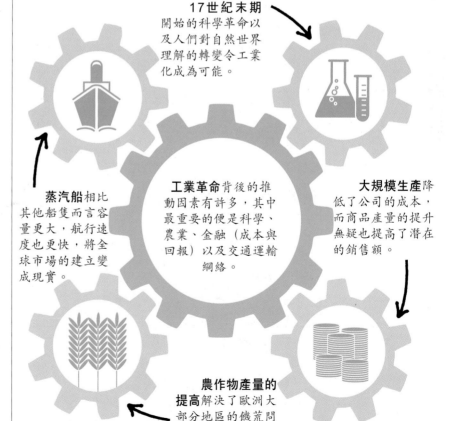

17世紀末期開始的科學革命以及人們對自然世界理解的轉變令工業化成為可能。

工業革命背後的推動因素有許多，其中最重要的便是科學、農業、金融（成本與回報）以及交通運輸網絡。

大規模生產降低了公司的成本，而商品產量的提升無疑也提高了潛在的銷售額。

蒸汽船相比其他船隻而言容量更大，航行速度也更快，將全球市場的建立變成現實。

農作物產量的提高解決了歐洲大部分地區的饑荒問題，同時也直接推動了人口的增長。

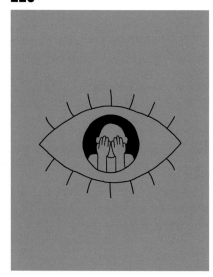

你可以選擇視而不見，但你卻永遠無法再說你並不知情

《廢除奴隸貿易法案》（1807年）

背景介紹

聚焦
廢奴主義

此前
1787 年 廢除奴隸貿易協會在倫敦成立。

1791 年 法屬加勒比島嶼海地（聖多明戈）爆發了奴隸叛亂。1804 年，這一地區成功宣佈獨立。

此後
1823 年 反奴隸制協會成立。這一組織致力於在全大英帝國境內廢除奴隸制。

1833 年 奴隸制在大英帝國全境之內皆成為非法行為。

1848 年 法國的殖民地廢除了奴隸制。

1865 年 美國《憲法》第十三條修正案全面廢除了奴隸制。

1888 年 巴西廢除了奴隸制，而該國也是整個美洲地區最後一個採取這項措施的國家。

英國出現了**激進的自由觀點**，而宗教信仰也認為**奴隸制**是一件**可憎之事**。

商人與**種植園主**拒絕對人們結束奴隸制的呼聲進行回應。

在經歷了幾次議會中的失敗後，《廢除奴隸貿易法案》最終高票通過。

英國的廢奴運動有力地說服他國**抵制運送奴隸的行為**。

1833年，英國**廢除奴隸制**，而美國直至1865年才正式作出同樣的決定。

1807 年美國通過的《禁止奴隸進口法案》以及英國出台的《廢除奴隸貿易法案》標誌着西方思想的急速轉變。即便是在 18 世紀 80 年代的時候，人們仍舊將奴隸貿易視作「正常」的經濟活動。無論是「以自由為構想」的全新國家美利堅合眾國，還是加勒比海地區的歐洲殖民地，這些地方的發展在極大程度上都依賴於在西非地區唾手可得的奴隸勞動力。葡萄牙統治之下的巴西甚至比其他地方更加依賴奴隸。然而，相較於其他國家，英國的處

參見：英國皇家非洲貿易公司的成立 176~179 頁，《獨立宣言》的簽署 204~207 頁，攻佔巴士底獄 208~213 頁，勒克瑙圍攻戰 242 頁，俄國解放農奴 243 頁，葛底斯堡演說 244~247 頁，第二次鴉片戰爭 254~255 頁。

威廉·威爾伯福斯是一位狂熱的基督徒，同時也是一位英國政治家，為廢除奴隸貿易而四處奔走。這幅威爾伯福斯的肖像畫是由卡爾·安東·希克爾所繪製的。

境卻格外尷尬。在那裏，奴隸制不僅從來都不是合法行為（依照 1772 年薩默塞特案的規定，奴隸一旦踏上英國的土地，便可重獲自由，這一事件再次強調了奴隸制的非法性），英國人甚至為自己堅決捍衛基本自由而倍感自豪。儘管如此，英國儼然已經成為西方最主要的奴隸貿易國。這之間的矛盾不僅令宗教人士倍感不滿，也極大地違背了啟蒙運動時期所倡導的政治原則。

全球性變革

對於以威廉·威爾伯福斯與托馬斯·克拉克森為首這樣一羣品格高尚的活動家而言，廢除奴隸制迫在眉睫。很快，他們便發動了一場極具成效的運動，儘管這場運動曾遭到許多人反對，但卻依然贏得廣大民眾與議會的支持。在 19 世紀的大部分時間，英國皇家海軍都始終處於運動的最前線，對那些依舊從事奴隸貿易的商船予以攔截。

這場運動雖由英國作為領頭人，卻也很快得到了其他地區的支持。革命性的法國國民公會於 1794 年正式以法律手段廢除了奴隸制。除巴西以外所有剛剛獲得獨立的拉

> **奴隸制的存在違背了英國憲法以及基督教的原則。**
> —— 托馬斯·福韋爾·巴克斯頓，
> 英國政治家（1823 年）

丁美洲國家亦紛紛在 1810 年之後廢除了奴隸制。

然而，大英帝國雖很早就明確禁止進行奴隸貿易，卻直到 1833 年才正式將奴隸列為非法行為。無論以伊麗莎白·海瑞克為首的新一批活動家付出了怎樣的努力，廢除奴隸制的動機卻不全然是出於人道主義。1791 年爆發的海地奴隸叛亂（最終令海地在 1804 年成為一個獨立的國家）令西方不安地意識到此類起義是很難鎮壓的。而 1831 年英屬牙買加地區爆發的另一場叛亂則令他們更加強烈地意識到了這一點：從長遠看來，奴役奴隸或許會比解放奴隸造成更多的麻煩。

對於地域遼闊、進步思想不斷萌芽的美利堅合眾國而言，奴隸制始終都是這個國家的一塊傷疤。於是，為最終解決這一問題，美國不得不付出了四年內戰與 67 萬人死亡的慘痛代價。■

海地革命

鮮少有哪場起義能夠同海地革命（1791–1804 年）一般，將 18 世紀末時橫掃西方世界的一系列革命之中的矛盾展現得如此淋漓盡致。海地是法國在加勒比海地區的殖民地，也就是人們所說的聖多明戈。該地區的繁榮在很大程度上應歸功於奴隸制。這場起義由重獲自由的奴隸杜桑·盧維圖爾所領導，而起義的動力則來源於美國革命與法國革命。然而，這兩個國家都並未出面支持海地革命：美國唯恐這場運動會對其奴隸州產生煽動作用，而儘管法國曾承諾廢除奴隸制，但它卻依舊擔心這會對國家的貿易帶去損失。就連南美洲地區那些尋求獨立的殖民地也拒絕為海地一方提供支援，擔心這場革命會影響到當地大量的奴隸人口。然而，這些國家臨時組建起來的力量卻未能成功鎮壓海地革命，而這場革命也成為唯一一場孕育出一個嶄新獨立國家的奴隸反叛。

社會一分為二

1848年歐洲革命

1848 年 2 月 24 日，法國「公民國王」路易-菲利普正式退位。此前，巴黎曾爆發民眾抗議活動，抗議政府拒絕採取中產階級以及工人階級所要求的改革措施，實行政治自由，結束社會中存在的不公正現象，而這一活動也是導致路易-菲利普退位的直接原因。國王退位後，法蘭西第二共和國宣告成立。到了 6 月，巴黎工人階級擔心共和國的成立只是用另一個全新的專制統治取代了從前的專制統治，於是便再次起來反抗，然而這一次起義卻遭到

賀拉斯·貝內特所創作的這幅油畫描繪了巴黎蘇福洛路上設置的街壘。1848年6月，自由派共和政府與尋求社會改革的巴黎工人之間爆發了激烈的衝突。

了殘酷的鎮壓。12 月，拿破崙（於1821 年離世）的外甥路易-拿破崙·波拿巴被選為總統。1851 年，路易-拿破崙策劃了一場政變，並在第二年中正式宣佈成為法蘭西第二帝國皇帝拿破崙三世。

縱觀整個 19 世紀，法國始終處於政治動盪之中。1848 年的革命是繼 1830 年類似動亂之後的又一次巨變，而在二十三年之後的1871 年，法國則再次經歷了一場更為暴力的叛亂。

1848 年革命的導火線是前兩個冬季之中的饑荒。這場饑荒令動盪在城鎮貧窮人口之中蔓延，萌芽中的中產階級也開始要求進行自由政治改革。革命的熱情在歐洲大陸上的許多地區燃點了叛亂的火苗，尤其是在德意志聯邦、多民族的奧地利以及意大利。

社會主義的崛起

在 1815 年拿破崙最後一次兵敗的前後，歐洲各國的政治家因對各地爆發的公民起義倍感擔憂而齊聚在維也納，試圖創造出一種能夠

參見：《獨立宣言》的簽署 204~207 頁，攻佔巴士底獄 208~213 頁，千人軍遠征 238~241 頁，俄國解放農奴 243 頁，葛底斯堡演說 244~247 頁，法國重歸共和制 265 頁。

全世界的工人，聯合起來！你們一無所有，能夠失去的只有枷鎖！

——《共產黨宣言》

扼殺這一情況的政治秩序。他們的目標是維護貴族統治精英的利益，維持舊秩序，守護國家的邊境線。

然而，在一系列因素的影響下，全新的政治現實擊碎了他們的願望。與此同時，這一政治現實也是後來所謂民族主義不斷崛起的結果。民族主義是人民的一種權利，是人民維護國家獨立、決定自身未來發展的權利。同民族主義的崛起

同樣重要的是社會主義這一全新政治信條的湧現。社會主義旨在結束工業革命之後愈發嚴重的社會不平等現象，令被迫陷入貧窮的工人不必繼續受到工廠主的剝削。

重建舊秩序

然而事實證明，在 1848 年躁動不安的氛圍中，這些政治目標永遠無法達成。持續不斷的動盪一步步威脅着社會的穩定；於是，相比於積極尋求重建社會秩序、創造全新國家的激進派來說，開明的中產階級更加自然地同現有的政治精英站在了一起，重建社會秩序。

革命中的最終受益者是意大利與德國的王室。與此同時，隨着經濟變革一步步引發社會變革，在西歐的自由民主制國家中逐漸出現了工會組織，而這些組織也逐步改善了從前一無所有之人的生活水平。■

維也納會議試圖將**民族主義**以及**未來反叛**將會帶來的威脅**扼殺**在搖籃之中。

事實證明，**自由主義的成功**是無法撲滅的。民眾對**民族自決權**的呼聲日益高漲。

特別是法國，這個國家在恢復君主制之後出現了一系列**暴力起義**。

1848年的法國革命在德國、奧地利以及意大利境內引發了叛亂。這些叛亂全部遭到了武力鎮壓。

保守派精英利用民眾的**民族主義情緒**推動意大利與德國的**統一**。

《共產黨宣言》

1848 年，《共產黨宣言》在倫敦正式出版，而這一年也正是歐洲捲入一系列革命的一年。儘管這部作品對那一連串動盪產生的影響小得幾乎可以忽略不計，其迴響卻在之後的幾年中極大地震動了整個社會。這本小冊子是兩位德國人的作品——紡織品生產商的兒子弗里德里希·恩格斯與同樣出身富足的猶太學者卡爾·馬克思。1847 年，兩人都加

入了一個半顛覆性的法國組織正義者同盟，也就是後來在倫敦正式建立起來的共產主義者同盟。隨後，恩格斯在馬克思創作其開創性作品《資本論》的過程中始終對其進行資金支持；1867 年，這部作品的第一卷在倫敦正式出版。《資本論》詳盡地向人們揭示了幾個事實：馬克思口中的資本主義自身便包含了致使其最終走向衰敗的種子，而無產階級革命則終將創造出一個沒有階級、沒有剝削，也沒有匱乏的社會。

這一規劃將會帶來巨大的回報

蘇伊士運河的修築（1859－1869年）

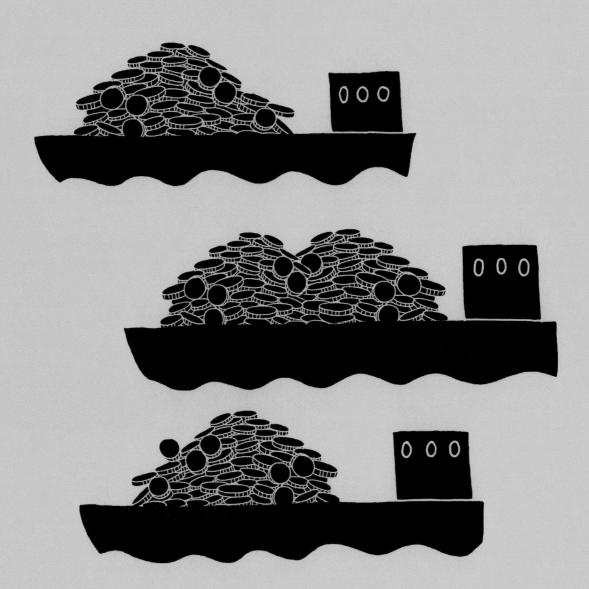

背景介紹

聚焦
帝國經濟

此前

1838 年 人類第一次單純憑藉蒸汽動力橫渡大西洋。

1858 年 第一條跨大西洋海底電纜成功鋪設。

此後

1869 年 蘇伊士運河開通，極大地縮減了歐洲與東方之間的航行時間。

1878 年 歐洲開始實行金本位制；美國也在 1900 年採用了同樣的貨幣制度。

1891 年 西伯利亞大鐵路開建，並於 1905 年正式竣工。

1899–1902 年 英國試圖在第二次布爾戰爭中拿下南非的控制權。

1914 年 連接了大西洋與太平洋的巴拿馬運河正式開通。

工業革命令西方經濟得以**迅速發展**。

新興產業急需獲得**更多的資源**。

新興工人階級不斷追求**消費品**。

發達國家**建立起龐大的帝國**，利用其**殖民地**來發展本國的工業。

科技與運輸業的發展為這一嶄新的全球經濟提供了支持。

蘇伊士運河的修築極大地縮短了海上運輸線路，促進了全球貿易的發展。

1869 年 11 月 17 日，連通了地中海與紅海的蘇伊士運河正式開通，向世界宣告了歐洲，特別是法國，強大的技術與經濟實力。與此同時，運河的修築也令人們看到了全球經濟的迅速崛起，伴隨着世界各地商品的大規模交流，國與國之間的聯繫也愈發緊密。這一過程受到了歐洲殖民力量以及美利堅合眾國的支配，而這些地區也正是全球經濟崛起的最大受益者。除此之外，蘇伊士運河的開通也進一步刺激了歐洲的帝國野心。

蘇伊士運河令倫敦到孟買之間的航程縮短了 41%，而倫敦與香港之間的距離也縮短了 26%。我們很容易便可以看到這一工程對貿易的影響。然而，航行時間的縮短也令印度極其重要市場的防禦變得更加不堪一擊，而這些地方也是英國進行帝國擴張的首要對象。到 19 世紀末期，英國幾乎已經壟斷了整個印度洋地區（至少受到 21 個皇家海軍基地的保護）的貿易；而到了後來，英國先是入侵並佔領了埃及，還在六年之後的 1888 年掌握了蘇伊士運河的控制權，於是，英國更是在印度洋地區貿易中一家獨大。事實證明，在維護英國利益的過程之中，「炮艦外交」絕對是一種行之有效的手段。

巴拿馬運河

蘇伊士運河不過是帝國在維護其貿易利益過程中所修建的一系列

參見：馬可·波羅抵達上都 104~105 頁，阿姆斯特丹證券交易所的成立 180~183 頁，斯蒂芬森的「火箭號」投入使用 220~225 頁，加利福尼亞淘金熱 248~249 頁，明治維新 252~253 頁，埃菲爾鐵塔正式開放 256~257 頁。

大型工程之中的一個。相較之下，1881 年中美洲地區巴拿馬運河的修建則更具難度。這條同樣由法國提議修建的運河連通了大西洋與太平洋，然而其修建過程卻屢遭爭議——當地極其惡劣的氣候環境令超過 2.2 萬名工人丟掉了性命。當法國最終承認失敗後，美國介入了運河的修建，最終於 1914 年 8 月完成了這一工程。巴拿馬運河的修建成為世界上規模最大，同時也耗資最大的工程項目。這條運河也極大地縮短了航行時間，令利物浦到舊金山這條航線的距離縮減了 42%，而紐約到舊金山的距離更是縮短了 60%。

美國的介入

自美國接手了巴拿馬運河的修建之後，這個國家的態度便開始發生重要轉變。這時的美國不僅僅希望能夠進行貿易擴張，更希望能夠擴大國家的海外利益。這一過程開始於 1898 年，當時，美國已經成為一支強大的殖民力量，還自西班牙手中接管了菲律賓群島。

西奧多·羅斯福 (1901—1909 年) 就任總統之後，這一進程急劇加速。他積極倡導美國在拉丁美洲等一系列地區的軍事介入行為，以

蘇伊士運河於 1869 年正式開通，極大地縮短了歐洲與亞洲之間的航行時間。事實證明，這一工程為貿易的發展提供了巨大的助力，而這也反過來促進了科學技術的進步。

維護穩定的方式確保美國的利益。在這一觀念的支配之下，美國海軍大白艦隊的實力得到了巨大的提升。羅斯福的繼任者威廉·塔夫脫則選取了一個更加「合法」的角度，繼續推行這一政策。他主張實施「金元外交」，不僅鼓勵進行大規模海外投資，還由美國政府全力支援，保障美國在拉丁美洲以及遠東地區的貿易利益。

鐵路與電報

同一時期，美國與歐洲都修建了多條重要鐵路。1869 年，總長 3070 公里的中央太平洋鐵路正式通車，首次利用鐵路線將美國的東西海岸連接在了一起。到 1905 年，

　　願上帝保佑，令跨大西洋電報通信能夠成為親緣國家之間永恆的和平與友誼之紐帶。

——美國總統詹姆斯·布坎南，
致維多利亞女王的電報 (1858 年)

　　我們現在所討論的方案是在蘇伊士地峽上修築一條運河。

——斐迪南·德·雷賽布，提議修築蘇伊士運河的法國外交官 (1852 年)

美國境內已經修建了九條橫貫大陸的鐵路線，而加拿大境內也有一條這樣的鐵路。

1891 年至 1905 年，俄國也本着同樣的精神修築了西伯利亞大鐵路。這條鐵路長達 7400 公里，橫跨七個時區，至今仍是世界上最長的連貫鐵路。西伯利亞大鐵路不僅令俄國人開始在西伯利亞這片廣袤的土地上定居，也在俄國入侵中國北部地區的過程中起到了關鍵作用。

電報通信的影響也同樣重要，這一發明令信息得以通過電線傳播出去。19 世紀 30 年代，美國的塞繆爾·莫爾斯發明了這一體系，而第一條電報線路也在 1844 年 5 月完成了架設。在不到十年的時間裏，美國的電報電纜總長便達到了 32200 公里。

1858 年，世界上首條跨大西洋海底電纜完成鋪設，然而這條電纜卻只順利運行了兩周。但是到了 1866 年，人們便成功鋪設了一條全新的電纜，能夠以每分鐘 120 字的速度傳輸信息。待至 1870 年，倫敦與孟買之間已經建立起電報線路。到了 1902 年，美國同夏威夷之間也已經建立了電信聯繫，而這也是世界上首個近即時的國際通信系統。

大東方號

1866 年負責鋪設跨大西洋海底電纜的是「大東方號」，其設計者便是工業革命第一階段之中最具遠見的工程師伊桑巴德·金德姆·布魯內爾。這艘船的設計初衷是使其能夠承載着 4000 名乘客從英格蘭直達澳洲，並在不進行燃料補給的情況下返回英格蘭；可想而知，這一設計構想野心過大，最終成為一個商業上的失敗案例。

然而，「大東方號」的設計卻反映了未來的船隻設計趨勢——更大、更快、更安全。與由鐵鑄成的「大東方號」不同，後期由鋼材打造而成、螺旋槳驅動的船隻顯然更加通用。

蒸汽船與貿易

以大型帆船為運輸工具的航行方式逐漸衰落，而這則進一步變革了帝國貿易。其中頗值得注意的一點便是人們開始使用一系列載客量更大的船隻，而這一轉變在跨大西洋線路上最為明顯。1874 年，動力可達 5500 馬力的英國汽船「不列顛尼克號」創下了八天橫渡大西洋的新紀錄。1909 年，70000 馬力、載客量可達 2000 人的「毛里塔尼亞號」又憑藉 4 天 10 小時的航行時間刷新了這一紀錄，以平均 26 節（每小時 48 公里）的速度完成了

> 儘管黃金和白銀從本質上看並不是貨幣，但是貨幣從本質上看卻是黃金和白銀。
>
> ——卡爾·馬克思，《資本論》

跨大西洋航行。

人們也開始打造主要由冷藏船構成的新型商船。我們可以從這一研發成果中看出技術是如何促進貿易發展、推動全球市場形成的。隨着南美洲、澳洲以及新西蘭人口的不斷增長，當地的牛羊農場也在不斷擴大。與此同時，歐洲的人口也經歷着相同的增長。為這些人提供充足的衣食成為國家的當務之急。人們可以輕易用船隻運輸羊毛，卻無法運輸羊肉和牛肉，因為這類貨物很容易在半路上腐爛變質；然而，這一情況在 1877 年得到了改善——世界上第一艘冷藏船將 80 噸冷凍牛肉從阿根廷運到了法國。待至 1881 年，澳洲便已經開始頻繁向英國運送冷凍肉類。第二年，新西蘭也首次開始利用船隻向外運送羊肉。三個國家的肉類產品出口量皆得到了巨大的提升。

世界各地，尤其是英格蘭西北部眾多紡織工廠（1850 年時，這裏已經承擔起生產全世界一半服裝的重任）對於棉花的需求引發了棉花種植量的攀升。在美國南部各州，

毛里塔尼亞號郵輪建造於英國泰恩—威爾郡的沃爾森德，是當時世界上規模最大、速度最快的大型船隻。1909 年，毛里塔尼亞號郵輪創下了五天之內橫跨大西洋的紀錄。

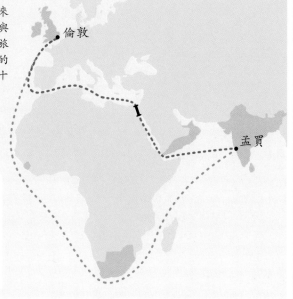

蘇伊士運河大大縮短了來往英國（例如來往英國與印度）的航海時間，令旅程更便捷。10,800海浬的旅程大幅縮短百分之四十至6,200海浬。

▮ 蘇伊士運河
⋯⋯ 經過蘇伊士運河的航線
---- 以往的航線
▮ 被英國統治的國家

倫敦
孟買

原棉產量自 1800 年的 10 萬捆增長到了 1860 年的 400 萬捆。美國內戰期間，南部同盟各州對棉花的出口進行限制，希望能夠藉此逼使歐洲人對戰爭進行干預。然而，這一手段最終卻未能奏效，因為英國的對策不過是放棄美國地區的棉花貿易，轉而增加了印度原棉的進口量。這些棉花經過紡織後，又通過出口回到了印度，而英國則從這之中賺取了巨大的利潤。

世界金融

假若沒有銀行業與金融業的發展，當時的人們便不可能建立起一個那樣複雜的貿易網絡。19 世紀末期成立了許多新興的銀行，而這些銀行中的資本則用於對全世界的公司進行支援。與此同時，倫敦成為世界金融中心。

西方海外投資急速上升。到了 1914 年，美國的海外資產總價值已達到 35 億美元，德國為 60 億美元，法國為 80 億美元，而英國的海外資產總價值更是高達 200 億美元。在這些國家之中，1860 年，北美洲與歐洲北部的年收入已達到 43 億美元，佔世界各地年收入總額的 35%；而到了 1914 年，這一數字則攀升至 185 億美元，所佔比例更是高達 60%。

19 世紀，帝國主義在各國的體現形式不盡相同。舉例而言，在大英帝國，那些以非洲和亞洲國家為首、由歐洲人統治當地原住民的殖民地與那些以加拿大、南非、澳洲和新西蘭為代表、有能力進行自我管理的殖民地之間已經有了明顯的區別。■

南非地區金礦之中的工作環境十分艱苦，而主要由年輕黑人構成的勞動力也遭受了嚴重的剝削，薪酬水平極低。

淘礦熱

進入 19 世紀末，人們對於全新礦產資源的搜尋儼然達到了又一波的高潮，貴重礦產與工業礦產皆是如此。美國、加拿大、澳洲，尤其是南非等地先後發現了鑽石與黃金。1867 年，南非的奧蘭治自由邦發現了鑽石，而到了 1886 年，德蘭士瓦又發現了黃金。這兩個地方都是獨立的布爾共和國，在其正式成為英國開普殖民地前由荷蘭殖民者的後裔所建立。發現貴重礦產之後，奧蘭治自由邦與德蘭士瓦的經濟地位都得到了極大的提升，而英國更是下定決心將其吞併為附屬國。但在這之前，他們不得不先熬過艱難的布爾戰爭，而這場戰爭幾乎將英國的軍事資源消耗殆盡。衝突爆發前後，一大批拿着極低工資的黑人工人對這裏的礦產資源進行了大規模開採，而在事後看來，這波開採高潮在後來南非將種族隔離制度化的過程中起了極為關鍵的作用。

無數最美麗也最奇妙的生物已經經歷，或正在經歷着演化

達爾文發表《物種起源》（1859年）

背景介紹

聚焦
科學進步

此前
1831-1836 年　貝格爾號的航行帶領查爾斯·達爾文這位年輕的自然學家環遊了整個世界。

此後
1860 年　達爾文的理論遭到了英國聖公會的抨擊，而托馬斯·赫胥黎則為其辯護。

1863 年　格雷戈爾·孟德爾向人們展示了遺傳學是如何對所有植物產生影響的。

1871 年　達爾文所創作的《人類的由來》進一步推動了性選擇理論（一個物種之中最為出類拔萃的個體自然會從同性競爭中脫穎而出，通過交配延續這一物種）的發展。

1953 年　DNA 的發現論證了物種身上的特徵是如何通過遺傳傳遞下去的。

地理學家逐漸開始意識到，**地球已經**經歷了人們難以想像的漫長時期，其**存在**時間或許可達**億萬年之久**。

科學家慢慢了解到，地球已經經歷了一系列**巨大的變革與毀滅**。

達爾文的這一著作闡明了**動物物種的多樣性**，並做出了地球上所有生命都**起源於同一個原始種型**這樣的論斷。

查爾斯·達爾文發表了《物種起源》。

現代科學有力地證實了達爾文里程碑式著作中提出的證據以及結論。

19 世紀之中最具影響力的科學家大約要數查爾斯·達爾文了。他原本打算追尋父親的足跡，投身醫藥領域，還曾被送往劍橋大學接受教育，希望能夠成為英國聖公會的一名神職人員。達爾文具有無盡的好奇心，幾乎對所有科學問題都十分感興趣。1859 年，他發表了《物種起源》一書，向人們介紹了一種全新的科學觀點，即後來的進化論。達爾文在這部作品之中提出了一個根本性的問題。這個世界上存在着大量的動物與植物，然而它們都是從哪裏來的呢？

參見：庫克船長的航行 189 頁，狄德羅發表《百科全書》192~195 頁，斯蒂芬森的「火箭號」投入使用 220~225 頁。

又是如何形成的呢？在達爾文看來，這些多元的物種是在很長一段時間裏經歷了演化過程，才變成了如今的模樣；達爾文並非是第一個提出這種觀點的人，然而，他卻無疑是第一個提出闡釋性主張的人，而這一主張便是達爾文口中的「自然選擇」。

自然選擇

達爾文觀點的核心在於他主張所有動物都是自同一個祖先進化而來的；例如，包括人類在內所有哺乳動物的祖先都是魚類。而在一個無時無刻不充滿着暴力的自然世界之中，只有那些適應能力最強的個體才能夠生存下來，並在這一過程之中進化為全新的物種。

達爾文的這些觀點大多數都成形於他的環球航行之中。回到英格蘭之後，達爾文足足耗費了十年時間，對其浩瀚的筆記內容進行補充完善，並一一整理了自己在航行過

加拉帕格斯羣島上的雀科鳴鳥對達爾文的著作產生了重要影響。他在那裏發現的13種雀科鳴鳥都長着不同的鳥喙，而這也是這些鳥類為了捕食不同食物而產生的進化結果。

程之中收集到的樣本。

達爾文的作品引發了巨大的爭議，而這也是意料之中的。基督教觀點原本認為這個世界是由仁慈的上帝所創造，且地球在創世過程之中未曾受到過創傷，也從未經歷過改變；於是可想而知，達爾文的觀點觸怒了他們。然而，無論最初的爭論有多麼激烈，這些觀點卻很快便廣為人們所接受，而人們也逐漸意識到，達爾文對於人類認識世界做出了巨大的貢獻。

科學的主導地位

儘管如此，達爾文主義也存在遭到歪曲的可能。後來所謂的「適者生存」原則便成為帝國主義、種族主義和優生學的有力辯護。

《物種起源》的面世，意味着科學研究獲得了空前的實用價值。隨着整個社會越來越重視科學的發展，達爾文也成為這一學科之中的最後一位「外行」科學家。科學開始在公共生活中扮演愈發重要的角色。待至達爾文離世之時，科學知識不斷發展幾乎已經成為社會的普遍期望。■

查爾斯·達爾文

1831 年，貝格爾號希望能夠在其出海航行之前攜帶一名自然學家，而查爾斯·達爾文（1809－1882 年）不過是當時選擇之中的第五順位。然而無論貝格爾號最終選擇了達爾文這件事情有多麼的偶然，這一經歷卻徹底改變了他的命運。無論是在巴西的叢林之中，還是在阿根廷的潘帕斯大草原或是加拉帕斯羣島的乾旱之地上，達爾文永遠都能從一切令人驚奇的事物之中尋找到快樂。回到英格蘭之後，他立刻便投入到辛勤的研究之中。這位維多利亞鼎盛時代的代表科學家有着大量的私人收入，還擁有一個十分幸福的家庭，而這些都為達爾文的研究提供了極大的助益。雖然貝格爾號上的航行對他的健康造成了極大的損害，對自然世界中幾乎一切學科都保有高度好奇心的達爾文卻依舊做出了偉大的研究成果。儘管當時並沒有甚麼來自異國的東西，但是從鴿子到寄生蟲，再到藤壺和蚯蚓，周遭的一切事物無不令達爾文倍感着迷。

讓我們拿起武器，為同胞而戰

千人軍遠征 (1860年)

背景介紹

聚焦
民族主義

此前

1830 年 希臘自奧斯曼人手中得到了獨立。

1848 年 民族主義革命橫掃整個中歐地區，而意大利則遭受了嚴重的打擊。

1859 年 當時為皮埃蒙特王國所吞併的倫巴第王國將奧地利驅逐了出去。

此後

1861 年 意大利王國正式成立。

1866 年 奧地利被迫將意大利東北部的威尼斯割讓給意大利王國。

1870 年 教皇國併入了意大利。

1871 年 德意志在普魯士的控制之下完成了統一。羅馬正式成為意大利的都城。

1860 年 5 月 11 日，意大利愛國者、游擊戰士朱塞佩·加里波第率領着其在意大利境內招募的軍隊 (由 1000 餘名戰士組成，因此得名「千人軍」)，於當時尚是波旁王朝統治下兩西西里王國一部分的意大利南部西西里地區登陸。他們的目標是推翻波旁王朝的統治，然而卻也並不確定應當以甚麼樣的統治模式來替換現有的統治家族。

同 19 世紀另一位堅定捍衛意大利自由，並曾於 1849 年短暫建立起羅馬共和國的朱塞佩·馬志尼一樣，加里波第一心希望取消皇

參見：攻佔巴士底獄 208~213 頁，1848 年歐洲革命 228~229 頁，俄國解放農奴 243 頁，埃菲爾鐵塔正式開放 256~257 頁，青年土耳其革命 260~262 頁，法國重歸共和制 265 頁，十月革命 276~279 頁，《凡爾賽和約》280 頁。

室、教會以及貴族的特權。與此同時，結束意大利北部奧地利的統治、統一意大利的這一念頭也不斷驅使着加里波第為之奮鬥。人們對於以地理或歷史等共同民族元素為依據、建立全新政治實體的渴望逐漸演變成了後來的民族主義。

達成妥協

1859 年，意大利的大部分地區已經統一為位於意大利西北部的皮埃蒙特-薩丁尼亞王國。這一過程是由該國精明而務實的首相卡米洛·加富爾所主導的，而法國軍隊也通過驅逐奧地利人，為意大利的統一作出了重要的貢獻。

對於加富爾來說，統一併不意

在**法國大革命**的影響之下，**民族自決權**這一觀念開始在歐洲廣泛傳播。

若想自**外來統治**之中解放國家必定要經歷艱苦卓絕的鬥爭，而**希臘獨立戰爭**便是這一過程的縮影。

1848年歐洲革命的失敗體現了**統治精英**對於民族獨立這一觀念的**抗拒**。

加里波第在西西里登陸，推翻了兩西西里王國的統治，然而意大利卻仍舊是一個君主立憲制國家。

德意志在普魯士的干預之下完成了**統一**，以共和國的自由為代價，進一步鞏固了**保守民族主義**。

身穿紅色上衣（其臨時軍隊的象徵）的朱塞佩·加里波第成功推翻了波旁王朝在兩西西里王國的統治，然而卻不得不就政體問題做出妥協。

味着建立一個共和制的意大利，而是建立一個君主立憲制度之下的集權國家。在他看來，這是意大利能夠實現其潛力，繼續推進工業化，同歐洲其他強國相較量的唯一途徑。

當地人紛紛加入了「紅衫軍」，在很大程度上壯大了這一支隊伍。很快，他們便戰勝了兩西西里王國無能的軍隊。

就這樣，意大利完成了統一（威尼斯與羅馬除外，儘管這兩個地方後來也分別在 1866 年和 1870

年加入了意大利），而在決定這一全新國家的政體之時，加里波第意識到，皮埃蒙特人是必定要佔據統治地位的。1860 年 11 月，在加里波第的陪伴之下，維托里奧·埃馬努埃萊二世入主那不勒斯。1861 年 3 月，埃馬努埃萊正式加冕為意大利國王。

目標上的分歧

加里波第與加富爾之間目標上的分歧正反映了 19 世紀歐洲民族主義的核心矛盾。在法國大革命

所倡導的自由以及平等等理念的推動之下,民族主義之中逐漸衍生出一種建立公正社會的理想化觀念。受外來統治所壓迫的民族認為自己理應擁有維護獨立的自然權利。除此之外,民族主義的另一大特徵便是其中一個不切實際的觀點,這一觀點認為人民有權維護自己的歷史命運,自行維持統治,而這便是所謂的獨立。人們不再忠誠於現有的統治王朝,而是將忠誠現給以語言、文化、歷史以及身份認同為基礎而建立起來的民族群體。民族國家這一概念愈發普及,同樣得到普及的則是人們所宣稱的民族自決權。

1848 年,中歐地區以及意大利發起了一場革命,旨在實現這些目標,然而革命終究以失敗告終。這樣的結果彰顯歐洲統治精英反對這一倡議的決心。他們希望能夠維護拿破崙戰敗後,1814–1815 年間維也納會議上建立起的歐洲,一個有著王室統治、跨國帝國、還有法國大革命之前邊境劃分的歐洲。

> 一個注定要創造輝煌、為人類謀福祉的民族終有一天會成為一個國家。
>
> ——朱塞佩·馬志尼(1861 年)

梅特涅的失敗

維也納會議後建立的新歐洲遠稱不上是穩定的,而會議的提議者與組織者、奧地利王子梅特涅後來也這樣承認道:「我這一生都在修補破落的建築。」待至 1830 年時,比利時已經向其上層統治者荷蘭王國發動了反叛;第二年,在英國的支持之下,比利時成功獨立。後來,波蘭也曾兩次發起過這樣的民族主義起義,然而卻都遭到了俄國的殘酷鎮壓。

德意志民族主義

歐洲地區的民族主義情緒愈發高漲,而這也產生了極其重要的影響,尤其是在德意志境內的各個國家之中。1871 年,德意志在其總理奧托·馮·俾斯麥這位普魯士人的領導下成功獲得了統一,而德意志帝國的成立也將歐洲帶入了一個嶄新的時代。對於俾斯麥而言,統一所帶來的益處十分明顯,而這對於加富爾也是一樣。德意志的統一能夠幫助這個民族展現出自身的民族性,滿足其強化哲學家格奧爾格·黑格爾口中「概莫能外的德意志民族性格」這一要求。除此之外,這也能夠打破哈布斯堡奧地利在德語世界之中的統治地位,尤其還能移除奧地利在以巴伐利亞為首的南部天主教德意志國家之中的影響力。

為建立這樣一個偉大的德意志國家,俾斯麥強勢推行一種保守民族主義。這一政策的目的並非是以社會改革或民主改革來建立一個更加公正、更加自由的國家,而是建立起一個足以撼動整個世界的大

歐仁·德拉克洛瓦的這幅油畫作品《希奧島的屠殺》描繪了奧斯曼軍隊在鎮壓希臘反叛過程中的殘暴行徑,而正是這樣的殘暴逐漸令越來越多的人開始支持希臘為之奮鬥的獨立事業。

國。這樣一來,俾斯麥所倡導的德意志民族主義便轉化為推動工業化建設並建立起一支空前強大、空前高效的軍事力量。

而俾斯麥在建立這樣一個全新的德國時,一心採用軍事手段。他共發動了三次大規模戰役。第一場戰役是 1864 年同丹麥之間的對戰,普魯士在奧地利的支持之下,將丹麥南部石勒蘇益格與荷爾斯泰因等地區劃入自己的領土範圍。1866 年,普魯士軍隊還憑藉一己之力徹底擊潰了奧地利。最終,在 1870–1871 年時,自德意志境內招募的軍隊全面擊敗了法國,令法國備受屈辱;他們推翻了拿破崙三世的統治,還用飢餓策略逼使巴黎投降。這一次又一次的軍事勝利毫無疑問地令德意志走上了統一的道理,最終在普魯士國王,也就是後來的德意志皇帝威廉一世的統治之下建立了德意志帝國。

德意志帝國皇帝威廉一世於1871年在凡爾賽宮稱帝。此前的一系列軍事戰役，其中包括一場與法國之間的戰役，都預示了這一事件的發生。

民族主義的渴求

哈布斯堡家族統治之下的奧地利帝國無疑是民族主義情緒最為錯綜複雜的地方。當時的奧地利是中歐地區一個擁有許多不同民族群體的國家，名義上由維也納所統治。1866年，普魯士擊敗了奧地利，而在那之後的第二年，匈牙利幾乎已經完全自奧地利手中獲得了獨立。到了這時，曾經的奧地利帝國已然變成了奧匈帝國，國家中也形成了「雙君主」的局面。這不僅極大地強化了匈牙利人的身份認同感，也令維也納方面不得不對匈牙利做出極大的領土讓步，尤其是在特蘭西瓦尼亞與克羅地亞這兩個地區。然而，無論奧地利與匈牙利之間的局勢有多麼緊張，兩國依舊更加謹慎地傾向於維持統一，以避免本國之中那些分散而居的民族人口出現

民族主義騷動。舉例而言，匈牙利人尤其不願對其為國內大量斯洛伐克、羅馬尼亞以及塞爾維亞人口所爭取的政治權利做出讓步。與此同時，奧斯曼人對於巴爾幹半島地區的控制逐漸衰微，而這也帶動了民族主義熱望的高漲。

奧地利與俄國相互競爭，試圖填補奧斯曼人留下的權力空虛。1912年至1913年的巴爾幹戰爭更是進一步凸顯出了民族主義情緒驅使之下的國家建設對於社會穩定的負面影響。

影響

「那些追求自決權的人有能力實現社會正義」這一觀念恐怕很難在19世紀之中成為現實。例如，維也納始終統治着那個多民族的帝國，直到其在1918年第一次世界大戰結束時戰敗為止。同樣，波蘭人民同樣也被剝奪了行使自決權這樣民族主義權利的自由。除此之外，無論19世紀90年代之中的猶太復國主義如何承諾在聖地建立起一個猶太國家，歐洲的猶太人都始終受到壓迫。■

奧托·馮·俾斯麥

奧托·馮·俾斯麥（1815-1898年）又稱「鐵血宰相」。1862年，他成為普魯士首相，並在1871-1890年擔任德國總理一職。他一手策劃了德意志的統一，自此登上了歐洲大陸的頂峰。俾斯麥的主要目標是不惜以放棄奧地利為代價，確保普魯士在德意志地區的統治權，同時對復興後的法國進行遏制。儘管俾斯麥曾在1864年、1866年，以及1870年先後發動三次戰爭，但他仍舊算得上是一位投機者。戰爭過後，俾斯麥不知疲倦地維持着歐洲地區的權力平衡，而他也的確成功兼顧了各國之間相互衝突的國家利益，出色完成了這項任務。在他的領導之下，德國大規模投入了工業化建設，其武裝力量也得到了進一步擴大，還開始在其他地區進行殖民擴張。俾斯麥十分保守，但他卻也建立了世界上最早的福利體系，儘管這一決策背後的動機不僅僅是為了維護德國工人的利益，也是希望能夠出其不意地戰勝其社會主義競爭對手。

這些充斥着死亡與哀痛的悲傷場景，究竟何時才能終結？

勒克瑙圍攻戰（1857年）

背景介紹

聚焦
英國在印度的統治

此前

1824 年 英國對緬甸發起了征戰，並於 1886 年大致完成了征戰。

1876 年 維多利亞女王正式冠上了印度女皇的頭銜。

1857 年 5 月 印度兵部隊首次在密拉特發動了起義，反抗英國的統治。

此後

1858 年 東印度公司正式結束了其在印度的統治。對於該地區的控制權直接交到了英國王室的手中。

1869 年 蘇伊士運河正式開通，極大地縮短了往返印度的航行時間。

1885 年 印度國民大會黨正式建立，而這也是最早的泛印度政治運動。該黨於後來成為一場民族主義運動的核心。

1861 年，俄國沙皇亞歷山大二世解放了國內的 2000 萬名農奴，然而這一決定卻並非是出自人道主義。暫且不論俄國的發展潛力究竟怎樣，但是當時的俄國卻無疑已被工業化的西方國家遠遠甩在了後面，而解放農奴的目的便是為了進一步推動國家的現代化。俄國採取了一系列改革措施，範圍覆蓋了政治、社會和經濟，以期能夠令自身在這個世界上佔據應有的地位。

然而充其量而言，這些改革措施的效果也不過是好壞參半。農奴制的廢除並未在多大程度上改善農奴的生存環境。此外，亞歷山大二世拒絕考慮真正意義上的憲政改革：直至臨死之前，他始終都是一名專制統治者，認為自己擁有神授的權力，能夠成為俄國的絕對君主。

極權國家

1881 年亞歷山大二世的遇刺在反動分子之間引發了巨大的反響，而這也是預料之中的事情。他的繼任者亞歷山大三世展現出了推行工業改革的強烈意願，然而卻也同時建立起了一個極權國家。

儘管如此，沙皇俄國依舊逐漸成為工業化世界的一分子。國家擁有了堅實的軍事手段。然而從政治角度來看，俄國並不願意推出改革措施，這也最終令這個沙皇統治之下的國家在蘇維埃革命之中遭到了徹底的摧毀。■

責任與義務將我們與那些身在印度領土上的人民牢牢綁在了一起，正如其他子民的境遇也同我們休戚相關。

——維多利亞女王

參見：魁北克戰役 191 頁，蘇伊士運河的修築 230~235 頁，第二次鴉片戰爭 254~255 頁，柏林會議 258~259 頁，錫克帝國的建立 264 頁。

這些充斥着死亡與哀痛的悲傷場景，究竟何時才能終結？

勒克瑙圍攻戰（1857年）

背景介紹

聚焦
英國在印度的統治

此前

1824 年 英國對緬甸發起了征戰，並於 1886 年大致完成了征戰。

1876 年 維多利亞女王正式冠上了印度女皇的頭銜。

1857 年 5 月 印度兵部隊首次在密拉特發動了起義，反抗英國的統治。

此後

1858 年 東印度公司正式結束了其在印度的統治。對於該地區的控制權直接交到了英國王室的手中。

1869 年 蘇伊士運河正式開通，極大地縮短了往返印度的航行時間。

1885 年 印度國民大會黨正式建立，而這也是最早的泛印度政治運動。該黨於後來成為一場民族主義運動的核心。

1857 年 5 月至 11 月發生了勒克瑙圍攻戰。在 1857 年至 1858 年的印度起事中，相同的場景在橫跨印度北部和中部的廣泛地方出現。英國人羣體吃盡從前忠於英國的印人軍隊之苦頭。當英國人恢復秩序之後，報復有增無減。英印兩面的暴力令公眾大為吃驚；呼籲立刻進行改革之聲，高唱入雲。

印度兵最初起事，是因為他們深信他們的新來福槍的子彈塗抹了牛或豬的油脂。這對印度教徒和穆斯林來說，都是冒犯。然而，問題的源頭是英國人的控制令印度陷入一片紛亂：傳統君主被連根拔起、本地宗教受到明顯威脅，以及外族施行嚴苛的統治。

英國在印度兵起事後，最初的回應是打算安撫印度，指英國對之心懷善意。然而實際上，起事指出了一個事實：在經濟上和政治上，印度現在是完全屈從於英國。

當受歐洲教育的印度精英越來越多時，他們開始挑戰英國控制次大陸之權。英國雖持續擴展帝國主義，但漸漸知道這是行不通的。一個具持續性的真相是，英國在印度的統治，已是大不如前了。■

責任與義務將我們與那些身在印度領土上的人民牢牢綁在了一起，正如其他子民的境遇也同我們休戚相關。

——維多利亞女王

參見：魁北克戰役 191 頁，蘇伊士運河的修築 230~235 頁，第二次鴉片戰爭 254~255 頁，柏林會議 258~259 頁，錫克帝國的建立 264 頁。

自上而下地廢除農奴制，總歸要好過等到有一天農奴自下而上地將其推翻

俄國解放農奴（1861年）

背景介紹

聚焦
沙皇俄國

此前
1825 年 十二月黨人為反抗沙皇統治而發動的起義遭到了鎮壓。

1853－1855 年 俄國在克里米亞地區為英國和法國所擊敗，而這也凸顯了其在軍事實力上的薄弱。

此後
1881 年 沙皇亞歷山大二世遭到了民意黨的刺殺，這也是俄國歷史上一次重要的地下恐怖行動。

1891 年 西伯利亞大鐵路正式開建，該工程也令人們大規模遷居至這一地區。

1894 年 最後一位沙皇尼古拉二世准許財政部長謝爾蓋・維特進一步推行工業化政策。

1905 年 俄國大敗於日本，而這一屈辱性的失敗也中斷了俄國在遠東地區的擴張。

1861 年，俄國沙皇亞歷山大二世解放了國內的 2000 萬名農奴，然而這一決定卻並非是出自人道主義。暫且不論俄國的發展潛力究竟怎樣，但是當時的俄國卻無疑已被工業化的西方國家遠遠甩在後面，而解放農奴的目的便是為了進一步推動國家的現代化。俄國採取了一系列改革措施，範圍覆蓋了政治、社會和經濟，以期能夠令自身在這個世界上佔據其應有的地位。

然而充其量而言，這些改革措施的效果也不過是好壞參半。農奴制的廢除並未在多大程度上改善農奴的生存環境。此外，亞歷山大二世拒絕考慮真正意義上的憲政改革：直至臨死之前，他始終都是一名專制統治者，認為自己擁有神授的權力，能夠成為俄國的絕對君主。

極權國家

1881 年亞歷山大二世的遇刺在反動分子之間引發了巨大的反

> 我們定要進一步完善俄國的工業建設，使其達到美利堅合眾國的水準。

—— 謝爾蓋・維特，俄國財政部長

響，而這也是預料之中的事情。他的繼任者亞歷山大三世展現出推行工業改革的強烈意願，然而卻也同時建立起了一個極權國家。

儘管如此，沙皇俄國依舊逐漸成為工業化世界的一分子。國家擁有了堅實的軍事手段。然而從政治角度來看，俄國並不願意推出改革措施，這也最終令這個沙皇統治之下的國家在蘇維埃革命之中遭到了徹底的破壞。■

參見：聖彼得堡的建立 196~197 頁，1848 年歐洲革命 228~229 頁，蘇伊士運河的修築 230~235 頁，克里米亞戰爭 265 頁，十月革命 276~279 頁。

令這個民有、民治、民享的政府永世長存

葛底斯堡演説（1863年）

背景介紹

聚焦
美國內戰

此前

1820 年 《密蘇里妥協案》試圖在密蘇里邊界線以南的新州限制奴隸制。

1854 年 《堪薩斯-內布拉斯加法案》在堪薩斯境內引發了暴力衝突。

1857 年 《德里德・斯科特決議》決定，即便是非奴隸州也不得解放奴隸。

1861 年 美利堅聯盟國正式成立（二月）；到了 4 月，內戰正式打響。

1863 年 7 月，聯盟軍在葛底斯堡和維克斯堡戰敗。

此後

1864 年 林肯連任美國總統。

1865 年 羅伯特・李將軍投降；林肯遇刺。

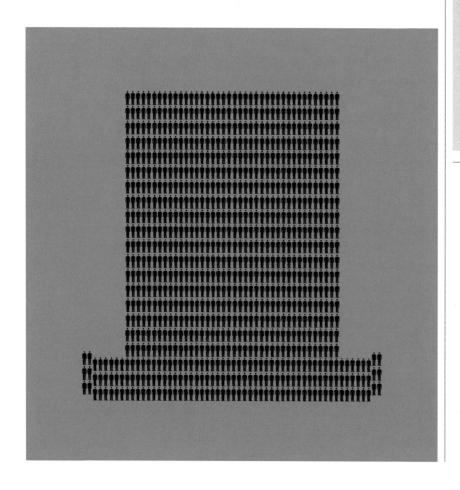

1863 年 11 月 19 日，在美國內戰進行剛剛過半之時，美國總統亞伯拉罕・林肯便在賓夕法尼亞州的葛底斯堡發表了後來所謂的「葛底斯堡演説」。在這次演説之中，他將美國內戰描述為一場為爭取國家統一、保障人人平等而進行的鬥爭。

葛底斯堡演説是林肯在國家公墓揭幕儀式上的致辭。國家公墓的建立是為了紀念 7 月 1 日至 3 日葛底斯堡戰役之中犧牲的 7058 名士兵。葛底斯堡戰役是美國內戰過程中最為血腥的一場戰役，卻同時

參見：《獨立宣言》的簽署 204~207 頁，攻佔巴士底獄 208~213 頁，1848 年歐洲革命 228~229 頁，加利福尼亞淘金熱 248~249 頁，埃利斯島正式開放 250~251 頁。

葛底斯堡戰役爆發於1863年。交戰三日之後，雙方死亡人數已超過7000人，最終，聯盟軍被迫撤退。

也是戰爭的轉折點：在這場戰役之中，由羅伯特·愛德華·李所率領的南方軍北弗吉尼亞軍團儘管士兵人數更多，武器裝備也更多，他們卻依舊遭遇了自己的第一次重大失敗。

戰爭的起因

美國內戰不僅僅是一場針對奴隸制的戰爭；這場戰爭所要定奪的是究竟能否允許奴隸制這一引發強烈分歧的問題分裂美利堅合眾國。

正如林肯所言，美利堅合眾國「源於自由這一理念，並獻身於一切人生來平等的理想」，然而在這樣一個國家之中，其南方各州卻擁有近四百萬的黑奴。依照美國憲法的規定，這些黑奴都是奴隸主的合法財產。而在愈發工業化的北方，對於那些廢奴主義者（始終都是少數羣體，卻發出了極大的呼聲）而言，奴隸制卻是一件為道德所不容的事情，嚴重背離了他們的基督教信仰。

然而，奴隸制絕不僅僅是南方各州農業繁榮的支柱；對於南方那些奴隸主而言，這更是一種權利。在他們看來，「自由」還有另外一層含義——擁有奴隸的自由。

這樣的分歧凸顯出了州權利的問題，即各州的權利究竟能夠在何種程度上凌駕於聯邦，或者說是華盛頓中央政府的權威之上。隨着越來越多的人開始在西部定居，並開始向合眾國徵詢意見，確認自己究竟是奴隸州還是「自由」州，這一問題便一次又一次地浮出水面。

1820 年制定的《密蘇里妥協案》規定，只有自密蘇里南部邊界向西這一線以南的新州可以實行奴隸制。後來，美國允許新州的定居者自行決定自己所在的州究竟是要成為自由州還是奴隸州，而這一條

亞伯拉罕·林肯

1861 年 2 月，亞伯拉罕·林肯（1809－1865 年）為出席總統就職典禮而來到了華盛頓。當時，政界的許多人都認為他不過是一位無知且不善社交的鄉下人。然而四年之後，到了林肯不幸遇刺的時候，他已經統治了整個美利堅合眾國。他不僅贏得了內戰，還逐漸成為美國政壇之中舉足輕重的人物。

林肯出生在肯塔基州的一座小木屋中，在其 20 多歲時成為一名律師。

後來，他加入了反對奴隸制的共和黨，並成為這一事業的堅定捍衛者。林肯並沒有參軍作戰的經歷，然而他積極支持格蘭特將軍，此後的一系列事件也證明，他清楚知道應當在內戰中採取甚麼樣的戰略。林肯從未忘記自己的遠大目標——維護美國的自由以及人類的基本尊嚴。他堅定不移地推動戰事發展，然而卻也在同時清楚明白內戰中犧牲的那些生命究竟有着何種意義。

款也在 1852 年的《堪薩斯－內布拉斯加法案》中得到了進一步確認。因為堪薩斯州和內布拉斯加州都位於密蘇里南端邊界的北部，後來，奴隸制的支持者和反對者大量湧入這兩個地方，雙方也都迫切想要佔上風。於是，這兩方之間一次又一次地爆發了激烈的衝突。

南方的決裂

這一衝突促成了共和黨這個全新反奴隸制黨派的建立，而在幾乎沒有任何奴隸州支持的情況下，1860 年 11 月，亞伯拉罕·林肯經投票成為共和黨的領袖。幾乎就在林肯剛一上任，南加利福尼亞便決定脫離合眾國。到了 2 月，另外又有六個南方州選擇退出，而這七個州便聯合起來，組成了一個全新的國家——美利堅聯盟國。及至 5 月，弗吉尼亞州的里士滿成為這個新國家的首都，也另有四個州宣佈加入該國。然而，被稱作為「邊境諸州」的五個奴隸州卻選擇留在原來的國家。

聯盟國聲稱，自由是憲法的基本原則，而正因如此，假若任何一

> **我絕不能做出危害故鄉、危害家園、危害子孫的事情。**
>
> ——羅伯特·愛德華·李，請辭之言（1861 年 4 月）

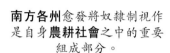
美利堅合眾國誕生，成為**自由的燈塔**，而在這樣一個國家之中，**奴隸制絕不可存在。**

南方各州愈發將奴隸制視作是自身**農耕社會**之中的重要組成部分。

工業革命後的北方各州反對奴隸制滲入任何一個新州。

這種觀點上的差異引發了**美國內戰**。無論北方還是南方都難以取勝，而這場戰爭也為這個國家帶來了**未曾料想到的毀滅性打擊。**

林肯在葛底斯堡演説之中有力地為內戰進行了辯護，認為這場戰爭能夠建立起一個更加公正的美利堅合眾國。

南方的戰敗引發了**政治癱瘓**，而其境內黑色人種所遭受的**制度性歧視**也一直延續到了**下一個世紀。**

個州覺得自己受到了壓迫，便有權正當地選擇脫離美國。作為生來自由之人，南方的公民同反對英國暴虐統治的開國元勳一樣，擁有決定自身命運這一「不可剝奪」的權利。在許多南方人的心中，美國政府恰恰也犯下了同樣的暴行，試圖對他們的自由加以限制。

這樣的想法根深蒂固。作為一名至高無上的指揮官，林肯看到了謹慎推進的必要性。首先，林肯堅持無論如何都要限制奴隸制的進一步擴張，維護國家的統一。其次，林肯也十分堅定，在他看來，聯邦政府的權威就應當凌駕於各州之上。

作為世界上唯一一個完全可以稱得上是民主國家的國家，美利堅合眾國創建的宗旨即如林肯所言，是為了成為「整個世界的巨大希望」，因此，保證這個國家能夠一直存在下去便成為一項絕對的道德職責。及至 1863 年 1 月，林肯感到政治條件已經足夠成熟，能夠下令解放南方各州的所有奴隸，於是

便發佈了《解放黑人奴隸宣言》。然而從短期看來，內戰便是為了守護這一「巨大希望」。

北方的最終勝利

最終決定美國內戰結果的還是北方與南方之間的人員與物質差異。北方合眾國共有 21 個州，人口共計 2000 萬；而南方聯盟國卻僅有 11 個州，人口也不過是 900 萬，其中還包含 400 萬名不得配備武器的奴隸。到了 1864 年，北方 16 至 60 週歲之間的男性有 44% 服役於軍中，而南方的這一數字已經達到了 90%；然而儘管如此，北方卻依舊成功在戰爭期間招募到了 220 萬名士兵，而南方卻僅招募到 80 萬人。

相較於南方，北方要比之富裕上三倍。就鐵路長度而言，南方每擁有 1.6 公里鐵路，北方便能夠擁有 3.8 公里。與此同時，北方工廠的商品產量是南方的 10 倍，鋼鐵產量是南方的 20 倍，煤炭產量是南方的 38 倍，而武器產量也達到了南方的 32 倍。南方唯一超過北方的便是棉花產量，總量為北方的 24 倍。

面對着這樣的巨大差距，南方軍不僅在四年的時間之中始終成功抵擋着北方軍的力量，甚至還差點在 1862 年和 1864 年兩年取得內戰的勝利。從這樣的成就之中，我們可以看出，南方軍士兵無比堅信其為之而奮鬥的事業是正義的。此外，南方軍以弗吉尼亞人羅伯特·愛德華·李將軍為首一眾領袖的卓越領導力也在其中發揮了巨大的作用。

格蘭特與謝爾曼兩大指揮官的崛起重振了北方軍，很快便在戰爭中佔據了上風。1864 年 9 月，北方軍先是夷平了亞特蘭大，後又在謝爾曼的帶領之下「向大海進軍」，一路來到了薩凡納和喬治亞。這次進軍於 12 月正式結束，在其身後留下了一片寬達 96.5 公里的狼藉，而合眾國軍隊還故意將平民財產定

> 當我發瘋時，格蘭特始終在我身邊；當他喝醉時，我也始終在他身邊。而到了如今，我們將依舊相互扶持，並肩而立。
>
> ——威廉·謝爾曼

為首要攻擊目標。

全新的自由

美國內戰是世界上最早的大型工業化戰爭，也是最早大規模應用鐵路的戰爭以及最早為大眾媒體所廣泛報道的戰爭。

對於亞伯拉罕·林肯而言，美國內戰所代表的便是其在葛底斯堡演說之中談到的「未竟事業」。奴隸制如何能在美國這樣一個「受孕於自由」的國家之中存在，這是國家憲法未能解決的問題。儘管美國內戰為國家帶去了毀滅性的打擊，還造成了大量的人員傷亡，但它也同時帶來了「令自由重獲新生」的可能。1865 年的美國憲法第十三條修正案正式使奴隸製成為歷史，而這也為美國提供了一個機會，讓它能夠在真正意義上成為所有公民的自由之土，不論膚色。■

托馬斯·納斯特 的這幅作品描繪出了美國黑色人種在獲得解放前後的境遇。我們也能夠在這幅畫上看到亞伯拉罕·林肯的肖像。

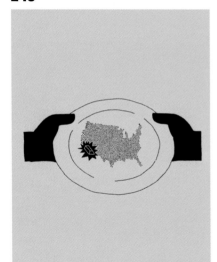

擴張這片大陸即是我們的昭昭天命

加利福尼亞淘金熱（1848－1855年）

背景介紹

聚焦
美國擴張

此前

1845 年 從前曾歸屬於墨西哥的得克薩斯成為美國的領土。

1846 年 英國簽字將俄勒岡轉讓給了美國。

1848 年 美墨戰爭之後，新墨西哥與加利福尼亞遭到了美國的吞併。

此後

1861 年 世界上第一條跨大陸電報線路架設完畢；兩天之後，驛馬快信郵遞服務宣告關閉。

1862 年 《宅地法》將 65 公頃的自由地分給了定居在那裏的人。

1869 年 世界上第一條跨大陸鐵路線正式竣工。

1890 年 因為國家境內再不存在大片無人居住的土地，於是，美國人口普查局便關閉了美國邊境。

隨着**美國西部**的土地愈發為人所了解，越來越多的人便開始考慮去那裏**定居**。

加利福尼亞淘金熱在全球範圍內引發了一場到這片富饒之地來分一杯羹的狂熱，而這也加速了西海岸的移民進程。

電報與鐵路線路**增強**了西海岸與東海岸之間的**聯繫**。

美洲原住民被迫遷離他們祖輩生活着的土地。

通信技術的發展促進了美國**工業**的繁榮。

在曾做過記者的約翰·歐蘇利文看來，美利堅合眾國的「昭昭天命」在於其西部擴張行為，而這一觀念受到越來越多人的支持還是在 1848 年 1 月加利福尼亞北部一條河流之中發現了黃金之後。即便是將當時交通與通信技術的不便納入考慮，這一發現仍舊引發了巨大的反響。在接下來的五年中，多達 30 萬名「49 人」（淘金客，1849 年便是大量淘金者真正開始湧入這一地區的年份）被吸引到這裏。沒過多久，這裏便湧入了大量渴望一夜暴富的人，而這也導致了不法行為的猖獗；此外，美國太平洋沿岸地區也很快便成為人們眼中的「應許之地」。

最早到達這裏的一小部分人賺

參見:《獨立宣言》的簽署 204~207 頁,葛底斯堡演說 144~147 頁,埃利斯島正式開放 250~251 頁,血淚之路 264 頁。

約翰·賈斯特的油畫作品《美利堅向前行》(1872年)描繪了「昭昭天命」這一概念。在這幅畫中,代表著美利堅合眾國的哥倫比亞擬人化象徵正在鋪設電報線路,並將定居者引向西方。

定居者與受害者

這一切轉變背後的驅動力便是移民——西部這片全新的土地需要一大批新的定居者。1803 年,美國的總人口大約在 400 萬;然而到了 1861 年,這一數字便飛速攀升至 3100 萬;而在邁入新世紀之時,美國的人口已然達到了 7600 萬。這樣迅速的人口增長必然會帶來一定的後果,而在這之中,美國原住民付出了最為慘痛的代價。他們經受了一系列殘酷的暴行,還被驅離了自己的部落土地,人口也從 450 萬左右驟降到了 50 萬。在這般看上去不可抗拒的擴張面前,他們束手無策。◼

得盆滿缽滿,另外一部分人也多少有些收穫,但是更多的人卻是一無所得。加利福尼亞淘金熱似乎成為所有美國人都為之狂熱的事情。然而事實上,這不過是美利堅合眾國將北美洲收入囊中的一個極端例子罷了,且這一行動早在人們發現黃金之前便已着手進行了。待至 1803 年,佛蒙特、肯塔基、田納西以及俄亥俄紛紛成為聯邦管轄之下的州。此外,美國不僅在 1845 年吞併了得克薩斯,還在之後的三年裏將另外 13 個州劃入自己的領地。1848 年,西墨西哥與加利福尼亞也自墨西哥那裏轉交至美國手中。

全新的技術

淘金客為了到達加利福尼亞,或是乘坐馬車穿越大平原的廣闊土地,或是乘船繞過合恩角甚至是巴拿馬地峽,一路上經歷了難以言說的苦難。而若想完成這一漫長的旅行,至少要花六個月的時間。

為了將這些廣袤的新領土連接在一起,人們堅定了決心,利用全新的技術,大規模建設這個國家。1861 年,第一條連接了東海岸與西海岸的電報線路架設完成。1869 年,第一條跨大陸鐵路線正式竣工,大大縮短了旅行時間:到 1876 年,人們只需用三天半的時間,便可以從紐約來到加利福尼亞。

小巨角河戰役

1876 年 6 月 25 日爆發的小巨角河戰役是西部新一批定居者與當地原住民之間最為著名的一場衝突,這場衝突的背後驅動力便是黃金。最初,人們在南達科他州的布拉克山發現了金礦,於是,美國政府便正式批准外來人在那裏定居。然而這一行為卻打破了美國與大平原地區蘇族之間訂下的條約。作為報復,蘇族與夏安族的絕大多數人都拒絕搬遷至保留地中,於是,美國政府便將騎兵團派遣至蒙大拿地區,其中便包括由中尉上校喬治·卡斯特所率領的 600 人部隊。其中 200 人在卡斯特的帶領之下於小巨角河河谷地區發現了印第安人的營房。然而,美國原住民戰士便在印第安部落首領坐牛的指揮之下令卡斯特的部隊全軍覆沒。這些士兵的死亡使美國政府進一步堅定了決心,不惜一切代價,一定要將蘇族與夏安族驅趕到保留地之中。

美國是上帝的熔爐，一個最偉大的熔爐

埃利斯島正式開放（1892年）

背景介紹

聚焦
大規模移民與人口增長

此前

19世紀40年代 愛爾蘭馬鈴薯饑荒引發了大規模的人口外遷。

1848年 德國十一月革命（自由主義革命）的失敗致使大量德國人移民至海外。

約1870年 猶太人開始大規模自俄國遷往國外，以躲避迫害。

1882年 美國開始先限制中國人入境。

19世紀80年代 意大利人大規模移居海外。

此後

1900年 歐洲人口達到4億零800萬，美國的人口也達到了7600萬。

1907年 全年移民至美國的人數之多創下了新紀錄，多達100萬。

1954年 埃利斯島正式關閉。

工業化、城市發展，以及嬰兒死亡率的下降**促進了歐洲的人口增長。**

美國等年輕國家之中的**政治與宗教自由**以及**經濟機遇**吸引了成千上萬的外來移民。

蒸汽船令**遠洋航行更加安全、更加快捷，**也更加廉價。

埃利斯島上設立了一處移民檢查站，處理到達美國的入境事宜。

19世紀中期，整個世界正經歷着前所未有的人口增長，尤其是在歐洲，而這一情況也一直持續到20世紀之後。這一時期的人口增長一部分是因為農業種植技術提升，食物更加充足，而充足的食物供給也推動了醫療衛生水平的增強。除此之外，工業化與城市發展，以及受此影響人民的逐漸富足與生活水平的不斷提高發展也在其中發揮了重要作用。不僅如此，政治穩定也是人口增長背後的推動力之一。總體上看，自1815年拿破崙敗北以後，歐洲在近一百

參見：《獨立宣言》的簽署 204~207 頁，玻利瓦爾建立大哥倫比亞 216~219 頁，1848 年歐洲革命 228~229 頁，俄國解放農奴 243 頁，加利福尼亞淘金熱 248~249 頁，愛爾蘭饑荒 264 頁。

年的時間裏始終處於和平狀態。最後，移民規模的不斷擴大也存在自然原因。19 世紀 40 年代，作物病害引發了愛爾蘭馬鈴薯饑荒；死亡人數甚至達到 100 萬。這場災害令多達 100 萬的倖存者選擇移民海外，而這些人也幾乎都選擇了美國。

城市底層居民

工業化之中也存在着相似的悖論。在以英國為首的一眾國家裏，無論市民們有多麼強烈的公民自豪感，人們對於工業革命所催生出的大型城市中心如何誇誇其談，這些都無法抵消工業化的一大弊端，那便是城市底層居民這一階層的誕生：他們無比貧窮，生活的環境也是骯髒不堪。

對於生活在歐洲大陸上的公民而言，新大陸上充滿了自由與富足的希望，這樣的誘惑是無可抗拒的。1848 年民族主義起義之後，大量德國人、捷克人和匈牙利人在

> 一直以來，我始終希望這片土地能夠為各個國家之中那些品行端正卻遭受迫害之人提供一片安全而舒適的避難所。
>
> —— 喬治・華盛頓

壓迫之下選擇了離開中歐地區。自 1870 年開始，俄國和波蘭境內的無數猶太人也同樣選擇了移居海外，以逃避國內對於他們的集體迫害。

千百萬人都參與到這一人口遷移的過程之中。在 19 世紀中期到 1924 年，1800 萬人遷出了英國，950 萬人遷出意大利（其中大多數人都來自貧困的南部地區），800

萬人遷出了俄國，500 萬人遷出奧匈帝國，還有 450 萬人遷出德國。而在 1820 年至 1920 年，美國吸引了 3360 萬移民，這些人卻大多都在飛速發展的芝加哥與紐約等城市之中過着窮苦的生活，為美國工業的增長貢獻着自身的廉價勞動力。同一時期，360 萬歐洲人遷居到南美地區，另有 200 萬人選擇了澳洲和新西蘭。

不受歡迎的客人

這樣的人口遷移過程不僅發生在歐洲。許多印度人定居在了南非，中國移民遍佈東印度羣島，而日本移民也定居在加利福尼亞；他們之中的大多數人都逐漸意識到，自己不受當地人的歡迎。

此外，許多人也淪為了強制性外遷的受害者。這一時期，各國船隻仍舊將不計其數的非洲黑奴運送至世界各地。■

在埃利斯島開放的前三十年之中，80%、總計近1200萬移民至美國的人都是從這裏入境的。

埃利斯島

埃利斯島同自由女神像一起，於 1892 年 1 月 1 日正式開放，成為美國大規模移民潮的象徵。那些年中，這個移民檢查站共處理了約 1200 萬移民的入境事宜，據說在美國的移民人口之中，至少有 40% 的人有一個或一個以上的親屬是通過這一龐大的官僚機器來維持生計的。埃利斯島不過是一個沒有甚麼特色的沙洲，它位於紐約港的新澤西一岸，島中央是一座巨

大的大廳。從這裏開始再向前幾步便是移民入境的地方。這些說着不同語言的人首先要經歷醫療檢查，之後還要回答一系列簡單的問題，方能得到入境資格。他們之中的大多數人都能夠順利成為美國公民，僅有大約 2% 的人才會遭拒。1954 年 11 月 12 日，埃利斯島終於永久地關閉。

富國強兵

明治維新（1868年）

西方挑釁地要求日本向其開放貿易，而這則凸顯出了國家**統治精英的軟弱**。

最有名望的幾位大名（封建領主）重樹了明治天皇這位年輕天皇的權威，並以此取代了幕府大將軍的統治。

在這些大名看來，採用西方的政治手段與社會措施是令**日本強盛起來**的最佳途徑。

強化軍事實力成為實現日本野心的根本手段。

現代化與西方化是明治時期的主題，而日本也迅速崛起為一股**帝國力量**。

1868 年，在南部長州藩與薩摩藩大名的帶領之下，統治了日本二百五十年的德川幕府被推翻，而這也是幕府軟弱無能，無力抵抗美國、英國、俄國與尼德蘭等國以侵略性手段強勢要求與之建立貿易聯繫的直接結果。年僅 14 歲、任人擺佈的明治天皇將取代幕府大將軍，「行使最高權力」。大名的目標並非是奪下日本，繼續維持幕府時期等級分明、閉關鎖國的社會狀態；相反，在他們看來，日本若是想要崛起，單單引進西方的科學技術是不

參見：關原合戰 184~185 頁，斯蒂芬森的「火箭號」投入使用 220~225 頁，蘇伊士運河的修築 230~235 頁，第二次鴉片戰爭 254~255 頁，納粹入侵波蘭 286~293 頁。

這幅作品描繪了1874年時的橫濱。圖中的蒸汽火車與蒸汽船展現了明治時期日本的現代化水平，而這些全新的交通工具也打開了日本對外貿易的大門。

夠的，還要一併引入西方的政治體制與金融體系。

轉變後的日本

此後，日本經歷了一次空前絕後的巨大轉變。國家借鑒西方模式，僅用三十年的時間便成為世界上發展最快的工業力量之一，同時也崛起為東亞地區最強大的軍事力量。

這一次疾風驟雨般的改革，幾乎觸及了日本社會的方方面面。1871 年，日本廢除了專制主義，將「円」確立為國家的流通貨幣。

到了 1872 年，第一條鐵路已經開始建設；而在不到十五年的時間裏，日本的鐵路總長便已經達到了 1600 公里。1873 年，日本開始推行徵兵制，同時也引進了西方的武器與制服。同一年中，國家大規模改革教育體系，到了 1877 年，日本在東京建立起了第一所大學。此外，國家也在 1882 年推出了全新的法典；七年之後，新的憲法也正式誕生。隨着工業的不斷發展，出口也逐漸繁榮。與此同時，城市規模不斷擴大，人口日漸增長，從 1888 年時的 3950 萬飛速攀升至 1918 年的 5500 萬。日本唯恐自己也會同中國一樣，淪為西方殖民者的棋子，而這也是該國大力推動現代化建設的最大動力。然而，結果卻全然相反。

軍事擴張

及至 19 世紀 90 年代，日本已經成為一支殖民力量。1894 年，朝鮮請求日本和中國幫助其鎮壓國內的叛亂。而日本卻趁機侵略朝鮮和中國，還成功從中國手中獲得了滿洲里地區的一系列權利。在那裏，他們同俄國爆發了衝突。1905 年，日本在對馬海戰之中大敗了缺乏組織的俄國海軍，而這也是工業化歐洲力量首次為亞洲國家所擊敗。至此，日本贏得了整個世界的注意。∎

明治天皇

明治天皇（1852–1912 年）名為睦仁（人們鮮少使用這個名字），在日本歷史上佔有極其重要的地位，然而這並非是因為他作為政治家或是日本統治者行使了怎樣的政治權力，而是因為他是日本重生的標誌。在 1868 年 1 月明治維新之前，日本天皇始終都不過是一個象徵。在幕府統治時期之中，天皇應在其位於京都的宮殿之中做一個「隱形人」。嚴格來說，「維新」（「明治維新」英文為 Meiji Restoration，意為復辟）從未真正發生過：自 1867 年 2 月父親孝明天皇突然離世之後，明治便已然成為了日本的天皇。

對於那些野心勃勃的大名而言，他們一心希望能夠開啟日本的現代化進程，於是，若想令這一事業更加合乎法理，他們便需要將天皇推到更高的位置上，否則這樣的行為便會成為篡權之舉。很明顯，他們所邁出的第一步便是強行將天皇遷到了江戶，也就是 1868 年更名後的東京，幕府將軍的故宅。直至最後，明治天皇始終都是一個無足輕重的人物。

手握乾坤殺伐權

第二次鴉片戰爭（1856－1860年）

儘管**中國坐擁金山銀山**，口岸地區卻對西方勢力的**進入加以嚴格限制**。

西方商人利用鴉片購買商品，嚴重損害了中國的經濟。

清政府試圖**中斷鴉片貿易**，而這引發了第一次鴉片戰爭。

第二次鴉片戰爭迫使清政府在領土問題和貿易問題上做出了重大妥協。

中國無力抵抗西方勢力的入侵，其內部與外部地位皆大幅**下降**。

1860 年 10 月 6 日，在斷斷續續地經歷了鴉片戰爭這一場長達數年的衝突之後，英美聯軍佔領了帝制中國的都城北京，強迫中國人做出貿易讓步。而當歐洲人一把大火燒毀了皇帝華美的圓明園之後，他們的意圖便更加明顯了。清政府同意進行談話，並在之後簽訂了《北京條約》，而這一條約不僅向西方開放了更多的通商口岸，更是將英國與法國的勢力範圍擴大到了中國南部以及土地肥沃的長江沿岸。大約在七十年之前，英國曾派遣使者來到中國，

參見： 斯蒂芬森的「火箭號」投入使用 220~225 頁，蘇伊士運河的修築 230~235 頁，勒克瑙圍攻戰 242 頁，明治維新 252~253 頁，太平天國運動 265 頁。

位於中國南部的 廣州港最初是唯一一面向西方商人開放的貿易港口。然而在兩次鴉片戰爭之後，其他許多港口都特別向歐洲敞開了大門。

一年進入中國國內的鴉片便多達 5000 箱。

清政府試圖停止這樣的鴉片貿易，而鴉片也讓國民更加衰弱，這兩個因素共同導致了中國在 1839－1842 年第一次鴉片戰爭中的失敗，而以英國為首的歐洲列強則在這場戰爭之中獲取了巨大的貿易利益。1856 年，西方國家堅持逼迫中國做出進一步讓步，而這則導致了第二次鴉片戰爭的爆發，並以 1860 年《北京條約》的簽訂而告終。至 1900 年，中國沿海地區已經遍佈了一連串面向西方開放的通商口岸。當時，英國、法國、日本和俄國已經控制了那些曾經是清王朝附庸國的邊境國家。至此，飽受動盪所擾的清王朝已經分崩離析。■

試圖商討開放貿易的問題，然而卻遭到了清政府的拒絕。18 世紀末期，清朝是世界上最為富有、人口最多，也最為強盛的國家，尚有自鳴得意的資本；然而到了 19 世紀中期，深受饑荒與起義問題所困擾的國家事實上已經破產，也愈發受到西方的剝削與欺凌。

起義與反叛

當時的中國內外交困。人口的迅速增長一次又一次地引發饑荒。在 1787 年至 1813 年，中國爆發了三次大規模起義，而清政府於 17 至 18 世紀花費巨大代價征服來的那些邊境省份更是幾乎連年處於動盪之中。

1850 年，太平天國運動在中國爆發，造成了近 2000 萬人死亡，而到了 1864 年，這場運動最終成功遭到鎮壓。此時的清王朝已經愈發軟弱無能，基本上已經失去了對於中國的控制權。

西方入侵

西方人正是利用了中國的這一片亂局，進一步削弱清政府的力量。清政府所做出的第一項貿易妥協還相對適度，僅規定所有的中國商品都以白銀進行支付。然而自 19 世紀初以來，越來越多的歐洲商人開始通過賄賂官員這一手段，以廉價種植在印度地區的鴉片購買中國商品。到了 19 世紀 20 年代，

義和團運動

19 世紀末期，中國正處於一片亂局之中，因此也勢必有人會籌謀部署，以期能夠終結西方日益上升的統治地位。位於北京的清政府決定進行最後一搏，依據西方的方式進行改革，然而到了 1899 年，義和團這一主要由年輕男性構成的半地下組織發動了起義，將國內的動盪局面推向了高潮。他們的目標是推翻一切西方勢力；這些人認為自己

在西方武器的面前是刀槍不入的，而得益於這一妄想，他們的目標也多少得以實現。清政府並不能肯定這場起義究竟會成為自己的救贖，還是會反而激發西方的報復行動，於是便也在支持與剿殺之間反覆不定。然而最終，起義還是遭到了鎮壓。由日本等一眾國家組成的八國聯軍被派往中國鎮壓義和團，到了 1900 年 9 月，這場起義已經在恣意的暴力之中粉碎。

我應該嫉妒埃菲爾鐵塔，她比我還要有名

埃菲爾鐵塔正式開放（1889年）

1889 年 3 月 31 日，埃菲爾鐵塔正式開放，而這一事件也成為 1870 年至 1871 年普法戰爭法國遭普魯士重創之後，以及後來 1914 年第一次世界大戰爆發之前，巴黎人所誇下的豪言壯語。此時正是「美好年代」，一個巴黎能夠、也確實自信地將自己稱作是光明之城、超級大都會、世界文化中心，以及文明生活中心的時代。巴黎是一座重生的城市，而如今，古斯塔夫・埃菲爾所設計的鐵塔也高高地矗立在了城市中央。這座高達 300 米的鐵塔不僅僅是當時世界上最高的建築物，也是一座讚頌技術進步的勝利豐碑。

理想的城市

　　如今的巴黎是拿破崙三世的傑作。自 1853 年起，這位法國皇帝便命人將整片區域徹底拆除，以壯觀的林蔭大道取代過去的中世紀建築與縱橫交錯的街道。如此大規模的城市規劃還是前所未有的。當時的巴黎人建起了火車站，完善了供水系統，修築了排水管道，還設計建造了美輪美奐的公園和城市景觀。他們的目標是打造一個現代化的都市，不僅能夠反映出法蘭西王國曾經的輝煌，還要體現出這個國家在當今世界的統治地位。

　　工業化西方的許多城市都相繼進行了類似的城市規劃。1850 年，人口超過 50 萬的歐洲城市共有三個，分別是巴黎、倫敦和康士坦丁

埃菲爾鐵塔於1889年世博會之時在法國矗立起來。當時，它是世界上最高的建築。自那之後，埃菲爾鐵塔便成為全世界人眼中巴黎的象徵。

參見：斯蒂芬森的「火箭號」投入使用 220~225 頁，蘇伊士運河的修築 230~235 頁，埃利斯島正式開放 250~251 頁，法國重歸共和制 265 頁。

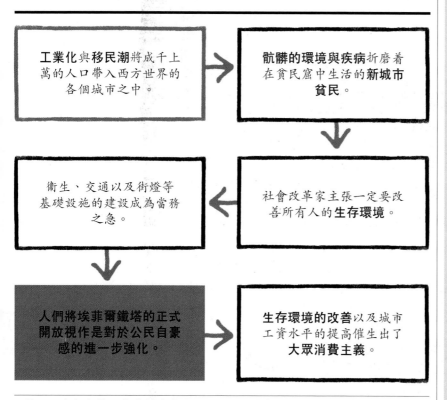

工業化與移民潮將成千上萬的人口帶入西方世界的各個城市之中。

→ 骯髒的環境與疾病折磨着在貧民窟中生活的新城市貧民。

衛生、交通以及街燈等基礎設施的建設成為當務之急。

← 社會改革家主張一定要改善所有人的生存環境。

人們將埃菲爾鐵塔的正式開放視作是對於公民自豪感的進一步強化。

→ 生存環境的改善以及城市工資水平的提高催生出了大眾消費主義。

堡；五十年之後，九座城市的人口都超過了 100 萬；而到了 1900 年，倫敦已然成為世界上最大的都市，總人口多達 650 萬。與此同時，美國也取得了同樣快速的人口增長。

困難與發明

最初，這樣的人口爆炸式增長造成了令人難以置信的城市貧困問題。諸如霍亂與傷寒等疾病早已是司空見慣。越來越多的人逐漸意識到，所有現代城市所需要建設的基礎設施不僅僅包括便捷的公共交通和道路網絡，還需要大力改進公共健康，尤其是衛生問題。

在這些大都市中，公民的生活質量發生了驚人的變化。這一變化同大眾消費主義的發展密切相關，

而這也與生活水平提高、工作時間縮短，以及義務教育的推行和基本識字能力及算數技能的普及有着最為直接的聯繫。除此之外，這也是一個音樂廳、大眾劇院，以及此後電影院飛速發展的時代，同時，留聲機技術不斷提升，報紙發行量逐漸加大，人們對於體育運動的興趣也愈發濃厚。

在這個人民愈加富裕，娛樂生活愈加豐富的時代，第一批百貨公司的出現也是一件十分重要的事情。而在美國，自 19 世紀 90 年代以來，摩天大樓這一全新的建築進一步改變了那裏的城市景觀。就如此前的埃菲爾鐵塔一樣，摩天大樓也迅速成為城市生活發生巨大變革的象徵。■

地下鐵路

1800 年至 1900 年，紐約的人口密度自每平方英里 39,183 人上升到每平方英里 90,366 人，而與此同時，公共交通佔用了寶貴的土地，這也進一步加劇了交通擁堵的情況。為解決這一問題，美國採用的方法是以鋼梁建設高架於道路上方的鐵路。1868 年，第一條高架鐵路在紐約正式通車。

而在英國，同樣的道路空間問題則催生出了地下鐵路。使用傳統蒸汽引擎的第一條地鐵線路是於 1863 年開通的倫敦大都會鐵路。這條線路將帕丁頓與國王十字車站同倫敦市連接在了一起。很快，大都會鐵路便得到了延伸，還同區域線連接在了一起，待至 1871 年，這兩條線路幾乎已經覆蓋了倫敦中心區域的所有地方。1890 年，倫敦首次開通了更加快捷、更加安靜，也更加清潔的電力地鐵服務。很快，巴黎也追隨着倫敦的步伐，在 1900 年開通了以倫敦地鐵線路命名的地下鐵路，而波士頓也於 1897 年開通了美國的第一條地鐵。

1890年，世界上第一條以電力驅動的地下鐵路線路在倫敦建成通車，令市內交通變得更為快捷，也更為可靠。

如果我有能力，我定要吞併其他星球

柏林會議（1884年）

背景介紹

聚焦
列強瓜分非洲

此前
1830 年 法國開始佔領阿爾及利亞。

1853–1856 年 大衛‧李文斯頓橫越中非地區。

1862 年 約翰‧斯皮克發現了尼羅河的源頭。

1879 年 亨利‧莫頓‧史丹利受僱於利奧波德二世，對剛果地區進行調查。

1882 年 英國佔領了名義上由奧斯曼帝國進行統治的埃及。

此後
1886–1894 年 德國在東非地區建立了領地。

1890 年 《英法協約》將撒哈拉地區的控制權授予了法國。

1891–1893 年 賽西爾‧羅茲將南、北羅德西亞納入了英國的統治範圍。

1899–1902 年 英國在布爾戰爭中奪取了奧蘭治自由邦以及德蘭士瓦共和國的控制權。

歐洲人通過探險行動進入了**非洲內陸**。這片極具**貿易潛力**的土地令人嚮往。

歐洲各**殖民力量**之間持續不斷的競爭引發了「列強瓜分非洲」這一事件。

歐洲充分利用自身的**經濟優勢與軍事優勢**，迫使非洲對其敞開大門。

歐洲列強在柏林會議上建立了全新的殖民屬地，而這一決定據說也迎合了基督教與「文明」發展的利益訴求。

待至1913年，真正完全獨立的國家已經僅剩下**利比亞和埃塞俄比亞**。

嚴格來說，柏林會議並未促成 1880 年後歐洲迅速佔領非洲這一事件，然而，它卻進一步維護了歐洲自身所主張的權利，逼迫那個在歐洲人眼中落後、無知而又野蠻的大陸向他們敞開了大門。柏林會議召開於 1884 年到 1885 年的

那個冬天，其發起人是德國宰相奧托‧馮‧俾斯麥，另有 14 個國家的代表出席了這次會議。會議的目的之一是通過制定各國一致認可的殖民規則，令非洲被迫淪為歐洲附庸這一事件合法化，同時也能夠避免以法國和英國為首的歐洲各殖

參見： 蘇伊士運河的修築 230~235 頁，勒克瑙圍攻戰 242 頁，第二次鴉片戰爭 254~255 頁，祖魯王國的興衰 264 頁，蘇丹建立起一個馬赫迪伊斯蘭教國家 265 頁，（第二次）布爾戰爭 265 頁，印度獨立與印巴分治 298~301 頁，恩克魯瑪為加納贏得獨立 306~307 頁。

民力量之間爆發衝突。除此之外，這次會議也被視作是結束奴隸貿易的手段之一，而它也發揮了不遜於基督教傳教士的作用。同時，會議還為德國和比利時這兩個沒有殖民統治歷史的國家鋪平了成為重要帝國力量的道路。對於想要挑戰英國與法國權威的德國而言，柏林會議也就等同於其自身向前邁出的一大步。在它看來，假若那兩個國家能夠以擁有大量殖民領地為傲的話，自己也同樣應當如此。

歐洲佔領非洲

淪為殖民地之前，非洲大陸上有一眾各式各樣的國家和地區，有的有着清晰的界限，有的則只是鬆散的部落，例如，先進的埃及與赤道非洲地區的剛果之間就有着明顯的差異。歐洲人最早佔據的非洲領土是沿海地區以黃金貿易和奴隸貿易為支撐的貿易站點。此時的歐洲人還未能進入非洲內陸，然而自 19

世紀初期歐洲人成功挺進這一地帶以來，他們在非洲的殖民活動便勢頭大增。後來，隨着局勢的不斷升溫，非洲幾乎完全為歐洲人所征服。從本質上看，非洲殖民地之間的接線完全屬於人為劃分，不過是一條條為滿足殖民力量的需求而在地圖上劃下的分界線。殖民者全然不在意那些地區究竟有着怎樣的歷史和文化，而當地所有的抵抗力量最終都遭到了軍事手段的粉碎。

比利時與德國的統治

1885 年，比利時國王利奧波德二世宣佈建立剛果自由邦。表面上看來，這裏是一個模範式的殖民地，為人道主義與自由貿易的發展而服務；然而事實卻完全並非如此。

利奧波德二世將剛果自由邦視作是自己的私人領土，他在那一地區的暴行幾乎引發了種族滅絕。人們永遠無法得知確切的數字，但是剛果人的死亡人數很可能是在 200

在這幅維多利亞時期的漫畫之中，賽西爾·羅茲被描繪成了一個跨立在整片非洲大陸上的巨人。他堅定支持殖民活動，為大英帝國爭取利益。

萬到 1000 萬。歐洲人在非洲攫取了大量的財富，包括象牙、橡膠、黃金還有鑽石，然而，非洲人卻為此付出了無比慘痛的代價。■

賽西爾·羅茲

沒有人比賽西爾·羅茲更加熱情地擁護大英帝國在非洲地區的統治。賽西爾·羅茲是一位商人，同時也是政治家與帝國主義的堅定支持者。在他的設想之中，從非洲最北端的開羅到最南端的開普敦，整片大陸都應成為英國的殖民地。羅茲通過在南非地區採礦並售賣鑽石而起家，之後便始終致力於推動實現自己這一大膽的設想。他成功將北羅德西亞（如今贊比亞的一部分）與南羅德西亞（如今的津巴布韋）開闢成英國的領土，而這兩個地方也都是以他的名字命名的。1890 年，賽西爾·羅茲成為英國在開普敦殖民地的總理，自那以後，他不斷策劃着推翻布爾共和國，而這也最終使其不得不在 1895 年結束自己的政治生涯。從某種程度上來說，羅茲或許是最為理直氣壯的帝國主義者，他不僅隨時做好了擴大英國殖民統治的準備，還堅信推動這一進程便是自己的職責所在，而這一切都是為了維護他口中所謂歐洲不言自明的統治地位。

我的人民將會了解民主的原則、真理的優越，以及科學的教導

青年土耳其革命（1908年）

背景介紹

聚焦
土耳其現代化

此前

1798 年 法國入侵埃及，致使奧斯曼帝國在 1805 年丟掉了這個國家。

1830 年 希臘獲得獨立，而這也標誌着奧斯曼人失去了其在巴爾幹地區的第一塊領土。法國開始征服阿爾及利亞。

此後

1912–1913 年 奧斯曼土耳其帝國在巴爾幹戰爭中遭遇了恥辱性的失敗。

1914 年 奧斯曼土耳其帝國參與到第一次世界大戰之中，同德國同一陣營。

1920 年 奧斯曼土耳其帝國在第一次世界大戰中戰敗後被迫簽訂了《色佛爾條約》。後來，穆斯塔法·凱末爾帶頭發動起義，反對這一懲罰性條約。

1923 年 《洛桑條約》劃定了現今土耳其的國界；凱末爾發起了一項現代化計劃。

奧斯曼土耳其帝國意識到自己逐漸**無法掌控**自己的帝國，也難以與**西方國家**相匹敵。

奧斯曼帝國的蘇丹試圖推行**西方化改革**，然而卻並未全心全意地推動這一計劃。

阿卜杜勒·哈米德二世的統治專制且腐朽，且愈發受到西方國家經濟利益的支配。

青年土耳其革命對國家的現代化改革起到了推動作用。然而，這場革命卻無法提供任何長久之計，難以挽救日漸衰落的土耳其。

奧斯曼帝國**在第一次世界大戰之中的戰敗**為國家帶去了極大的打擊，但卻也在同時推動了**世俗化共和國的建立**。

奧斯曼帝國中一些民族主義情緒高昂的軍官對國家接連失掉自己的領土這一情況倍感失望，於是便在 1908 年 7 月策劃發動了青年土耳其革命。這場革命迫使帝國的統治者——無能卻專制的蘇丹阿卜杜勒·哈米德二世重新確立了君主立憲制統治。1909 年，哈米德被迫讓位給自己的弟弟穆罕默德五世，然而事實上，這位蘇丹卻不過是個傀儡。

青年土耳其革命並未能終止奧斯曼帝國的衰落，卻在很大程度上凸顯了當時社會中兩個派別（一派

參見：斯蒂芬森的「火箭號」投入使用 220~225 頁，1848 年歐洲革命 228~229 頁，蘇伊士運河的修築 230~235 頁，千人軍遠征 238~241 頁。

擁護土耳其的伊斯蘭文化價值觀，另一派則更加開明，認為只有西方式改革才能為土耳其帶來救贖）之間的矛盾。

領土面積縮小

1800 年，儘管土耳其已經一次又一次地敗在俄國軍隊的手中，但國家卻仍舊統治着從巴爾幹半島、中東地區一直延伸至北非地區，橫跨許多國家的一大片廣袤帝國。

1830 年，也就是法國開始征戰阿爾及利亞的那一年，希臘獲得了獨立；而到了 1878 年，塞爾維亞、黑山、保加利亞以及羅馬尼亞也都相繼取得獨立。1881 年，突尼斯也為法國所佔領。

青年土耳其革命結束了，奧斯曼土耳其帝國的衰落卻並未終止。而 1912 年至 1913 年爆發的巴爾幹戰爭則幾乎令土耳其失去了其在歐洲地區剩餘的所有領土。

奧斯曼帝國在19世紀末期沒有能力保衛自己的國土，逐漸被扣上了「歐洲病夫」的帽子。而國家在第一次世界大戰之中的戰敗也令其失去更多的領地。

致命的聯盟

巴爾幹危機之後，奧斯曼帝國軍政府便發起了一項改革運動，以西方為模型對國家進行現代化改造。1914 年 10 月，土耳其作為同盟國的盟友參與到第一次世界大戰中。他們堅信，有了德國軍隊的幫助，自己便能夠重新在世界上發揮從前的影響力；然而，這一決定卻是一個災難性的錯誤。1918 年，土耳其一方戰敗，國家的領土僅剩下安納托利亞這一塊腹地。

1920 年的《色佛爾條約》在很大程度上是英法強加給土耳其的，然而這份條約卻進一步凸顯了該國在第一次世界大戰中戰敗時所遭受的創傷。《色佛爾條約》不僅令土耳其確實地丟掉了自己的領土，還將國家西部的大片土地分給了希臘，這使土耳其國內爆發了由穆斯塔法・凱末爾所領導的民族主義反抗運動，推翻了穆罕默德五世的統治。

凱末爾領導之下的土耳其正是一個集權式的西方化國家，土耳其也逐漸成為青年土耳其革命之中民族主義改革者曾為之鬥爭的那個世俗化國家。■

凱末爾・阿塔土克

穆斯塔法・凱末爾・阿塔土克（1881−1938 年），阿塔土克是土耳其國會於 1934 年時賜予凱末爾的名字，意為「土耳其人之父」。他是土耳其共和國的創立者，也是國家的第一任總統。他出生於 1881 年，曾作為軍官參與到青年土耳其革命之中。在 1915 年至 1916 年，凱末爾率軍在達達尼爾海峽保衛戰中作戰，並在其中取得了卓越的功績，成功擊碎了英法聯軍試圖征服土耳其西部的野心。

第一次世界大戰結束之後，土耳其戰敗，凱末爾便在此時建立了臨時政府。1923 年，《洛桑條約》劃定了土耳其的邊界線，而西方也同意建立一個全新的土耳其共和國。於是，凱末爾便發起了一項改革計劃，對社會與政治進行徹底改造，以期令土耳其轉變為一個現代的西方化共和國。無論在將土耳其引入現代世界的這一過程之中有着多少艱辛，土耳其都確實在凱末爾的帶領之下成為一個具有凝聚力的世俗化政治體。

要行動，不要空話

艾米麗·戴維森之死（1913年）

越來越多的女性接受過教育，並在社會中從事專業工作，而這也提升了她們對於投票權的期待。

在以英國和美國為首的一些國家之中，社會團體先後成立，為女性爭取選舉權。

婦女社會政治同盟之中的一些激進分子遭到逮捕，並被投入監獄。

艾米麗·戴維森之死開始令全世界關注女性投票權的問題。

女性在戰爭之中的貢獻凸顯了她們的能力。1918年，英國女性獲得了投票權，而美國女性也在1920年獲得了這一項政治權利。

1913 年 6 月 4 日，艾米麗·戴維森踏上了英國最為著名的賽馬場德比賽馬場，被英王喬治五世的賽馬踩翻在地。四天之後，戴維森不幸離世。人們並未能得知一事件究竟是一次不太順利的抗議示威，還是一次主動的殉道行為。然而，這次破壞行為卻符合婦女社會政治同盟的典型做法，而戴維森正是在 1906年加入了這一組織的。

英國：婦女參政權論者
這一時期，西方女性已經開

參見：《獨立宣言》的簽署 204~207 頁，巴雪戴爾戰役 270~275 頁，華盛頓大遊行 311 頁，1968 年巴黎學生起義 324 頁，納爾遜・曼德拉獲釋 325 頁。

艾米麗・戴維森為使人們關注女性投票權問題，衝向了喬治五世的賽馬，之後，她本人、賽馬安瑪爾，以及騎師赫伯特・瓊斯都躺在了埃普瑟姆賽馬場的跑道上，而這位爭取選舉權的女性則是唯一一個在該事件之中死亡的人。

始覺得自己（包括其他地區的女性）不應被視為二等公民。在諸如英國與美國等國家之中，越來越多的男性獲得了投票權，而這則令女性不禁產生了疑問，為何自己不能擁有同樣的權利。1903 年，埃米琳・潘克赫斯特創立了婦女社會政治同盟，旨在利用激進手段進一步

推進這一事業。同盟的口號是「要行動，不要空話」，而這些婦女參政權論者的手段也開始變得愈發激烈。她們用鐵鍊將自己拴在公共建築物上，還時常擾亂會議的正常進行；很快，這些行為便升級為砸碎商店櫥窗，甚至投擲炸彈。

婦女社會政治同盟之中更為激進的成員一次又一次地遭到逮捕，並被投入監獄：潘克赫斯特本人就曾七次被判入獄，戴維森更是多達九次。1909 年，同盟成員開始在獄中實施絕食抗議，然而，他們最終卻遭受了強灌食物這個痛苦而又帶有侮辱性質的回擊。

美國：婦女參政擴大論者

美國婦女政權擴大論者的經歷也與之極其相似。基督教婦女禁酒聯盟便以和平手段爭取女性權利，聲稱女性若是沒有投票權，便無法影響政治決定。

然而，1916 年成立的全國婦女黨卻仿傚了婦女社會政治同盟的

激進手段。鑒於該同盟的創建者愛莉絲・保羅在 1907 年至 1910 年曾是婦女社會政治同盟之中的一員，還曾三次入獄，這樣看來，全國婦女黨實施激進策略便也不足為奇了。

最終的勝利

第一次世界大戰爆發之時，婦女社會政治同盟便終止了活動，轉而開始為戰爭提供支持。女性在戰爭期間做出的貢獻彰顯出了她們的價值，她們絕不僅僅是傳統觀念中的妻子和母親，還能夠承擔起更加重要的社會角色。1918 年，英國 30 歲以上的女性獲得了投票權；1928 年，英國更是將擁有投票權的年齡限制降低到了 21 歲。

同時，在大洋彼岸的美國，全國婦女黨的抗議活動一直持續到 1919 年國會通過憲法第九條修正案為止。第二年，修正案正式生效，女性同男性一樣擁有了投票權。■

埃米琳・潘克赫斯特

埃米琳・潘克赫斯特（1858−1928 年）或許是那些為婦女參政權而鬥爭的女性之中最有名的一位，也是 20 世紀早期活躍在政治舞台之上的女性典範。她出生在英格蘭北部一個相當體面，同時又在某種程度上具有左傾傾向的中產階級家庭之中（婚後也始終生活在這樣的環境裏），而這樣的出身也令她更加堅定了自己為女性爭取權利的決心。事實證明，她的這一決定引發了巨大的爭議。埃米琳十分執着，也分外活躍，拒絕做出任何妥協，

且毫不畏縮。她所領導的婦女社會政治同盟展現出了堅定的決心，為女性參政權而「深入敵陣」。隨着時間的推移，埃米琳愈發準備利用更加暴力的手段確保她們的目標能夠得以實現，而這同時也令她失去了許多本可以成為其支持者的人，男性和女性皆包括在內。儘管如此，她拒絕妥協的堅定信念，以及其追隨者的熱忱，在當時那個自鳴得意的男性政治世界之中，注入了一股全新的女性主義鬥爭精神。

延伸事件

瓜分波蘭
（1772–1795年）

在 1569 年到 18 世紀，波蘭與立陶宛兩國共同構成了波蘭立陶宛聯邦，而這個位於歐洲北部的聯邦也是當時歐洲面積最大的國家。1772 年，聯邦強大的鄰國奧地利、普魯士和俄國逐漸通過一系列吞併行為一點點蠶食了國家的領土，並最終在 1795 年徹底瓜分了整個國家。俄國佔領了聯邦的東部一半，普魯士佔領了北部，而奧地利則分到了中部和南部地區。將這些波蘭國家收入囊中之後，這三個強大的歐洲國家迅速壯大了自己的實力，而那些波蘭愛國者只得為爭取獨立而鬥爭，最終於 1918 年取得了成功。

錫克帝國的建立
（1799年）

蘭吉特・辛格（Ranjit Singh）統一了印度北部旁遮普地區內部及其周邊一眾大大小小的錫克國家，並成功在 1799 年創建了一個強大的錫克帝國。在帝國的建立以及防衛過程之中，國家動用了錫克領袖納瓦布卡普爾・辛格於 18 世紀 30 年代創建起來的強大軍事組織「卡爾沙」。帝國的統治維持了五十年的時間，但最終還是落入了英國人的手中。儘管國家並未能長久存在下去，但它卻在很大程度上將錫克人團結在了一起，也將這羣人同旁遮普地區緊緊聯繫在了一起。

美國第二次獨立戰爭
（1812–1815年）

1812 年，美利堅合眾國正式向英國宣戰。美國人希望能夠通過這次戰爭解決一系列問題，包括英國向美國施加的貿易限制、強行徵用美國商船船員，以及英方出力支持美國原住民，讓他們站出來反對聯邦當局向西部的領土繼續進行擴張等。這場戰爭的戰場遍佈北美大陸，其中發生的事件包括美國侵入加拿大失敗、1814 年英軍火燒華盛頓，還有 1815 年美軍在新奧爾良取得關鍵性勝利。在戰爭持續了兩年多以後，大多數地區都已恢復到了戰前狀態。然而，這場戰爭進一步加深了美國的民族意識，與此同時，戰爭也確立了加拿大作為大英帝國領土一部分的國家地位。

祖魯王國的興衰
（約1816–1887年）

恰卡（Shaka）是祖魯部族的統治者，也是一位精力充沛的領袖。1816 年，他征服並統一了非洲東南部恩古尼民族之中的大多數族羣，以此建立了祖魯王國。當時的祖魯王國需要同兩批好戰的入侵者進行鬥爭 —— 布爾人（開普省荷蘭定居者的後裔）與英國人。1879 年，英國人入侵了祖魯王國的領土。最初，英軍在伊散德爾瓦納一戰中受挫；然而很快，他們便憑藉着自己強大的火力佔據了上風。英國將祖魯王國分為了許多塊，並最終將其納入了自己的帝國。

血淚之路
（1830年）

1830 年，美國國會通過了《印第安人遷移法》。該法案將密西西比河以西的土地分給了美國原住民，以此換取他們在國家東部邊境線之內的土地。儘管從理論上來看，這份遷移法是本着自願原則的，然而事實上，數以萬計的印第安人都從自己的家園中遭到了驅逐，被迫開始了一場西向行進，而他們所走過的道路便是我們如今所說的「血淚之路」。被迫遷移的人主要包括切羅基人、巧克陶人、契卡索人、克里克人以及塞米諾爾人。僅就切羅基人而言，便有約 4000 人死在前往西部的路途上。

愛爾蘭饑荒
（1845–1849年）

19 世紀 40 年代，愛爾蘭境內迅速增長的農村人口遭遇了一系列極其嚴重的馬鈴薯作物歉收，而這種作物卻是當地農民的主食。當時，馬鈴薯疫病很快便在潮濕的氣候中傳播開來，最終令許多農民顆粒無收。於是，約有一百萬左右的人口因飢餓而死，另有一百萬人或是遷往了英國，或是移民至北美洲。饑荒結束之後，許多土地所有者又以地產「合理化」的名義將住戶驅離了自己的家園，於是，愛爾蘭人口的外遷活動便繼續下去，而他們的首要目的地便是美國。這次馬鈴薯饑荒是愛爾蘭歷史上一次危害極大也至關重要的事件：自那以後，愛

爾蘭的人口再未能恢復至饑荒發生以前的水平，而人們對於英國政府處理不當的怨言也始終未曾消退。

太平天國運動
（1850–1864年）

到19世紀中期，清王朝的統治已然腐朽至極，渴望變革的人也不計其數，而由宗教領袖洪秀全所率領的一羣人便是其中的一股反叛勢力。1853年，洪秀全的追隨者攻入南京，很快便佔領了這座城市。太平天國運動迅速得以壯大，其勢力幾乎遍佈全國，沒過多久便演變為一場擁有數十萬參與者的戰爭。最終，清政府成功在歐洲軍隊的支持之下鎮壓了這場反叛，然而卻有數百萬戰士和平民在這場戰爭中失去了生命。儘管太平天國運動未能取得成功，但它卻仍舊在極大程度上削弱了清政府的統治，而在這之後，愈發受制於外國勢力的清政府也不過繼續維持了半個世紀的統治。

克里米亞戰爭
（1853–1856年）

1853年，當俄國與土耳其之間爆發戰爭時，法國與英國對這場戰爭進行了干涉，站在土耳其一方，派遣聯合軍隊入侵克里米亞，還包圍了俄國港口塞瓦斯托波爾。這場戰爭傷亡慘重，尤其是俄國一方，直到他們同意簽訂和平條約，情況才開始好轉。在克里米亞戰爭之中，英國騎兵發動了「輕騎兵的衝鋒」這一惡名昭著的自殺式突擊，而類似的錯誤還有很多，平白令無數人失去了生命。此外，克里米亞戰爭之中還湧現出了許多醫療衛生改革者，例如弗羅倫斯·南丁格爾；這些人努力改進傷者的護理工作，同時也試圖提高護理人員的水平，並對軍事醫院和平民醫院之中的護士進行培訓。

法國重歸共和制
（1870年）

1870年，法國皇帝拿破崙三世在普法戰爭的色當戰役之中投降，並受到了俘虜。法國議會宣佈成立共和國，希望這個全新的政體能夠在新一任君主誕生之前發揮臨時政府的作用。然而事實證明，人們無法在全新君主政體的憲法框架問題上達成共識，亦無法決定由誰來擔任君主。1871年選舉過後，法蘭西第三共和國的延續成為了定局，國家首腦為總統，還設立了由男性選民選舉產生、負責制定國家法律的眾議院。法蘭西第三共和國一直存在到1940年，並為第二次世界大戰後法國政體的確立提供了模型。

蘇丹建立起一個馬赫迪伊斯蘭教國家
（1885年）

1881年，蘇丹領袖穆罕默德·艾哈邁德宣佈自己是馬赫迪（一些伊斯蘭教傳統信仰之中的救世主式人物），同時向統治着蘇丹的埃及政府（儘管這兩個地方事實上都處於英國的統治之下）發動了起義。艾哈邁德命令人包圍了喀土穆，儘管英國總督查理·喬治·戈登曾做出防衛行動，但蘇丹依舊在1885年成功攻下了那裏。1898年，蘇丹馬赫迪王國終究還是敗在了基欽納勳爵的手下，自那以後，蘇丹便開始由英國和埃及聯合統治。

（第二次）布爾戰爭
（1899–1902年）

1899–1902年的戰爭是布爾人（南非地區的荷蘭後裔）與英國人之間爆發的第二次衝突。戰爭之初，布爾人通過在鄉村地區游擊作戰的方式佔據了上風，然而很快，英國人便開始實行「焦土政策」，還俘虜了許多婦女和兒童。約有兩萬人死在集中營中，而布爾人也喪失了獨立。戰爭過後，許多得以倖存下來的布爾人都陷入了貧困的泥淖之中，然而，戰爭卻也激發了他們的民族主義熱情，還間接令阿非利卡人（布爾人）於20世紀之中在南非政府佔據了主導地位。

墨西哥革命
（1910年）

墨西哥革命開始於1910年，最初是由弗蘭西斯科·馬德羅所領導的。這場革命成功推翻了獨裁者波費里奧·迪亞斯長達三十五年左右的統治。然而，新成立的共和國卻無法阻止派系武裝鬥爭以及內戰的爆發，而這兩大矛盾也一直到1917年新憲法的起草與1920年新政府的選舉產生才得以畫上句號。在接下來的二十年裏，墨西哥推行了一系列重要的改革措施，舉例而言，國家面向農民與印第安族羣進行了土地再分配，並在1938年將石油收歸國有。

THE MODERN WORLD
WORLD
1914–PRESENT

當今世界
1914年 至今

俄國起義致使沙皇退位。**列寧**呼籲進行**革命**，**布爾什維克黨人**於11月奪取了政權。

紐約證券交易所**股市崩盤**，損失高達數億美元，而這場**金融災難**也令整個世界陷入了大蕭條之中。

希特拉**入侵波蘭**，英國與法國**向德國宣戰**；這場戰爭持續了六年之久，並成為世界歷史上死傷最為嚴重的戰爭。

英屬印度分裂成了兩個**獨立的民族國家**——以印度教徒為主的**印度**和以穆斯林為主的**巴基斯坦**。

1917年　　**1929**年　　**1939**年　　**1947**年

1919年　　**1934–1935**年　　**1942**年　　**1948**年

第一次世界大戰結束（1918年），1919年6月，《凡爾賽條約》正式簽訂。**德國的領土遭到剝奪、軍隊遭到削減，還不得不支付巨額賠款。**

為擺脫南部地區國民黨軍隊的追擊，由**毛澤東**率領的八萬名**共產黨人**一路向北，開始了艱險的**長征**。

納粹官員集聚在萬湖，制定消滅猶太人的計劃，而**在這場猶太人大屠殺之中**，共有超過600萬人**遇害**。

猶太人在巴勒斯坦地區建立了**猶太國家以色列**，而在此前的三十年之中，這一地區始終處在英國的統治之下。

以歷史視角來看，近一個世紀以來所發生的事件難免會更加多變，更加難測。20世紀中期的歷史文獻或許會將近代時期視作是一段充滿了災難的歲月，因為在這一時期，自由文明取得的所有政治進步與經濟進步都遭到了揮霍。然而到了21世紀初期，人們卻似乎逐漸看到了當今世界與第一次世界大戰爆發之前那個世界之間的延續性，資本主義經濟全球化與重大科技進步成為這一時期的最大成就，而人口的急速增長與生產力的迅速提升也變成了這一時期的標誌。

兩次世界大戰

在1914年至1950年，整個世界經歷了巨大的動盪。約有1億人在這期間的兩場世界大戰中失去了生命，而這樣巨大的傷亡也令這兩場戰爭成為迄今為止歷史上破壞性最大的衝突。戰爭之中的殺戮令歐洲文明與科技這兩個19世紀傳統觀念之中象徵着「進步」的支柱看起來黯然失色。德國這一常被視作是歐洲「文明」典範的國家淪為了獨裁專政與種族滅絕大屠殺的始作俑者。人們利用科學創造出了許多具有大規模殺傷性的武器，其中便包括毒氣與原子彈。即便是在兩次世界大戰之間那一段相對和平的歲月裏，全球資本主義經濟也未能有效運作，經濟大蕭條所引發的經濟頹靡令民主政體與自由市場的發展陷入了停滯甚至是倒退。

意識形態之戰

第二次世界大戰結束之後不久便爆發了冷戰，以美國為首的「自由世界」與社會主義國家集團之間形成了對峙局面。雙方不但沒有進行裁軍，還進行了一場有可能引發巨大災難的核武器軍事競賽。與此同時，經濟衰敗且士氣低落的主要歐洲國家開始意識到自己已經無法在殖民人口極力爭取自由的局面之下維持帝國的統治。剛剛獲得獨立的國家則成為資本主義制度與共產主義制度之間意識形態鬥爭，甚至是軍事戰爭的戰場。

最終，令一切塵埃落定的還要經濟。資本主義逐漸展現出了其自身推動經濟大規模增長的能力，在那些更為發達的國家之中創造出了

埃及領袖納賽爾宣佈將**蘇伊士運河**收歸國有。英國、法國及以色列**入侵埃及**，美國強制實行停火協定，三國軍隊從埃及**撤軍**。

古巴導彈危機期間，在整整十三天的時間裏，全世界都處於古巴與美國之間可能爆發**核戰爭**的威脅之中。這一爭端最終通過**外交手段**得以解決。

東德政府撤銷了對於民眾的旅遊限制，成千上萬人一同**推倒了柏林牆**；共產主義在德國崩塌。

9月11日，**伊斯蘭極端分子**向美國發起了一場嚴重的**恐怖襲擊**。近3000人在這次災難中失去了生命。

 1956年

 **1962**年

 1989年

 2001年

1957年

1965年

1991年

2011年

克瓦米·恩克魯瑪通過**和平手段**自英國人那裏爭取到了**加納的獨立**。待至20世紀70年代，非洲的大多數國家都已取得獨立。

美國派兵前往**越南南部**，試圖阻撓**共產主義**的傳播，卻就此捲入了一場歷時九年的戰爭。

由英國計算機科學家蒂姆·伯納斯·李所發明、世界上**最早的網站**（萬維網）正式上線，從這以後，學者便可以在網絡上**分享信息**了。

世界人口超過**70億**；全球面臨的重大挑戰便是在不破壞**生態環境**的前提下改善人們的**生活水平**。

無比繁榮的消費社會。與之相比，20世紀80年代的蘇聯卻面臨着嚴重的經濟蕭條局面，無法滿足人口日益增長所誕生的需求。很快，社會主義制度便在蘇維埃陣營之中徹底崩塌。

社會主義誕生之後，政治學家法蘭西斯·福山創造出了「歷史的終結」這一說法；在他看來，西方自由民主制度才是「唯一的選擇」。當然，在20世紀末期，自由主義頗有乘風破浪之勢：1950年，歐洲僅有少數幾個國家實行民主制；然而五十年之後，所有歐洲國家都已然成為民主國家。

進步與悲觀主義

自20世紀60年代以來，人們對於公民權利的激烈爭奪在諸如種族平等與性別政治等領域之中推動了自由主義理念的發展。這一時期中的經濟繁榮也格外引人注目。待至21世紀之初，拉丁美洲與亞洲大部分地區的生活水平已經得到極大的改善。儘管世界人口大規模增長，然而許多人曾經預測的食物供給不足現象卻並未出現。人們將應對環境破壞這一問題視作是未來的一項重大挑戰，以抑制人口增長與經濟繁榮所帶來的負面影響。

毫無疑問，從公民文化素養的提升到人類平均壽命的延長，再到航空航天技術與計算機技術所實現的飛越，人類在20世紀取得了巨大的進步。然而，並非所有人的態度都是積極樂觀的。即便不將環境問題納入考慮，未來也依舊存在着許多顯而易見的威脅：令一眾世界強國深陷戰爭泥淖的中東政治亂局；恐怖主義的暴行；由經濟不平等所引發的大規模移民；金融動盪與市場崩盤；還有伴隨着環球旅行而傳播蔓延的流行疾病——這些都是足以令悲觀主義者為之憂心的問題。歷史並不能幫助我們對未來進行準確的預測，然而歷史唯一能夠告訴我們的是，一切意料之外其實都應在意料之中。∎

你常希望自己
已經不在人世

巴雪戴爾戰役（1914年）

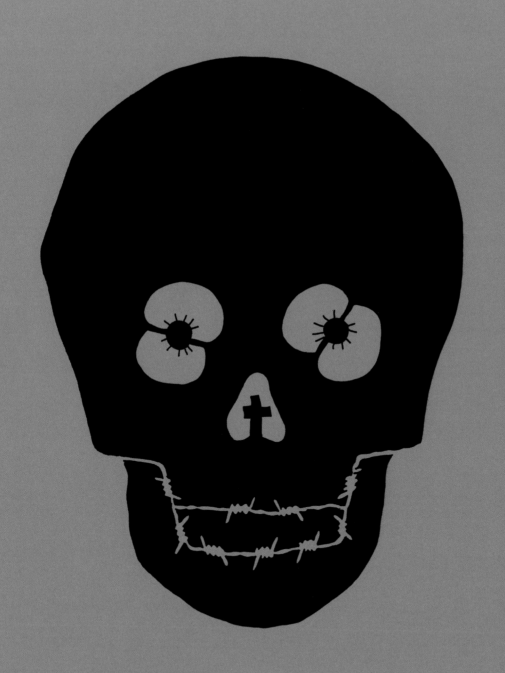

背景介紹

聚焦
第一次世界大戰

此前

1870－1871 年 普魯士在戰爭中擊敗了法國，建立起一個強大的日耳曼帝國。

1887 年 德國下令大規模建造船隻。

1912 年 巴爾幹戰爭爆發，令奧匈帝國對塞爾維亞的態度變得更為強硬。

此後

1916 年 英國與法國舉行秘密會談，簽訂了《賽克斯-皮科協定》，瓜分奧斯曼帝國。

1918 年 11 月 9 日 德意志帝國皇帝威廉二世退位，其帝國政府也一併崩塌。

1919 年 巴黎和會上，第一次世界大戰中的獲勝方迫使德國接受了《凡爾賽和約》之中規定的嚴苛條款。

巴雪戴爾戰役又稱第三次伊珀爾戰役，是第一次世界大戰期間發生在比利時伊珀爾周邊一場針對德意志帝國前線的大規模進攻。當時，德意志德國控制了比利時沿海地區的諸多港口，並利用這些地方來攻擊英國的船隻，而協約國的目標便是推進至比利時，從德意志手中奪回那些港口。協約國軍隊所面臨的最大挑戰便是如何突破德軍在西弗蘭德山脈的防禦陣地，而他們若想取得成功，關鍵便在於拿下巴雪戴爾這座村莊。

這場戰役自 1917 年 6 月 7 日便進入了準備階段，德軍的陣地經歷了整整兩周的狂轟濫炸。沒過幾天，傾盆而下的大雨便將這一地區變成了一大片泥沼，而協約國軍隊（由英國、法國、加拿大和澳洲軍隊構成）也深陷其中。等到他們終於在 11 月 6 日攻佔了巴雪戴爾時，整座村莊儼然只剩下殘垣斷壁。這場衝突令協約國成功向前推進了 8 公里，卻也令 30 萬名協約國士兵丟掉了性命，而德軍一方的

在巴雪戴爾戰役之中，士兵的作戰環境極其惡劣。這些機槍射手無處隱蔽，只得將炮彈造成的凹陷作為臨時藏身處。

陣亡人數也達到了 26 萬。巴雪戴爾戰役雖稱得上是英國方面取得的重大勝利，卻也同時成為無用之戰中的「典範」。

秘密外交

導致第一次世界大戰最終爆發的主要是兩場衝突：一場是德意志帝國與法國之間的衝突，另一場是俄國與奧匈帝國之間的衝突。長久以來，德國與法國始終相互厭惡，

戰壕中的生活

第一次世界大戰爆發之初，戰爭雙方在一場場戰役中迅速移動，戰火波及了綿延數百公里的地區。當時沒有哪一方覺得戰爭會在一個地方一直打下去，也沒有人想到要利用防禦戰壕進行作戰。

早期的戰壕都是小型的土溝，但是後來的戰壕卻逐漸變得精巧，還會利用木架和沙袋進行加固。德國的戰壕則更加複雜，其中甚至還配備有電力和廁所。白日裏，戰士們儘力躲避着敵人的炮火，處理日常事務。有時，戰壕中滿是老鼠和蝨子，還會被水

淹，甚至水還會結成冰。生活在這樣的環境中是一件令人無比疲憊的事情，且士兵們平日只能依靠罐裝食物果腹，亦沒有甚麼值得慰藉的東西。

士兵們無時無刻不面臨着危險：狙擊手只要看到有人將頭伸出戰壕便會進行射擊，而突擊隊也會將手榴彈扔到戰壕之中。戰壕時常會受到炮彈、子彈還有毒氣的攻擊。這一切都令戰爭變成了一場無休無止的消耗。

參見：千人軍遠征 238~241 頁，俄國解放農奴 243 頁，十月革命 276~279 頁，《凡爾賽和約》280 頁，納粹入侵波蘭 286~293 頁。

> **全歐洲的燈都熄滅了。我們此生都再也無法看到它們重新點亮的那一刻。**
>
> ——愛德華·格雷爵士，
> 英國外交大臣（1914 年）

而這樣的情緒則在 1870 年時達到了高潮——法國在普法戰爭中屈辱地敗給了德國，而阿爾薩斯以及洛林的大部分地區也淪為德國附庸。

放眼東歐地區，奧匈帝國與俄羅斯帝國始終就誰在巴爾幹地區擁有最強話語權這一問題而爭論不休。兩國都需要通過該地區到達地中海，而雙方也始終都以猜疑的眼光注視着彼此的一舉一動。

這樣的國家需要同盟的支持。1882 年，奧匈帝國、德意志帝國與意大利結成了三國同盟，承諾在戰爭爆發時相互提供軍事支援。後來，到了 19 世紀 90 年代，俄國又同法國簽訂了協議，在同德國開戰時保護對方。待至世紀之交，德意志帝國皇帝威廉二世發表了極具煽動性的民族主義演說，還對海軍進行了擴充，逼迫英國同法國建立了緊密的聯繫。1904 年，英國與法國達成了「摯誠協定」，結為同盟，而到了 1907 年，俄國也加入了這一同盟，這三國便是後來的協約國。國與國之間的相互競爭營造出了一種危機感。

戰爭爆發

到了這時候，一點點星火便可以點燃兩個對立同盟之間的敵對之火。1914 年 6 月 28 日，一名前波斯尼亞的塞爾維亞人在薩拉熱窩刺殺了哈布斯堡王位繼承人弗朗茨·斐迪南大公，點燃了第一次世界大戰的戰火。奧地利方面懷疑這一次襲擊是其在巴爾幹地區的最大敵人塞爾維亞人所為。在確定同盟德國與奧匈帝國會向自己提供支援後，奧地利於 7 月 23 日向塞爾維亞發出了最後通牒，要求塞爾維亞人停止一切針對奧匈帝國的行動。塞爾維亞接受了他們的大部分要求；然而，奧匈帝國卻仍舊選擇在 7 月 28 日向塞爾維亞宣戰。英國呼籲進行國際調停，但這場危機依然迅速升級為了一場全歐洲範圍內的戰爭。俄國動員軍隊，準備同奧匈帝國開戰，而德國也在 8 月 1 日向俄國宣戰，並又在兩天之後向法國宣戰。

一張複雜的同盟網絡 將歐洲國家緊緊聯繫在了一起。	一場歐洲軍事競賽**擴大了各國軍隊的規模**，也令他們製造出了更多**殺傷性武器**。

 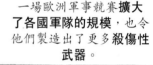

戰爭爆發，最終將所有大國捲入其中，也造成了**此前難以想像的死傷規模**。

雙方軍事力量相對平衡，而這也意味着沒有哪方能夠取得決定性的勝利。

儘管雙方都在巴雪戴爾等戰役之中做出了巨大的投入，但西線戰場上的戰爭依舊逐漸演變成了一場僵局。

戰爭雙方皆疲憊不堪，此時，**美國介入了戰爭**，站在協約國一方，令他們在**這場衝突之中取得了重大突破**。

人們利用馬匹和牽引車將加榴炮這樣的大型火炮運送至戰場上。當時，雙方發射了大量高爆彈，而這也是一戰中傷亡率如此之高的一大重要原因。

全新的機械化武器令傷亡率達到了新高。坦克首次得到應用，而諸如MG08式馬克沁重機槍這樣的機槍能夠在每分鐘發射出多達600顆子彈。飛機最先做偵察之用，後來又擔負起高空轟炸的任務。交戰雙方都用到了毒氣。

飛艇和轟炸機向倫敦與巴黎投擲炮彈，而這也將平民帶到了戰爭前線。至1917年，每四艘駛向英國的商船之中便會有一艘被德軍潛艇擊沉，他們試圖以這種方式令英國出現食物供給不足的情況，逼迫他們投降。英國方面也對德國實施了海上封鎖，這一行動也同樣導致嚴重的食物短缺。這便是第一場「全面戰爭」——不僅士兵參與作

8月4日，英國在德軍攻入了保持中立的比利時後加入了戰局。到8月22日，由道格拉斯·黑格伯爵所率領的一小支專業化部隊——英國遠征軍抵達了法國。這支部隊同戰前與法國政府商議的那般，部署在了法國與比利時的交界處附近。

德意志帝國不得不在兩片戰場上同時作戰。西線戰場上，在戰爭爆發的最初幾周中，德軍入侵了比利時與法國，然而法國和英國卻在馬恩河會戰中終止了他們的推進行動。到了秋天結束的時候，作戰雙方已經陷入了僵局。與此同時，東線戰場上，戰局依舊十分多變。德軍在坦能堡防線戰役中大勝各國軍隊，佔據了戰爭的上風，但是其同盟奧地利卻屢屢戰敗。然而西線戰場上修築起了一條長達645公里的戰壕，自比利時沿海地區一路向南，穿越法國東部，一直蔓延至瑞士邊界地區。作戰雙方直面彼此，中間僅隔著前線之間的一片開放區域。戰壕中不間斷的軍事交鋒以

及其間血腥殘暴的戰役未能打破僵局。僅在索姆河會戰一戰中，協約國軍隊便損失了60多萬名士兵。

全面戰爭

衝突爆發之初，交戰雙方都深信這場戰爭將會速戰速決。沒有人能夠預想到這會是一場消耗戰。

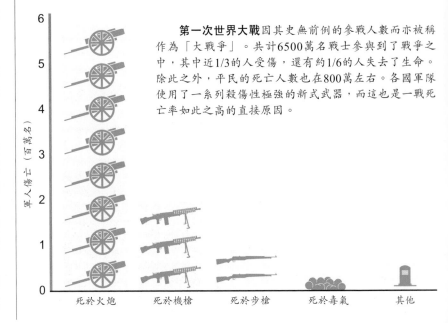

第一次世界大戰因其史無前例的參戰人數而亦被稱作為「大戰爭」。共計6500萬名戰士參與到了戰爭之中，其中近1/3的人受傷，還有約1/6的人失去了生命。除此之外，平民的死亡人數也在800萬左右。各國軍隊使用了一系列殺傷性極強的新式武器，而這也是一戰死亡率如此之高的直接原因。

軍人傷亡（百萬名）

死於火炮　死於機槍　死於步槍　死於毒氣　其他

> 周遭沒有任何生命的存在跡象，看不到鳥，甚至就連一隻老鼠或是一片草葉都看不到。

——二等兵 R.A. 科威爾，巴雪戴爾戰役（1917 年）

戰，就連平民也被捲入戰爭之中。

逼於無奈之下，英國首次引入了徵兵制。自 1916 年 1 月開始，英國所有 18 歲至 41 歲的單身男性都有可能應召入伍。與此同時，英國與法國也開始從其在印度、非洲還有英屬澳洲、新西蘭以及加拿大的海外殖民地中招募軍隊。戰爭引發了一系列社會變革，其中最引人注目的便是發生在女性身上的變革。許多女性開始在工廠和辦公室中工作，而隨着國家大規模進行生產，軍事工業之中也開始僱用越來越多的女性。

全球性衝突

這些好戰的國家將自己龐大的帝國帶入了戰爭之中，很快，衝突便演變為了一場世界大戰。德意志帝國在中國和太平洋地區的殖民地遭到了日本（站在協約國一方加入了戰爭）的入侵，而其在非洲地區

第一次世界大戰所引發的社會變革之一便是女性角色的轉變。女性參與到戰爭之中，在軍需工廠等地方工作，為戰爭貢獻自己的力量。

的殖民地也被英國、法國和南非的軍隊所蠶食。1915 年 5 月，意大利加入協約國陣營，在阿爾卑斯山地區同奧匈帝國和德意志帝國陷入了激烈的交戰。

1915 年 11 月初，伊斯蘭國家奧斯曼帝國放棄自身的中立國身份，宣佈向法國、俄國和英國發動軍事聖戰。德軍潛艇不斷突襲海上商船；1915 年，英國郵輪盧西塔尼亞號遭到攻擊，當時船上載有 128 名美國人，而這一事件也令美國捲入了戰爭。德國暗中策劃，試圖說服墨西哥加入反美聯盟，而這一計謀遭到了美方揭穿；於是，1917 年 4 月，美國國會正式向德國宣戰。

1917 年 12 月 22 日，俄國的布爾什維克黨人通過協商，和德國簽訂了《布列斯特-立托夫斯克和約》，這樣看來，德國似乎已經取得了重大勝利。1918 年時，德軍也在西線戰場上佔據了上風，然而到了 7 月、8 月的時候，協約國發

動反攻，很快便取得了優勢，並一直將這樣的勢頭維持到了 11 月。後來，400 萬美國士兵加入了戰局，幫助協約國擊敗了同盟國，並將德國帶到了和平談判桌前。

1918 年 11 月 11 日上午 11 時，戰爭正式結束，以法國和英國為首的協約國一方取得了最終的勝利。共有超過 6500 萬名士兵參與到戰爭之中，其中至少半數或死或傷。奧斯曼帝國、奧地利帝國與德意志帝國徹底崩塌。戰爭結束之後，《凡爾賽和約》重新劃分了歐洲的版圖，而德國等一些國家也因此而格外憤懣。國際聯盟這一匯集了眾多國家的國際組織正式成立，試圖維持國際和平。然而，在那些故意對其視而不見的國家面前，國際聯盟沒有絲毫威嚴。第一次世界大戰遠稱不上是「為所有戰爭畫上句號的戰爭」，相反，它還為日後的衝突播下了種子。■

假若我們不趁現在奪取政權，歷史將不會原諒我們

十月革命（1917年）

背景介紹

聚焦
俄國革命

此前

1898 年 俄國社會民主工黨正式成立。

1905 年 俄國在同日本的戰爭中慘敗，而這也導致了國內起義的爆發。

1914 年 俄國參與了第一次世界大戰，卻很快便在東線戰場上大敗給德國，損失慘重。

此後

1918 年 俄國沙皇尼古拉二世及其家人遭到處決。

1922 年 列寧建立起蘇維埃社會主義共和國聯盟，由共產黨上台執政。

1917年 10 月之時，第一次世界大戰戰敗後的俄國損失慘重，社會一片動盪。國內出現了糧食短缺問題，城市之中的工人不僅收入極低，工作環境也相當惡劣。此前的二月革命驅逐了沙皇，然而取而代之的俄國臨時政府卻也處於崩潰的邊緣。

革命主義黨派布爾什維克黨成員弗拉基米爾·列寧充分利用了這一契機。他決心發動工人（無產階級）革命，並提出了一系列推翻臨時政府的方案，而這些方案便是後

參見：聖彼得堡的建立 196~197 頁，俄國解放農奴 243 頁，薩拉熱窩圍城戰 326 頁，西班牙內戰 340 頁。

來的《四月提綱》。列寧提出了一句簡單的口號：「和平、土地和麵包！」而這句口號也成為鼓舞革命士氣的戰鬥口號。10 月 24 日（俄曆，即公曆 11 月 6 日），臨時政府唯恐發生政變，便試圖對布爾什維克黨人的起義進行鎮壓。他們下令逮捕該黨派的主要成員，同時還要求黨派的報刊《真理報》停印。在其公寓中低調行事的列寧敦促同伴採取行動。「我們不能再等下去了！再等下去就甚麼都沒有了！政府正搖搖欲墜！暫緩行動便同死亡無異。」列寧這般寫道。

1917 年 10 月 25 日（公曆 11 月 7 日），政府試圖尋求武裝支援，卻以失敗告終。彼得格勒工人與士兵代表蘇維埃向來自彼得格勒的軍隊力量尋求依靠。布爾什維克黨所率領的准軍事組織赤衛隊佔領了主要的電報局、郵局和發電廠，而政府的所在地冬宮則是唯一沒有遭到攻佔的地方。至此，臨時政府遭到推翻，而國家的權力也移交到了列寧以及布爾什維克黨人的手中。

奠定基礎

1917 年 2 月 23 日（公曆 3 月 8 日），彼得格勒發生了一場暴動，而這場暴動的領頭人物便是一羣因為等待數小時卻依舊買不到麵包的憤怒婦女。她們在城市中示威遊行，沿路獲取他人的支持。這場遊行很快便發展為全國性的大罷工，

弗拉基米爾・伊里奇・列寧

列寧出生於 1870 年 4 月 10 日（俄歷，即公曆 4 月 22 日），原名弗拉基米爾・伊里奇・烏里揚諾夫。他是布爾什維克黨的創始人，也是蘇維埃俄國的第一任領導人。列寧是一位大膽的理論家，同時也是一位孜孜不倦的實幹家。1887 年，他的哥哥因密謀刺殺俄國沙皇亞歷山大三世而遭到了處決，這一事件令列寧對上帝和宗教失去了信心，轉而成為一名活躍的馬克思主義革命者。

列寧的首要目標是組織一場具有凝聚力的反沙皇運動。1917 年俄國二月革命之後，列寧認為時機已到，於是便動身返回俄國。10 月，列寧率領布爾什維克黨人反對時任政府，最終成為世界上第一個社會主義國家的領導人。

列寧所面臨的最大挑戰是內戰。戰爭之後，共產主義者取得了勝利。1924 年 1 月 21 日，列寧離開了人世。

1905年爆發的**俄國革命**迫使專制的俄國沙皇尼古拉二世實施**一系列改革**。

人民**依舊**對國家懷有**不滿**情緒。	俄國在第一次世界大戰之中**戰敗**。	經濟困難導致了**糧食暴動**。

1917年2月，俄國**沙皇專制制度遭到推翻**，臨時政府取而代之；同年3月，**沙皇宣佈退位**。

列寧與布爾什維克黨人為了為無產階級爭取一切權利而發動了十月革命。

而示威也逐漸染上了政治色彩。人們在各處掛起紅色旗幟，推倒俄國沙皇尼古拉二世的雕像。士兵們拒絕依照命令向人羣射擊，但是依舊有 50 名公民遭到警察的槍殺。

革命黨派的崛起

暴力蔓延在城市中的每一個角落。1917 年 2 月，沙皇被迫將權力移交至臨時政府手中，並於 3 月正式退位，由李沃夫王公擔任首相。然而，臨時政府卻依舊僅代表中產階級，並對俄國參與第一次世界大戰持支持態度。彼得格勒工人與士兵代表蘇維埃等組織愈發強大起來，並在臨時政府中獲取了一定的權力。此時，因從事革命活動而遭到驅逐的列寧深信世界資本主義正面臨垮台，於是便也急於回到彼得格勒。列寧秘密回到了彼得格勒，他滿懷革命激情，決心以自己的理想來打造一個全新的俄國政府。

當俄國在西線戰場上遭遇了噩夢一般的 7 月進攻後，首相李沃夫正式辭職。他的繼任者亞歷山大・克倫斯基同彼得格勒蘇維埃一起組建了一個全新的社會主義政府；然而，他卻也同自己的前任一樣，堅持認為俄國應當繼續留在第一次世界大戰的戰場上。在布爾什維克黨人的鼓動下，彼得格勒爆發了大規模的遊行示威活動。克倫斯基對這些活動進行了鎮壓，並下令逮捕活動的領頭人。列寧前往芬蘭。

革命近在眼前

8 月，克倫斯基的面前出現了新的威脅。俄軍總司令拉夫爾・科爾尼洛夫率領軍隊進入彼得格勒。克倫斯基堅信科爾尼洛夫是在籌謀奪取政權。走投無路之下，他釋放了布爾什維克黨人，令那些想要預防反革命活動的人拿起了武器。這一事件在很大程度上推進了他們的事業。布爾什維克黨人終於成為人民的代表、彼得格勒的守護者。及至 9 月，布爾什維克黨人已經控制

了彼得格勒蘇維埃。列寧牢牢把握住這一機遇，回到了俄國，再次呼籲進行革命。他將制定軍事戰略的職責交到了同為馬克思主義者的列夫・托洛茨基手中。在列寧看來，布爾什維克黨奪取政權的時機已經到來了。於是，他們佔領了政府大樓和克倫斯基及其內閣成員尋求庇護的冬宮。

10 月 25 日（公曆 11 月 7 日）晚，列寧向俄國民眾發表了一段簡短的講話：「臨時政府已被推翻。工人萬歲！士兵萬歲！農民革命萬歲！」以克倫斯基為首的資產階級臨時政府被推翻。接著，成立了以列寧為首的世界上第一個工農蘇維埃政府。

蘇維埃政府成立後，摧毀舊的國家機器，廢除舊的等級制度，宣佈國內各民族人民的權利平等，廢除教會的一切特權。蘇維埃政權接管銀行、鐵路，對企業開始實行工人監督，後來將大企業收歸國有；沒收地主、皇室和寺院的土地，分配給農民耕種。

為了鞏固新生的蘇維埃政權，擺脫帝國主義戰爭，蘇維埃政府於 1918 年 3 月忍痛同德國簽訂了苛刻的《布列斯特合約》。這項合約雖然苛刻，但俄國終於退出大戰，得到喘息的機會，從而鞏固了新生的蘇維埃政權。

這幅畫作描繪的是布爾什維克黨人攻佔冬宮的場景。他們佔領了政府大樓，而這一事件也成為十月革命之中最為激動人心的一幕。

十月革命結束之後，弗拉基米爾·列寧又在1919年內戰期間於莫斯科紅場向其軍隊發表了演說。

內戰

布爾什維克黨人取得了成功，而眼下，他們所要面對的問題便是如何維持政權。

布爾什維克黨人在俄國只是少數派，而以白軍為首的該黨反對者（主要由從前的沙皇、軍官以及民主主義者構成，布爾什維克黨則被稱作為紅軍）則紛紛集結力量，對抗布爾什維克黨。

當時，不同派別為國家的將來而相互爭鬥，於是，俄國國內便爆發了一場充滿了極端暴力的內戰，而這場戰爭也一直自 1918 年持續到 1921 年。唯恐共產主義在國內傳播開來的白軍自英國、法國、美國和日本等一眾俄國從前的盟友那裏獲得了支援。起初，他們佔了絕對的上風。然而，白軍內部無法協調一致，事實也證明，托洛茨基是一位極為出色的軍事戰術家。

廢墟之中的國家

到 1921 年，白軍敗局已定，而列寧也終於能夠將自己的注意力轉移至重建俄國經濟之上。

擺在他面前的是一個瀕臨崩塌的國家。在鄉村地區，約有 600 萬名農民因飢餓而死亡。1921 年 3 月爆發的喀琅施塔得（彼得格勒海岸附近小島上的一座海上城鎮）海軍反叛更是進一步動搖了布爾什維克政權。1921 年，16000 名士兵及工人簽署了請願書，號召建立一個「沒有布爾什維克的蘇聯」，一個擁有言論自由和出版自由，且能夠自由選舉領導人的蘇聯。針對這一事件，紅軍進行了強硬的回應。他們處決了數百名活動組織者，還自艦隊之中開除了 1500 名海員。

1922 年 5 月，列寧罹患中風。同年 10 月，蘇維埃政府宣佈成立蘇維埃社會主義共和國聯盟。自其

創立之初開始，蘇維埃社會主義共和國聯盟便將一黨執政作為其統治的前提，並將其他所有政治組織拒之門外。

政治內鬥令列寧心力交瘁，而誰將在自己死後管理蘇聯這個問題也令他憂心忡忡。在 1922 年年末與 1923 年年初之時，列寧口述了一份「遺囑」，表示自己對於蘇聯政府的發展方向倍感失望。他特別對當時的共產黨中央委員會總書記約瑟夫·斯大林提出了批判。

1924 年，列寧離世，然而他所做出的貢獻卻是不朽的。布爾什維克黨在全世界最大的國家建立起世界上第一個社會主義國家，而這個國家也深深影響了全球各地的每一個國家。工人們在社會主義革命的最終勝利中看到了除資本主義與傳統帝國主義政權之外的另外一種可能。■

> 對於沙皇及其家人的處決是必要的，因為這不僅能夠令敵人感受到絕望，還能夠讓他們看到，假若我們無法取得完全的勝利，便要面對完全的毀滅。
>
> ——列夫·托洛茨基

這不是和平，這是一場歷時二十年的休戰

《凡爾賽和約》（1919年）

第一次世界大戰這場全球性衝突整整持續了四年，其間，1600 萬人失去了生命，擁有數百年歷史的帝國與王朝也在轉瞬之間分崩離析。1919 年 1 月，「一戰」之中的戰勝國相聚在一起，共同商討和平條約。美國總統伍德羅·威爾遜制定了一份計劃，在他看來，這份計劃能夠為歐洲帶來建立在民主基礎之上的全新秩序。威爾遜推動建立國際聯盟，並希望這一組織能夠成為國際爭端之中的仲裁者與調停人。

英國和法國希望能夠確保德國再也無法對歐洲和平造成威脅。德國陸軍將遭到裁軍，而萊茵蘭地區也將去軍事化，成為一片非武裝區域。與此同時，他們還要求德國將西部的土地割讓給法國，再將東部和北部的土地割讓給波蘭。除此之外，奧匈帝國也將分裂為包括捷克斯洛伐克以及南斯拉夫在內一眾新建立的國家，而英法之間也將對奧斯曼帝國進行了瓜分。

> 你們説要和平。我們已經準備好給你們和平。

—— 喬治·克列孟梭，法國總理

戰爭罪責條款

至關重要的是，在「戰爭罪責」條款之中，德國應承認自己是戰爭的始作俑者，並支付 66 億英鎊的賠款。1919 年 6 月 28 日，德國簽訂了《凡爾賽和約》，卻一直在賠款問題上進行拖延。於是，1923 年，法國佔領了德國重要的工業區魯爾河谷。而當阿道夫·希特拉於 1940 年攻佔法國時，他便下令燒毀《凡爾賽和約》的原件。■

參見：青年土耳其革命 260~261 頁，巴雪戴爾戰役 270~275 頁，國會縱火案 284~285 頁，納粹入侵波蘭 286~293 頁，聯合國的成立 340 頁。

死亡能解決一切問題，沒有人就沒有問題了

史太林掌權（1929）

1917年的十月革命爆發後，俄羅斯領導人弗拉基米爾·列寧建立了一個一黨執政的國家，並委任約瑟·史太林為黨總書記。史太林其後運用權勢爭取最高領導權力，並在列寧逝世後五年，於 1929 年成為執政領導人。

史太林執政後，着力推動國家走向急速工業化。他充公農民的土地，轉變為大型農業公社，以提供糧食予新的生產力。1931-32 年，他向農民強徵農作物，導致烏克蘭發生嚴重飢荒，造成數以百萬計人民死亡。

政府其後成立「內部人民委員會」（即秘密警察），逮捕反對史太林的人士。1930 年代，數以千計蘇聯人民在其後被稱為「大清洗」的肅反運動中喪失生命，同期數以百萬計非蘇聯民眾被遣送勞改營。不過，史太林仍宣稱蘇聯為傳揚和平與進步的國度，並把自己塑造成為人民謀幸福的公僕。史太林常常

> 我只相信一件事，即人類的意志力。
>
> 約瑟，史太林

藉機在蘇聯以外拓展共產主義勢力，而共產主義在第二次世界大戰後已擴散到波蘭、匈牙利、捷克、東德，以及其他國家，後來組成了所謂的「東方集團」。共產黨其後分別在 1948 年、1949 年、1959 年及 1975 年在北韓、中國、古巴及越南取得政權。

史太林成為了世界上權力最大的人之一。在 1953 年他逝世之後，蘇聯成了能挑戰美國的超級大國。■

參見：十月革命 276~279 頁，納粹入侵波蘭 286~293 頁，柏林空運 296~297 頁，柏林圍牆倒塌 322~323 頁。

只有愚蠢之人才會對美利堅合眾國的經濟前景失去信心

華爾街股市大崩盤（1929年）

在 1929 年 10 月那令人絕望的六天裏，紐約證券交易所全面崩盤。這一次低迷開始於 10 月 23 日。當時，汽車製造公司通用汽車的股票遭到拋售，而市場也開始崩盤。人們逐漸感受到恐慌，第二日，股票價格暴跌。

到 10 月 29 日星期二，也就是後來所謂的「黑色星期二」，股票價格進一步下降。據估算，當時的損失達到了 250 億美元，相當於如今市場上的 3190 億美元。這是歷史上最嚴重的一次金融災難，更是將整個世界推入了經濟大蕭條的深淵。

咆哮的20年代

第一次世界大戰結束之後，美國很快便得以恢復，從前的那些軍用工廠不久便轉型至製造汽車、收音機等消費品。新技術的發展與大規模生產令美國經濟增長近 50%；由此而來的那個充斥着繁榮與消費主義的年代便是我們後來所說的「咆哮的 20 年代」。

在當時的報紙和雜誌中，股票市場令人一夜暴富的故事隨處可見。於是，成千上萬的平凡美國人開始購買股票。1920 年至 1929 年，持股者的人數自 400 萬飛升至 2000 萬。

待至 1929 年年末，美國經濟已經開始出現不安定因素：失業率不斷上升，鋼鐵產量逐漸下降，施工建設速度放緩，汽車銷量也直線下滑。然而，一些人仍舊堅信自己能夠大賺一筆，於是便繼續投資在股票市場之中。但是，當 1929 年

華爾街股市大崩盤之後，深深為自己的投資感到擔憂的投機者聚集在了紐約證券交易所的大門周圍。

參見：加利福尼亞淘金熱 248~249 頁，《凡爾賽和約》280 頁，國會縱火案 284~285 頁，全球金融危機 330~333 頁。

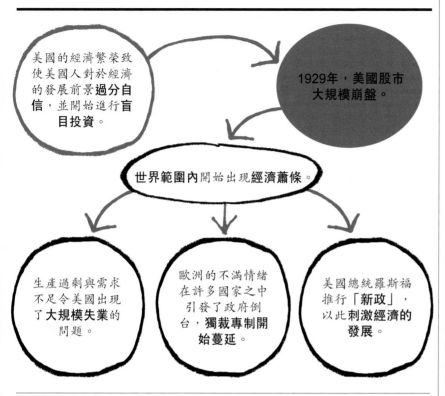

- 美國的經濟繁榮致使美國人對於經濟的發展前景**過分自信**，並開始進行**盲目投資**。
- 1929年，美國股市大規模崩盤。
- 世界範圍內開始出現**經濟蕭條**。
- 生產過剩與需求不足令美國出現了**大規模失業**的問題。
- 歐洲的不滿情緒在許多國家之中引發了政府倒台，**獨裁專制開始蔓延**。
- 美國總統羅斯福推行**「新政」**，以此刺激經濟的發展。

富蘭克林·羅斯福

富蘭克林·德拉諾·羅斯福（1882-1945 年）是美國歷史上唯一經選舉而連任四屆的總統。1921 年，羅斯福不幸患上脊髓灰質炎症，雙腿再也無法正常站立和行走，而這也幾乎令他放棄了自己的政治生涯；然而儘管如此，羅斯福依舊取得了卓越的功績。

1932 年，羅斯福被提名為民主黨的總統候選人。他向美國人承諾推行「新政」，並以此在總統選舉之中獲得了壓倒性的勝利。在他出任總統的第一個 100 天裏，羅斯福為應對經濟大蕭條而推出了一項社會與經濟改革項目，而他也憑藉這些極受民眾支持的措施在 1936 年的總統競選之中再次獲得了壓倒性的勝利。

1939 年，美國被迫捲入第二次世界大戰，而羅斯福也成為戰爭中同盟國一方的領袖之一。他曾積極推動建立聯合國，卻在聯合國於舊金山召集第一次會議之前的 1945 年 3 月不幸離世。

10 月股票價格開始下降的時候，人們便感受到了突然襲來的恐慌情緒。接踵而至的崩盤引發了一場全球性的經濟衰退，這便是「大蕭條」。

大蕭條

在美國，工廠紛紛關門，而工人也遭到了解僱。1933 年春天，農業領域正處在災難的邊緣：25%的農民失去了工作，他們中的很多人甚至失去了自己的農場。失業人口自 1929 年的 150 萬飆升至 1933 年的 1280 萬，佔勞動力總數的 24.75%。

英國的失業人口上升到了 250 萬，佔勞動力總數的 25%，包括造船業在內的重工業則遭受了格外嚴重的打擊。德國也在這場大蕭條之中損失慘重：戰後的德國經濟在很大程度上依賴於美國的巨額貸款，而如今的德國卻已無力償還。

羅斯福新政

這場華爾街股市大崩盤成功幫助民主黨候選人富蘭克林·德拉諾·羅斯福於 1932 年入主白宮。他所推行的「新政」主張為窮人提供社會福利，並增加政府在大型公共項目上的支出，以此創造更多的就業崗位。

大蕭條標誌着美國戰後經濟繁榮的終結。在歐洲，許多人開始支持承諾復興經濟的右翼黨派，其中的代表便是德國阿道夫·希特拉所領導的民族社會主義德國工人黨（納粹黨）。■

事實上，人類已經厭倦了自由

國會縱火案（1933年）

背景介紹

聚焦
法西斯主義的興起

此前
1918 年 第一次世界大戰後的歐洲在政治上和經濟上皆是一片動盪。

1920 年 民族社會主義德國工人黨（納粹黨）在德國建立，其核心宗旨便是種族主義。

1922 年 意大利國王維托里奧·伊曼紐爾三世將貝尼托·墨索里尼任命為總理。

此後
1935 年 為實施其野心勃勃的對外政策，墨索里尼派兵入侵阿比西尼亞（埃塞俄比亞）。

1936-1939 年 西班牙內戰正式打響。

1938 年 阿道夫·希特拉入侵奧地利。《慕尼黑協定》將蘇台德地區領土的控制權交到了希特拉手中。

1939 年 希特拉下令入侵波蘭，而這也正式引發了第二次世界大戰。

歐洲經濟放緩，人民的生活日益艱難。

德國人對於《凡爾賽和約》中條款的憎惡情緒逐漸累積。

一些極端的法西斯主義與共產主義意識形態似乎能夠輕易解決這些**民族問題**。

當局指責共產主義者製造了這起國會縱火案，而這一事件也成為他們抑制公民自由、監禁異議者的藉口。

政府組織結構的崩解為**阿道夫·希特拉**成為獨裁者掃清了道路。

1933年 2 月 27 日晚 9 時，德國國會大廈燃起了熊熊大火，總理阿道夫·希特拉宣稱這是共產黨人推翻現任政府的陰謀，然而事實上，這卻是希特拉意欲大規模消滅其共產主義競爭對手的計謀。選舉預定在 1933 年 3 月舉行，而此時的時機剛剛好。希特拉所領導的民族社會主義德國工人黨（納粹黨）雖然在國會中佔據多數的席位，但是他卻沒有辦法在選舉中獲得足夠多的議會票數，因為所佔席位僅次於納粹黨的另外兩個黨派（社會民主黨與德

參見：千人軍遠征 238~241 頁，巴雪戴爾戰役 270~275 頁，《凡爾賽和約》280 頁，華爾街股市大崩盤 282~283 頁，納粹入侵波蘭 286~293 頁，萬湖會議 294~295 頁。

> 我們要一直戰鬥下去，直到將共產主義在德國連根拔起。
>
> ——赫爾曼・戈林

國共產黨）都是左翼黨派，希特拉擔心自己所率領的納粹黨無法順利當選。於是，他第一時間便將矛頭指向了一名孑然一身的荷蘭共產黨人，然而，這卻反而令很多人開始懷疑納粹黨才是這次縱火事件的幕後黑手。

第二天，《國會縱火法令》查禁了德國共產黨。希特拉的陰謀令越來越多的德國人開始擔心共產黨人將會強行接管德國，而這些人也深信他的這一決定挽救了整個國家。待至 4 月，在納粹黨的施壓之下，國會通過了《授權法案》。這項法案令希特拉擁有了繞過國會，單獨制定法律的權力，同時也進一步鞏固了他作為一名法西斯獨裁者的地位，一人統治整個德國。

獨裁者掌權

20 世紀 20 年代至 30 年代，法西斯開始在歐洲蔓延。各國政府紛紛忙於應對戰後的經濟衰退；正是在這樣的背景之下，以意大利法

西斯主義與德國納粹主義為首的極端右翼運動逐漸興起，成為了反抗共產主義的「衛士」。他們利用非法軍事組織來對對手進行震懾，並四處進行政治宣傳，贏取民眾的支持。在意大利，人民將貝尼托・墨索里尼視為唯一有能力重建社會秩序的人。1922 年，墨索里尼被任命為意大利總理，而自這一刻起，他便開始走上獨裁道路，最終成為意大利的絕對領袖。

而在德國，希特拉希望能夠將納粹黨打造成一支強大的政治力量。在一系列民族主義言論的幫扶之下，希特拉飛速積累了極高的聲望。1933 年，他成為德國總理，並在不久之後坐上了獨裁者的寶座。

法西斯的聯手

1936 年，希特拉與墨索里尼開始派兵參與至西班牙內戰，對右翼的弗朗西斯科・佛朗哥將軍進行支援，幫助其攻打左翼的共和派軍隊。

據傳在國會縱火案之中，大火熊熊燃燒，人們甚至能夠在數英里之外看到火光。希特拉將責任推到了共產主義者的身上，希望能夠通過這種方式為其所在的納粹黨贏得更多的支持。

德國的國會縱火案是納粹歷史上的一次重要事件。這一事件令阿道夫・希特拉成為一名絕對的獨裁者，也助長了法西斯主義的傳播，將歐洲推向了世界戰爭的道路。■

歐洲境內各地的法西斯主義

歐洲的法西斯主義興起於 19 世紀 20 年代至 30 年代那段經濟動盪的歲月裏。民主制度逐漸在民眾心中喪失了合理性，而帶有極端右翼民族主義色彩的法西斯黨派則在此時誇下海口，稱自己能夠振興那些已經衰落的領域。

20 世紀 30 年代，除了蘇聯之外，沒有哪個歐洲國家不存在某種形式的法西斯黨派。英國有奧斯瓦爾德・莫斯利爵士的英國法西斯聯盟；愛爾蘭有藍衫黨；法國有法西斯黨，而丹麥和挪威也有很多極端右翼黨派。1934 年，恩格爾伯特・陶爾斐斯在奧地利建立了祖國陣線。後來，右翼獨裁者還在葡萄牙和保加利亞上台，羅馬尼亞則同樣未能倖免。

待至 20 世紀 30 年代即將結束的時候，獨裁統治幾乎已經蔓延至中歐及東歐地區的每一個角落，而民主卻在逐漸走向衰落。

戰爭一旦打響，對錯便不再重要，重要的是勝利

納粹入侵波蘭（1939－1945年）

背景介紹

聚焦
第二次世界大戰

此前

1919 年 第一次世界大戰結束之後簽署的《凡爾賽和約》令德國喪失了尊嚴,也播下了日後衝突的種子。

1922 年 蘇維埃社會主義共和國聯盟正式成立。

1922 年 《授權法案》令希特拉擁有了對德國進行獨裁統治的權力。

此後

1942–1943 年 蘇聯在伏爾加格勒保衛戰之中擊敗了德國。

1944 年 6 月 6 日的諾曼第登陸行動是歷史上規模最大的軍事登陸作戰,也令西歐走上了解放的道路。

1945 年 蘇聯軍隊贏得了柏林戰役的勝利,希特拉自殺身亡;在這之後,德國宣佈無條件投降。

1939 年 8 月,納粹德國與蘇聯簽署了一份互不侵犯條約,同時還在私下裏達成共識,共同入侵並瓜分波蘭。蘇聯領導人約瑟夫·斯大林似乎已經斷定德國是能夠保障蘇聯在戰爭期間安然無事的最大希望。在一周之後的 1939 年 9 月 1 日,100 多萬名德國士兵自西部挺近了波蘭。很快,到了 9 月 17 日,蘇聯軍隊便也從東部攻入了波蘭。究其來龍去脈,德國獨裁者阿道夫·希特拉之所以無端向波蘭發動戰爭,都是因為他想要爭取更大的「生存空間」(Lebensraum),擴張希特拉眼中有權取代其他下等種族的「優越雅利安人」——德意志民族。

這場入侵持續了一個月零幾天。德國與蘇聯擁有全副武裝的龐大軍隊,而在這兩個國家的夾擊之下,波蘭空軍與陸軍進行了英勇的反擊,然而遺憾的是,他們卻並不具備先進的戰機與坦克。納粹德國空軍很快便在空中作戰中掌握了主導權。最終,同時在兩個戰場上作戰的波蘭飛行員與士兵被擊敗。德

國與蘇聯在戰爭中大獲全勝,而這也越發令希特拉堅信自己是一名軍事奇才。

波蘭的納粹政權

納粹在受到德國統治的波蘭地區建立了殘暴的政權。希特拉一心鏟除所有阻礙德國稱霸的人。

希特拉計劃實施種族大清洗行動,而在這一行動之中,500 萬名左右的波蘭猶太人遭到圍捕,並被投入到了猶太人聚居區之中。德國入侵波蘭更像是一種預警,因為這樣的暴力行動很快也會發生在全球諸多國家之中。

納粹黨的崛起

儘管第二次世界大戰的導火索是希特拉入侵波蘭這一行動,然而戰爭的根源還應追溯至德國在第一次世界大戰之中的戰敗以及《凡爾賽和約》之中要求德國支付的巨額賠款。「一戰」中的戰敗國不僅失去了大量領土,其聲望也遭受了嚴重的打擊,而這也引發了民眾的憤恨情緒。德國被迫將阿爾薩斯與

英國與法國希望能夠確保德國**再也無力發動下一次戰爭**。

希特拉政府重建了**德國軍隊**,同時力圖推行**極端民族主義**。

德軍入侵波蘭。

《凡爾賽和約》對德國的**武器裝備以及武裝力量**進行了嚴格的限制。

經濟蕭條嚴重削弱了德國的實力,**阿道夫·希特拉**便藉此機會贏得了越來越多人的支持。

英國與法國向德國宣戰,由此引發了**第二次世界大戰**這一歷史上破壞性最強的衝突。

參見：巴雪戴爾戰役 270~275 頁，《凡爾賽和約》280 頁，華爾街股市大崩盤 282~283 頁，國會縱火案 284~285 頁，萬湖會議 294~295 頁，柏林空運 296~297 頁，太平洋戰爭 340 頁，聯合國的成立 340 頁。

德軍入侵波蘭之後，阿道夫·希特拉在華沙觀看勝利遊行。他同蘇聯領導人約瑟夫·斯大林就入侵問題與國家的分割問題達成了共識。

歐洲的法西斯主義

同一時期，意大利的法西斯獨裁者貝尼托·墨索里尼也懷着勃勃野心，希望能夠在境外取得輝煌。1935 年 10 月，他攻入了阿比西尼亞（埃塞俄比亞），以此洗刷 1896 年意大利在那裏戰敗而遭受的恥辱。至 1936 年 5 月，墨索里尼已經征服了這個國家，且沒有受到任何一個西方國家的反對。

同一年，另一事件也同樣彰顯出了西方民主制度在正面同法西斯勢力相抗衡時的軟弱無能。墨索里尼與希特拉向西班牙內戰之中派遣「志願兵」，幫助民族主義者佛朗哥將軍對抗西班牙共和國的左翼支持者。英國與法國均未採取任何行

洛林地區歸還給法國，而其在海外的所有殖民地也遭到了協約國的瓜分。

20 世紀 20 年代，德國魏瑪共和國開始實施經濟復興，然而共和國卻未能挺過 1929 年美國經濟大規模崩盤所帶來的震盪。這一場金融危機為希特拉領導之下民族社會主義德國工人黨（納粹黨）的興起提供了絕佳的機遇，而希特拉也向德國人做出承諾，重新振興德國。

希特拉曾參與第一次世界大戰之中，而陣地戰的經歷、戰敗的震驚以及《凡爾賽和約》中的屈辱性條款也對他的人生產生了深刻的影響。他在極端右翼民族主義的思想上形成了極端主義觀點；而當他於 1933 年成為德國聯合政府的總理，並在第二年坐上獨裁者寶座時，希特拉便開始無情地實施其民族主義、反猶太主義以及反共主義政策。

希特拉的「生存空間」理論

在這一信念的支持之下，希特拉開始推行一系列野心勃勃的對外政策。1935 年，他公然違背《凡爾賽和約》中的條款，大規模重整軍備。1936 年，他佔領了去軍事化的萊茵蘭地區，然而卻沒有任何一個大國出面對其進行干涉。1938 年 3 月，希特拉吞併了奧地利，隨後又將目標投向捷克斯洛伐克的德語區蘇台德地區。英國與法國的政客不希望第一次世界大戰的恐怖再次上演，便也覺得他們不值得為了蘇台德地區而動用武力。1938 年 9 月 29 日簽署的《慕尼黑協定》將這一地區交到了希特拉手中，但這份協定同時也要求他做出承諾，不再攫取土地。英國首相內維爾·張伯倫宣佈自己已經爭取到了「我們這個時代的和平」，然而，納粹卻又於 1939 年 3 月入侵了捷克斯洛伐克的剩餘地區。

> 今日黎明時分，德國軍隊跨過了波蘭邊境，且據報告，他們已經開始對城鎮地區進行轟炸。在這樣的情形之下，擺在我們面前的只有一種選擇。
>
> ——內維爾·張伯倫

動，而 1939 年佛朗哥的勝利也進一步助長了法西斯的傳播與崛起。

西方的介入

1939 年 9 月 1 日，希特拉派兵入侵波蘭，這場戰爭最終也將英國與法國拖入了他們所唯恐避之不及的戰爭之中。在希特拉佔領捷克斯洛伐克之後，兩國意識到自己應當採取更強硬的態度；於是，他們向波蘭做出保證，幫助其應對德軍的侵略。為履行這一承諾，英法於 9 月 3 日正式向德國宣戰，而這意味着英國與法國的殖民地也被迫捲入了戰爭：英國的自治領地澳洲與新西蘭很快便也向德國開戰，南非與加拿大也分別在 9 月 6 日與 9 月 10 日加入戰局。

沒過多久，德國攻下了波蘭。英國將英國遠征軍派遣至法國，然而，英法雙方卻都沒有主動向德國發動攻勢。此時的他們並未做好大規模作戰的準備，而一些政客也依舊認為戰爭雙方可以通過談判協商簽訂和約。

這一時期成為後來所謂的「虛假戰爭」時期。英國認為德軍很可能會向自己投擲炸彈，於是便將孩童自大城市之中撤離了出去。他們建起了大量防空避難處，還大規模發放防毒面具。1940 年 4 月，德國攻入並佔領了丹麥和挪威，至此，虛假戰爭正式結束。一個月之後，他們又將目標轉向了法國、比利時以及荷蘭。法國軍隊缺少有能的將領，裝備也十分落後。一直以來，法國始終依賴於馬其諾防線這一連串位於法德交界地區的防禦堡壘來抵禦德國的攻擊。然而，這些堡壘卻並未延伸至法國與比利時的交界地區，於是，德軍輕輕鬆鬆地自其北部一端繞了過去。在不到六周的時間裏，法國便在德國的猛烈襲擊之下潰不成軍。

不列顛戰役

戰爭過程中，希特拉或許是希望軍隊休整一下，同時也避開敵方

可能發起的反攻；正是這一次遲疑，令英國軍隊免遭滅頂之災，成功撤離了敦刻爾克的海面。在這一次「發電機計劃」之中，成千上萬名同盟國士兵乘坐着各種型號的戰艦，橫跨英吉利海峽，離開了德軍的包圍圈。當時的英國海軍大臣，也就是後來的英國戰時首相溫斯頓·丘吉爾這樣對英國國會說道：「法蘭西之戰已經結束。我猜想，不列顛之戰就要打響了。」

在納粹德國空軍未能取得空中戰役的勝利之後，希特拉不得不放棄在「海獅計劃」中入侵英國的企圖。此前，納粹德國空軍已經擊敗了波蘭和法國，因此，德國人也曾希望能夠單單憑藉空軍便擊敗英國。一方面，這些士兵已經筋疲力盡了；另一方面，德軍的情報系統也並不發達。於是，英國皇家空軍利用雷達技術追蹤來襲的戰機，並

1940年6月的「發電機計劃」即歷史上著名的敦刻爾克大撤退，意在將遭到德國軍隊包圍的同盟國士兵撤出法國敦刻爾克港口。

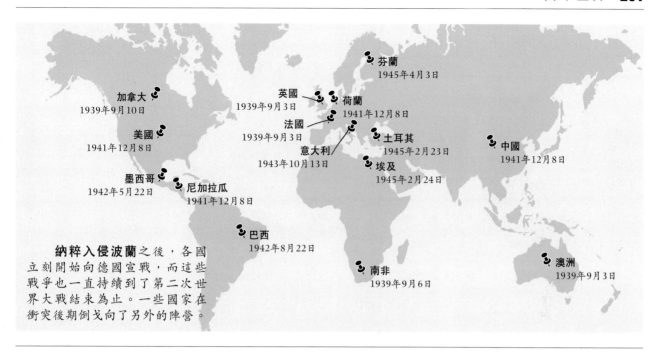

納粹入侵波蘭之後，各國立刻開始向德國宣戰，而這些戰爭也一直持續到了第二次世界大戰結束為止。一些國家在衝突後期倒戈向了另外的陣營。

在恰當的時機起飛迎戰。1940年夏天的不列顛之戰是第一場在真正意義上對希特拉的野心起到制約作用的戰役，然而無論怎樣，英國也斷然無法憑藉一己之力迎戰那支幾乎已經控制了整片大陸的納粹力量。

世界大戰

這場歐洲範圍內的戰爭逐漸演變成了一場世界大戰。1940年6月，意大利在德軍勝利的鼓舞之下正式向英國與法國宣戰，而這一舉動也履行了希特拉與墨索里尼在1939年5月22日所簽訂的軸心國協議之中的條款。但是，意大利卻接連在希臘和北非地區敗北，迫使希特拉派遣德軍到兩地進行支援。

1940年9月7日，德軍向倫敦發起了第一次正式空襲。這一次大規模空襲將平民捲入了戰爭之中，也向工業以及港口施加了持續的壓力，嚴重打擊了英國的士氣。當時，男人們紛紛加入了軍隊，國家便要求女性前往工廠和農場工作。1940年1月，英國開始實行實物配給制，還敦促民眾自己種植食物。遭到納粹佔領的歐洲國家也同樣遇到了食物短缺的問題，而那些為納粹所征服的人民則遭受了最為沉重的打擊。

通敵還是流亡

在一些地區，德國人與現任政府合作，大力扶植傀儡政權，挪威的親納粹者維德孔·吉斯林以及南法的維希政府便是其中的代表。陸軍將領菲利浦·貝當領導下的維希政府名義上是持中立態度的，然而它卻與德國建立了緊密的聯繫，同法國的抵抗勢力進行戰鬥，還實施了反猶太法律。

此時的德國已經全面控制了波蘭，並在波羅的海地區國家擁有決定性的話語權。在十數個遭到德軍攻佔的國家之中，君主與政客都逃亡到了英國。波蘭的部長在倫敦設立了總部，而比利時的政府運行也轉移到那裏。除此之外，以威廉明娜女王為首的荷蘭王室家族同樣來到倫敦尋求庇護。在法國被德軍攻陷之後，夏爾·戴高樂堅決反對新上台的維希政權，而他也因此成為法國抵抗納粹侵略的喉舌。

1940年，擺在英國面前的最大威脅便來自德軍的潛水艇。作為一個島國，英國十分依賴商船，因為這些船隻不僅能夠為他們提供必要的供給，還承擔了將戰鬥裝備運送至海外戰爭前線的作用；然而，德國的潛艇卻每個月都能夠擊沉數十艘同盟國船隻。

對抗蘇聯

1941年6月，德國在巴巴羅薩計劃中入侵蘇聯，而英國也因此

得到了一個全新的同盟。此前，希特拉希望能夠在蘇聯這一地區為日耳曼民族開闢全新的領土。與此同時，這一計劃既可以掃清來自東部的威脅，還能夠在根本上貫徹希特拉摧毀共產主義的計劃。起初，對於德國及其同盟國而言，形勢一片大好，他們似乎可以像擊敗法國人一樣擊敗蘇聯人。及至冬天的時候，德軍已經來到了距離莫斯科1.5公里的地方，而蘇聯的第二大城市彼得格勒也遭到了圍攻。

蘇聯加入戰局的另一大強有力的原因便是出自於種族主義意識形態方面的考慮以及希特拉對於斯拉夫人與猶太人的憎惡。隨着德軍不斷深入蘇聯內部，他們也展開了一場針對共產主義者與猶太人的殘酷種族滅絕行動。蘇聯軍隊熬過了極其艱苦的歲月。德軍的坦克壓過紅軍的防禦陣線；戰俘或遭到槍殺，或因飢餓而死；德國士兵毫不遲疑地屠殺逃亡的平民。蘇聯冬日的嚴寒拖慢了德軍的步伐，而蘇聯軍隊的反攻也令他們退回到了幾百公里之外的地方。莫斯科保衛戰自1941年10月初一直持續到了1942年1月，據估計，在這場戰爭中，蘇聯軍隊方面的死亡人數達到了65萬。1942年春天，德軍再次攻入蘇聯，蘇聯軍隊節節敗退，其境內的油田也險些落入德國人手中。

> 縱觀整個歷史，沒有人曾展現出蘇聯人民那樣的膽色。
>
> ——亨利·劉易斯·史汀生，
> 美國戰爭部長

太平洋與非洲地區

1941年12月，日本為將美軍驅逐出太平洋地區，在夏威夷島的珍珠港偷襲了美國艦隊，自此正式加入戰局。此前，德國曾同意大利與日本簽訂了一份三方協定，承諾假如任何一方遭受了其他戰局之外國家的攻擊，那麼其餘兩國便會為其提供軍事協助。於是，珍珠港事

巴巴羅薩計劃於1941年6月展開，在這場作戰之中，德國違背了兩年前同蘇聯簽署的互不侵犯條約，派兵入侵蘇聯。

件之後，德國立刻向美國宣戰。此時的英國已經有了兩個強大的同盟——約瑟夫·斯大林領導下的蘇聯以及富蘭克林·德拉諾·羅斯福總統領導下的美國。這兩個國家都在同盟國擊敗軸心國的過程中發揮了決定性的作用。

日本迅速在太平洋地區取得了勝利。他們成功佔領了菲律賓、馬來半島、緬甸、印度尼西亞以及新加坡這一眾英國在遠東地區的主要海軍基地。

與此同時，在北非地區，在埃爾溫·隆美爾將軍的率領之下，重新組建的軸心國軍隊來到了開羅與蘇伊士運河附近，隨時可能向其發起攻擊。1942年7月，隆美爾的軍隊在阿拉曼地區受阻；到了10月，他在以陸軍元帥蒙哥馬利為首英國第八軍的攻擊之下被迫撤退。

同年冬天，蘇聯紅軍在伏爾

德懷特·戴維·艾森豪威爾將軍率領同盟國軍隊於1944年6月完成了諾曼第登陸作戰。這一次武裝入侵在將歐洲自納粹手中奪回的過程之中起到了決定性的作用。

廣島與長崎

加格勒擊敗了納粹軍，迫使他們於 1943 年 2 月投降。

扭轉戰局

在 1943 年 11 月於德黑蘭召開的會議上，同盟國領導人在解放歐洲的戰略上達成了共識。蘇聯在東方擊退德軍，英國與美國則逐漸推進至意大利地區，而與此同時，一支大型同盟國入侵軍隊也在 1944 年 6 月到達了諾曼第。十一個月之後，這支軍隊已經推進至德國北部的易北河。英國轟炸機司令部派出的蘭開斯特轟炸機以及美國的第八航空軍一次又一次地將炸彈投擲到德國境內。希特拉於 1945 年 4 月 30 日自殺身亡，一周之後，德國宣佈無條件投降。

戰爭的最後一次行動發生在 1945 年 8 月。當時，美軍接連攻下

在硫磺島戰役之中，美軍為爭奪這個太平洋上的小島嶼，同日本帝國軍隊進行了激烈的戰鬥，最終令日方損失了 10 萬名兵士。

了一連串太平洋上的島嶼，最終在廣島和長崎投下了兩枚原子彈，徹底結束了日軍的抵抗行動。

各國的聯合

希特拉入侵波蘭標誌着第二次世界大戰的正式開始。據估算，這場歷史上規模最大、破壞性最強的戰爭共奪去了 6000 萬人的生命。

1945 年，50 個國家的代表齊聚一堂，共同建立了聯合國。人們希望這將開啟一個國際間相互理解、相互交流的嶄新紀元。■

在第二次世界大戰進入尾聲之時，為逼迫日本投降，美國戰機將原子彈投擲到了廣島與長崎這兩座城市之中。1945 年 8 月 6 日，美方將一枚名為「小男孩」的原子彈投擲到了廣島。城市之中的居民全然沒有意識到即將發生甚麼。灼熱瞬間便將人畜和建築化為灰燼。僅在原子彈落下的那一刻便有約 7 萬人殞命。儘管發生了如此駭人的事件，日本卻依舊拒絕投降。

8 月 9 日，蘇聯挺進滿洲里，正式加入了對抗日本的戰局，而這也令日本不得不重新思考自己在戰爭中的處境。但是就在同一天下午，美國將原子彈「胖子」空投到了長崎，瞬間便奪走了 5 萬人的性命。於是，日本被迫屈服，同意了同盟國提出的投降條款。在這般史無前例的襲擊之後，同盟國軍隊便沒有繼續在日本本土地區發起血腥的地面攻擊，日本也逃過一劫；然而，依舊有成千數萬名日本人在放射性疾病的長期影響之下失去了寶貴的生命。

猶太人問題的最終解決方案

萬湖會議（1942年）

背景介紹

聚焦
猶太人大屠殺

此前

1933 年 第一座集中營在慕尼黑附近的達豪落成。最早被囚禁在這裏的是共產主義者、社會主義者以及貿易工會主義者。

1935 年 9 月 《紐倫堡法案》頒佈之後，猶太人失去了自己的公民權利。

1938 年 納粹在「水晶之夜」中對德國及奧地利境內的猶太人實施恐怖統治。

1941 年 6 月 德國在入侵蘇聯的過程中也對那裏的猶太人進行了大屠殺。

此後

1942 年 5 月 波蘭奧斯維辛集中營最早開始使用毒氣。

1945–1946 年 在紐倫堡審判之中，24 名納粹成員遭到起訴，12 名被判處死刑。

希特拉成為德國的統治者，並在其上任後推行了一系列歧視猶太人的**法律**。

希特拉佔領奧地利之後，**對猶太人開展了大規模的暴力襲擊**。

納粹在**入侵了蘇聯**之後開始尋找能夠屠殺數百萬人口的**有效途徑**。

德國攻佔波蘭，波蘭境內的猶太人則被迫遷移至**擁擠不堪的聚居區之中**。

萬湖會議落實了「猶太人問題的最終解決方案」。

超過600萬名猶太人在**納粹大屠殺**之中遭到了殺害。

1942年 1 月 20 日，15 名納粹黨成員與德國官員於柏林郊區的萬湖碰面，共同商討應如何落實「猶太人問題的最終解決方案」。會議期間，歐洲各國的猶太人分佈情況被製作成了一張圖表，呈現在與會者面前，而這些人也擬定了需要消滅的猶太人總數——1100 萬人。這些人通過了「最終解決方案」，並就屠殺猶太人的問題達成了共識，之後便開始一面抽着雪茄，一面暢飲白蘭地。萬湖會議遠不是納粹針對猶太人暴行的開端。1933 年，

參見：《凡爾賽和約》280 頁，華爾街股市大崩盤 282~283 頁，國會縱火案 284~285 頁，納粹入侵波蘭 286~293 頁，以色列的建立 302~303 頁，薩拉熱窩圍城戰 326 頁。

波蘭南部的奧斯維辛如今已經成為猶太人大屠殺的代名詞。他們對關押在那裏的戰俘實施強制勞動，而一旦那些人虛弱到無法繼續工作的時候，他們便會毫不猶豫地將其處死。

阿道夫·希特拉一上台便開始大肆宣揚自己的觀點，即日耳曼人是最為優越的雅利安人，而他們的血統也不應遭到玷污。在他的眼中，猶太人不僅是一個宗教羣體，還是一個獨立的種族。當時，德國禁止境內的猶太人同非猶太人結婚，而這些猶太人也越發受到社會的歧視與隔離。

勢頭日益壯大

　　1939 年德國入侵波蘭之後，納粹針對猶太人的行動也進入了一個令人膽寒的全新階段。波蘭境內的猶太人被驅趕至聚居區中，其中更是有許多的人死於飢餓或是虐待。當德國於 1941 年攻入蘇聯的時候，暗殺小組這樣的非法軍事組織便開始對被征服地區的猶太人實施大規模的殺戮行動。最初的時候，他們對猶太人執行槍殺，每次殺死 3 萬人；但是到了後來，納粹黨衛軍便開始在火車的車廂中運用毒氣殺人。他們發現，毒氣更加適合用來實施大規模殺戮。

　　直至 1941 年，納粹黨中的領導階層始終設想的都是通過將猶太人驅逐至偏遠地區這一方式來解決「猶太人問題」。然而到了萬湖會議召開的時候，他們便一心決定要系統性地對歐洲境內的猶太人口實施大規模屠殺。波蘭建起了六座專門用於屠殺猶太人的集中營。納粹非法軍事組織黨衛軍中的高官阿道夫·艾希曼負責安排將猶太人自法國、希臘、匈牙利以及意大利等地運送至集中營之中。與此同時，波蘭猶太人聚居區中的猶太人也被送往那裏進行處決。戰俘在強迫之下吸入毒氣，而到了最後，他們的屍體便會被人擲入火葬場中焚燒。在貝烏熱茨滅絕營中，約有 50 萬名猶太人遭到殺害，而已知僅有七名戰俘得以倖存下來。然而，奧斯維辛集中營旁邊還建有一座勞工營，那些沒有即時遭到處死的猶太人則被迫在這裏工作。德國人需要大量的奴隸勞工以維持其在戰爭中的需求，而對於猶太人來説，這便是他們保住性命的最好機會。許多猶太人都同其他俘虜一起被迫來到集中營中。他們被剃光頭髮，還要穿上統一的服裝；到了這時，他們已不再是一個人，而不過是一名沒有任何身份的戰俘罷了。當同盟國最終於 1945 年解放了這些集中營時，呈現在他們面前的是一片地獄場景。

國家層面的種族屠殺

　　萬湖會議的會議記錄《萬湖議定書》中包含着許多令人難以置信的內容。人類歷史上首次出現了一個致力於消滅整個民族的現代國家，遭到殺害的猶太人數量多達 600 萬。∎

紐倫堡審判

　　第二次世界大戰結束之時，同盟國希望能夠將納粹繩之以法。於是，1945 年，德國紐倫堡設立了一個國際軍事法庭。自納粹那裏拍攝的新聞片揭露了他們的暴行：對毒氣室的利用、對貧民的屠殺，還有對戰俘的虐待。審判以實況轉播的形式呈現在全世界人民，尤其是德國人的面前，讓他們清楚看到了集中營之中曾經發生了多麼駭人聽聞的事情。阿道夫·希特拉、納粹黨衛隊隊長海因里希·希姆萊還有宣傳部部長約瑟夫·戈培爾都已經自殺，餘下 24 名被告人，而這些人則面臨着四項罪狀：破壞和平罪、參與策劃並實施侵略戰爭罪、戰爭罪，還有違反人道罪。這些人中的大多數人都聲稱自己「只是執行命令」。軍備、軍需及軍火部部長阿爾伯特·施佩爾被判處 20 年徒刑，另有其他 12 名被告人被處以死刑。紐倫堡審判過後，荷蘭海牙便建立起了一座永久性國際刑事法庭。

我們所做的只有飛行與睡眠

柏林空運（1948年）

背景介紹

聚焦
冷戰

此前

1918-1920 年 美軍在蘇俄內戰期間同布爾什維克黨相對抗。

1922 年 俄國革命家弗拉基米爾・列寧為在全球範圍內推動革命進程而創建了共產國際。

1947 年 杜魯門主義公開表態支持那些試圖遏制共產主義的國家。

此後

1961 年 蘇聯人在東柏林與西柏林之間築起了柏林牆。後來，這面牆成為冷戰的象徵。

1985 年 蘇聯領導人米哈伊爾・戈爾巴喬夫積極推動政治與經濟方面的開放政策與改革重建。

1990 年 柏林牆倒塌之後，德國重獲統一。

在 1945 年的雅爾塔會議與波茨坦會議之中，戰時同盟國同意將戰敗國德國分隔為四塊區域，各自由法國、英國、蘇聯和美國進行獨立管轄。德國的首都柏林便處在蘇聯管轄之下的東德地區，而這座城市也同樣被分為四個區域。1948 年 6 月 24 日，蘇聯對西柏林實施了封鎖，切斷了鐵路、道路以及運河上的所有通路，令生活在那裏的人們無法獲得來自外部的必要供給。東方與西方之間的分歧

1948年柏林空運期間，許多西柏林人都站在那裏，等待一架低飛的美國空軍飛機將必要的供給投擲下來。

很可能會引發另一場世界大戰，然而西方國家卻制訂了一份計劃，利用飛機將供給空投給柏林。在空運計劃的高潮時期，每三分鐘便會有一架飛機來到這座城市。

冷戰

第二次世界大戰戰勝國之間的合作時期僅是曇花一現；西方國家與蘇聯就「在歐洲建立怎樣的政權」這一問題產生了嚴重的分歧。蘇聯禁止所有東歐國家存在共產黨以外的黨派，還建立了一連串屈從於蘇聯領導的附屬國。然而，西方國家卻希望能夠建立起將共產主義排除在權力之外的民主制國家。德國依舊分裂為信奉共產主義的東德國與信奉民主主義的西德國，而這樣的分裂也同時象徵着歐洲的兩極分化。1946 年，前英國首相溫斯頓・丘吉爾以「一道橫貫歐洲大陸的鐵幕已經拉下」這句話對當下的情況進行了總結。東方與西方之間的深刻分歧便是後來的「冷戰」，而這一

參見：俄國解放農奴 243 頁，十月革命 276~279 頁，納粹入侵波蘭 286~293 頁。

第二次世界大戰之後，**信奉共產主義的東德國與信奉民主主義的西德國在德國的未來發展**問題上發生了分歧。

⬇

西方同盟國計劃將其**佔領的區域**改造為一個**獨立的德意志國家**。

⬇

蘇聯切斷了通往西柏林的**道路與鐵路**，試圖強迫首都**投降**。

⬇

西方國家**打定主意**要在柏林分**一杯羹**，卻無法承擔再次引發**世界大戰**的風險。

⬇

柏林空運成為一種和平的解決方案。

約瑟·史太林

作為蘇聯自 1927 年至 1953 年的執政者，約瑟·史太林（1878–1953）一直由於無情鎮壓異見人士而備受抨擊。他在 1903 年與蘇俄首位領導人弗拉基米爾·列寧結交並獲得權力。在 1917 年俄羅斯革命爆發期間及之後，他在共產黨掌權之路上擔當了重要角色。1922 年，他被委任為俄羅斯共產黨總書記。

1927 年，史太林成為蘇聯最高領導人，致力把蘇聯變成一個工業強國。1928 年，他在國家推動工業化計劃，引入農業公社制度。在史太林在任期間，數以百萬計人民因飢荒、勞改，或在大清洗肅反浪潮中喪失生命。

在戰後，史太林領導的共產黨與昔日的二戰盟友反目，世界進入了一個衝突的年代。史太林死後，國家的繼任領導人都譴責他的恐怖和屠殺行為。

名稱的由來也是因為這場爭端並未演變為直接的軍事衝突。至此，對於柏林未來發展走向的鬥爭成為冷戰的第一場重大危機。

嘗試令柏林餓死的計劃

1948 年 6 月，法國、英國與美國這三個西方同盟國宣佈將自己所管轄的三個區域合併在一起，並推行一種全新的貨幣。斯大林迅速做出反應：他對柏林地區實施了封鎖，企圖令柏林在飢餓之下被迫投降，已達到自西方那裏奪取權力的目的。但是西方國家並不希望將西德的控制權拱手讓給蘇聯，便也堅定地留在了那裏。

柏林空運計劃十分成功，1949 年 5 月，斯大林解除了封鎖。在柏林危機的刺激之下，西歐國家建立起一個防禦性聯盟——北大西洋公約組織；於是，東歐的共產主義國家便也在 1955 成立了與之相抗衡的聯盟——華沙公約組織。

這場發生在柏林的危機加劇了美國與蘇聯之間的仇視情緒。第二次世界大戰結束之後，朝鮮也分裂為蘇聯控制之下的朝鮮與美國控制之下的韓國。在蘇聯的支持之下，朝鮮於 1950 年 6 月攻入了韓國。於是，美國派兵組建了一支聯合國軍隊，前往韓國進行支援。1953 年，朝鮮戰爭正式結束。■

當午夜鐘聲敲響、世人皆在沉睡時，印度將在新生與自由中覺醒

印度獨立與印巴分治（1947年）

背景介紹

聚焦
帝國的終結

此前
1885 年 印度國民大會黨成立，開始為印度人民爭取權利。

1901 年 澳洲殖民地聯合在一起，組成了澳洲聯邦。

1921 年 愛爾蘭自由邦（佔愛爾蘭的 4/5）自英國手中獲得了獨立。

1922 年 英國給予埃及有限的獨立，但英國軍隊依舊駐紮在埃及，維護帝國的利益。

此後
1947 年 英聯邦正式成立，所有曾為英國殖民地的國家都可以加入其中。

1960 年 《非殖民化宣言》維護所有民族的自決權。

在長達一個多世紀的時間裏，印度始終都是大英帝國皇冠上的寶石；但是在 1947 年 8 月 14 日午夜最後一聲鐘聲敲響之後，印度便成為一個獨立的國家。在於德里召開的制憲會議上，國會召集了一次特殊的午夜集會。印度第一任總理賈瓦哈拉爾·尼赫魯起來宣佈印度正式獲得獨立。然而，這次獨立同時也揭開了一道至今尚未愈合的社會與地理傷疤。

這個全新的印度分為兩個獨立的國家：以伊斯蘭教為主要信仰的巴基斯坦和以印度教為主要信仰的印度。與此同時，巴基斯坦本身又

參見：英國皇家非洲貿易公司的成立 176~179 頁，勒克瑙圍攻戰 242 頁，恩克魯瑪為加納贏得獨立 306~307 頁。

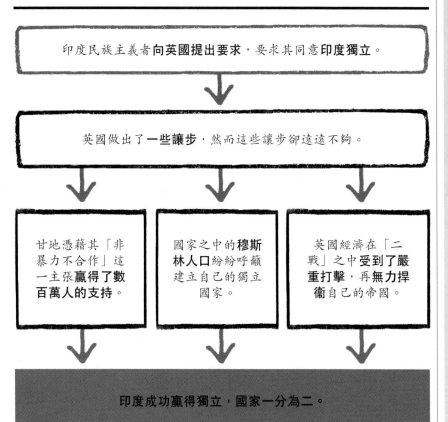

印度民族主義者**向英國提出要求**，要求其同意**印度獨立**。

↓

英國做出了**一些讓步**，然而這些讓步卻遠遠不夠。

↓ ↓ ↓

| 甘地憑藉其「非暴力不合作」這一主張**贏得了數百萬人的支持**。 | 國家之中的**穆斯林人口**紛紛呼籲建立自己的獨立國家。 | 英國經濟在「二戰」之中**受到了嚴重打擊**，再無力捍衛自己的帝國。 |

↓ ↓ ↓

印度成功贏得獨立，國家一分為二。

莫罕達斯·甘地

印度國家領袖莫罕達斯·甘地（1869－1948 年）率領着印度自英國手中獲得了獨立，後來被世人尊稱為「聖雄甘地」（意為偉大的靈魂）。他來自一個印度教國家，早期在英格蘭學習法律，後來又在南非生活了二十年之久，試圖為生活在那裏的印度人爭取權利。

1919 年，甘地開始參與到印度政治之中，很快便成為獨立運動中毋庸置疑的領袖人物。他宣揚「非暴力不合作」，也自始至終都力致力於將這一原則運用在同英國相對抗的過程之中。

1947 年，甘地畢生為之而奮鬥的事業終於收穫了圓滿的結局——印度獲得了獨立。然而，他對穆斯林羣體所做出的妥協卻為自己招來了殺身之禍。第二年，甘地遭到印度極端分子的刺殺。儘管在此之前，甘地本人曾無比痛心地公開反對分裂這片次大陸，然而，那名極端分子卻依舊認為甘地應對印巴分治負責。

分為印度西北部的一半和印度東北部的一半，因為在這兩個地區，穆斯林人口都佔總人口的絕大多數。很快，數百萬名穆斯林經歷長途跋涉來到了西巴基斯坦與東巴基斯坦（如今的孟加拉國），而數百萬名印度教徒與錫克教徒便來到了剛剛獲得獨立的印度。印度境內出現了不同宗教派系之間的暴力衝突，其中，印度教徒與錫克教徒站在了同一陣營，而穆斯林則站在與之對立的陣營。

到了 1948 年，這場聲勢浩大的人口遷移已經逐漸接近尾聲，1500 多萬人背井離鄉，而這一期間的死亡人數也在 100 萬至 200 萬人。印度已經獲得了獨立，印度的穆斯林人口也擁有了自己的獨立國家，然而，自由的代價是巨大的。

獨立之路

19 世紀中期，印度的民族主義情緒逐漸在國內佔據了一席之地，而到了 1885 年印度國民大會黨正式成立的時候，這樣的情緒又進一步高漲起來。「一戰」期間，英國承諾在印度為其提供戰爭支援的前提下賦予印度自治權力，於是，人民對於自治的期待值不斷上升。然而，在英國的設想中，印度獲得自

治權的過程卻是一個緩慢的過程。1919 年出台的《印度政府法》在印度創立了議會，議會則由印度官員與英國官員共掌權力。但是，這一措施並沒有令印度民族主義者心滿意足，而英國方面偶爾也會對他們的抗議採取殘暴的鎮壓。

20 世紀 20 年代至 40 年代，莫罕達斯・卡拉姆昌德・甘地的作為激勵了印度人對於獨立的追求。甘地不僅發起了「非暴力不合作」運動，還成為一名擁有數百萬追隨者的重要人物。1942 年，甘地成為「退出印度」運動的領頭人，號召公民進行非暴力抵抗，打亂英國在第二次世界大戰中的陣腳。於是，英國當局迅速將甘地以及其他一些民族主義領袖投入了監獄。

待至第二次世界大戰結束時，局勢已然變得清晰：英國無法在民族主義運動之中佔據上風。英國駐印度的官員皆是疲憊不堪，而英國本身也已瀕臨破產。英國同意印度獲取完全的自由。當甘地與尼赫魯在倡導印度統一的時候，1906 年為捍衛穆斯林權利而成立的穆斯林聯盟卻在要求建立一個完全獨立的伊斯蘭國家。聯盟的領導人穆罕默德・阿里・真納擔心假如穆斯林人繼續生活在印度教的統治之下，他們將無法保護自己身為少數羣體的權利。國民大會拒絕了這一提議，於是，街頭上印度教徒與穆斯林之間的暴力衝突開始升級。

巴基斯坦的誕生

1947 年，路易斯・蒙巴頓勳爵作為最後一任英國駐印度總督乘飛機來到了德里。面對着印度穆斯林要求建立一個獨立國家這一不可調和的矛盾，他成功說服了所有方面，令他們同意將印度分割為印度教印度與伊斯蘭教巴基斯坦這兩個國家。

自其誕生以來，巴基斯坦便面臨着許多挑戰。國家的資源十分有限，同時卻也擁有許多難民問題。很多不同的傳統、文化與語言同時存在，而其第一任總督真納也於國家建立的第二年不幸離世。

殖民地獲得自由

第二次世界大戰結束之後，以英國、法國、荷蘭以及葡萄牙為首的歐洲殖民國家逐漸認識到改變是必然的。一些殖民地通過和平手段獲得了獨立，例如緬甸與錫蘭；然而在大多數情況下，歐洲國家還是會試圖在殖民地地區繼續維持自己的統治。

「二戰」期間，本身便是帝制強國的日本將歐洲列強逐出了亞洲地區。1945 年日本投降之後，亞洲地區的前殖民地紛紛爆發民族主義運動，這些國家試圖爭取獨立，而不是繼續回到歐洲殖民者的懷抱。1945 年，印度尼西亞民族主義運動領袖艾哈邁德・蘇加諾宣佈成

> 我們並非是在為權力而鬥爭，而是單純在以非暴力的手段爭取印度獨立。
>
> ——莫罕達斯・甘地

1947年8月15日，零點鐘聲敲響後不過幾秒，賈瓦哈拉爾・尼赫魯與路易斯・蒙巴頓勳爵終於在德里制憲會議上宣佈印度正式獲得獨立。

立印度尼西亞共和國。荷蘭人派遣軍隊，試圖重新樹立自己的統治權威。最終，來自國際上的壓力迫使荷蘭於 1949 年承認了印度尼西亞的獨立地位。戰爭期間，日本佔領了馬來半島，而這反而將這裏的人民團結在了一起，同時也在很大程度上助長了他們的民族主義情緒。英國對抗議實施了強有力的鎮壓，而這卻反而令馬來西亞共產黨的武裝分支在 1948 年向大英帝國宣戰。直至 1957 年，馬來半島才真正獲得了獨立。

非洲地區的動盪

在肯尼亞，為應對矛矛黨人起義，國家於 1952 年進入緊急狀態，然而這卻引發了更大規模的叛亂，而英國人也圍捕了成千上萬名矛矛黨人，並將他們投入了拘留營之中。及至 1956 年，起義已遭到徹底鎮壓，然而英國當局為重獲控制權而採用的手段卻引發了國際上的譴責。在中非地區，殖民地的獨立也同暴力相伴而生。在羅德西亞，

> 我們為這場鬥爭而驕傲，這場充斥着淚水、激情與鮮血，深深觸及我們靈魂的鬥爭。
>
> ——帕特里斯·盧蒙巴，剛果民主共和國（原扎伊爾）第一任總理(1960 年)

佔據總人口絕大多數的黑人民眾與極端種族主義的白人政權（於 1965 年單方面宣佈獨立）之間爆發了野蠻的衝突。殖民地獨立的這一過程恰巧同蘇聯與美國之間的新冷戰發生在同一時期。隨着歐洲國家逐漸失去自己的殖民地，美國開始擔心蘇聯支持下的共產黨會在那些剛剛獲得獨立的國家之中掌權。於是，美國推出了一系列援助計劃，鼓勵那些國家採取同西方一致的政權形式。蘇聯也採取了相似的策略，試圖慫恿那些新國家加入共產主義陣營。許多國家並不希望被捲入冷戰之中，於是便加入到了「不結盟運動」之中。這場運動開始於 1955 年印度尼西亞萬隆所舉辦的一場由 29 個亞非國家參與其中的會議。「不結盟運動」的成員國下定決心，不與美國或蘇聯這兩個超級大國之中的任何一個結盟或是締結防禦條約，而是更多地將精力集中在自身的發展之上。

恐怖主義在法國

法國一心希望能夠維護其在阿爾及利亞的政治地位。第二次世界大戰結束後，阿爾及利亞並未獲得獨立，於是，國內的愛國主義者同法國殖民者之間爆發了戰爭。1958 年，阿爾及利亞的主要民族主義團體民族解放戰線發動數起恐怖襲擊，這些襲擊先是發生在阿爾及利亞，後又轉移至巴黎。這場危機將戰爭時期自由法國的領袖夏爾·戴高樂重新帶回了政壇。1960 年，戴高樂同意解放阿爾及利亞。在經歷了一場漫長而又血腥的衝突之後，阿爾及利亞終於在 1962 年獲得了獨立。

這張照片拍攝於肯尼亞首都內羅畢附近的東非大裂谷之中。1952 年，矛矛黨人雙手抱頭，被人帶到警察那裏進行審問，之後可能還會被關押在拘留營之中。

獲得獨立

在 20 世紀 60 年代至 70 年代許多曾經淪為英國殖民地的國家都成為獨立國家，並加入了英聯邦之中。1931 年成立的英聯邦變成了古老大英帝國的「後繼者」，接替它繼續發揮英國在世界上的經濟影響力與政治影響力。1949 年，英聯邦正式刪去了其名稱之中的"British"（英國）一詞，使之成為一個自由而平等的獨立國家聯盟，然而帝國的終結卻依舊逐漸逼近。1982 年，英國為繼續佔有福克蘭羣島而陷入了戰爭之中。

甘地對全球政治產生了深刻的影響。馬丁·路德·金等其他一些倡導非暴力抵抗的人物也仿傚了他的做法。縱觀全球，許多國家仍在為脫離其所屬國而不斷鬥爭，蘇格蘭（屬於英國）、魁北克（屬於加拿大）與巴勒斯坦皆是如此，它們都在不懈地為成為一個獨立的國家而奮鬥。 ■

我們的國家將定名為以色列

以色列的建立 (1948年)

背景介紹

聚焦
以色列的創立

此前

1897 年 猶太復國主義演變為一場有組織的運動，呼籲在巴勒斯坦地區建立一個猶太國家。

1917 年 英國在《貝爾福宣言》之中承諾幫助猶太人在巴勒斯坦地區建立家園。

1946 年 猶太人的地下軍隊製造了大衛王酒店爆炸事件，導致 91 人死亡，而這也是一次猶太人針對巴勒斯坦與英國而發動的恐怖主義行動。

此後

1967 年 在六日戰爭期間，阿拉伯人聯合起來對抗以色列，然而以色列仍舊取得了勝利，還佔領了大片阿拉伯領土。

1993 年 《奧斯陸和平協議》試圖實現巴勒斯坦與以色列之間的和平。

2014 年 瑞典成為第 135 個承認巴勒斯坦國的國家。

猶太復國主義理論家對建立一個**猶太國家**的可能性進行了設想。

猶太人開始在巴勒斯坦**定居**，並為國家的**發展**做貢獻。

猶太人為逃離納粹的控制而逃亡至**巴勒斯坦**。

聯合國將以色列這片區域撥給猶太人。

許多巴勒斯坦人**被迫離開自己的故土**，成為難民。

阿拉伯國家與以色列之間**每隔一段時期便會爆發戰爭**。

1948 年 5 月 14 日，伴隨着太陽的升起，英國國旗緩緩自耶路撒冷市政府大廈降下，自此，英國對於巴勒斯坦長達 26 年的委任統治正式畫上了句號。大衛·本-古理安向全世界宣佈，一個全新的猶太國家正式在巴勒斯坦成立。

由以色列穆斯林鄰國所組成的阿拉伯國家聯盟拒絕承認以色列的成立，並向該國發動了襲擊。來自外約旦、埃及、黎巴嫩以及敘利亞的軍隊紛紛攻入以色列。然而多年以來，以色列始終都在為保護自己在巴勒斯坦的定居所而戰鬥，於

參見：青年土耳其革命 260~261 頁，《凡爾賽和約》280 頁，蘇伊士運河危機 318~321 頁，「9·11」恐怖襲擊 327 頁，聯合國的成立 340 頁。

> 我們終於能夠在自己的土地上做自由人。
>
> ——西奧多·赫茨爾，猶太復國主義作家

是便輕而易舉地擊退了阿拉伯人的入侵。

動盪的土地

自 19 世紀 80 年代以來，大批猶太人為躲避歐洲國家的迫害而遷往巴勒斯坦地區，還將這片土地視作為上帝賜予他們的應許之地。1917 年《貝爾福宣言》頒佈之後，英國政府便開始為猶太人建立家園而提供支持。國內佔據多數的阿拉伯人口對這些定居者佔據他們的領土而感到萬分排斥。面對着愈發頻繁的襲擊，猶太人在當地組建起軍事防衛組織，並將其統一命名為「哈加納」。

暴力的升級

1939 年，以納粹德國為首、歐洲反猶太主義的崛起迫使猶太人逃亡至耶路撒冷。大量定居者湧入了這一地區，人數之多大大超出了英國當局的預期。於是，他們推出了限制措施，令猶太難民無法隨心所欲地在巴勒斯坦地區定居。

第二次世界大戰結束之後，巴勒斯塔地區的暴力衝突開始升級，而到了 1947 年，英國政府宣佈自己將放棄對於這一地區的統治，並將「巴勒斯坦問題」移交至聯合國手中。在經歷了猶太人大屠殺之後，聯合國堅信猶太人需要擁有屬於自己的家園，於是便將巴勒斯坦地區一分為二，將其中一部分分給了阿拉伯人，並將剩餘部分劃分給

以色列國旗誕生於1948年，也就是建國之後的幾個月。它於1891年設計完成，最初是猶太復國主義運動之中的旗幟，中間的圖案是「大衛之星」。

了猶太人，以令他們能夠在這裏建立起自己的國家。以色列於 1948 年 5 月 14 日正式誕生。

巴勒斯坦境內的阿拉伯人不斷呼籲在約旦河西岸以及加沙地區建立一個獨立的國家。這些生活在被佔領區域之中的人民不得不忍受惡劣的生活條件，不時發生的軍事突襲，就連活動也極為受限。■

大衛·本-古理安

大衛·本-古理安是以色列的創建者，也是國家的第一任總理（1948-1963 年）。他於 1886 年出生在波蘭，父母都是猶太復國主義者。1906 年，本-古理安移民至巴勒斯坦，並開始在那裏積極參與至建立起一個獨立猶太國家的鬥爭中。

成為國家領導人之後，本-古理安建立起以色列國防軍，還將以色列引上了現代化的發展道路。他大力推行希伯來語，並將其奉為該國的官方用語。1950 年，本-古理安頒佈了《回歸法》，宣佈以色列將接納來自世界各地的猶太移民。

他曾於 1953 年短暫地離開政壇，而在其在位的後幾年之中，他曾私下和阿拉伯國家領導人進行會談，試圖推動中東地區的和平進程。

1970 年，本-古理安正式從以色列議會中退休，全心在斯代博克（以色列南部內蓋夫沙漠之中的一座集體農場）撰寫自己的回憶錄。1973 年，本-古理安離開人世，然而直至今日，他仍舊是一位受人愛戴的人物。

長征是宣言書，是宣傳隊，是播種機

長征（1934−1935）

背景介紹

聚焦
建立共產主義中國

此前
1911−12 年 孫中山建立中華民國；清朝末代皇帝退位。

1919 年 由學生領導的五四運動爆發，宣揚愛國主義與共產主義。

1921 年 共產黨在上海成立，宣傳建基於馬克思主義的革命思想。

此後
1958 年 毛澤東推行名為「大躍進」的五年經濟計劃。

1978 年 鄧小平宣佈改革開放政策，建設中國成為經濟大國。

割據軍閥統治中國，沒有中央政府。

→

共產黨與國民黨聯合反對軍閥。

↓

兩黨政治理念難以共容，雙方勢成水火，**互相攻伐**。

←

國民黨佔據上風，**共產黨退守**。

↓

長征成功確立了毛澤東的領導地位，造就了奇跡。

→

共產黨改組並持續鬥爭，直至**中華人民共和國**成立。

在 1933 年秋季，中國共產黨瀕臨滅絕的邊緣。當時國民黨取得國家領導權，並向共產黨位於中國東南部江西省的根據地大舉進攻。1934 年 10 月，工農紅軍被迫放棄根據地以突破國民黨的重重圍困。其後共產黨集結 8 萬人，展開艱苦卓絕的 6,000 公里（3,700 英里）征程，歷時 368 日，後世稱為「長征」。

紅軍在未來領導人毛澤東率領下，面對着槍炮子彈和空襲，還有國民黨地面部隊發動的持續攻擊，他們多數選擇夜行，並分成不同縱

參見：第二次鴉片戰爭 254~255 頁，《凡爾賽條約》280 頁，文化大革命 316~317 頁，全球金融危機 330~333 頁。

隊以避開敵軍。

紅軍為了在中國北部找到安全之所，並建立新基地，需要跨越西藏的高山、戈壁沙漠以及千里荒草地。在長征途中，數以百計人餓死，最初開始長征的 8 萬人，最後僅有 8,000 人生還。長征非但沒有被視為失敗，反而被稱頌為堅韌不拔，並因此拯救了中國共產黨。

統一中國

1895 年，中國在甲午戰爭中大敗於日本。其後，隨着第一次大戰日本對中國發動侵略，掀起了中國的反日情緒。1919 年，各國簽署《凡爾賽條約》，戰敗的德國在中國的租界，竟被交予日本，遂引發中國國內大規模示威。這些示威行動過後，共產主義理念漸漸獲得民眾支持，中國共產黨後來於 1921 年創黨。與此同時，國民黨也逐漸

1934–35年長征期間，毛澤東騎白馬，旁邊為紅軍。毛澤東在長征中的領導角色最終讓他成為國家領袖。

壯大，在 1920 年代中期起統一了中國。

上海大屠殺

1926 年，共產黨與由蔣介石領導的國民黨合作發動北伐，以重奪各地軍閥佔據的領土。在北伐期間，中國共產黨持續壯大，國共兩黨發生激烈分歧，最終導致國民黨於 1927 年 4 月向共產黨發動攻

擊，數以百計共產黨員遭拘捕和凌虐。這次屠殺拉開了持續多年的反共暴力行動，共產黨後來被迫退守江西農村。

掙扎求存

在長征之後，中國共產黨在中國北部經歷改組。1937 年，日本侵華，國共兩黨被迫再次結盟。至 1939 年，中國東北大部分地區被日本佔領。日本在二戰投降後，國共兩黨的關係再次緊張，於 1946 年兩黨發動內戰。國共兩黨實力相當，各有 500 萬士兵參戰，在多場戰事後共產黨取得最終勝利。1949 年 10 月 1 日，毛澤東成立中華人民共和國。

長征被視為堅韌不拔的壯舉。對倖存者來說，它激發了一種強烈的使命感，促使人們把毛澤東作為革命奮鬥和命運的領袖。■

蔣介石

蔣介石（1887–1975）是 20 世紀最重要的非共產黨中國領導人。他原是一位軍人，在 1925 年起領導由孫中山建立的國民黨。

在他作為中國首相的短暫任期中，他管治了一個困難重重的國家。他嘗試推行溫和改革，卻遭到國內反對勢力以及後來日本侵略者的阻止，以致未能成事。

雖然蔣介石致力打擊他的主要敵人——中國共產黨，但在中國面臨日本侵略時，跟隨蔣介石的人強迫他與共產黨結盟以共同抗日。不過，國共聯盟未能延續至二戰結束後。及至 1949 年，蔣介石與他的黨被逐出大陸，撤退至台灣。蔣介石在台灣建立流亡政府，一直掌權直至他於 1975 年逝世。

你們深愛的祖國加納已經獲得了永遠的自由

恩克魯瑪為加納贏得獨立（1957年）

20世紀早期，**非洲民族主義的發展步伐**逐漸開始**加快**。

泛非洲主義
這一概念在全世界範圍內擁有了一眾擁護者。

在**第二次世界大戰**時期，非洲對於**種族平等**的呼聲日益強烈。

恩克魯瑪為加納爭取到了獨立。

恩克魯瑪未能成功推動非洲**在政治上結成聯盟**。

到了20世紀70年代中期，大多數非洲國家就算未能獲得和平，也獲得了**獨立**。

1948年 2 月，英國在西非地區的殖民地黃金海岸已經為獨立而鬥爭了數年之久，就是在這樣的背景之下，一羣手無寸鐵的非洲退役軍人帶着一份飽含冤情與悲嘆的請願書，來到了英國總督的面前。他們無視警方禁止繼續前進的命令，於是，警方選擇了開火。在事件發生一年之後的 1949 年，民族主義者克瓦米·恩克魯瑪建立了人民大會黨這樣一個爭取自治權的組織。甘地在對抗英國政府時提出了「非暴力不合作」思想，而在這一哲學的影響之

參見：英國皇家非洲貿易公司的成立 176~179 頁，《廢除奴隸貿易法案》226~227 頁，柏林會議 258~259 頁，印度獨立與印巴分治 298~301 頁，納爾遜・曼德拉獲釋 325 頁。

下，恩克魯瑪發起了一項「積極行動」運動。他們所煽動的罷工行動與抗議行動雖然並不暴力，卻仍舊令國家陷入了癱瘓；於是，1951 年年初，英國當局同意舉行大選。人民大會黨贏得了 38 席中的 35 個席位，而黃金海岸則開始迅速向着獨立的道路邁進。1957 年 3 月 6 日，國家正式宣佈獨立，恩克魯瑪也成為加納的總理。這一場運動為人們帶去了巨大的希望，讓他們看到了建立起一個全新非洲的美好前景。

第二次世界大戰之後，統治着非洲地區的歐洲列強紛紛陷入破產危機，而他們對於殖民主義的看法也發生了改變。

骨牌效應

發生在加納的事件對整個西非地區產生了深刻的影響。1958 年，幾內亞舉行投票，要求脫離法國的控制。尼日利亞也不甘落於人後，成功在 1960 年 10 月 1 日自英國手中獲得了獨立。待至 1964 年，肯

克瓦米・恩克魯瑪、科喬・博特西奧、克羅博・埃杜塞以及其他一些加納政治家共同慶祝國家通過和平及民主手段而贏得獨立。

尼亞、北羅德西亞（贊比亞）、尼亞薩蘭（馬拉維）與烏乾達都已成為獨立的國家。

1961 年至 1974 年，第一個在非洲地區建立殖民統治的歐洲國家葡萄牙為維持其在安哥拉、莫桑比克以及幾內亞地區的統治地位而進行了一場漫長的戰爭。1960 年，比利時在剛果地區的統治正式垮台，而這在國內引發了一系列暴力

事件；1961 年，剛果共和國的第一任總理帕特里斯・盧蒙巴遇刺身亡。冷戰期間，許多非洲國家獲得了獨立。他們成為美蘇這兩個資本主義與共產主義大國之間博弈的工具，卻也因此獲得了大量貸款與軍事援助。在這一時期，內戰亦不計其數，盧旺達與扎伊爾便曾爆發種族內戰，索馬里國內的軍閥也曾因食物供給問題而爆發激烈衝突。

獨裁統治者

當國家獲得獨立之後，這些非洲愛國主義領袖便開始通過向政治對手下達禁令等手段來鞏固自己的統治權威。及至 20 世紀 70 年代早期，白人政治精英統治之下的國家便僅餘下津巴布韋與南非了。恩克魯瑪曾希望加納能夠成為成功的燈塔，但是他的泛非洲計劃卻未能變為現實，而隨着他的統治不斷獨裁化，加納的發展也逐漸走向衰落。■

克瓦米・恩克魯瑪

克瓦米・恩克魯瑪接受過良好的教育，同時也滿懷雄心壯志，為加納甚至是整個非洲的發展規劃了宏偉的藍圖。他曾在美國接受高等教育，後又來到英格蘭，並在那裏加入了西非學生聯合會。1948 年，恩克魯瑪參與到一個主張「立即自治」的青年運動之中，並成為其中的領導人物。

作為人民大會黨的領袖，恩克魯瑪呼籲採取非暴力的積極行動，而這也為他招致了牢獄之災。服刑期間，他贏得了大選，而到了五年之後的 1957 年，恩克魯瑪成為加納的總理。

恩克魯瑪推動修建了許多的學校、道路和醫療機構，而這也為他贏得了民心。1964 年，加納已經成為一個一黨執政的國家，而恩克魯瑪本人也成為「終身總統」。他曾兩次險遭刺殺，還愈發無視公民的人權，1966 年，加納發生了政變，恩克魯瑪也被流放至幾內亞。1972 年，恩克魯瑪因癌症離開了人世。

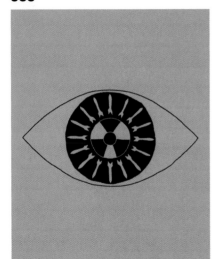

我們相互瞪視着，而我覺得剛剛是對方先眨眼了

古巴導彈危機（1962年）

背景介紹

聚焦
核軍備競賽

此前

1942-1945 年 美國開始實施曼哈頓計劃，試圖研制出最早的核武器。

1945 年 美國向日本廣島及長崎這兩座城市投擲了原子彈，正式為第二次世界大戰畫上了句號。

1952-1953 年 美國和蘇聯都開始研制氫彈，而這種核武器的威力要比原子彈大上 1000 倍。

此後

1963 年 美國與蘇聯簽署了一項禁止核試驗條約，兩國之間的矛盾有所緩和。

1969-1972 年 美蘇兩個超級大國在戰略武器限制談判之中就導彈部署問題達成了共識。

1991 年 削減戰略武器條約削減了美國與蘇聯所部屬的遠程導彈數量。

蘇聯與美國開始大規模儲備**核武器**。

「確保相互摧毀」理論對核戰爭的爆發起到了威懾作用。

美蘇兩國為控制包括古巴在內的附屬國而**陷入鬥爭**之中。

兩國之間的矛盾在古巴導彈危機之中達到了高潮，險些爆發核戰爭。

核戰爭**所能構成的威脅**越發顯而易見。

全球領導人**通過外交談判的手段縮減核武器儲備；緊張局勢得以緩和**。

在自 1962 年 10 月 16 日到 10 月 28 日的 13 天之間，整個世界都處於核毀滅的邊緣。蘇聯領導人尼基塔・赫魯曉夫在古巴部署了核武器，而美國總統約翰・菲茨傑拉德・甘迺迪則要求他將這些武器撤走。兩國均以核戰爭作為相互威脅的籌碼。軍事戰略家提出了「確保相互摧毀」這一理論：假若蘇聯向西方發起攻擊，那麼西方也定然會向蘇聯發動反擊。簡而言之，這是一種同歸於盡的做法。

參見：十月革命 276~279 頁，柏林空運 296~297 頁，蘇聯發射第一顆人造衛星 310 頁，豬灣事件 314~315 頁，柏林圍牆的倒塌 322~323 頁，1968 年巴黎學生起義 324 頁。

貿易禁運

儘管卡斯特羅具有共產主義傾向，但美國依舊承認了他在古巴的統治地位，也仍然參與至古巴經濟之中，並在其中佔據極大的份額。然而，卡斯特羅卻開始切斷美國對於古巴經濟的控制，在不提供絲毫經濟補償的情況下將所有產業收歸國有。於是，美國開始向古巴實施嚴格的貿易禁運，而卡斯特羅便轉而向蘇聯尋求支持。美國害怕共產主義會藉此機會進一步擴張，便試圖推翻卡斯特羅政府，然而 1961 年 4 月的豬灣事件卻不幸以失敗告終。

同一年，美國在土耳其部署了 15 枚「朱庇特」核彈頭導彈，以便在必要的時候可以隨時向蘇聯發動攻擊。土耳其與蘇聯相接壤，因此，這一舉動便直接對蘇聯領土構成了威脅。

最後通牒

蘇聯國內的強硬派向赫魯曉夫施壓，要求其採取強硬的態度。赫魯曉夫本就希望可以保護盟國古巴不受美國的侵襲，於是，他便下令在古巴設置能夠發射核彈頭的導彈。1962 年 10 月 14 日，U-2 偵察機帶回的畫面顯示蘇聯已經在古巴架起了核武器。甘迺迪的軍事顧問建議立即嚮導彈發射點發動攻擊，但是甘迺迪卻更加傾向於利用海軍對古巴實施封鎖，防止他們繼

古巴領導人菲德爾·卡斯特羅於 1963年5月來到莫斯科進行正式的國家訪問，並同蘇聯領導人尼基塔·赫魯曉夫高舉緊握的雙手，以示團結。

續安裝更多的導彈。除此之外，他還向赫魯曉夫發出了最後通牒，要求其撤回導彈，並向全世界發出通知，告訴他們核戰爭很可能即將爆發。與此同時，赫魯曉夫也向蘇聯艦隊的指揮官下達了繼續向古巴港口行駛的指令。

打破僵局

各國領導人在幕後慌亂地進行了一系列外交談判，最終達成協議，打破了僵局：甘迺迪表示，假如赫魯曉夫下令拆除部署在古巴的所有核武器，美國便也會秘密撤走國家部署在土耳其的導彈。蘇聯領導人也對此表示了同意，但前提是美國應當放棄入侵古巴的計劃。

10 月 28 日，赫魯曉夫下令讓艦隊調轉航向，回到蘇聯，而這也成為冷戰期間的一個歷史性時刻。自那以後，美蘇兩大超級大國都越發謹慎，而核戰爭所構成的威脅也逐漸開始消退。■

約翰·費茨傑拉德·甘迺迪

美國第 35 任總統約翰·菲茨傑拉德·甘迺迪（1917-1963 年）是美國歷史上第一位信奉羅馬天主教的總統，而年僅 43 歲便成功當選的他也是當時最年輕的總統。他為美國政壇帶去了一股更為新鮮、也更具活力的氣息。他將自己的政策命名為「新邊疆」計劃。該計劃中包含了諸多挑戰，包括涉足外太空領域以及消除貧困。很快，甘迺迪政府便獲得了民眾的支持。

在其執政期間，擺在甘迺迪面前的一項重大任務便是處理冷戰期間緊張局勢之下的外交事務。其中，1962 年爆發的古巴導彈危機便是對其最大的考驗，而甘迺迪對待蘇聯時的堅定立場也為他贏得了廣泛的支持。

當他在為連任美國總統參加競選活動之時，1963 年 11 月 22 日，李·哈維·奧斯瓦爾德在得克薩斯州的達拉斯市刺殺了甘迺迪。這一事件震驚了美國人，而對於他們而言，在這個美國與蘇聯之間關係剛剛出現緩和的時期，甘迺迪之死無疑稱得上是一個巨大的悲劇。

全世界的人都在指着那顆衞星

蘇聯發射第一顆人造衞星（1957年）

1957 年 10 月 4 日，蘇聯將世界上第一枚人造衞星「伴侶號」送上了太空。這枚衞星僅攜帶了一個簡單的無線電發射機，以便將太空中的情況傳送回地球。

「伴侶號」遠不僅僅是一次科學上的突破；在蘇聯同西方國家處於冷戰狀態的那一段時期，成功發射人造衞星對於蘇聯而言可謂是一次巨大成功。這是一次沒有消耗一槍一彈，卻造成了巨大軍事影響與政治影響的事件。在美國人看來，他們距離遭受核武器襲擊又更近了一步。此時的蘇聯已經成為一個超級大國，令美國震驚，同時也開啟了「太空競賽」。

美國迎頭趕上

「伴侶號」的成功發射引發了大眾媒體的強烈關注，同時也開啟了「太空時代」，將全球人的智慧與想像力匯集到了一起。在這一時期，以太空為背景的科幻小説、電影及電視劇風靡一時。待至 1958

這是個人的一小步，卻是人類的一大步。

——尼爾・阿姆斯特朗

年，美國已經建立起國家航空航天局，然而，當蘇聯於 1961 年將尤里・加加林送入太空軌道時，美國人也只能充滿艷羨地觀望着。

1962 年，美國將約翰・格倫送入了太空，後又於 1967 年建造出足以到達月球的「土星 5 號」運載火箭，正式追趕上蘇聯的步伐。到了 1969 年，美國宇航員尼爾・阿姆斯特朗打開了「阿波羅 11 號」的艙門，成為能夠在月球上行走的第一人。■

參見：柏林空運 296~297 頁，古巴導彈危機 308~309 頁，柏林圍牆的倒塌 322~323 頁，世界上第一個網站正式上線 328~329 頁。

我有一個夢想

華盛頓大遊行（1963年）

背景介紹

聚焦
民權運動

此前
1909 年 全國有色人種協進會正式成立。

1955 年 羅莎・帕克斯拒絕在公交車上將自己的座位讓給一名白人男性，而這一事件點燃了民權運動的火種。

1960 年 一個僅限白人點餐的餐廳櫃台拒絕向四名學生供應食物，而這一事件在全美各地引發了「靜坐示威」活動。

此後
1965 年 非裔美國人團結組織的建立者馬爾克姆・X 因遭到槍殺而離世。

1966 年 斯托克利・卡邁克爾創造出「黑人權利」這一概念，背離了非暴力示威這條道路。

1968 年 馬丁・路德・金遇刺身亡，該事件在美國各大城市中引發了暴動。

在1963 年 8 月 28 日爆發的大遊行中，約有 25 萬名民眾聚集在了華盛頓。他們呼籲平等，結束種族隔離，讓所有美國人享受優質的教育資源，擁有體面的住房，還有能夠讓人維持生計的工作。

這場大遊行之中的一位發言人便是牧師馬丁・路德・金。「我有一個夢想」，便是他最為著名的演講，也是他內心的呼聲。

呼籲平等

在 1861 年至 1865 年的美國內戰結束後，美國正式廢除了奴隸制，於是，獲得解放的奴隸開始尋求公民權利。然而，他們雖已不再是奴隸，卻依舊不能同白人享受同等的權利與待遇。到了 20 世紀 60 年代，馬丁・路德・金率領大批民眾在伯明翰與阿拉巴馬舉行民權遊行，而這些遊行示威活動也在這場運動中起到了關鍵性的作用。然而，一些極端主義者卻以令人膽寒

有人説，我們在捍衞公民權利這一問題上行事太過匆忙。然而我想説，我們已經晚了整整 172 年！

—— 休伯特・漢弗萊，
明尼阿波利斯市長（1948 年）

的暴力手段對抗民權運動。

華盛頓大遊行結束之後，美國國會於 1964 年通過了《民權法案》，以法律手段禁止種族歧視。此外，1965 年通過的《選舉權法案》也進一步維護了公民權利。然而，在半個多世紀之後的今天，對於非裔美國人而言，當日設定的許多目標卻依舊遙不可及。■

參見：英國皇家非洲貿易公司的成立 176~179 頁，《廢除奴隸貿易法案》226~227 頁，葛底斯堡演說 244~247 頁，納爾遜・曼德拉獲釋 325 頁。

我不會輸掉越南

北部灣事件（1964年）

東南亞國家希望能夠**從其殖民統治者手中獲得獨立**。

美國害怕**共產主義會傳播**至整個東南亞地區。

結束同法國的戰爭之後，**越南分裂**為共產主義的北越和美國支持之下的南越。

為應對**共產主義**在該地區的勝利，美國增加了其在這一地區的**軍事部署**。

當一艘美軍戰艦在北部灣地區遇襲後，美國的秘密行動達到了高潮。

美國總統約翰遜打着這一次事件的名義，為美國在越南地區的**軍事干預**辯護，同時也進一步拓寬了冷戰的前線。

第二次世界大戰的餘波尚未平息，東南亞地區的國家便開始為建立穩定的政治體系而進行不懈的鬥爭，然而與此同時，該地區又捲入了美國與蘇聯的冷戰之中。其中，越南地區的戰況最為激烈。

1954 年法國殖民統治結束之後，日內瓦會議將越南分割為兩個部分，一部分是越南共產主義革命領袖胡志明及其共產主義政府統治之下的北越，另一部分便是美國支持之下的南越。 1960 年，胡志明在共產

參見：吳哥窟的建造 108~109 頁，納粹入侵波蘭 286~293 頁，柏林空運 296~297 頁。

美國海軍驅逐艦「馬多克斯」號遇襲後駛離了南越的海岸地區。這一事件後來成為越南戰爭的導火線。

主義強國蘇聯與中國的支持之下於南越組建了民族解放陣線，並發動游擊戰爭，試圖將國家統一在共產主義的統治之下。

北越與南越之間的局勢愈發緊張，直至 1964 年。在那一年的 8 月，美國海軍驅逐艦「馬多克斯」號正在北越海岸地區的北部灣執行任務，借助北部的沿海設施對無線電及雷達設備進行監控，以對南越海軍發動的攻擊加以支援。北越認為「馬多克斯」號與針對其海岸地區的突襲脫不開關係，於是便向這艘驅逐艦發射了魚雷。兩天之後，「馬多克斯」號再次報告稱自己受到了攻擊。儘管這第二次攻擊頗受爭議，然而，當時的北越已經控制了國家的大部分地區，且美國總統林登·貝恩斯·約翰遜認為南越並

不具備獨自在這場共產主義領導下的游擊戰爭中取得勝利的能力，於是，約翰遜便對這場小規模衝突加以利用，令國會正式通過了《北部灣決議案》。決議案的通過令約翰遜得以採取一切必要措施，應對美國軍隊在東南亞地區面臨的威脅。

美國的干預

美國擔心假若越南變成了一個共產主義國家，東南亞地區的其他

國家也會追隨它走上相同的道路。利用《北部灣決議案》，約翰遜將大批軍隊派遣至南越地區，並對北越發起了空中的轟炸行動，大量平民遇害。然而，儘管美國軍方的技術更加優越，但他們最終也未能徹底摧毀越共的游擊隊。美國軍隊傷亡慘重，士氣也逐漸低落。

越南戰爭結束

越南戰爭是美國歷史上首次通過電視進行轉播的戰爭。當這些令人心驚的事件逐一呈現在民眾面前時，越來越多的人開始對衝突提出反對。世界各地均爆發了大規模的和平運動與反戰示威遊行。

1968 年，北越發動了「春節攻勢」，向南越的 100 餘座城市與鄉鎮發起了猛烈的襲擊，也徹底粉碎了美國希望儘快結束戰爭的希望。1969 年，雙方舉行和平會談。1973 年 3 月，最後一批美國軍隊撤離了越南，而到了 1975 年 4 月，南越正式併入北越。■

波爾布特的殘暴政權

越南戰爭期間，北越對柬埔寨加以利用，沿着胡志明小道將士兵和補給運送至南越地區。1970 年，美國與南越的聯合軍隊入侵柬埔寨，試圖將越共趕出去。與此同時，美國也對柬埔寨進行了大規模的轟炸。柬埔寨國內的軍事動盪令越來越多的人開始支持柬埔寨共產黨（亦稱「紅色高棉」，一支於 1975 年掌權的游擊部隊）的領導人波爾

布特。波爾布特意圖將柬埔寨打造成一個沒有階級的農業社會國家。他將全國人民驅趕至鄉村地區，令他們以種植水稻為生。在接下來的 44 個月中，約有 200 萬人（約佔柬埔寨總人口的四分之一）死亡，他們或是遭到了殺害，或是因飢餓而死。人們死去的地方便是如今我們所知的「殺人場」。在長達三年的恐怖統治之後，一場越南入侵行動最終將波爾布特驅逐下台。

革命不是玫瑰花床

豬灣事件（1961年）

背景介紹

背景介紹

聚焦
拉丁美洲的革命與阻礙

此前

1910 年 墨西哥革命成為 20 世紀以來的第一場重大社會革命。

1952 年 民族主義革命運動（MNR）在玻利維亞掌權。

1954 年 美國中央情報局支持之下的一場政變令軍政府在危地馬拉上演。

此後

1973 年 9 月 11 日 智利總統薩爾瓦多·阿連德在陸軍總司令奧古斯托·皮諾切特率領之下的一場政變中不幸身亡。

1981 年 美國停止了對於尼加拉瓜的援助，轉而對游擊隊進行支持，以期能夠推翻左翼桑蒂諾的政府。

> 美國決心要將**共產主義**擋在美洲大陸之外。

> 甘迺迪自上一任總統那裏繼承了一份**中央情報局的計劃**，試圖徹底鏟除卡斯特羅。

> 豬灣事件演變成了一場災難，而卡斯特羅則成為贏家。

> 美國進一步為拉丁美洲的**反共政權**提供支持，而其對手蘇聯則對**共產主義**革命進行支持。

> **冷戰**繼續支配着**全球地緣政治**。

1961 年 4 月 15 日，一批古巴流亡者發起了一場入侵古巴的行動，試圖推翻菲德爾·卡斯特羅的左翼政權，並以另一種更加符合美國利益訴求的政權取而代之。八架美國 B-26 轟炸機自尼加拉瓜飛向古巴，意圖摧毀卡斯特羅在地面空軍力量。表面上看來，這場空襲似乎是成功的，然而，至少有六架卡斯特羅的戰鬥機躲過了這場襲擊。4 月 17 日凌晨，一羣約由 1400 名古巴流亡者組成、代號為「2506 突擊旅」的隊伍向古巴南部海岸豬灣地區發動了一場兩棲攻擊。然而，他們在卡斯特羅軍隊的反擊之下節節敗退，彈藥也早已用盡。卡斯特羅僅用了三天時間便挫敗了流亡者。

參見： 玻利瓦爾建立大哥倫比亞 216~219 頁，十月革命 276~279 頁，古巴導彈危機 308~309 頁，巴西軍事政變 341 頁，皮諾切特在智利掌權 341 頁。

豬灣事件 對於美國而言無疑是一場災難，許多反對卡斯特羅的勢力都在這場衝突中被抓捕。

卡斯特羅一定要下台

第二次世界大戰結束之後，拉丁美洲成為資本主義與共產主義這兩大相互對立的意識形態之間相互鬥爭的替代陣地。美國決心鏟除共產主義，於是便開始在古巴、洪都拉斯以及危地馬拉等國家為反對改革派政權的右翼獨裁者提供支援。

20 世紀 50 年代，古巴巴蒂斯塔政府的腐敗與暴行逐漸令其失去了美國的支持。1959 年，卡斯特羅推翻了巴蒂斯塔的統治；此時，美國政府對於卡斯特羅的共產主義傾向心存疑慮。到了 1960 年，卡斯特羅已將美國在古巴的所有事業收歸國有，且沒有支付半分補償，徹底打破了美國與古巴之間的外交關係。為保護自己的經濟資產，擊敗共產主義，美國的政策制定者開始意識到，卡斯特羅不能留。

在卡斯特羅掌權不到一年的時候，古巴流亡者已經在邁阿密地區建立起數個反革命團體。美國中央情報局插手至這些團體之中，為他們提供推翻古巴政府的必要訓練與裝備。

親古巴示威

卡斯特羅與蘇聯之間建立了緊密的聯繫，而蘇聯也成為其對抗美國壓制的盟友，令卡斯特羅得以將自己的理想輸出至整個拉丁美洲。豬灣事件在從智利到墨西哥等一眾國家中激發了親古巴、反美國的示威遊行活動。卡斯特羅積極為游擊戰提供支援，而數以千計的拉丁美洲游擊戰士也來到了古巴接受訓練。在 20 世紀 60 年代至 70 年代，尼加拉瓜、巴西、烏拉圭以及委內瑞拉等對國內教育情況、不平等狀況與貧窮現狀倍感不滿的國家都在古巴革命的影響之下爆發了起義活動。

拉丁美洲問題始終都是美國外交政策的重中之重。美國為制約共產主義，曾多次介入拉丁美洲國家的事務之中。■

我們絕不能放任古巴落入共產主義者的手中。

——約翰·菲茨傑拉德·甘迺迪

菲德爾·卡斯特羅

對於他的支持者而言，菲德爾·卡斯特羅（1926－2016 年）無疑是一位同美國相抗爭的革命英雄；而對於其詆毀者而言，卡斯特羅則是一名不折不扣的獨裁者，他同蘇聯之間的緊密聯繫更是險些令整個世界陷入核戰爭之中。

1953 年，當時還是一名學生的卡斯特羅因從事革命活動而被捕入獄。兩年之後，他被釋放，後流亡至美國和墨西哥。1956 年，卡斯特羅率領一支小規模游擊隊回到了古巴。他們決心破壞獨裁者巴蒂斯塔的政權。1959 年 1 月 1 日，卡斯特羅掌握了絕對權力。上任之後，他一心希望能夠提高當地人的識字率，提供免費的醫療衛生服務，並推行土地改革。

卡斯特羅將自己視為全世界受壓迫之人的領袖，還為南非反種族隔離力量提供了訓練支持。在 20 世紀 70 年代，他曾派遣部隊至安哥拉、埃塞俄比亞以及也門地區，對那裏的共產主義勢力進行支援。

破舊立新

文化大革命（1966）

毛澤東堅定目標，把**中國**變成工業化國家。

→

中國各階層都投入在**大躍進運動**。

↓

毛澤東發動文化大革命。

←

飢荒爆發，數以百萬計人**餓死**。

↓

毛澤東逝世是中國戰後歷史的轉捩點。

→

鄧小平採納**資本主義思想**，讓中國成為**超級大國**。

文化大革命可說是中國歷史上一個黑暗時期。共產黨領導人毛澤東自 1949 年建國之後，尚沒有建立起他理想中的中國，也沒有鞏固自己的權力。為了強化領導地位並點燃革命熱情，毛澤東決意掃清所有反對勢力，同時把資產階級及知識份子轉化成無產階級，即一般工人。他發動文化大革命，破除「四舊」，包括：舊思想、舊習慣、舊習俗及舊文化。大批受毛澤東鼓動的年輕共產主義支持者組成紅衛兵，恐嚇知識分子、政府官員及教師。當時，數以千萬人被批

參見：第二次鴉片戰爭 254~255 頁，史太林執政 281，長征 304~305 頁，全球金融危機 330~333 頁，全球人口突破 70 億 334~339 頁。

這張政治宣傳海報約在文化大革命時期發表。海報中的紅衛兵皆手持《毛主席語錄》。

鬥，數以百萬人在動亂中喪命。整場革命持續至 1976 年。

大躍進

毛澤東在 1949 年建立中華人民共和國後，推動改革，着意把中國由半封建農村社會，轉變成工業化社會主義國家。1950 年代末，為了達到高速經濟增長，毛澤東發動大躍進。結果，鋼鐵及煤炭產出大增，工業產品產量增加；鐵線亦倍增；及至 1961 年，超過一半中國土地已開墾灌溉。

不過，這些發展的代價浩大。毛澤東把中國農村改組成農業公社，並要求村民把土地、牲畜、農具及農作物投入公社。政府由公社提取大量農作物以養活城市工人。此舉加上一連串天災，引發嚴重飢荒，大量人員餓死。大躍進最後導致數以百萬人死亡。

新外交政策

文化大革命發生後，毛澤東邀請美國專家來整頓中國，而剛好美國也需要建立盟友以對抗蘇聯，兩者一拍即合。1972 年，美國總統理查德·尼克遜訪華，在北京與毛澤東會面。直至毛澤東逝世的 1976 年，中國是世界主要產油國，而且擁有核武。

1978 年至 1997 年，中國領導人鄧小平採納資本主義思想，聚焦國家經濟發展。他推行了嶄新且富遠見的振興經濟措施，包括邀請外國公司投資中國產業，並支持科技發展，他抵制要求民主改革的施壓。

千禧年之始，中國經濟增長驚人。2001 年，中國加入世界貿易組織，至 2008 年作為奧林匹克運動會主辦國，在首都北京舉辦賽事。有經濟學家預期，至 2026 年，中國的國內生產總值 (GDP) 將超越日本及西歐諸國。

毛澤東逝世後，中國共產黨判明文化大革命為一場災難。不過，由於中國經歷了一段時期的經濟發展失衡，在農民及城市工人階級心中衍生出一種感受，懷緬毛澤東那種聚焦人民及自給自足的理想。時至今日，毛澤東的傳奇仍在現代化的中國留下一道深深的印記。■

毛澤東

毛澤東於 1893 年在湖南省一個富農家庭出生。他自 1949 年起領導共產主義的中國，直到 1976 年逝世。他在北京大學任圖書館員期間成為共產主義支持者，後於 1921 年協助建立中國共產黨。1927 年，毛澤東發起起義對抗國民黨的蔣介石，因事敗被迫退守農村，後於 1931 年成立中華蘇維埃共和國。1935 年，毛澤東在長征中證明其領導才能後執掌共產黨。後來，在 1945 年至 1949 年的國共內戰打敗蔣介石。

毛澤東是忠實的列寧支持者，卻對蘇聯針對西方的「和平共處」失去興趣，並由此建立一種比較強烈的共產主義——毛澤東思想。可惜，他的激進理念及對社會公有制的試驗，卻讓數以百萬計人民受苦甚至喪命。他逝世前的其中一件大事，為 1972 年會見首位訪華的美國總統理查德·尼克遜。

我們將用自己的鮮血與力量捍衛它，以眼還眼，以牙還牙

蘇伊士運河危機（1956年）

背景介紹

聚焦
當代中東

此前

1945 年 埃及、伊拉克、黎巴嫩、敘利亞、沙特阿拉伯、也門以及約旦共同構成了阿拉伯國家聯盟。

1948 年 以色列在巴勒斯坦的領土上建國，將阿拉伯人與猶太人分隔開來。

1952 年 一場軍事政變推翻了埃及國王法魯克。兩年之後，陸軍上校賈邁勒·納賽爾掌權。

此後

1964 年 巴勒斯坦解放組織呼籲動用武力消滅以色列這個猶太國家。

1993 年 《奧斯陸協議》簽訂之後，巴勒斯坦解放組織與伊斯蘭之間達成了和平共識。

2011 年 在阿拉伯國家發生的一系列人民起義之中，抗議者要求實施改革措施。

1956 年 7 月 26 日，埃及領導人陸軍上校迦瑪爾·阿卜杜爾·納賽爾在亞歷山大城中向人民發表講話，宣佈將蘇伊士運河收歸國有。對於埃及人而言，這一舉動是國家自 19 世紀 80 年代以來終於得以掙脫英國帝國主義統治的象徵。然而，蘇伊士運河卻是西歐大部分地區自中東獲取原油的必經之路。於是，針對納賽爾這一大膽的決定，英國、法國與以色列共同制定了一項秘密計劃。長期以來，納賽爾始終對與

參見：蘇伊士運河的修築 230~235 頁，青年土耳其革命 260~261 頁，《凡爾賽和約》280 頁，以色列的建立 302~303 頁，「9·11」恐怖襲擊 327 頁，蘇聯入侵阿富汗 341 頁，伊朗伊斯蘭革命 341 頁，美英共同入侵伊拉克 341 頁。

在革命成功四週年之後的慶祝儀式上，埃及總統納賽爾向25萬名聚集在一起的民眾正式宣佈將蘇伊士運河收歸國有。

法國殖民統治相抗爭的阿爾及利亞起義者進行支持，因此，法國也迫不及待地希望能夠看到納賽爾政府倒台。以色列更是有許多理由推翻納賽爾的統治，其中最大的原因便是埃及禁止任何懸掛以色列國旗的船隻通過蘇伊士運河。依照這三個國家的計劃，以色列將對埃及發起突襲，英國與法國則將在幾日之後以調解人的身份加入戰局，一舉奪下運河的控制權。1956 年 10 月 29 日，以色列人開始了入侵行動。10 月 31 日，英法軍隊進入了埃及，然而卻立時便遭到了來自外界的外交壓力，要求他們立即停火。此時，試圖與阿拉伯國家建立良好關係的美國因英法兩國的入侵而倍感震驚，認為這一行動威脅了整個地區的穩定。美國總統德懷特·艾森豪威爾強勢爭取了一份聯合國決議，要求英法停火，於是，兩國軍隊不得不撤離了這一地區。

分裂國家

中東地區強烈的反西方情緒可追溯至數百年前，而西方越來越多地插手該地區事務便是其中最大的原因。當地許多民族都將伊斯蘭教視作是最為神聖的天啟，對他們而言，19 世紀之後的殖民主義以及第一次世界大戰後奧斯曼帝國的分裂無疑是一種苦澀的恥辱。1948 年，以色列在巴勒斯坦地區正式建立，而這也將這片土地分為了兩個國家：一個阿拉伯國家，另一個猶太國家。這一結果觸怒了其他阿拉伯國家，而以色列境內的阿拉伯人也對此表示了強烈的反對。一眾阿拉伯國家的正規軍於 1948 年 5 月至 6 月發生的第一次中東戰爭（阿拉伯國家與以色列之間的戰爭）中攻入了以色列。戰爭以阿拉伯國家的失敗而告終，同時，它對於巴勒斯坦人而言也是一場災難：國家之中超過一半的阿拉伯人口成為難民，流離失所，也就此失去了建立自己國家的可能性。

雄心萬丈的計劃

埃及通過禁止以色列船隻在蘇伊士運河通行這一手段，繼續維持其與以色列相鬥爭的立場。當納賽爾於 1954 年推翻埃及國王法魯克的政權並將其流放之後，他為應對未來可能發生的同以色列之間的衝突而自蘇聯引進了許多武器，建立起龐大的武器庫。待至 1956 年

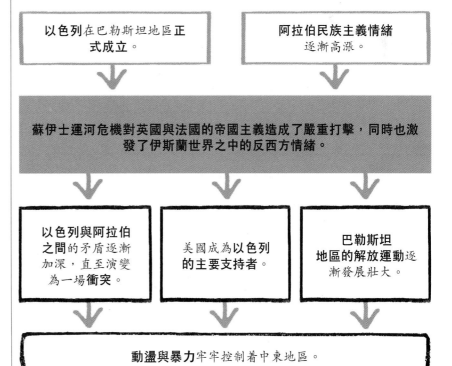

以色列在巴勒斯坦地區正式成立。

阿拉伯民族主義情緒逐漸高漲。

蘇伊士運河危機對英國與法國的帝國主義造成了嚴重打擊，同時也激發了伊斯蘭世界之中的反西方情緒。

以色列與阿拉伯之間的矛盾逐漸加深，直至演變為一場**衝突**。

美國成為**以色列**的主要支持者。

巴勒斯坦地區的解放運動逐漸發展壯大。

動盪與暴力牢牢控制着中東地區。

6月，英國已同意從蘇伊士地區撤軍，然而，隨着最後一批軍隊撤出埃及，納賽爾開始依靠來自英國與美國的經濟支援，並將這筆錢投入至發展埃及的宏偉計劃中。這一計劃之中便包括在尼羅河幹流上建造阿斯旺大壩這個項目。後來，當英國與美國撤回貸款提議，令其無法負擔修築大壩的資金時，納賽爾十分憤怒。英美兩國食言的原因在於納賽爾與蘇聯之間的緊密聯繫以及他對西方無休無止的抨擊與指責。納賽爾覺得自己受到了侮辱，立刻便宣佈將蘇伊士運河收歸國有。這一舉動獲得了埃及民眾的廣泛支持，因為他們向來都將這條運河視作是阿拉伯人的驕傲之源。

納賽爾是一位世俗的現代化主義者，提倡政教分離，並認為這是阿拉伯現代化的特徵；然而，並非所有人都能接受他這種觀點。

1967年，以色列在六日戰爭之中大敗阿拉伯國家，自埃及手中奪過了西奈半島，自敘利亞手中奪過了戈蘭高地，還自約旦手中奪過

1979年，美國總統吉米·卡特（中間）旁觀埃及總統安瓦爾·薩達特與以色列總理梅納赫姆·貝京在白宮簽訂了和平條約後進行握手儀式。

了約旦河西岸與東耶路撒冷的控制權，自此正式成為一個侵略國家。而在20世紀70年代與80年代，阿拉伯國家與以色列之間的衝突開始向和平方向邁進：到了1979年，以色列與埃及之間簽訂的和平協議正式為這場戰爭畫上了句號。

兩伊戰爭

同中東地區的其他許多國家一樣，如今的伊拉克也誕生於第一次世界大戰結束之後奧斯曼帝國的廢墟之上。伊拉克是一片以阿拉伯人與庫爾德人之間民族界限以及遜尼派穆斯林與什葉派穆斯林之間派系界限而進行分割的土地。在1979年正式上台的領導人薩達姆·侯賽因歸屬於遜尼派，因此便以無比殘暴的手段對什葉派穆斯林與庫爾德人實行鎮壓。他同埃及總統納賽爾一樣，擁護阿拉伯民族主義，並將伊拉克作為一個世俗化國家進行統治。

1979年，伊朗發生的事件激勵了整個中東地區的伊斯蘭教主義者。在一場伊斯蘭革命中，美國支持下的沙阿遭到推翻，世俗化的西方式生活方式也遭到了掃除。什葉派穆斯林阿亞圖拉·霍梅尼領導之下的全新政權嚴格依照《古蘭經》的教義來制定自己的法律與意識形態。在薩達姆看來，伊斯蘭革命以及國內可能爆發的什葉派起義對其產生了威脅，於是，他便以阿拉伯河地區（位於兩國之間的水路航道）的領土紛爭為藉口，在1980年9月22日入侵了伊朗。

這一事件觸發了一場歷時八年的激烈戰爭，兩國均受到了毀滅性的打擊，而中東地區的局勢也愈發

在第一次海灣戰爭期間，伊拉克軍隊點燃了600多座科威特油井。薩達姆·侯賽因妄圖控制科威特油田，而這也是伊拉克最初於1990年入侵科威特的原因。

緊張。伊朗的首要同盟是敘利亞，但是利比亞、中國以及朝鮮也都曾對其進行武器方面的支援。伊拉克的支持者則大多都是阿拉伯地區的海灣國家，在他們看來，伊朗才是更大的威脅；沙特阿拉伯與科威特便為伊拉克提供了數十億美元的貸款。最終，伊朗在戰爭中敗北；而反觀伊拉克方面，有了英國、法國與美國等西方國家為其提供的大量武器，該國便在1990年攻入了石油大國科威特。聯合國勒令其撤軍，然而薩達姆卻聲稱科威特已經為伊拉克所吞併。於是，在聯合軍隊的支持之下，美國在第一次海灣戰爭（1990-1991年）期間派兵推翻了薩達姆的政權。

「9·11」恐怖襲擊

美國一直以來對以色列的支持在伊斯蘭教主義者之間引發了極大的不滿。對於他們而言，美國這個對石油貪得無厭的世俗化資本主義國家是西方所有不義的象徵，於

> 除非以色列徹底自中東版圖上消失，否則我們永遠也不會感到滿足。

——穆罕默德·薩拉丁，
埃及外長（1954 年）

是，針對美國的恐怖襲擊也逐漸增加。基地組織於 2001 年 9 月 11 日向美國境內的四個目標發動了一場最為駭人聽聞的襲擊，其中一個目標便是紐約市的世貿大廈。

為處理這一事件，一場由美國領導的國際干預行動成功打擊了在美國看來為奧薩馬·本·拉登以及基地組織提供庇護的阿富汗塔利班政權。9 月 11 日過後，美國總統布什宣佈發動「反恐戰爭」，並於 2002 年在英國政府的幫助之下，以摧毀對國家安全造成威脅的「大規模殺傷性武器」為名攻入伊拉克。西方對於伊斯蘭世界的干預更加堅信了伊斯蘭教主義者將西方視作是伊斯蘭教之敵的觀念。

阿拉伯之春

在許多人看來，若想要解決一直以來困擾著阿拉伯世界與穆斯林群體的根本問題，便要鏟除那些欺壓伊斯蘭教的外國勢力，而這種激進的意識形態與觀點也正是造成「9·11」恐怖襲擊的根本原因。2011 年，一群試圖從內部進行變

革、並將過去幾十年以來政治、經濟與文化衰退的原因歸咎於領導人無能的年輕一代阿拉伯人組成了這場阿拉伯世界起義活動的核心。如今所謂的「阿拉伯之春」事實上可以說是一場新一代阿拉伯人試圖變革國家現有秩序的行動。阿拉伯之春由一系列民主主義起義組成，並在中東地區以及北美洲引發了激烈的動盪。這場運動最早於 2010 年 12 月 17 日開始於突尼斯，當時，一名街頭攤販在抗議警方暴行的過程中自焚身亡。突尼斯境內的示威人士發出了民主的呼聲，而總統扎因·阿比丁則在 1 月 14 日逃離了國家。很快，這場騷亂便從突尼斯傳播至阿爾及利亞，該國境內也出現了因缺乏就業機會而引發的社會動盪。

1 月 25 日，數千名抗議者走上埃及街頭，而在歷時 18 天的抗議活動過後，埃及總統胡斯尼·穆巴拉克宣佈辭職。到了 2 月中旬，內亂已經蔓延至巴林王國與利比亞，並在後者的境內遭到了殘酷的鎮

壓。穆阿邁爾·卡扎菲對於異見者的暴力鎮壓引發了內戰。在北約的帶領之下，一個由不同國家組成的聯盟發起了針對卡扎菲勢力的空中襲擊，最終於 2011 年 10 月成功消滅了卡扎菲。

動盪的中東

蘇伊士運河危機既是中東地區一個政治時代的終結，同時也是一個全新的開端。該事件過後，英法這兩個歐洲國家備受屈辱地失去了對這一地區的帝國主義影響力，而美國則在隨後取而代之，成為新時代的權威。這場危機激發了阿拉伯人的民族主義情緒，也在同時開啟了中東戰爭與巴勒斯坦恐怖主義的新時代。

中東地區的局勢從未同如今這般動盪。那裏的人們因宗教、種族、領土、政治以及貿易等原因而相互交戰，而這些衝突也導致數百萬人因政局混亂與狂熱主義而逃離該地區，最終誘發了第二次世界大戰之後最為嚴重的難民危機。■

中東地區的恐怖主義

自 20 世紀中期以來，恐怖主義已經成為中東地區的代名詞。直到今天，巴以衝突依舊是全世界所面臨的最大挑戰。

1964 年，阿拉伯領導人成立了巴勒斯坦解放組織，宣佈以色列的成立是與法律相違背的。該組織利用恐怖主義向以色列以及支持以色列的西方國家發動襲擊。1970 年，巴勒斯坦激進分子在約旦地區的沙

漠中劫持並炸毀了三架飛機，而一支同巴勒斯坦解放組織相關的組織還在 1972 年的德國慕尼黑奧林匹克運動會上襲擊了以色列代表隊。

1983 年，黎巴嫩真主黨炸毀了美國海軍與法國軍隊位於貝魯特的兵營，造成 298 人死亡。真主黨也是中東地區最早使用自殺式爆炸襲擊的組織。

一直以來，無論是猶太人還是穆斯林，他們所發動的恐怖襲擊都徹底阻撓了該地區的和解。

鐵幕已經拉開

柏林圍牆的倒塌（1989年）

背景介紹

聚焦
柏林圍牆

此前
1989 年 8 月　波蘭的團結公會建立起一個全新的非共產主義政府。

1989 年 8 月 23 日　二百萬人在愛沙尼亞、立陶宛以及拉脫維斯三國境內排成了一條長龍，抗議蘇聯的統治。

1989 年 9 月 11 日　匈牙利開放了同奧地利之間的邊境線，令東德難民得以從那裏向西德逃亡。

此後
1989 年 12 月 3 日　美國與蘇聯共同宣佈冷戰正式結束。

1990 年 10 月 3 日　德國重獲統一。

1991 年 12 月　蘇聯解體，自此變成 15 個獨立的國家。

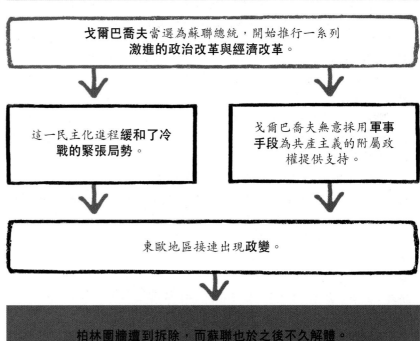

戈爾巴喬夫當選為蘇聯總統，開始推行一系列**激進的政治改革與經濟改革**。

這一民主化進程**緩和了冷戰的緊張局勢**。

戈爾巴喬夫無意採用**軍事手段**為共產主義的附屬政權提供支持。

東歐地區接連出現**政變**。

柏林圍牆遭到拆除，而蘇聯也於之後不久解體。

數十年以來，分隔了東柏林與西柏林的柏林圍牆始終佇立在那裏，不斷令人回憶起冷戰這段蘇維埃共產主義與西方資本主義相互對立的艱難歲月。1989 年 11 月 9 日，東德政府取消了通行限制，於是，數千名民眾紛紛湧向了柏林牆。在激動的人羣面前，東德邊境地區的守衛最終做出了退讓。11 月 10 日，不尋常的一幕發生了：東德與西德兩邊的士兵合力幫助柏林人推翻了這面長牆。

參見：十月革命 176~179 頁，納粹入侵波蘭 286~293 頁，柏林空運 296~297 頁，古巴導彈危機 308~309 頁，蘇聯發射第一顆人造衛星 310 頁。

柏林圍牆的倒塌對於很多人而言意味着解放。之後，兩德的統一、蘇聯的解體以及東歐劇變等事件相繼發生。

着改革的步伐不斷加快，東德政府宣佈其國內的民眾將能夠跨過包括柏林圍牆在內的所有邊境線，踏上西柏林的土地。

柏林圍牆的倒塌是一個具有重大歷史意義的事件。在其所在的時代，冷戰走向結束，而蘇聯也最終解體。柏林圍牆倒塌後，數百萬人得以更加自由地走動，而從前的東歐國家以及曾經歸屬於蘇聯的國家也不再封閉經濟，而是向世界敞開了大門。許多曾實行社會主義的國家也紛紛加入了北約以及歐盟。

1989 年，整個世界發生了重大變革。而重新統一的德國則已經做好準備，重新站上歐洲舞台的中央。■

統治東歐集團

第二次世界大戰結束之時，蘇聯已經取締了東歐國家之中的所有反共黨派，並創建了一系列處於蘇維埃領導之下的附屬國家，還對任何反對勢力進行鎮壓。

到了 20 世紀 60 年代，德國依舊分為東德與西德兩個部分，而其從前的首都柏林也分裂為協約國統治之下的西柏林與蘇維埃政權統治之下的東柏林。這兩個部分都有着自己的德意志政府：西邊實行民主主義，東邊則實行共產主義。數千名東德人逃亡到了西德，而東德境內的技術工人也出現了大量流失。1961 年 8 月 13 日，政府以一道籬牆將東柏林與西柏林隔絕開來，而隨着時間的推移，這道籬牆也就成為一道守衛森嚴的屏障，將這座城市、整個國家甚至是無數家庭與摯友分隔在了圍牆的內外。

1985 年，米哈伊爾・戈爾巴喬夫被任命為蘇聯共產黨總書記。他希望能夠緩和蘇聯與西方之間的

緊張局勢，於是便推行了一系列改革措施，其中包括政治開放與經濟重建。值得注意的是，戈爾巴喬夫取消了從前的禁令，令東方集團中的國家得以改革自己的政治體系。

蘇聯解體

1989 年 6 月，波蘭團結公會這個原本遭到取締的組織在選舉之中勝出，成為聯合政府的領導者。隨

蘇聯的解體

1985 年，米哈伊爾・戈爾巴喬夫於蘇聯發展停滯不前之時當選為國家領導人。他制定了一系列激進的政治與經濟改革措施，包括開放政策與改革重建，而到了 1989 年 7 月，戈爾巴喬夫宣佈華沙公約之內的所有國家皆可以舉行公開競爭的選舉活動。波蘭、捷克、匈牙利以及其他一些選擇成立民主政府的國家對蘇聯本身的穩定造成了威脅。

1991 年 7 月，反共主義者鮑

里斯・葉利欽當選為俄羅斯總統。一個月後，強硬派共產主義者發起的一場政變削弱了戈爾巴喬夫的勢力，而葉利欽便利用了這一時機。他取締了俄國境內的共產黨，還在私下與同意退出蘇聯的烏克蘭與白俄羅斯領導人進行會面。1991 年聖誕節當天，戈爾巴喬夫宣佈辭職，而葉利欽也成為新成立的俄羅斯聯邦的首任總統。從前的龐大帝國分裂成 15 個全新的獨立國家，而蘇聯再也不復存在。

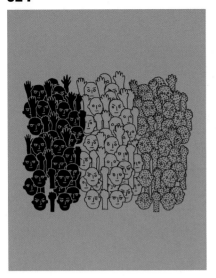

一切權力皆屬於人民

1968年巴黎學生抗議

1968 年，法國巴黎郊外巴黎第十大學因校內設施不夠完善而引發的一場小規模示威活動逐漸擴散至全國。待至 5 月，這場起義活動已經蔓延至巴黎市中心，抗議示威者的人數也已增長至數千名。隨着示威者不斷呼籲進行社會變革、推翻現任政府，街道上的緊張局勢開始升級。沒過幾日，800 萬名工人未經工會許可便發起了罷工行動，令法國社會陷入停滯狀態。

關鍵的一年

1968 年的一大重要事件便是法國險些爆發社會革命，而這一年也是全球不斷發生抗議示威活動的一年。這其中的許多抗議活動針對的都是越南戰爭，但也有不少人因反對壓迫性政權而走上街頭。這一時期中的政治癒發激進：同性戀羣體的「出櫃」、女性解放運動以及性別平等問題都逐漸進入了公眾的視線。在美國，諸如「黑豹」等組織紛紛為種族平等而鬥爭；而魯迪・杜契克領導下的德國學生運動則反對的是曾參與第二次世界大戰之中的老一輩人。

在法國，選舉結果表明現任政府仍舊具有極高的支持率，於是，國內的抗議示威活動便逐漸失去了動力。1968 年的革命性運動終究以失敗告終，然而，這些活動卻激發了這一代人質疑權威的精神。■

重要的是，當所有人都認為沒有可能的時候，這場行動卻依舊取得了成功。

——讓-保羅・薩特

參見：恩克魯瑪為加納贏得獨立 306~307 頁，華盛頓大遊行 311 頁，北部灣事件 312~313 頁，戴高樂建立法蘭西第五共和國 340 頁，德國紅軍旅的恐怖行動 341 頁。

永遠，永遠，永遠不會再重演

納爾遜·曼德拉獲釋（1990年）

背景介紹

聚焦
種族隔離的終結

此前

1948 年 南非國民黨上台，開始實施種族隔離政策。

1960 年 70 名黑人示威者在沙佩維爾遇害；南非非洲人國民大會遭到取締。

1961 年 南非共和國宣佈成立，正式脫離了英聯邦。曼德拉開始執掌南非非洲人國民大會之中的軍事組織。

此後

1991 年 弗雷德里克·威廉·德克勒克廢除了種族隔離的相關法律；國際制裁正式解除。

1994 年 南非在舉行了第一次民主選舉之後正式加入聯合國大會。

1996 年 南非真相與和解委員會開始對種族隔離時期的人權犯罪進行聽證。

1964 年，納爾遜·曼德拉因在南非沙佩維爾的反對種族隔離活動之中起到關鍵性作用而獲判終身監禁。曼德拉是南非非洲人國民大會（為反對種族隔離這一由白人統治階級所推行的種族分治制度而建立）軍事組織之中的成員。在獄中期間，曼德拉已經成為為種族平等而鬥爭的標誌性人物。因此，當他於 1990 年獲釋時，他也受到了來自民眾的熱情問候。

1948 年，南非國民黨在選舉之中勝出，於是，阿非利卡人（南非白人）便推出了一項殘酷的種族隔離政策：黑人遭到隔離與區別對待，且沒有投票的權利。反對種族隔離運動之中的許多人都提倡非暴力抗議，而這也有助於將南非地區的白種人拉攏到自己一方。當時，種族隔離遭到了全世界的譴責，也遭受了嚴厲的國際制裁。

黎明的曙光

1990 年，南非總統弗雷德里克·威廉·德克勒克宣佈解除針對南非非洲人國民大會的禁令，而這一舉動也震驚了全世界。

1994 年，南非舉辦了一場有黑人參與投票的大選，曼德拉高票當選。他的獲釋是 20 世紀末期之中的一大歷史性時刻，正式為南非地區長達三百年的白人統治畫上了句號。至此，南非正式成為一個多種族的民主制國家。■

> 朋友們、同志們，還有我的南非同胞們，我以和平、民主以及全人類之自由的名義，向你們致以問候。
>
> ——納爾遜·曼德拉

參見：《廢除奴隸貿易法案》226~227 頁，柏林會議 258~259 頁，恩克魯瑪為加納贏得獨立 306~307 頁，華盛頓大遊行 311 頁。

創造出一個不堪忍受的局面，令人惶惶不安，全然看不到未來生存的希望

薩拉熱窩圍城戰（1992－1996年）

發生在波斯尼亞的薩拉熱窩圍城戰是南斯拉夫內戰（1991－2002 年）期間最駭人聽聞的一場悲劇。在這場歷時 44 個月的圍城戰之中，敵方切斷了這座城市的食物供給與電力來源，城中的平民也遭到波斯尼亞塞爾維亞民族之中民族主義者的轟炸。上千名波斯尼亞穆斯林成為攻擊的目標，並在衝突中死亡。

新一波民族主義浪潮

南斯拉夫由六個社會主義共和國組成，每個國家都有着自己的總理與政府機構。南斯拉夫的總權力掌握在總統手中，其中最有名的一位便是在 1953 年至 1980 年執政的共產主義者領導人約瑟普・布羅茲・鐵托。

1991 年蘇聯解體之後，一股民族主義復興浪潮席捲了東歐。克羅地亞與斯洛文尼亞的獨立呼聲遭到了塞爾維亞的反對，而塞爾維亞領導人斯洛博丹・米洛捨維奇還率領南斯拉夫軍隊摧毀了克羅地亞東部的武科瓦爾。當波斯尼亞也在 1992 年宣佈獨立時，暴力進一步升級。波斯尼亞境內的塞爾維亞族人希望能夠自新成立的波黑共和國那裏建立一個單純由塞爾維亞民族構成的獨立國家塞族共和國。於是，波斯尼亞的塞爾維亞族民族主義者便在鄰國塞爾維亞的支持下發動了一場驅逐非塞爾維亞族人的運動，而在薩拉熱窩圍城戰期間，他們的主要目標便是佔據多數的波斯尼亞穆斯林人口。

1995 年，波斯尼亞戰爭結束，然而科索沃地區的衝突卻仍舊持續着。在那裏，阿爾巴尼亞民族向塞爾維亞民族發動了一場分離運動。

南斯拉夫地區的戰爭迫使全球社會承擔起解決紛爭的責任，否則的話，這場衝突或許會引發更大規模的動盪，還會令人類遭受苦難，人權遭到侵犯。■

參見：十月革命 276~279 頁，納粹入侵波蘭 286~293 頁，柏林圍牆的倒塌 322~323 頁。

今天，我們的同胞、我們的生活方式，甚至是我們的自由都遭受到攻擊

「9·11」恐怖襲擊（2001年）

背景介紹

聚焦

伊斯蘭激進主義的興起

此前

1979 年 伊朗伊斯蘭革命以什葉派穆斯林教士阿亞圖拉霍梅尼取代了從前親西方的沙阿。

1989 年 隨着蘇聯軍隊撤出了阿富汗，沙特阿拉伯的百萬富翁奧薩馬·本·拉登創建了基地組織，以進行全新的「聖戰」。

1993 年 2 月 26 日 基地組織對紐約世貿中心發動了一場大膽的襲擊，就此令其野心昭然若揭。

此後

2004 年 基地組織督促遜尼派穆斯林奮起反抗美國在伊拉克地區的軍隊。伊斯蘭極端主義者在西班牙馬德里發動了爆炸襲擊，導致 190 人死亡。

2014 年 2 月 恐怖組織 ISIS 意圖建立起一個覆蓋伊拉克與敘利亞地區的伊斯蘭教王國，並將其影響力傳播至全世界。

2001 年 9 月 11 日，一羣伊斯蘭極端主義者向美國發動了一場毀滅性的襲擊。兩架遭到劫持的飛機撞入了紐約世貿中心，另一架撞入了華盛頓的五角大樓，最後一架飛機則在賓夕法尼亞州墜毀。這一場恐怖襲擊之中的死亡人數將近達到 3000 人。

極端主義的種子

「9·11」事件並非是伊斯蘭極端分子向美國發動的第一場恐怖襲擊。1993 年 2 月 26 日，一名或許與基地組織有聯繫的男性在世貿中心引爆了炸彈。此外，還有一些穆斯林在以色列問題上變得激進，開始信奉國際恐怖主義。1979 年，蘇維埃入侵阿富汗這一事件動員了世界各地的穆斯林武裝分子，共同對抗侵略者。大約在那一時期前後，奧薩馬·本·拉登建立了基地組織。據情報報告顯示，他便是「9·11」恐怖襲擊背後的決策者。2011 年，本·拉登遭到擊斃。

你們熱愛生命，但我們更熱愛死亡。

—— 基地組織格言

2011 年開始的敘利亞內戰以及美國軍隊撤離伊拉克後留下的權力真空令 ISIS 逐漸崛起，而這個所謂的「伊拉克和大敘利亞伊斯蘭國」也已經控制了這一地區的多座城鎮。

「9·11」事件是美國領土上規模最大的恐怖襲擊。之後，由地區恐怖組織組成的龐大網絡又陸續在倫敦、馬德里以及巴黎製造了多起恐怖襲擊，這些恐怖襲擊也進一步加深了伊斯蘭恐怖主義造成的威脅。■

參見：青年土耳其革命 260~261 頁，以色列的建立 302~303 頁，蘇伊士運河危機 318~321 頁。

你可以通過自己瀏覽的內容影響整個世界

世界上第一個網站正式上線（1991年）

背景介紹

聚焦
通信與計算機技術

此前

1943－1944 年 約翰·莫奇利與普雷斯伯·埃克特共同搭建出數字計算機的前身電子數字積分計算機。

1947 年 晶體管令人們得以製造出更加小巧卻更加強大的電子設備，也為未來家庭計算機等產品的發明創造了條件。

1962 年 「電星 1 號」通信衛星成功發射，將電視信號、電話呼叫以及傳真圖像帶入了太空中。

20 世紀 80 年代 最早的移動電話正式進入市場。

此後

21 世紀 無線通信技術的繁榮幾乎將全世界所有人聯繫在一起。

2003 年 Skype 的發明令人們能夠通過網絡免費進行交流。

美國軍方建立起「阿帕網」，即由美國高級研究計劃署組建的計算機網。

阿帕網不斷擴大、不斷發展，最終演變成為**互聯網**。

世界上第一個網站正式上線，幫助用戶在互聯網上導航。

網站成為擁有數十億用戶的**全球遠程通信工具**。

互聯網極大地改變了整個世界**共享信息以及開展業務**的方式。

世界上第一個網站名為「萬維網」，其中包含着萬維網項目的基本信息以及製作網頁的方法。這個網站的創始人名叫蒂姆·伯納斯-李，他是瑞典日內瓦歐洲核子研究組織的一位英國計算機科學家。伯納斯-李對於如何能夠幫助大學以及研究機構中的科學家更便利地交換自己的觀點這一問題十分感興趣，而他也於 1989 年首次提出了希望能夠通過一個全球性的計算機網絡來進行信息溝通的觀點。1991 年，他的網站正式上線，而同在歐洲核子組織工作的一小批

參見：阿姆斯特丹證券交易所的成立 180~183 頁，達爾文發表《物種起源》236~237 頁，柏林空運 296~297 頁，蘇聯發射第一顆人造衛星 310 頁。

蒂姆·伯納斯-李爵士自小對計算機癡迷，後來成為萬維網的創始人。如今，他是一個自由開放的互聯網的倡導者。

研究者也訪問了這個網站。至關重要的一點是，伯納斯-李成功說服該組織，令萬維網成為全世界都能夠免費利用的資源。

儘管萬維網為計算機及通信領域帶去了史無前例的變革，然而這個網站之所以能夠成型，還是因為其將一些已有的技術融合在了一起：電話、電視、收音機以及互聯網。

互聯網

1957 年，蘇聯成功將「伴侶號」人造衛星送上了太空，而這也令美國國防部開始思考核攻擊之後的通信手段。於是，1969 年，美國高級研究計劃署組建起最初由四台計算機構成的計算機網「阿帕網」。到了 20 世紀 80 年代中期，這一愈發龐大的計算機網絡便成為我們口中的互聯網。

1993 年，一個方便非專業用戶使用、名為「馬賽克」（Mosaic）的 Web 瀏覽器正式面世，直至此時，萬維網才真正走入大眾的生活。馬賽克不僅能夠顯示文字，還可以顯示圖片，用戶只需用鼠標簡單點擊，便能夠進入網站鏈接。此時的萬維網已經成為互聯網的同義詞，然而兩者之間還是存在一定差異的。萬維網能夠為互聯網的導航提供便利，並將互聯網打造成一種相當有效的溝通方式。

計算機革命

1981 年，IBM 公司推出了「5150 個人計算機」，而這則引發了一場家庭以及辦公計算機的革命。相比於辦公室之中的計算機，5150 的體積更加小巧，價格也更加低廉，且這款計算機與該公司之後推出的計算機都具備連接至互聯網、發送郵件的功能。個人計算機的發明在很大程度上推動了互聯網的發展。最早的搜索引擎出現在 20 世紀 90 年代早期；如今幾乎已經成為搜索引擎代名詞的谷歌則也於之後的 1997 年面世。1994 年，線上購物網站亞馬遜的正式上線革命性地改變了人們購物的方式。

互聯網也極大地改變了商業經營的模式；全球化不斷深化，而當互聯網的高速與高效改善了人與人之間的溝通手段時，整個世界似乎都變得越來越小了。人們能夠輕易自世界的每一個角落操控商貿往來，於是便開始將工作外包，公司也沒有了國家的界限。

未來即是現在

若說微芯片面世後受益最大的是甚麼，恐怕還要說是 2007 年蘋果公司推出的 iPhone 了。智能手機已經令互聯網成為一種移動資源。有了無線連接，人們便能夠隨時隨地獲取信息，而有了衛星導航，人們只需輕輕一觸，便能夠通過 Facebook 與 Twitter 等社交網站自任何地方分享自己的信息與觀點。此外，智能手機也對教育、醫療與文化等領域產生了影響，而在示威者利用社交媒體組織集會以削弱政權力量的過程中，智能手機也改變了政治面貌。包括 2010 年「阿拉伯之春」在內的許多起義活動在某種程度上而言都是由網上聯絡的活動分子推動的。自那以後，互聯網行動主義便成為一種分享觀點、增強意識，或是支持某項事業的強有力手段。如今，擁有超過 30 億名用戶的萬維網已經改變了現代生活的各個方面。■

信息高速公路將會像古騰堡的印刷術改變中世紀那樣，為我們的文化帶來巨大的變革。

——比爾·蓋茨

一場始於美國信貸市場的危機已經將世界金融體系帶到了崩潰的邊緣

全球金融危機（2008年）

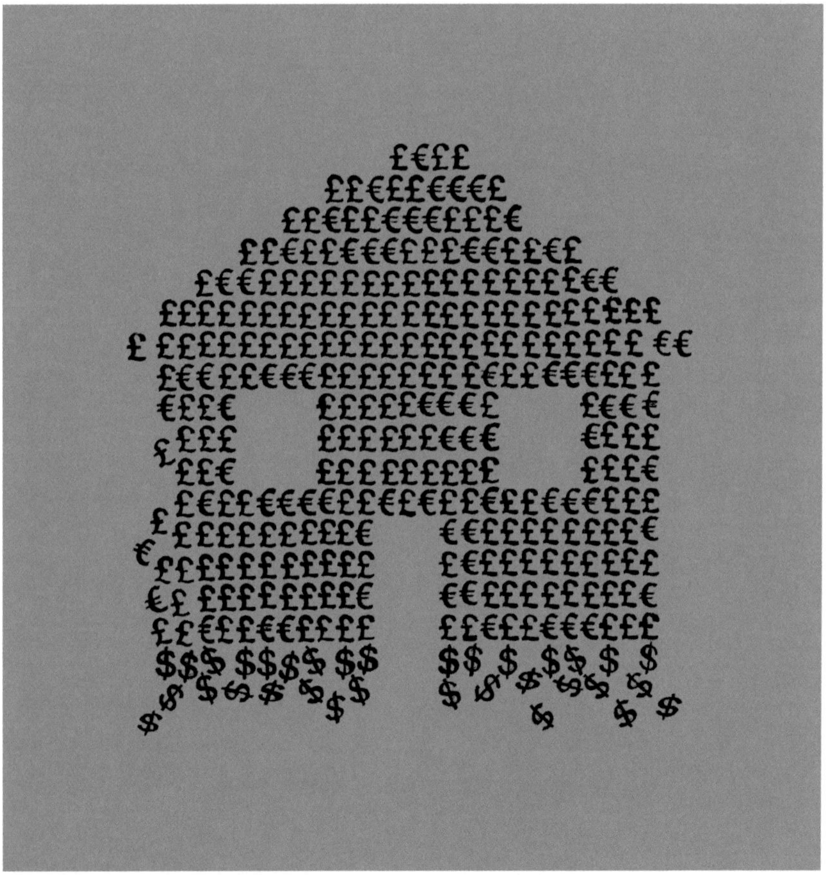

背景介紹

聚焦
全球化與不平等

此前
1929 年 華爾街股市大崩盤引發了經濟大蕭條這場 20 世紀最為嚴重的經濟危機。

1944 年 來自 44 個國家的代表相聚於美國新罕布什爾州的布雷頓森林鎮，共同商討重塑全球金融體系的相關事宜。

1975 年 法國、意大利、德國、日本、英國以及美國構成了「六國集團」，共同推動國際貿易的發展。

1997–1998 年 開始於印度尼西亞的亞洲金融危機很快便擴散至全世界，而這一場危機也是 2008 年全球金融危機的先兆。

此後
2015 年 全球領導人承諾在 2030 年之前消除世界貧困問題。

21 世紀之初出現了世界範圍內經濟衰退的不安徵兆。低利率以及缺乏監管的信貸將越來越多人引入了難以為繼的債務深淵之中。美國等一些國家的銀行家將抵押貸款提供給擁有不良信用記錄的客戶。這樣的抵押貸款被稱為「次級抵押貸款」。銀行家們希望在這些人無力償還貸款時，便將他們的房子收回，然後再賣出去，以賺取其中的利潤，然而，這樣的預期卻應建立在不動產價格上漲的前提下。2007 年，利率悄然攀升，於是房屋價格逐漸下滑。人們開始在每

參見：華爾街股市大崩盤 292~283 頁，1968 年巴黎學生起義 324 頁，世界上第一個網站正式上線 328~329 頁，全球人口超過 70 億 334~339 頁。

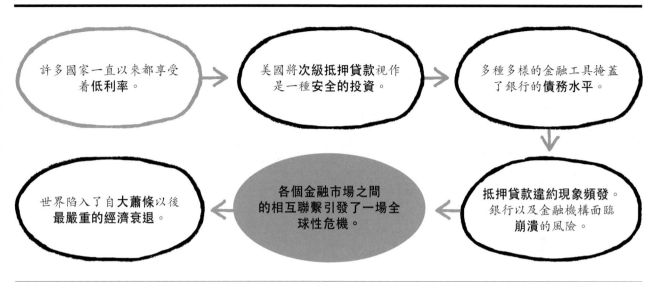

許多國家一直以來都享受着**低利率**。

→

美國將**次級抵押貸款**視作是一種**安全的投資**。

→

多種多樣的金融工具掩蓋了銀行的**債務水平**。

↓

抵押貸款違約現象頻發。銀行以及金融機構面臨**崩潰**的風險。

←

各個金融市場之間的相互聯繫引發了一場全球性危機。

←

世界陷入了自**大蕭條**以後**最嚴重的經濟衰退**。

月還款的問題上拖延。美國的銀行在收回房屋的過程之中蒙受了慘重的損失，銀行家也開始擔憂自己無法收回貸出的款項。

危機蔓延至歐洲

　　2007 年 8 月，法國巴黎銀行透露自己正面臨着來自次貸市場的風險。此前，銀行家過於投機，將數萬億美元的投資投入至高風險的抵押貸款中，而這些貸款到了如今或許已經一文不值。人們開始感到恐慌，而銀行也停止了相互之間的貸款行為。

　　全世界的股票開始暴跌。2008年 9 月，美國抵押貸款發放機構房利美公司與房地美公司獲得了美國政府的救援，而深陷次貸市場之中的大型投資銀行雷曼兄弟卻不得不

　　雷曼兄弟這一擁有悠久貿易歷史的投資銀行因被捲入了日益衰退的次貸市場而於2008年9月15日宣告破產。

申請破產。在美國政府看來，雷曼兄弟的債務問題已經過於嚴重，於是便選擇了棄之不顧。

　　金融市場之中的動盪令大多數西方經濟出現了嚴重的低迷現象。股票價格一跌再跌，而世界貿易也因為政府開支的減少而出現了下滑。愛爾蘭成為第一個陷入經濟衰

退的歐洲國家。2008 年 10 月，冰島政府也在國家幾近破產之後宣佈下台。包括美國、中國、巴西以及阿根廷在內的一些政府開始計劃出台經濟刺激方案，以推動經濟的發展。這些國家加大了政府開支，同時也減少了稅收。其他一些國家，尤其是歐洲國家，則選擇實行經濟

1973年至1974年席捲西方國家的石油危機是贖罪日戰爭所帶來的後果。美國所實行的燃料定量配給政策引發了如圖所示的場景，令駕駛者被困街頭。

緊縮政策，凍結政府開支，加大稅收力度。這些政策出台之後，歐洲境內出現了大規模的抗議示威與罷工活動。歐盟向葡萄牙、西班牙以及希臘施加壓力，要求它們降低國家的債務水平。此外，歐盟還花費數十億歐元，支持弱勢經濟，以期能夠維持歐元區的正常運作以及歐元貨幣的正常流通。然而，這場經濟危機的影響卻是災難性的，無數人或是丟了工作，或是流離失所。而這也是第二次世界大戰以來最嚴重的一次經濟衰退。

戰後經濟

第二次世界大戰結束之後，日本、中國、蘇聯以及歐洲大多數國家都在戰爭之中遭受了重大打擊，因此也需要一定的恢復時間。軍工製造業得到飛速發展，且並未在戰爭中遭到摧毀的美國繼續以前所未有的速度發展製造業，並很快成為世界經濟的主宰者。戰後經濟的規劃者試圖在發展工業、穩定美元的基礎之上建立起全新的經濟秩序。1944 年，國際貨幣基金組織 (IMF)

正式成立，旨在推動全球貿易的復興。戰後美國強大的經濟以及 1947 年出台的馬歇爾計劃 (美國發起的一項西方國家援助計劃) 通過推動資本主義的發展以及國家間的商品自由交流，令全球貿易重新煥發了生機。

亞洲的老虎

同一時期，日本經濟取得了飛速發展。日本政府推行效率先行的改革措施，並對進口實行限制。直至 1955 年，日本才加入《關稅及貿易總協定》。日本將大量資金投入煤炭與鋼鐵工業以及造船業和造車業。在 20 世紀 60 年代，日本專門從事相機、計算機芯片等高科技產品的研發與製造。韓國、新加坡及馬來西亞等國家和地區也經歷了類似以電子產品和科技產品為重的經濟增長。

石油的重要角色

及至 20 世紀 70 年代，世界上的國家已分為兩類——富有的工業化國家與貧窮的發展中國家，而在這其中，石油的作用也愈發突顯

1973年至1974年席捲西方國家的石油危機是贖罪日戰爭所帶來的後果。美國所實行的燃料定量配給政策引發了如圖所示的場景，令駕駛者被困街頭。

出來。1960 年，包括沙特阿拉伯、埃及、伊拉克以及伊朗等國家在內的阿拉伯石油輸出國 (OAPEC) 正式成立。隨着這些國家中的儲油量逐漸減少，波斯灣周邊石油資源仍舊豐富的國家便開始佔據支配地位。1973 年 10 月，當埃及與敘利亞在贖罪日戰爭 (第四次中東戰爭，又稱齋月戰爭) 之中入侵了以色列時，阿拉伯石油輸出國下令禁止向站在以色列一方的國家輸送石油，石油價格也隨之節節攀升。沒有了石油，工業產量急速下滑。美國開始實施嚴格的燃料定量配給制，直至 1974 年 3 月禁令取消後，這一政策才正式結束。

全新的經濟模式

20 世紀 70 年代的石油危機引發了深刻的全球經濟衰退，通貨膨脹率飆升，失業率也不斷上升。為應對這一問題，一些國家開始推行「新自由主義」經濟政策，將控制經濟要素的責任從公共領域轉移至私營領域。一些人將福利政策視作是引發經濟崩潰的原因之一，於是便大規模削減社會福利。放鬆經濟監管成為世界經濟發展背後的驅動力，政府對經濟的諸多調控都遭到掃清，而經濟組織也擁有了更大的自由，能夠在更加廣闊的範圍內進行貿易交流。在這些國家之中，最迫切需要自由經濟的當屬美國。從前一些為保護消費者而出台的嚴格

> 2008 年的 9 月和 10 月是包含大蕭條在內全球歷史上最為嚴重的金融危機。

—— 本·伯南克，
美國聯邦貯備委員會前主席

法律法規如今卻成為干涉企業經營自由的規定。

在全球共同推動放鬆監管的過程中，全新的市場形成了，其中的競爭更加激烈，市場本身也更加開放，而在整個世界都在努力適應冷戰的結束以及蘇聯的解體時，這樣的趨勢便更加明顯。東亞地區的變革影響了中國與印度等其他一些亞洲國家的政策制定者。墨西哥與巴西降低了貿易壁壘，開始推行一系列經濟改革，極大改善了人民的生活水平。而隨着 1989 年柏林牆倒塌、東西德重歸統一，由 28 個國家組成的經濟聯盟「歐盟」崛起成為世界經濟的主要力量。同樣是在 20 世紀 80 年代，中國開放了對外貿易，大量外國投資湧入國內，國家經濟也取得了飛速增長。

全球經濟

當今的全球經濟要遠比從前開放。互聯網的使用令人們能夠從世界的一個地方訂購商品，並在幾天時間之內在另一個地方簽收。全球貿易由世界各地的參與者組成，而這些跨國公司也可以產出巨額的營業額。世界各地的人們都有可能移民至另一座城市，尋找全新的工作機會，而這一過程也推動了城市化進程。

人們對於全球化的一大不滿是一些公司會剝削廉價勞動力，並在其追逐利潤的過程中做出不合乎道德倫理的行為。另外也有人抱怨全球化令少數人掌握了巨大的財富，也因此加劇了社會不平等。儘管全球化推動了經濟的發展，然而一些國家卻依舊極度貧困。

縱觀歷史，經濟衰退現象並非首次發生，然而 2008 年至 2011 年的金融危機卻算得上是 1929 年大蕭條之後最為嚴重的一次危機，甚至可能是有史以來最為嚴重的一次。在許多人看來，假如政府的監管能夠更加有效，投資銀行家沒有掉以輕心地盲目冒險，那麼這一次的金融災難本是可以避免的。只有大規模的貨幣與財政刺激方案才能防止災難的進一步蔓延。家庭與企業依舊債台高築，而民眾對銀行家的憤怒之情也愈發高漲，因為在很多人看來，這些人並沒有在這場金融危機之中遭受任何實質性的損失。針對資本主義的示威遊行隨處可見；佔領運動逐漸蔓延至全球，紐約、倫敦、法蘭克福、馬德里、羅馬、悉尼等便有成千上萬人走上了街頭。儘管金融家對於這次全球經濟衰退的原因各執一詞，但這場金融災難卻依舊對普通人的生活產生了深刻且長久的影響。■

人們將銀行以及跨國企業所採取的行動視作是導致金融危機爆發的原因，於是便紛紛湧上街頭，進行抗議。

抗議的時代

開始於 2008 年的全球經濟危機令許多人對象徵着權力與貪婪的機構產生了憤怒的情緒，而民眾示威活動也出現了激增。遊行示威活動將那些對銀行家與資本家懷有一腔怒火的人、反對全球化的抗議者以及環保主義者聚集到了一起。民眾對於社會不平等、企業貪婪的憤怒之情愈發高漲。

2009 年，當各國財政部長齊集在金融中心倫敦，共同參與二十國集團峯會時，數千名憤怒的抗議者也來到這裏。社交媒體在召集大型集會、舉行靜坐示威等活動的過程之中扮演了至關重要的角色。隨着示威者的足跡逐漸遍佈整個歐洲，他們開始手舉寫有「佔領」字樣的橫幅，抗議社會不平等與經濟不平等現象。羅馬發生了暴亂，希臘發生了罷工，葡萄牙發生了示威，而巴斯羅那、莫斯科、馬德里、紐約、芝加哥以及伊斯坦布爾等城市的公共廣場還發生了佔領活動。

這是一個關乎我們整個人類大家庭的日子

全球人口超過70億（2011年）

背景介紹

聚焦

人口爆炸

此前

1804 年 世界人口達到 10 億。歐洲的人口增長速度最快。

1927 年 隨着死亡率的不斷下降以及出生率的居高不下,世界人口達到 20 億。

1959 年 世界上第 30 億個寶寶降生。

1989 年 7 月 11 日,世界上第 50 億個寶寶降生,於是,聯合國便將每年的這一天定為世界人口日。

此後

2050 年 每個家庭中孩子的數量將會更少,人口增長速度也隨之減緩,世界人口預計將達到 97 億。

2100 年 據估計,世界人口將超過 110 億,而這一龐大的人口數量也將對食物供給構成挑戰。

2011 年 10 月 31 日,一名女嬰出生在菲律賓首都馬尼拉,而她也被聯合國選為全球第 70 億位居民的象徵性代表。為紀念這一全球人口發展的里程碑式時刻,10 月 31 日成為「第 70 億人口日」。然而,在世界各地仍有 10 億人無法解決溫飽的大環境之下,人們再次開始討論地球是否有能力養活這麼多人。

17 世紀以前,世界人口的增長速度十分緩慢,然而,1850 年之後,人口開始出現急速增長。這在某種程度上還應歸結於嬰幼兒死亡率的下降;但是,隨着全新的農耕技術提高了糧食供應、降低了饑荒的發生風險,死亡率總體也呈現出下降的趨勢。令人矚目的工業化發展以及醫藥領域的不斷進步提高了人民的健康水平。

到 1927 年,世界人口已達到 20 億。在 20 世紀早期,人口增長速度最快的地區是富有的工業化西方國家,然而,這一現象開始發生改變。到了 20 世紀中期,許多歐洲國家的出生率開始呈下降趨勢,而發展相對落後的亞洲、非洲以及南美洲地區卻因其高出生率而經歷了人口數量的攀升。1987 年,全球人口已達到 50 億;而到了 1999 年,這一數字更是達到了 60 億。世界人口自 10 億增長至 20 億足足花費了一百二十三年的時間,然而實現人口自 60 億到 70 億的飛越卻僅僅用了十二年。

綠色革命

在 20 世紀早期,許多無力實現糧食自給自足的國家都會從其他國家進口食物,以應對人口不斷增長所產生的需求。

20 世紀 40 年代早期,墨西哥的人口增長速度極快,然而國內一半的小麥卻都要依賴進口。於是,國家向美國的技術專家發出請求,邀請他們幫助自己增加小麥產量。到 1944 年,在美國洛克菲勒基金會的資金支持之下,包括生物學家諾曼·博洛格在內的一批美國科學家已經開始尋找培育出高產小麥品種的方法,這種小麥不僅要能夠抵抗病蟲害,麥稈還要矮一些,

更長的壽命

在 20 世紀之中,人類的普遍壽命得到了極大的延長。2013 年,世界人口的平均壽命已達到 71 歲(自出生的那一刻算起)。關注飲食與衛生情況的健康教育減少了新生兒的死亡率,而更好的衛生設施以及清潔的飲用水則降低了瘟疫與傷寒等傳染病的傳播風險。

人類壽命得以延長的重要原因之一便是因為我們已經有能力根治一些致命疾病。世界各地已廣泛使用對抗細菌感染的青黴素類抗生劑來治療結核病與梅毒等疾病。後來,由各國政府以及世界衛生組織發起的大規模疫苗接種項目也在消除天花、減少小兒麻痺症發病率的過程之中起到了巨大的作用。醫藥技術與診斷技術的進步為醫療保健領域帶去了變革性的發展。據一些科學家估計,待至 2050 年,人類的平均壽命將達到 100 歲。

諾曼·博洛格博士正驕傲地向人們展示着自己專門培育的小麥。這種小麥具有極強的抗病能力,且十分高產,徹底改變了墨西哥的小麥種植現狀。

參見：歐洲黑死病的爆發 118~119 頁，哥倫布大交換 158~159 頁，斯蒂芬森的「火箭號」投入使用 220~225 頁，埃利斯島正式開放 250~251 頁，埃菲爾鐵塔正式開放 256~257 頁。

這樣才能減少大風可能造成的損失。墨西哥的這項工作取得了巨大的成功：到了 1956 年，國家已經實現了完全的自給自足，再無須自他國進口小麥和玉米。這一成功開啟了後來所謂的「綠色革命」，也就是 20 世紀 60 年代至 70 年代現代農業技術的傳播，而這場革命也為世界範圍內糧食產量的飆升做出了極大的貢獻。包括菲律賓、孟加拉國、斯里蘭卡、中國、印度尼西亞、肯尼亞、伊朗、泰國以及土耳其在內的一眾國家都曾得益於綠色革命。

特別是印度科學家，他們選擇追隨博洛格及其同僚的腳步。在 20 世紀 60 年代，印度接連遭受了兩次旱災，於是便不得不大量自美國進口食物。1964 年，印度和巴基斯坦都開始從墨西哥引進並嘗試種植半矮稈小麥，結果令人十分欣喜：1966 年春天，儘管印度再度經歷了一個乾旱年，然而小麥的產量卻遠遠多於南亞地區歷史上的產量。

奇跡稻

1960 年，菲律賓的國際水稻研究所培育出了一種名為「奇跡稻」的全新水稻品種「國際稻 8 號」。相較從前的水稻而言，這種水稻大大縮短了生長週期，為農民的生活帶來了巨大的變革。在越南等國家之中，從前的水稻每年只能成熟一次，而這種水稻卻可以達到一年兩熟。農業科學中諸如「奇跡稻」這樣的絕妙發明令那些長期處於貧困中的國家，尤其是亞洲國家，得以

死亡率不斷**下降**，出生率不斷上升。

生活環境的改善以及**醫療水平的提升**延長了人類的**壽命**。

如何餵飽**日益增長的人口**這一問題推動了**綠色革命**的開始。

全球人口持續增長，尤其是在**發展中國家**之中。

世界人口超過70億。

環境壓力不斷增加，而諸如**糧食不足、水資源短缺以及氣候變化**等問題正威脅着數百萬人的生命。

實現自給自足，並在同時滿足人口不斷增長所衍生的需求。

然而，綠色革命卻並非沒有爭議，其中很大原因便是因為這場革命之中涉及了化學農藥的使用。在 20 世紀 40 年代，人們開始使用 DDT（雙對氯苯基三氯乙烷）殺蟲劑，並將其作為應對包括通過蚊蟲傳播瘧疾病在內一系列疾病的唯一手段。然而到了 1962 年，美國生物學家蕾切爾・卡遜卻在其開創性著作《寂靜的春天》(Silent Spring)之中指出了使用 DDT 的危害，稱這種化學品可能會引發癌症，同時還會對環境造成傷害。《寂靜的春天》的面世在美國國內引發了一場禁用 DDT 的全國性浪潮，人們高度關注這一事件，而這也催生出美國環保署這一致力於保護環境的獨立機構。除此之外，在許多非洲國家，綠色革命也面臨着巨大的挑戰。這些地方缺乏灌溉設施，降雨極不合規律，化肥價格居高不下，也缺乏能夠用來購買新品種作物種子的資金。

轉基因作物

在 20 世紀 90 年代，人們懷抱

着滿腔的激動之情，迎接轉基因作物的面世，並將其視作是第二次綠色革命中的一部分；然而，這一項技術卻也同樣引發巨大的爭議。科學家通過基因工程手段改變作物的DNA，而自這類生物上產出的食物便是轉基因作物。這項技術最早出現在美國。1994 年，美國食品和藥物管理局批准「佳味」番茄進入市場。相較於普通的番茄而言，這種延遲成熟的番茄儲藏壽命更長，然而以番茄為對象進行的試驗卻表明轉基因產品對於老鼠是有害的。歐盟之中的大多數國家都禁止使用轉基因作物，但是轉基因手段的支持者則認為假若沒有了基因干預，

世界將注定承受飢餓之苦。包括美國、巴西、加拿大、阿根廷以及澳洲在內的一眾擁護轉基因作物的國家都認為這種手段能夠應對疾病與飢餓。然而歐洲、非洲以及亞洲國家的態度則更加謹慎，他們更多關注的是農藥問題以及這種作物對於健康的潛在損害。

儘管許多人都反對轉基因作物，然而這種技術卻依舊處於發展之中。據估算，每年有 67 萬名兒童死於缺乏維生素 A，而這種維生素的不足可能引發瘧疾與麻疹等疾病，還有可能致盲。人類在應對這類問題上所取得的進展便包括研制出「黃金大米」這種轉基因食物。

耕地的消失

隨着人口的不斷增長，人們需要更多的糧食以及更好的收成，然而城市的建設卻吞沒了大片耕地。21 世紀初，中國的城市發展態勢極其迅猛，而這也意味着國家失去了鄉村地區的大量農田。

自古以來，人們始終傾向於前往城市地區尋找更好的工作機會與社會機會。1800 年，英國每四人之中僅有一人生活在城市，然而到了 1900 年，情況則變成了每四人之中僅有一人生活在鄉村。許多人都自鄉下搬到了城市，同時也有人從一個國家遷至另一個國家，或是為了避難，或是為了追尋更好的生活。2014 年，全球城鎮人口在總人口之中所佔的比例由 1960 年的 34% 上升到 54%。而在同一年，聯合國預計，到了 2050 年，城鎮人口所佔的比例將達到三分之二。然而，許多人無家可歸的一大重要原因便是缺少價格相對低廉的住宿：在撒哈拉沙漠以南非洲，70% 的城市居民都生活在貧民窟之中。全球許多大城市中都存在貧富差距極

這張圖表以2010年的一份聯合國報告為依據，展現了科學家對於2100年時全球人口數量的高、中、低預測。此外，圖中的黑色虛線顯示的是以美國人口普查局數據為依據的歷史人口數量預估，而藍色虛線顯示的則是記錄上的實際人口數量。

高預測
世界人口將
接近160億。

中預測
世界人口將
超過100億。

低預測
世界人口將僅
達到60億。

16
15
14
13
12
11
10
9
8 十億人
7
6
5
4
3
2
1
0

1820   2100

發展中國家的發電廠排放引發了嚴重的空氣污染，而這一現象也對附近居民的健康造成了嚴重的損害。

大的現象，而隨之而來的便是健康問題與暴力犯罪問題。

氣候變化

如今的城市化以及社會發展愈發強調環境問題。隨着全球人口不斷增長，如何能夠在不對環境造成破壞的前提之下改善人們的生活條件成為全世界面臨的共同挑戰。科學家認為氣候變化（「全球變暖」）的罪魁禍首便是人類活動。自19世紀工業革命以來，全球氣溫持續升高，而2011年至2015年也成為有記載以來最為溫暖的五年。

氣候變化背後的一些原因可歸結為自然現象，然而自20世紀70年代以來，環境保護主義的不斷發展開始令公眾質疑人類活動對於地球的裨益。國際社會督促發展中國家減少碳排放，因為碳排放會對氣候變化產生影響。2015年，印度為使其13億公民迅速脫離貧困，每月便要開發一座新的礦場。那些

我們不可能把它們全部燒光。

——貝拉克·奧巴馬，論化石燃料

曾為氣候變化做出極大「貢獻」的發達國家表示發展中國家應當停止對於本國自然資源的剝削，以增進本民族的經濟福祉，於是，新的矛盾產生了。科學家曾發出警告，假如溫室氣體的排放仍不斷增長，那麼人類將會跨越臨界值，令氣候變化成為一場不可逆的災難。與此同時，海平面不斷上升，逐漸侵蝕沿海地區，南太平洋地區的一些小型島嶼甚至已經被完全淹沒。此外，地球上降雨模式也在發生改變，非洲地區出現了嚴重的旱災，許多動物都正處在滅絕的邊緣。

氣候變化所帶來的危機已經十分嚴峻，於是，2015年，世界各國領導人齊聚法國巴黎，就減少溫室氣體排放的問題達成了共識。在協商過程中，發展中國家要求富裕國家為其提供資金支持，以應對氣候變化所帶來的影響，包括愈加多發的洪災與旱災。總而言之，這196個國家達成了有史以來最初一份受法律約束的全球性氣候協議，同意將全球變暖控制在2℃這一相對安全的範圍之內。

飢餓的世界

在20世紀70年代，據生態學運動預測，到了20世紀80年代中期，成千上百萬的人將因大規模饑荒而死。儘管這樣可怕的預測並未變成現實，然而如今，全球總人口已經超過70億，這樣龐大的人口總有一天會榨乾地球上的所有自然資源。而工業與生產背後的驅動力煤炭也終有一天會因人類越來越大的需求量而耗盡。

據聯合國估計，到了2050年，全球人口將達到97億，而這一數字更是會在2100年時達到112億。人口動態模式已然從過去的高出生率、高死亡率轉變至如今的低出生率、低死亡率，而全球範圍內的老齡化問題也愈發嚴重，如何贍養這一羣體也成為擺在人們面前的一大重要問題。氣候變化、移民與難民危機、糧食及水資源短缺、貧困、債務以及疾病等一系列問題正隨着人口的飛速增長而日益嚴重。■

延伸事件

愛爾蘭獨立
（1922年）

在 1918 年的大選之中，力圖將愛爾蘭自英國統治下獨立出去的共和黨人贏得了多數席位。而當共和黨人建立起自己的議會並宣佈愛爾蘭正式獨立之後，英國便立即派遣軍隊，試圖平息這場叛亂。然而，到了 1922 年，雙方達成共識，將愛爾蘭的大部分地區獨立為愛爾蘭自由邦，而東北部以新教徒為主的六個郡則繼續留在英國之中。直至今日，愛爾蘭仍舊分為兩個部分。

西班牙內戰
（1936 –1939年）

在 1930 年至 1931 年，共和黨人推翻了西班牙的軍事獨裁政府，國王阿方索十三世被迫遭到流放。共和政府推行了一系列社會主義改革，同時也削減了軍方與教會的權力。然而，一些心懷不滿的軍官以及法西斯主義者佛朗哥一黨卻發動叛亂，最終導致了 1936 年內戰的爆發。這場衝突很快便升級為一次國際間的意識形態碰撞，法西斯統治下的意大利與德國站在了右翼民族主義者一方，而全歐洲境內的社會主義者則自願加入了西班牙國內的共和黨人陣營。民族主義者領袖弗朗西斯科·佛朗哥將軍率領自己所在的陣營獲得了內戰的勝利，且直至 1975 年，他始終都是統治着西班牙的獨裁者。

太平洋戰爭
（1941 –1945年）

1941 年 12 月，日本軍隊在夏威夷珍珠港地區轟炸了美國艦隊，並向泰國、馬來西亞、緬甸、菲律賓以及其他一些國家發動了入侵。這一行動正式將美國帶入了第二次世界大戰的戰局之中。美軍與日軍之間的衝突持續了數年之久，其中便包括一場曠日持久的空中戰役、菲律賓雷伊泰灣海戰（1944 年）這場史上規模最大的海戰、一場為重佔菲律賓而持續了三個月的陸上戰役、歷時 82 天的血腥之戰沖繩戰役，還有 1945 年廣島與長崎所遭受的原子彈轟炸。

聯合國的成立
（1944年）

成立聯合國的這一想法誕生於二戰期間，其意圖是希望能夠將世界各國團結在一起，防止進一步的毀滅性衝突。1944 年，於華盛頓召開的敦巴頓橡樹園會議勾勒了這一組織成立的宗旨，而到了 1945 年，聯合國正式成立。儘管聯合國並未能阻止後續戰爭的爆發，然而該組織卻始終致力於在全球範圍內推動和平進程，並通過成立一系列特殊機構與組織來為教育、醫療、人權、殖民地區的獨立以及經濟發展而不斷努力。如今，全世界的大多數國家都已成為聯合國的成員國。

戴高樂建立法蘭西第五共和國
（1958年）

1958 年，法國在其殖民地阿爾及利亞的未來發展問題上遭遇了危機：法國軍方之中的一些成員反對阿爾及利亞的獨立，並公開發動叛亂，反抗法蘭西第四共和國所制定的政策。共和國迅速崩塌，而早已退居幕後的軍事與政治領袖夏爾·戴高樂將軍提議建立一個全新的政府體系，並設立一名具有執行權的總統。這一提案在全民公投中獲得了通過，而戴高樂本人也被選為共和國的第一任總統。如今的法國便是戴高樂所建立的法蘭西第五共和國。

蘇哈托取代蘇加諾執政印度尼西亞
（1965 –1967年）

1965 年，印度尼西亞國內曾發生一起針對蘇加諾總統的政變，然而陸軍少將蘇哈托卻率軍鎮壓了這場政變，後又擊敗叛亂者，帶領印度尼西亞在 1940 年走上了獨立的道路。共產主義者被指控發動了政變，於是，取代蘇加諾執政印度尼西亞的蘇哈托便下令殺害了 5000 名所謂的共產主義者。作為印度尼西亞的第二任總統，蘇哈托的統治一直持續到 1998 年，令國家的經濟得到了發展，許多人的健康狀況與生活水平都得到了提升。然而，蘇哈托的政府卻極其腐敗（他本人便挪用了數百萬美元），而他對東帝汶

的入侵也造成了大規模的傷亡。

巴西軍事政變
（1964年）

1964 年的那場軍事政變將巴西總統若昂·古拉特驅逐下台，因為在其對手看來，他所推行的社會改革極具「共產主義」色彩。在這場軍事政變之中，部分軍隊背後有着美國人的支持，而政變後建立起的軍事政府也推行了一系列符合美方意圖的政策。在這一時期，外方企業越來越多地參與至巴西的經濟活動中，而半數國內規模最大的公司也都成為外資企業。在獨裁統治之下，巴西經濟飛速增長，然而與此同時，統治當局對其對手進行了殘酷的鎮壓，自由也便成為經濟增長的代價。

德國紅軍旅的恐怖行動
（20世紀70年代）

1968 年，許多西方國家都爆發了針對資本主義以及帝國主義的抗議活動、罷工活動，甚至是叛亂。然而，這些活動卻並未帶來任何實質性的社會變革，而動盪過後，一些組織則逐步發展為反對資本主義的武裝組織。其中，存在時間最長的組織之一便是於 1970 年成立的德國紅軍旅，而該組織同時也因兩位成立者安德里亞斯·巴德爾與烏爾麗克·邁因霍夫而得名「巴德爾–邁因霍夫團伙」。德國紅軍旅發動了一系列恐怖襲擊，其中包括綁架、轟炸、搶劫以及謀殺。這些行動大多發生在 20 世紀 70 年代，但在之後的幾十年中也偶有發生。該組織（以及同一時期之中其他一些同在德國的類似團體，例如「革命細胞」等）

的行動令大多數民眾對其產生了反感情緒。

皮諾切特在智利掌權
（1973年）

1973 年，奧古斯托·皮諾切特將軍所發動的一場軍事政變推翻了經大選產生的智利社會主義領導人薩爾瓦多·阿連德，也令皮諾切特成為軍政府的掌權者。美國反對阿連德的左翼政府，於是便對這場政變進行了支持，並將本國對南美地區右翼獨裁政權的支持行動視作是其在冷戰期間對抗共產主義的手段之一：在當時，即便那些社會主義政權全然實行民主政策，它們也依舊遭到鎮壓。以其對自身政治對手的囚禁、殺害以及虐待而惡名昭彰的皮諾切特始終受到美國的支持，而他的統治也一直持續到了 1990 年。

蘇聯入侵阿富汗
（1979年）

在 20 世紀 70 年代末期之中，阿富汗的左翼政府（也是蘇聯親密的同盟國）受到了美國支持之下穆斯林聖戰者的威脅。這些游擊隊員反對該政權在這一地區之中推行的一系列現代化政策（例如令婦女接受教育等）。1979 年，蘇聯正式入侵阿富汗，開始了一場歷時十年的戰爭，而在這場戰爭之中，約有 150 萬名阿富汗人遭到殺害，另有許多人被迫離開這個國家。穆斯林游擊隊同入侵者進行了激烈的鬥爭，而蘇聯軍隊也最終於 1989 年撤兵。戰爭過後，蘇聯的軍事以及政治都遭受了重創，而這也進一步加速了國家的解體。後來，穆斯林聖戰者與阿富汗軍方之間爆發了內戰，最終，

國家的權力移交到了強硬派伊斯蘭塔利班的手中。

伊朗伊斯蘭革命
（1979年）

伊朗沙阿穆罕默德·禮薩·巴列維統治着一個世俗化政權，為國家帶來了西方化變革，也為一些人帶來了財富與幸福。在 20 世紀 70 年代，一場愈發激烈的反對運動逐漸贏得了人民的支持。這場運動的領導者是阿亞圖拉·霍梅尼等一眾伊斯蘭領導人，他們公開反對世俗資本主義對國家的侵害，同時也反對共產主義。1979 年，沙阿巴列維被迫離開伊朗，阿亞圖拉·霍梅尼則以嚴格的穆斯林價值觀為基礎，建立起一個全新的政府。這場革命造成了巨大的影響，尤其凸顯出伊斯蘭教在世界舞台上愈發重要的位置，以及西方國家與中東國家之間的關係。

美英共同入侵伊拉克
（2003年）

2003 年的美英入侵伊拉克行動正式拉開了戰爭的序幕，以美軍與英軍為首的聯合軍隊推翻了伊拉克獨裁者薩達姆·侯賽因的統治。薩達姆·侯賽因對伊拉克人民實施殘酷的鎮壓，支持國際恐怖主義，並據美方及其同盟所稱，還持有大規模殺傷性武器。儘管這最後一項指控並沒有事實根據，薩達姆·侯賽因的下台卻無疑受到了許多伊拉克人的歡迎。然而，因缺少戰後的行動計劃，伊拉克地區的動盪局勢以及暴力衝突進一步加劇。與此同時，這場戰爭也為美國的極端主義對手提供了藉口，令其得以對美國發動進一步的恐怖襲擊。

詞 彙 表

吞併

將新的領土納入至一個國家之中，通常憑藉武力得以實現。

專制制度

在一個國家或社區之中，由單獨的個體在不受約束的情況之下行使無限權力。

野蠻人

古時候不屬於偉大文明（古希臘或古羅馬）的民族、土地以及文化之總和，在文明人眼中社會發展相對落後且不夠開化。

資產階級

中產階級，尤其指代這一階級的享樂主義價值觀以及拘泥於習俗禮教的態度。

官僚主義

一種以職能專門化、遵循固定規則以及實施嚴格等級制度為特點的管理方式。

資本主義

一種經濟體系，在這種體系之中，生產方式掌握在個體手中，公司之間為銷售產品、獲取利潤而相互競爭，工人則憑藉其勞動力獲取工資。

內戰

同一國家之中、對立雙方之間的戰爭。

階級

社會體系之中與地位相關的等級制度，反映出權力、財富、教育以及聲望。

殖民地

大量殖民定居者在一片全新領土上所佔據的區域，這些區域之中通常生活着原住民，而這些原住民則處於定居者所屬國家的控制之下。

徵兵制

強制入伍服兵役。

憲法

一個國家中基本原則與法律的成文式總和。

消費主義

資本主義社會的高級狀態，在這樣的社會之中，各類商品與服務的買賣定義着這個時代。該說法同時也指代個人通過對於商品的慾望來建構自我認同感這一概念。

政變

旨在推翻政權或是統治者的突然、非法以及暴力行動。這類行動的發起者通常是現任政治集團之中的成員。

聖戰（十字軍東征）

以宗教名義而發起的神聖戰爭。通常用來指代 11 世紀、12 世紀以及 13 世紀之中歐洲基督教徒為從穆斯林手中奪回聖地而發起的遠征行動。

民主政治

一種政治體制，在這一體制之中，至高權力被授予了人民，並由其所選出的代表來執行權力。

獨裁者

絕對統治者，尤其是未獲人民自由認可便對國家實施完全統治的人。這樣的統治者或許會採用壓迫式的權力行使方式。

直接民主

事實上，而非原則上實施民治的政府，公民就與自身利益相關的所有問題進行投票，古代雅典便實行這樣的做法。

君權神授

一種信條，認為君主自上帝那裏獲得自身統治的合法性，且不受任何世俗權威的控制。

王朝

來自同一家族或是同一集團的一系列統治者，或指某個國家受到這些人統治的一段時期。

平等主義

一種提倡社會平等、政治平的與經濟平等的哲學觀點。

解放

自法律束縛、社會束縛或是政治束縛之中獲得自由的行為。

禁運

要求終止同某一特定國家貿易往來或其他商貿活動的政府令，通常作為一種外交手段而使用。

移民出境

離開自己的祖國，永遠定居在另一個國家。

帝國

處於單一統治者、寡頭統治集團或是主權國家統治之下的一大片國家或是民族。

啟蒙運動

也被稱為「理性時代」，即 18 世紀之中一段學術不斷發展的時期，從中逐漸衍生出對於宗教的質疑、對於世界的認識以及對於理性的運用。

優生學

一種信仰或是對於該信仰的研究，認為人類可以通過控制生育來改善人類種羣。

法西斯主義

一種意識形態，其象徵是強有力的領導、對於集體認同的強調，以及通過武力或戰爭手段來進一步為國家爭得利益。該詞來源於意大利語中的「束棒」，指代集體認同，最初用在墨索里尼政權的身上。

封建主義

一種中世紀的政治體系，包含許多貴族統治之下的小型地理單元，例如侯國或是公國，而農民階級則生活在其統治者的奴役與束縛之下。

種族滅絕

蓄意殺害一大羣人，尤其是一整個宗教團體、人種或是國家。

游擊隊員

非官方軍事組織之中的成員，通常致力於達成某種政治目的，利用突襲以及蓄意破壞等手段對抗大型的常規力量，例如正規軍或是警方。

霸權

權力的贏取以及掌握，以及在此過程之中社會團體的形成。

意識形態

一種意識框架，為某個社會團體提供看待問題的視角以及觀點。

移民入境

進入外國並在那裏永久定居。

帝國主義

在建立帝國的過程中，通過直接干預他國事務、佔領他國領土以及征服他國民眾來擴張本國影響力的政策。

工業革命

歷史上的一個發展階段，起源於 18 世紀的英國，在此期間，全新的機械化手段推動了經濟轉型，自從前的農業經濟轉變至城市工業經濟。

起義

針對政府的叛亂狀態，其程度輕於有組織的革命，且並不被視作為戰爭狀態。

聖戰（抵抗戰爭）

伊斯蘭教信仰之中一種以真主之名對抗邪惡勢力的宗教義務，既包含精神層面上的對抗，也包括肉體層面上的對抗。

正義戰爭理論

一種與軍事道德相關的學說，其中包含「訴諸戰爭權」，即發動戰爭前道德及法律依據的必要

性，還有「戰爭法規」，即戰爭過程之中道德行為的必要性。

勞工營

戰俘營的一種，遭到關押的人不得不從事艱苦的體力勞動，而他們的作業環境也大多十分惡劣。

左傾主義、左翼

政治上的「左傾」意識形態。其特徵是主張對於社會福利進行干預，並持國際主義世界觀。這一概念起源於 18 世紀的法國，當時，支持改善農民生活現狀的貴族會坐在國王的左側。

自由主義

一種起源於 18 世紀的哲學思想，主張人民的權利應凌駕於國家權力或是教會權力之上，反對專制主義以及君權神授的思想。

軍事管制法

當國家之中的民法暫停發揮作用的時候，軍方所出台的暫時性法律。

馬克思主義

卡爾·馬克思作品的哲學基礎，認為社會之中的經濟秩序決定了其中的政治與社會關係。

精英制度（任人唯賢）

認為應當以能力，而非財富或出身來選定統治者。

民兵組織

一批或許接受過一定程度軍事訓練的公民團體，以在危急時刻對國家的正規軍隊進行補充。

民族國家

一個主要由同族人所組成的主權國家，這些人說著相同的語言，擁有相同的祖先以及相同的傳統等。

民族主義

對於祖國的忠誠以及奉獻，同時也是一種政治思想，認為政治政策的首要目標應是維護國家的利益。

遊牧

遊牧民族的特徵。遊牧民族是一羣時常遷移的人，這樣的遷移大多是季節性的，且限定在一片特定的領域之中。

寡頭政治

一種政權組織形式，權力掌握在一小羣人手中，而權力的行使也以他們的利益為重，通常情況下會對大眾造成危害。

准軍事組織

一羣經受過軍事訓練的平民，依照軍事結構進行組織，通常作為國家正式軍事力量的補充。

黨派

某一特定政治領袖、黨派或是目標的堅定支持者，通常會展現出無條件的忠誠。

朝聖之旅

一種虔誠的宗教行為，進行一段以某個神殿或是聖地為目的地的旅程。

史前時期

書面記錄存在之前的人類歷史時期，而科學家對於這一時期的探究大多建立在考古學歷史之上。

政治宣傳

信息、思想以及觀念的有組織性傳播，通常依賴於媒體，目的在於支持或破壞政權、運動或是組織機構等。

傀儡國家

名義上獨立、事實上卻依賴於國外勢力的國家，這些外部勢力控制傀儡國家的手段通常都為軍事手段。

種族主義

認為某一特定種族之中的所有成員都有著相似的特徵以及屬性，而這則意味著一些種族生來就要更加優越，另一些則更加低劣。

理性主義

認為理性，而非感性或直覺，應當支配人類的行動。

宗教改革

一場起源於 16 世紀的歐洲政治及宗教運動，力求變革羅馬天主教會以及教皇的權威，而這場運動之中的一大產物便是新教。

文藝復興

指代歐洲 14 世紀至 17 世紀之間的那一段時期。在此期間，藝術、文學以及學術都取得了重大成就，而這一時期也常被人們視作是從中世紀過渡到現代世界的轉折點。

戰爭賠償

由戰敗國支付的一種補償，通常為金錢、物質或是勞力上的補償，用以填補其他國家因戰爭而遭受的破壞、傷亡以及經濟損失。

共和國

沒有君主的國家，權力與人民同在，由人民選出的代表代為行使。

革命

由民眾發起、意在推翻現任政權或是社會秩序的行動，有時會使用暴力手段。

右傾主義、右翼

政治上的「右傾」意識形態，可粗略定義為保守而支持市場機制的思想，認為個人的權利應凌駕於奉行干涉主義的政府之上，嚴格遵循法律與秩序，支持民族主義。這一概念起源於 18 世紀的法國，當時，大體上支持君主的一派會坐在國王的右側。

分離主義者

倡導自某一組織或羣體中分離出來的人。

農奴

尤其指代中世紀歐洲不得不在領主土地上從事農業勞動的底層之人。假如土地被轉賣給一位新的所有人，那麼農奴也會一併易主。

主權

由自治國家或統治者所行使的至高權力，不受任何外界的影響或操縱。通常指代一個國家在內部事務上的自決權以及其與其他國家之間的國際關係。

太空時代

20 世紀之中的一段時期，以人類對宇宙的探索為特徵。人們常將 1957 年 10 月蘇聯首次將人造衛星「伴侶號」送入太空作為這一時期的開端。

國家

一個有組織的權力當局，能夠合法控制一片領土，並在這片領土之中擁有使用武力的壟斷權。

選舉權

在選舉或公投之中的投票權利。普選權指代公民的選舉權，這一權利不受性別、種族、社會地位或是財富的限制。女性選舉權說的是女性應同男性一樣擁有投票的權利，而這也是 20 世紀初期之中諸如「婦女參政權論者」等一些活動家所極力爭取的權利。

超級大國

擁有強大政治及軍事力量，且能夠影響國際政治形勢的主權國家。

極權主義

為維護國家利益而犧牲個人權利的政權，對政治事務以及經濟事務進行控制，並對人民所持的態度、價值觀以及信仰進行規定。

條約

一份正式的合約，羅列出兩國或多國之間在結盟、終止敵對或是貿易合作等問題上所達成的共識。

封臣

封建體系之中受到國王、領主或其他上級土地所有者土地封賞的人，而土地則是用來換取該人的尊敬或是效忠。

總督

代表其君主管理著殖民地的統治者。

猶太復國運動

一場全球性的政治運動，宣稱猶太人能夠構成一個民族，因此也應當擁有自己的國家。該運動最初的目標在於為猶太人建立一個國家，如今則致力於發展並保護以色列。

索 引

引文出處

致 謝

Dorling Kindersley would like to thank Hannah Bowen, Polly Boyd, Diane Pengelly, and Debra Wolter for editorial assistance, Stephen Bere and Ray Bryant for design assistance, Alexandra Beeden for proofreading, and Helen Peters for the index.

PICTURE CREDITS

The publisher would like to thank the following for their kind permission to reproduce their photographs:

(Key: a-above; b-below/bottom; c-centre; f-far; l-left; r-right; t-top)

21 Science Photo Library: Javier Trueba / MSF (tl). **25 Alamy Images**: Juan Carlos Muñoz (bl). **Getty Images**: Robert Frerck (tl). **27 Alamy Images**: Heritage Image Partnership Ltd (tl). **Getty Images**: Imagno (bl). **29 Getty Images**: Sovfoto (tl). **37 Alamy Images**: INTERFOTO (tl). **38 Dreamstime.com**: Siempreverde22 (br). **41 Alamy Images**: Art Directors & TRIP / ArkReligion.com (bl); imageBROKER / Olaf Krüger (tr). **43 Bridgeman Images**: Archaeological Museum of Heraklion, Crete, Greece (tr). **Corbis**: Gustavo Tomsich (bl). **44 Bridgeman Images**: © National Museums of Scotland / Bridgeman Images (cr). **45 Corbis**: (bl). **49 Corbis**: Atlantide Phototravel (tl). **51 Alamy Images**: World History Archive (cb). **53 Corbis**: Leemage (bl). **55 akg-images**: Pictures From History (tr). **56 Dreamstime.com**: Zhongchao Liu (bl). **57 akg-images**: World History Archive (tr). **61 Alamy Images**: World History Archive (tr). **62 Alamy Images**: The Art Archive (bl). **65 Alamy Images**: Lanmas (b). **66 Alamy Images**: Peter Horree (c). **69 TopFoto.co.uk**: World History Archive (br). **77 Corbis**: Christel Gerstenberg (tl). **79 Alamy Images**: Prisma Archivo (tl). **80 Alamy Images**: Heritage Image Partnership Ltd (tl). **83 Getty Images**: APIC (tr). **85 Alamy Images**: Heritage Image Partnership Ltd (tl). **89 Alamy Images**: Lebrecht Music and Arts Photo Library (bl). **91 Alamy Images**: The Art Archive (tr). **92 Bridgeman Images**: Topkapi Palace Museum, Istanbul, Turkey (t). **93 Bridgeman Images**: Bibliotheque Nationale, Paris, France / Archives Charmet (cb). **95 Alamy Images**: North Wind Picture Archives (bl). **97 TopFoto.co.uk**: The Granger Collection (tl). **98 Getty Images**: DEA / A. DAGLI ORTI (c). **99 Corbis**: The Print Collector (tl). **100 Alamy Images**: PBL Collection (cr). **102 Bridgeman Images**: National Museum of Chinese History, Beijing / Ancient Art and Architecture Collection Ltd. (br). **103 Alamy Images**: Pictorial Press Ltd (tl). **105 Corbis**: Leemage (tr). **106 Bridgeman Images**: Emile (1804-92) / Château de Versailles, France / Bridgeman Images (c). **109 Alamy Images**: ADS (tr). Bridgeman Images: Pictures from History / David Henley / Bridgeman Images (bl). **111 Bridgeman Images**: Bibliotheque Nationale, Paris, France (br). **115 Getty Images**: Dea Picture Library (br). 119 Corbis: Pascal Deloche / Godong (br). **123 Alamy Images**: GL Archive (br). **125 Bridgeman Images**: Pictures from History / Bridgeman Images (b). **126 Alamy Images**: Anton Hazewinkel (bl). **Getty Images**: Universal History Archive (tr). **129 Alamy Images**: Bildarchiv Monheim GmbH (cb). **130 Bridgeman Images**: Pictures from History / Bridgeman Images (cr). **131 Corbis**: Topic Photo Agency (tl). **139 Alamy Images**: The Art Archive (tr). **140 Alamy Images**: Sonia Halliday Photo Library (tc). **Getty Images**: Heritage Images (bl). **141 Alamy Images**: Peter Eastland (tl). **145 Getty Images**: Universal History Archive (bl). **147 Corbis**: The Gallery Collection (b). **150 Alamy Images**: Lebrecht Music and Arts Photo Library (b). **151 Alamy Images**: The Art Archive (tr). **153 Alamy Images**: ivgalis (br). **154 Corbis**: Jim Zuckerman (tr). **155 TopFoto.co.uk**: The Granger Collection (tr). **157 Rex Shutterstock**: British Library / Robana (tr). **161 Getty Images**: UniversalImagesGroup (br). **162 Alamy Images**: INTERFOTO (bl). **163 Alamy Images**: Adam Eastland (tr). **166 akg-images**: (tr). **168 akg-images**: (bl). **171 Alamy Images**: Dinodia Photos (tr). Corbis: Stapleton Collection (bl). **173 Bridgeman Images**: Embleton, Ron / Private Collection / © Look and Learn (tl). **175 Corbis**: Christie's Images (bl). **177 The Art Archive**: F&A Archive (tr). **178 The Art Archive**: Granger Collection (tr). **181 Alamy Images**: North Wind Picture Archives (tl). **182 Alamy Images**: FineArt (bl). **185 Bridgeman Images**: Pictures from History / Bridgeman Images (tl). **186 Corbis**: (c). **194 Alamy Images**: ITAR-TASS Photo Agency (tl). **195 Alamy Images**: World History Archive (br). **196 Bridgeman Images**: De Agostini Picture Library / G. Dagli Orti (cr). **197 Alamy Images**: Heritage Image Partnership Ltd (bl). **206 Alamy Images**: PAINTING (t). **207 Corbis**: Christie's Images (bl). **211 Alamy Images**: GL Archive (tl). **212 TopFoto.co.uk**: Roger-Viollet (bl). **213 Corbis**: Leemage (tl). **215 Alamy Images**: Heritage Image Partnership Ltd (tl). **217 Bridgeman Images**: Private Collection / Archives Charmet (tr). **218 Alamy Images**: World History Archive (tl). **219 Getty Images**: DEA / M. Seemuller (br). **223 Getty Images**: Science & Society Picture Library (bl). **224 Alamy Images**: Heritage Image Partnership Ltd (bl). **Getty Images**: Print Collector (tc). **225 Getty Images**: Stock Montage (tl). **227 Bridgeman Images**: Wilberforce House, Hull City Museums and Art Galleries, UK (tl). **228 akg-images**: (bc). **233 Alamy Images**: Everett Collection Historical (tl). **234 Getty Images**: Popperfoto (bl). **235 Getty Images**: Keystone-France (bl). **237 Alamy Images**: World History Archive (bl). **Getty Images**: Science & Society Picture Library (tc). **239 TopFoto.co.uk**: (bl). **240 Alamy Images**: Peter Horree (tr). **241 Alamy Images**: INTERFOTO (tr). Getty Images: Imagno (bl). **245 Corbis**: (tl, bl). **247 Corbis**: (bl). 249 The Library of Congress, Washington DC: (tl). **251 Corbis**: AS400 DB (bl). **253 Alamy Images**: Pictorial Press Ltd (bl). The Library of Congress, Washington DC: (tl). **255 Alamy Images**: liszt collection (tl). **256 Getty Images**: Underwood Archives (bc). **257 Getty Images**: Science & Society Picture Library (br). **259 Alamy Images**: The Print Collector (bl); Stock Montage, Inc. (tr). **261 Bridgeman Images**: Pictures from History (bl); Private Collection / Archives Charmet (tc). **263 Corbis**: Lebrecht Music & Arts / Lebrecht Music & Arts (bl). **Getty Images**: Hulton Archive (tl). **272 Alamy Images**: World History Archive (bl). **Getty Images**: Fotosearch (tr). **274 Alamy Images**: Heritage Image Partnership Ltd (tl). **275 Getty Images**: IWM (br). **277 Alamy Images**: David Cole (tr). **278 TopFoto.co.uk**: ullsteinbild (bl). **279 Corbis**: AS400 DB (br). **282 Corbis**: Bettmann (br). **283 Getty Images**: National Archives (tr). **285 Getty Images**: Imagno (tr). **289 Getty Images**: Hugo Jaeger (tl). **290 Getty Images**: William Vandivert (bl). **292 Alamy Images**: Pictorial Press Ltd (tl). Corbis: Bettmann (br). **293 Alamy Images**: GL Archive (tr); MPVHistory (tl). **295 Getty Images**: Keystone (tl). **296 Alamy Images**: Everett Collection Inc (bc). **297 Corbis**: AS400 DB (tr). **299 Alamy Images**: Dinodia Photos (tr). **300 Alamy Images**: World History Archive (bl). **301 Getty Images**: Popperfoto (tr). **303 Alamy Images**: LOOK Die Bildagentur der Fotografen GmbH (tr). **Getty Images**: Horst Tappe (bl). **305 Bridgeman Images**: Pictures from History (bl). **Getty Images**: Universal History Archive (tc). **307 Corbis**: AS400 DB (bl). **Getty Images**: Mark Kauffman (tc). **309 Getty Images**: Alfred Eisenstaedt (bl); (c). **313 Naval History and Heritage Command**: NH 97908 (tl). **315 Getty Images**: Miguel Vinas (tl). Reuters: Prensa Latina (tr). **317 Getty Images**: Apic (bl); Photo 12 (tl). **319 Getty Images**: Keystone-France (tl). **320 Alamy Images**: Peter Jordan (tr). **Getty Images**: Stringer (bl). **323 Getty Images**: Gerard Malie (tl). **329 Alamy Images**: WENN Ltd (tl). **331 Alamy Images**: Stacy Walsh Rosenstock (tr). **332 Getty Images**: Spencer Grant (tr). **333 Press Association Images**: Dominic Lipinski (bl). **336 Getty Images**: Art Rickerby (br). **339 Getty Images**: alohaspirit (tr)

All other images © Dorling Kindersley
For further information see: **www.dkimages.com**